Esther Vilar:
Der dressierte Mann
Das polygame Geschlecht
Das Ende der Dressur

Mit einem Vorwort zur Neuausgabe in einem Band

Deutscher
Taschenbuch
Verlag

dtv

›Der dressierte Mann‹ erschien 1971 im Verlag C. Bertelsmann (1973 Taschenbuchausgabe im Deutschen Taschenbuch Verlag), ›Das polygame Geschlecht‹ 1974 im Caan Verlag (überarbeitete Taschenbuchausgabe 1976 Droemer-Knaur Verlag) und ›Das Ende der Dressur‹ 1977 im Droemer-Knaur Verlag (Taschenbuchausgabe 1978 im selben Verlag).

Von Esther Vilar
ist im Deutschen Taschenbuch Verlag erschienen:
Die Mathematik der Nina Gluckstein (10878)

Neuausgabe in einem Band
1. Auflage November 1987
Deutscher Taschenbuch Verlag GmbH & Co. KG,
München

Umschlaggestaltung: Celestino Piatti
Gesamtherstellung: C. H. Beck'sche Buchdruckerei,
Nördlingen
Printed in Germany · ISBN 3-423-10821-5
3 4 5 6 7 8 · 95 94 93 92 91 90

Inhalt

Das Ende der Dressur
Modell für eine neue Männlichkeit

Anmerkung für den Leser der Neuausgabe in einem Band

> Dieses Buch ist denen gewidmet,
> die darin nicht erwähnt werden:
> den wenigen Männern, die sich nicht
> dressieren lassen, den wenigen Frauen,
> die nicht käuflich sind
> – und den Glücklichen, die keinen
> Marktwert haben, weil sie zu alt,
> zu häßlich oder zu krank sind.
> (Motto der ersten Ausgabe des Buches
> ›Der dressierte Mann‹ 1971)

Gut fünfzehn Jahre sind seit der ersten Veröffentlichung meines Buches ›Der dressierte Mann‹ vergangen – ein in wenigen Wochen in großer Wut geschriebenes Pamphlet gegen das weltweite Meinungsmonopol der damaligen Frauenrechtsbewegung. In einem zweiten Band – ›Das polygame Geschlecht‹ – habe ich dann zu erklären versucht, dank welcher psychologischen Mechanismen diese Manipulation des Mannes durch die Frau überhaupt möglich ist. Und in einem dritten – ›Das Ende der Dressur‹ – habe ich schließlich konkrete Vorschläge für eine Unterwanderung des so geschickt getarnten Matriarchats gemacht. Die drei Bücher gehören also zusammen, und dank der hier gegebenen Möglichkeit einer Herausgabe in einem Band habe ich nun einer Neuveröffentlichung gern zugestimmt.

Zwei Fragen, die mir in diesem Zusammenhang immer wieder gestellt werden, möchte ich hier vorsorglich beantworten. So will man häufig von mir wissen, ob ich diese Bücher – vor allem das erste – noch einmal schreiben würde. Nun, ich finde es gut und wichtig, es getan zu haben. Doch aus meiner heutigen Sicht ist mein Mut von damals wohl eher mit einem Mangel an Vorstellungskraft zu erklären. Trotz allem, was ich da schrieb, habe ich mir die Macht, gegen die ich dann tatsächlich antrat, nicht wirklich ausmalen können. Man darf Frauen – auch und vor allem als Frau – nur hinter vorgehaltener Hand kritisieren, kann Zustimmung nur hinter geschlossenen Türen erwarten. Da wir Frauen dank unseres vergleichsweise streßarmen Lebens ein höheres Alter erreichen und deshalb in allen westlichen Industrieländern die Mehrheit der Wähler stellen, könnte es sich zum Beispiel kein Politiker leisten, ausgerechnet uns vor den Kopf zu stoßen. Und auch die Presse hat kein

Interesse an Nörgelei: Ihre Erzeugnisse werden über Anzeigen für Konsumgüter finanziert, und falls wir Frauen – die wir ja bekanntlich die überwiegende Zahl der Kaufentscheide treffen – eine bestimmte Zeitung oder Zeitschrift nicht mehr lesen möchten, weil uns der redaktionelle Teil mißfällt, bleiben auch die an uns adressierten Anzeigen weg.

Unterschätzt hatte ich aber auch die Angst der Männer vor einer Überprüfung ihrer Position. Doch je mehr sie im Berufsleben an Souveränität verlieren – je automatisierter ihre Arbeit sich gestaltet, je kontrollierbarer sie der Computer macht, je mehr sie die steigende Arbeitslosigkeit zu Unterwürfigkeit gegenüber Kunden und Vorgesetzten zwingt –, desto mehr müssen sie ja auch ein Erkennen scheuen. Und desto unentbehrlicher wird ihnen die Illusion, nicht sie seien die am meisten Versklavten, sondern jene, um deretwillen sie ein solches Leben auf sich nehmen.

So absurd es klingt: In der heutigen Welt brauchen die Männer die Feministinnen weit dringender als ihre Ehefrauen. Sind diese doch die letzten, die sie noch so beschreiben, wie sie sich selbst gern sähen – eigenwillig, machtbesessen, rücksichtslos und ohne jede Hemmung, wenn es um die Befriedigung ihrer animalischen Instinkte geht. Gerade die aggressivsten Frauenrechtlerinnen arbeiten also der bestehenden Ordnung am unglückseligsten in die Hand. Ohne ihre unermüdlichen Anklagen gäbe es den »Macho« höchstens noch im Kino. Falls unsere Presse sie nicht täglich in Millionenauflagen zu reißenden Wölfen stilisierte, zögen die eigentlichen Opferlämmer dieser »Männergesellschaft«, die Männer selbst, wohl schon längst nicht mehr so ergeben in die Fabriken.

Ich hatte mir also die Einsamkeit der Position, in die ich mich durch das Verfassen dieser drei Bücher begeben würde, nicht zur Genüge vorgestellt. Auch nicht die Folgen, die dies für meine weitere schriftstellerische Arbeit und sogar noch für mein Privatleben haben würde – Tätlichkeiten und Bedrohungen haben bis heute nicht ganz aufgehört. Eine Frau, die den Erzfeind verteidigt hatte, das häusliche Leben nicht mit Isolationsfolter gleichsetzte und die Gesellschaft kleiner Kinder als Freude und Ehre bezeichnete, mußte für die Öffentlichkeit zwangsläufig zur »Frauenhasserin«, ja sogar zur »Reaktionärin« und »Faschistin«, werden. Hatte Karl Marx nicht ein für allemal festgestellt, daß in einer Industriegesellschaft wir Frauen die am meisten Unterdrückten sind? Daß jemand, der sich an der Heiligsprechung seines Geschlechts nicht beteiligen mag, auch gegen gleichen Lohn und gleiche Aufstiegschancen für Frauen ist, darf man ja ohnehin voraussetzen, nicht wahr?

Mit anderen Worten: Nach allem, was ich jetzt weiß, würde ich diese Bücher wohl nicht noch einmal schreiben. Und gerade darum bin ich heilfroh, es getan zu haben, und möchte an dieser Stelle den wenigen Personen danken, die mich und meine Arbeit auch in der Öffentlichkeit in Schutz genommen haben. Bezeichnenderweise handelte es sich dabei meist um Frauen.

Die zweite Frage ist die nach der Aktualität meiner damaligen Aussage. Wie weit stimmt das, was ich hier beschrieben hatte, für die »neue Frau«, den »neuen Mann«?

Anstatt einer Antwort wiederhole ich hier die im zweiten Teil dieses Bandes zusammengestellte Liste der mir damals am wichtigsten erscheinenden männlichen Benachteiligungen:

1. Männer leisten Militärdienst, Frauen nicht.
2. Männer werden in den Krieg geschickt, Frauen nicht.
3. Männer werden später pensioniert als Frauen (obwohl sie aufgrund ihrer kürzeren Lebenserwartung ein Recht auf frühere Pensionierung hätten).
4. Männer haben praktisch keinen Einfluß auf ihre eigene Fortpflanzung (es gibt für sie weder Pille noch Schwangerschaftsabbruch, sie müssen – oder können nur – die Kinder bekommen, die Frauen bekommen wollen).
5. Männer ernähren Frauen, Frauen ernähren nie – oder nur vorübergehend – Männer.
6. Männer arbeiten ein Leben lang, Frauen vorübergehend oder gar nicht.
7. Obwohl Männer ein Leben lang arbeiten und Frauen nur vorübergehend oder gar nicht, sind sie insgesamt ärmer als Frauen (die amerikanischen Frauen besitzen bereits 61 Prozent des US-Privatvermögens).
8. Männer bekommen ihre Kinder »geliehen«, Frauen dürfen sie behalten (da Männer ein Leben lang arbeiten und Frauen nicht, beraubt man sie – mit der Begründung, daß sie arbeiten müssen – bei einer Trennung von der Mutter automatisch der Kinder).

Wie man sieht, hat sich die weibliche Machtposition unterdessen höchstens noch verfestigt. Auch die Militärlaufbahn steht uns Frauen nun in vielen Ländern offen – doch ohne daß wir deshalb zum Wehrdienst verpflichtet wurden. So manche erstritt sich das Recht, ihren Beruf solange wie die männlichen Kollegen auszuüben – die Pensionierungsgrenzen für uns alle wurden deshalb aber nicht hinaufgeschraubt. Und nach wie vor kommt es den Benachteiligten nicht in den Sinn, gegen diese Groteske anzukämpfen. Männer trauen sich ja nicht einmal zu verlangen, daß man sie im gleichen Alter wie ihre Ehefrauen verbilligt mit der Eisenbahn fahren läßt. Ein Gentleman weiß, was sich gehört.

Nur in bezug auf Punkt 6 hat es eine größere Gewichtsverlagerung gegeben. In den unterhaltsameren Arbeitsbereichen gibt es nun immer mehr Frauen, die gern und freiwillig einen Beruf ausüben und diesen dann trotz der nach wie vor erwünschten Kinder beibehalten. Doch nur wenige dieser Frauen wären bereit, von ihrem oft beträchtlichen Gehalt nicht nur diesen Kindern, sondern auch deren Vätern ein Leben in Komfort zu bieten, im Fall einer Scheidung auf Heim und Nachkommen zu verzichten und mit dem Rest der Einkünfte den nächsten Anbeter auf Händen zu tragen. Und auch diese Männer sähen das nicht gern: Emanzipation hin oder her, aber »aushalten« läßt man sich deshalb noch lange nicht. – Kochen und Kinderhüten ist eines »richtigen« Mannes nicht würdig.

Die Dressur des Mannes ist also so aktuell geblieben wie die Maßnahmen, die sie – zum Wohle beider Geschlechter – beenden könnten. Und da es inzwischen schon ein paar Feministinnen gibt, die auch von Männern wie von Menschen sprechen, bräuchte man bei einer Fortsetzung der Diskussion vielleicht nicht einmal mehr so laut zu werden.

Esther Vilar, Sommer 1987

Der dressierte Mann

Vom Glück der Sklaven

Der zitronengelbe MG schleudert. Die junge Frau am Steuer bringt ihn etwas waghalsig zum Stehen, steigt aus und entdeckt, daß der linke Vorderreifen platt ist. Ohne Zeit zu verlieren, trifft sie Vorkehrungen für die Reparatur: Sie blickt den vorbeifahrenden Autos entgegen, als erwarte sie jemand. Auf dieses international genormte Signal weiblicher Hilflosigkeit *(»schwache Frau von männlicher Technik sitzengelassen«)* stoppt bald ein Kombiwagen. Der Fahrer erfaßt sofort, was zu tun ist, sagt tröstend: »Das werden wir gleich haben« und bittet die Frau zum Zeichen seiner Entschlossenheit um ihren Wagenheber. Er fragt sie nicht, ob sie das Rad selbst wechseln kann, denn er weiß – sie ist etwa dreißig, modisch angezogen und geschminkt –, daß sie es nicht kann. Als sie keinen Wagenheber findet, holt er seinen eigenen, sein übriges Werkzeug bringt er gleich mit. In fünf Minuten hat er die Sache erledigt und das schadhafte Rad an dem hierfür vorgesehenen Platz verstaut. Seine Hände sind ölverschmiert. Als ihm die Frau ihr besticktes Taschentuch anbietet, weist er es höflich zurück. Er hat für solche Fälle immer einen alten Lappen in seinem Werkzeugkasten. Die Frau bedankt sich überschwenglich und entschuldigt sich für ihre »typisch weibliche« Ungeschicklichkeit. Wenn er nicht gekommen wäre, sagt sie, hätte sie womöglich bis zum Abend hier gestanden. Er entgegnet darauf nichts, aber als sie einsteigt, schließt er galant die Wagentür und gibt ihr über die heruntergekurbelte Fensterscheibe hinweg noch den Rat, den schadhaften Reifen bald ersetzen zu lassen. Sie sagt, sie werde ihren Tankwart noch am gleichen Tag entsprechend anweisen. Dann fährt sie davon.

Während der Mann sein Werkzeug aufräumt und allein zu seinem Wagen zurückgeht, bedauert er, daß er sich jetzt nicht die Hände waschen kann. Auch seine Schuhe, mit denen er während des Radwechsels in feuchtem Lehm gestanden ist, sind nicht mehr so sauber, wie sie es für seine Arbeit – er ist Vertreter – sein sollten. Wenn er seinen nächsten Kunden noch erreichen will, muß er sich beeilen. Er startet den Motor. »Diese Frauen«, denkt er, »eine blöder als die andere«, und er fragt sich im Ernst, was sie nur angestellt hätte, wenn er nicht gleich zur Stelle gewesen wäre. Er fährt, ganz gegen seine Gewohnheit, unvorsichtig schnell, um die Verspätung wieder aufzuholen. Nach einer Weile fängt er an, leise vor sich hinzusummen. Auf eine gewisse Art ist er glücklich.

Die meisten Männer hätten sich in der gleichen Situation gleich verhalten, die meisten Frauen ebenso: Die Frau läßt den Mann – nur aufgrund der Tatsache, daß er ein Mann ist und sie etwas ganz anderes, nämlich eine Frau – bedenkenlos für sich arbeiten, wann immer es eine Gelegenheit gibt. Mehr als auf die Hilfe eines Mannes zu warten, hätte diese Frau nicht unternehmen können, hat sie doch nichts weiter gelernt, als daß man bei einer Autopanne einen Mann mit der Reparatur beauftragt. Der Mann hingegen, der für einen ihm völlig fremden Menschen eine Dienstleistung rasch, fachkundig und kostenlos erledigt, seine Kleider ruiniert, den Abschluß eines Geschäfts in Frage stellt und sich am Ende noch durch überhöhte Geschwindigkeit in Gefahr bringt, hätte außer dem Radwechsel noch ein Dutzend anderer Defekte an dem Auto beheben können und hätte es auch getan, denn dafür hat er es ja gelernt. Und warum soll sich eine Frau mit Reparaturen befassen, wenn die Hälfte der Menschen – die Männer – das so gut kann und auch bereit ist, ihr Können der anderen Hälfte zur Verfügung zu stellen?

Die Frauen lassen die Männer für sich arbeiten, für sich denken, für sich Verantwortung tragen. Die Frauen beuten die Männer aus. Aber die Männer sind stark, intelligent, phantasievoll, die Frauen schwach, dumm und phantasielos. Warum werden trotzdem die Männer von den Frauen ausgebeutet und nicht umgekehrt?

Sind Kraft, Intelligenz und Phantasie am Ende gar nicht Voraussetzungen für Macht, sondern für Unterwerfung? Wird die Welt nicht von Könnern regiert, sondern von denen, die zu nichts anderem taugen: von Frauen? Und wenn es so ist – wie bringen es die Frauen dann fertig, daß ihre Opfer sich nicht betrogen und gedemütigt vorkommen, sondern als das, was sie am wenigsten sind – als die Herren? Wie geben sie ihnen dieses Gefühl des Glücks, wenn sie für sie arbeiten, dieses Bewußtsein des Stolzes und der Überlegenheit, das sie zu immer noch größeren Leistungen anspornt?

Warum werden die Frauen nicht entlarvt?

Was ist der Mann?

Was ist der Mann? Der Mann ist ein Mensch, der arbeitet. Mit dieser Arbeit ernährt er sich selbst, seine Frau und die Kinder seiner Frau. Eine Frau dagegen ist ein Mensch, der nicht (oder nur vorübergehend) arbeitet. Die meiste Zeit ihres Lebens ernährt sie weder sich selbst noch ihre Kinder, geschweige denn ihren Mann.

Alle Eigenschaften eines Mannes, die der Frau nützen, nennt sie *männlich*, und alle, die ihr nicht nützen und auch sonst niemandem, nennt sie *weibisch*. Der äußeren Erscheinung eines Mannes wird deshalb nur dann Erfolg bei den Frauen beschieden sein, wenn sie *männlich* ist, das heißt, wenn sie ganz auf den einzigen Daseinszweck des Mannes, die Arbeit, abgestimmt und dermaßen gestaltet ist, daß er jeder Aufgabe, die man ihm stellen könnte, jederzeit nachkommen kann.

Außer nachts, wenn die meisten Männer buntgestreifte Pyjamas mit nur zwei bis vier Taschen tragen, bekleiden sich die Männer mit einer Art Uniform in Grau oder Braun aus schmutzabweisendem, dauerhaftem Material. Diese Uniformen oder »Anzüge«, wie man sie nennt, haben mindestens zehn Taschen, in denen der Mann die notwendigsten Hilfsmittel, die er zu seiner Arbeit braucht, immer griffbereit bei sich trägt (die Kleidung der Frau hingegen hat, da eine Frau ja nicht arbeitet, weder am Tag irgendwelche Taschen noch bei Nacht).

Bei geselligen Anlässen ist es dem Mann erlaubt, Kleidung in der empfindlicheren Farbe Schwarz zu tragen, denn dort ist die Gefahr der Verschmutzung nicht groß, und außerdem kommt neben Schwarz die farbenprächtige Garderobe der Frau um so besser zur Geltung. Männer in grüner oder gar roter Gesellschaftskleidung, die man gelegentlich trifft, sind trotzdem gern gesehen: Lassen sie doch die anwesenden wirklichen Männer um so männlicher erscheinen.

Auch in seiner übrigen Erscheinung hat sich der Mann seiner Situation angepaßt. Seine Haare trägt er so, daß ein viertelstündiger Haarschnitt alle zwei bis drei Wochen zu ihrer Pflege ausreicht. Locken, Wellen oder Tönungen sind unerwünscht, sie würden ihn bei der Arbeit, die er vielfach im Freien verrichten muß oder die ihn zumindest oft ins Freie führt, nur behindern. Und selbst wenn er sie trüge und sie ihm gut stünden, würden sie seinen Erfolg bei den Frauen ganz gewiß nicht vergrößern, denn Frauen beurteilen Männer – ganz anders als Männer Frauen – niemals nach ästhetischen Gesichtspunkten. Männer, die vorübergehend individualistischen Haarschnitt tragen, merken das meist nach einiger Zeit von selbst und kehren zu einer der zwei bis drei Varianten der männlichen Kurz- oder Langhaar-Standardfrisuren zurück. Das gleiche gilt für Bartträger. Nur Übersensible – meist sind es mehr oder weniger intellektuelle Männer, die durch einen ungezügelten Bartwuchs den Eindruck geistiger Robustheit vortäuschen wollen – tragen über längere Zeit einen Vollbart. Da dies ein nicht unwichtiger Hinweis auf ihre Konstitution und somit auf die besondere Art ihrer Verwertbarkeit ist, wird es von Frauen als brauchbares Erkennungsmerkmal toleriert (es zeigt, auf welcher Ebene sich diese Männer am leichtesten ausbeuten lassen, nämlich bei der neurotischen Arbeit der Intellektuellen).

Im allgemeinen jedoch benutzt der Mann morgens drei Minuten lang einen Elektrorasierer, um seinen Bartwuchs im Zaum zu halten, und zur Pflege seiner Haut genügen ihm Wasser und Seife, denn von seinem Gesicht wird ja nichts weiter verlangt, als daß er es sauber und ungeschminkt, also für jedermann kontrollierbar, zur Schau stellt. Zu erwähnen wären noch die Fingernägel des Mannes: Sie sollen für die Arbeit so kurz wie möglich sein.

Ein männlicher Mann trägt – außer seinem Ehering, der anzeigt, daß er bereits von einer besonderen Frau auf eine besondere Art verwertet wird – keinen Schmuck. Die große, plumpe Uhr an seinem Handgelenk – wasserdicht, stoßfest und mit Datumsanzeige – ist wahrhaft kein Luxusgegenstand. Häufig wird sie ihm von der Frau geschenkt, für die er arbeitet.

Wäsche, Oberhemden und Socken des männlichen Mannes sind so genormt, daß sie sich von einem Mann zum anderen höchstens in der Größe unterscheiden. Man kann sie in jedem Laden ohne Zeitverlust erwerben. Lediglich bei der Auswahl der Krawatten hätte der Mann eine gewisse Freiheit, aber da er an Freiheit in gar keiner Form gewöhnt ist, überläßt er diese Wahl – wie übrigens die aller anderen Kleidungsstücke auch – der Frau.

Sosehr sich die Männer im Äußeren ähneln – ein Beobachter von einem fremden Stern müßte annehmen, sie legten es darauf an, sich wie ein Ei dem anderen zu gleichen –, ist die Art und Weise, wie sie ihre Männlichkeit, das heißt ihre Verwertbarkeit für die Zwecke der Frauen, unter Beweis stellen, doch sehr verschieden. Sie muß verschieden sein: Da die Frauen kaum arbeiten, braucht man die Männer für alles.

Es gibt Männer, die morgens um acht Uhr eine große Limousine vorsichtig aus einer Garage herausmanövrieren. Andere fahren eine Stunde früher mit einem Mittelklassewagen zu ihrem Arbeitsplatz, wiederum andere gehen, wenn es draußen noch stockfinster ist, mit einer alten Aktentasche unterm Arm, in der ein Overall und ein paar Frühstücksbrote liegen, zum Bus, zum Zug, in die Untergrundbahn und fahren zu der Baustelle oder Fabrik, bei der sie beschäftigt sind. Ein unbarmherziges Schicksal will es, daß die letzte Gruppe, die Ärmsten unter den Männern, auch noch von den am wenigsten attraktiven Frauen ausgebeutet wird. Denn da es Frauen bei Männern immer nur aufs Geld ankommt und Männern bei Frauen immer nur aufs Aussehen, werden ihnen die begehrenswerten Frauen aus ihrem Milieu immer von den besser verdienenden Männern weggenommen.

Es ist ganz gleichgültig, wie ein bestimmter Mann seinen Tag verbringt, eines hat er mit allen anderen gemeinsam: Er verbringt ihn auf eine demütigende Weise. Und er tut es nicht für sich selbst, zur Erhaltung seines eigenen Lebens – dafür würde eine viel kleinere Anstrengung genügen (Männer legen ohnehin keinen Wert auf Luxus) –, er tut es für andere, und er ist maßlos stolz darauf, daß er es für andere tut. Die Fotos seiner Frau und seiner Kinder stehen auf seinem Schreibtisch, er zeigt sie bei jeder Gelegenheit herum.

Was immer der Mann tut, wenn er arbeitet – ob er Zahlen tabelliert, Kranke heilt, einen Bus lenkt oder eine Firma leitet –, in jedem Augenblick ist er Teil eines gigantischen, unbarmherzigen Systems, das einzig und allein auf seine maximale Ausbeutung angelegt ist, und er bleibt diesem System bis an sein Lebensende ausgeliefert.

Es mag interessant sein, Zahlen zu tabellieren und Summen mit anderen Summen zu vergleichen – aber wie lang? Ein ganzes Leben lang? Sicher nicht. Vielleicht ist es ein phantastisches Gefühl, einen Bus durch eine Stadt zu dirigieren, aber wenn es Tag für Tag der gleiche Bus auf der gleichen Strecke in der gleichen Stadt ist, jahrein, jahraus? Und bestimmt ist es erregend, Macht über die vielen Menschen einer großen Firma zu haben. Aber wie, wenn man herausfindet, daß man eigentlich eher ihr Gefangener ist als ihr Beherrscher?

Die Spiele, die wir als Kinder spielten – spielen wir die auch heute noch? Natürlich nicht. Und auch als Kinder haben wir nicht immer das gleiche Spiel gespielt, wir spielten es genau so lang, wie es uns gefiel. Der Mann aber ist wie ein Kind, das ewig das gleiche Spiel spielen muß. Der Grund ist offensichtlich: Sobald er für eines seiner Spiele mehr gelobt wird als für andere, spezialisiert er sich später darauf und bleibt, weil er dafür »begabt« ist und damit am meisten Geld verdienen kann, ein Leben lang dazu verdammt. Wenn er in der Schule gut in Rechnen war, wird er sein Leben mit Rechnen verbringen – als Buchhalter, Mathematiker, Programmierer –, denn dort liegt sein Leistungsmaximum. Er wird rechnen, Zahlen tabellieren, Maschinen bedienen, die Zahlen tabellieren, aber er wird niemals sagen können: »Jetzt habe ich genug, mir reicht's, ich suche mir etwas anderes.« Die Frau, die ihn ausbeutet, wird nicht erlauben, daß er sich *wirklich* etwas anderes sucht. Er wird vielleicht, angespornt durch diese Frau, in der Hierarchie der Zahlentabellierer in mörderischen Kämpfen aufsteigen, es zum Prokuristen oder zum Bankdirektor bringen. Aber ist der Preis, den er für sein Gehalt zahlt, nicht ein bißchen zu hoch?

Ein Mann, der seine Lebensweise ändert – also seinen Beruf, denn leben ist für ihn das gleiche wie arbeiten –, gilt als unzuverlässig. Wechselt er mehrmals, wird er von der Gesellschaft ausgestoßen und bleibt allein. Denn die Gesellschaft, das sind die Frauen.

Die Furcht vor einer solchen Konsequenz muß beträchtlich sein: Würde sonst ein Arzt (der als Junge gern mit Kaulquappen und Einmachgläsern hantierte) sein ganzes Leben damit verbringen, nun ekelerregende Geschwüre aufzuschneiden, menschliche Ausscheidungen aller Art zu begutachten und sich Tag und Nacht mit Menschen abzugeben, die so aussehen, daß jeder andere vor ihnen die Flucht ergreift? Würde ein Pianist, der nichts weiter als ein Kind war, das gern musizierte, sonst zum tausendsten Mal jenes Nocturne von Chopin vorspielen? Würde ein Politiker, der seinerzeit im Schulhof zufällig die Handvoll Tricks herausfand, wie man Menschen führt, und gut damit umgehen konnte, im Erwachsenenalter jahrzehntelang all diese nichtssagenden Phrasen in der Rolle irgendeines subalternen Funktionärs von sich geben, all diese Grimassen schneiden und sich all das fürchterliche Gerede seiner ebenso subalternen Konkurrenten gefallen lassen? Er hat einmal von einem anderen Leben geträumt! Und selbst wenn er auf diesem Weg der Präsident der Vereinigten Staaten werden sollte: Hat er für diese Stellung dann nicht doch ein bißchen zuviel bezahlt?

Nein, es ist kaum anzunehmen, daß die Männer, was sie tun, gern und ohne den Wunsch nach Abwechslung tun. Sie tun es, weil sie dafür *dressiert* werden: Ihr ganzes Leben ist nichts als eine trostlose Folge von Dressurkunststückchen. Ein Mann, der diese Kunststückchen nicht mehr beherrscht, der weniger Geld verdient, hat »versagt« und verliert alles: seine Frau, seine Familie, sein Heim, den Sinn seines Lebens – jedwede Geborgenheit.

Man könnte natürlich auch sagen: Ein Mann, der nicht mehr genug Geld verdient, ist automatisch frei und könnte sich über das Happy-End freuen. Aber der Mann will nicht frei sein. Er funktioniert, wie wir später noch sehen werden, nach dem Modell der *Lust an der Unfreiheit.* Lebenslängliche Freiheit wäre für ihn noch schlimmer als lebenslängliche Sklaverei.

Anders formuliert: Der Mann sucht immer jemand oder etwas, dem er sich versklaven kann, denn nur als Sklave fühlt er sich geborgen – und seine Wahl fällt dabei meist auf die Frau. Wer oder was aber ist die Frau, daß er sich ausgerechnet ihr, der er dieses entwürdigende Leben verdankt und von der er darin nach allen Regeln der Kunst ausgebeutet wird, versklavt und daß er sich *ausgerechnet bei ihr* geborgen fühlt?

Was ist die Frau?

Wir haben gesagt, die Frau sei, im Gegensatz zum Mann, ein Mensch, der nicht arbeitet. Man könnte hier die Definition der Frau schon abschließen – viel mehr läßt sich wirklich nicht über sie sagen –, wäre nicht der Begriff *Mensch* ein zu umfassender, zu ungenauer Begriff, um Mann und Frau damit gleichzeitig zu definieren.

Das menschliche Dasein bietet die Wahl zwischen einer mehr animalischen – also tierähnlichen, niederen – Existenz und einer geistigen. Die Frau wählt fraglos die animalische. Körperliches Wohlbefinden, ein Nest und die Möglichkeit, darin ungehindert ihren Brutregeln nachzugehen, sind ihr das höchste.

Es gilt als erwiesen, daß Männer und Frauen mit den gleichen geistigen Anlagen geboren werden, daß es also keinen primären Intelligenzunterschied zwischen den Geschlechtern gibt. Ebenso erwiesen ist aber, daß Anlagen, die nicht entwickelt werden, verkümmern: Die Frauen benützen ihre geistigen Anlagen nicht, sie ruinieren mutwillig ihren Denkapparat und gelangen nach einigen wenigen Jahren sporadischen Gehirntrainings in ein Stadium sekundärer, irreversibler Dummheit.

Warum benützen die Frauen ihr Gehirn nicht? Sie benützen es nicht, weil sie, um am Leben zu bleiben, keine geistigen Fähigkeiten brauchen. Theoretisch wäre es möglich, daß eine schöne Frau weniger Intelligenz besitzt als beispielsweise ein Schimpanse und daß sie sich dennoch im menschlichen Milieu behauptet.

Spätestens mit zwölf Jahren – einem Alter, in dem die meisten Frauen beschlossen haben, die Laufbahn von Prostituierten einzuschlagen, das heißt, später einen Mann für sich arbeiten zu lassen und ihm als Gegenleistung ihre Vagina in bestimmten Intervallen zur Verfügung zu stellen – hört die Frau auf, ihren Geist zu entwickeln. Sie läßt sich zwar weiterhin ausbilden und erwirbt dabei allerlei Diplome – denn der Mann glaubt, daß eine Frau, die etwas auswendig gelernt hat, auch etwas weiß (ein Diplom erhöht also den Marktwert der Frau) –, doch in Wirklichkeit trennen sich hier die Wege der Geschlechter ein für allemal. Jede Verständigungsmöglichkeit zwischen Mann und Frau wird an diesem Punkt abgeschnitten, und zwar für immer.

Deshalb ist einer der wichtigsten Fehler, die dem Mann bei der Beurteilung der Frau immer wieder passieren, daß er sie für seinesgleichen hält, das heißt für einen Menschen, der mehr oder weniger auf der gleichen Gefühls- und Verstandesebene funktioniert wie er selbst. Der Mann kann das Verhalten seiner Frau von außen beobachten, hören, was sie redet, mit seinen Augen sehen, womit sie sich beschäftigt, aufgrund äußerer Zeichen schließen, was sie denkt – aber bei alldem richtet er sich nach seiner *eigenen* Wertskala. Er weiß, was *er* an ihrer Stelle reden, denken, tun würde. Und betrachtet er das – nach seinen Maßstäben – deprimierende Resultat seiner Studien, wird er daraus nur schließen, daß es irgend etwas geben muß, was die Frau daran hindert, das zu tun, was er selbst an ihrer Stelle gern tun würde. Denn er hält sich – und falls sich der Mensch als ein abstrakt denkendes Wesen definiert, mit Recht – für das Maß aller Dinge.

Erfährt er zum Beispiel aus seinen Beobachtungen, daß eine

Frau soundsoviel Stunden am Tag mit Kochen, Saubermachen und Geschirrspülen verbringt, so wird er daraus nicht folgern, daß diese Tätigkeiten sie befriedigen, weil sie ihrem geistigen Niveau ideal entsprechen. Er denkt, daß es gerade das sein muß, was sie an allem anderen hindert, und bemüht sich, ihr Geschirrspülautomaten, Staubsauger und Fertiggerichte zur Verfügung zu stellen, die ihr diese stupiden Arbeiten abnehmen und sie in die Lage versetzen, ein Leben zu führen, wie er es für sich selbst erträumt.

Doch er wird enttäuscht sein: Statt daß die Frau jetzt anfängt, ein Leben des Geistes zu führen, sich um Politik, Geschichte oder die Erforschung des Weltraums zu kümmern, verwendet sie die gewonnene Zeit darauf, Kuchen zu backen, Unterwäsche zu bügeln, Rüschchen zu nähen oder, wenn sie ganz unternehmungslustig ist, die sanitären Einrichtungen des Badezimmers mit Blümchengirlanden zu bekleben.

Da der Mann glauben muß (beziehungsweise da die Frau ihn glauben macht – denn welcher Mann legt schon wirklich Wert auf gebügelte Unterwäsche, Blümchenmuster oder Kuchen, der nicht vom Konditor kommt?), das alles brauche man zum Leben, gehöre zumindest zur *Kultur*, erfindet er den Bügelautomaten für sie, den gebrauchsfertigen Kuchenteig, den industriell verzierten Klosettpapierhalter. Aber die Frau fängt noch immer nicht an, etwas zu lesen, sie kümmert sich noch immer nicht um Politik, und die Erforschung des Universums läßt sie absolut ungerührt. Die Zeit, die sie gewonnen hat, kommt ihr gerade recht: Endlich kann sie sich jetzt um *sich selbst* kümmern. Und weil ihr bekanntlich Sehnsucht nach geistigen Dingen fremd ist, versteht sie darunter natürlich ihre äußere Erscheinung.

Der Mann, der die Frau liebt und nichts sehnlicher wünscht als ihr Glück, macht auch dieses Stadium mit: Er produziert für sie den kußechten Lippenstift, das tränenfeste Augen-Make-up, die Heimdauerwelle, die bügelfreie Rüschchenbluse, die Unterwäsche zum Wegwerfen. Dabei hat er immer noch das gleiche Ziel vor Augen: daß das alles einmal ein Ende nehmen wird, daß alle spezifisch weiblichen, ihm fremden, also »höheren« Lebensbedürfnisse der »von Natur aus empfindlicheren, sensibleren« Frau – wie er glaubt – erfüllt sein werden und sie aus ihrem Leben endlich das macht, was er einzig und allein für lebenswert hält: das Leben eines *freien* Mannes.

Und er wartet. Da die Frau nicht von allein zu ihm kommt, beginnt er sie in seine Welt zu *locken*: Er propagiert Koedukation auf den Schulen, um ihr von klein an seinen Lebensstil vorzuführen. Er holt sie mit allen möglichen Ausreden auf seine Universitäten, um sie in die von ihm entdeckten Geheimnisse einzuweihen und in der Hoffnung, sie gewänne durch direkte Anschauung Geschmack an den großen Dingen. Er verschafft ihr Zugang auch zu den letzten Ehrenämtern, die er bisher noch exklusiv ausgeübt hat (gibt dabei ihm heilige Traditionen auf), und animiert sie zur Wahrnehmung ihres politischen Wahlrechts, damit sie die von ihm ausgeklügelten Systeme der Staatsverwaltung nach ihren Vorstellungen verändern kann (vielleicht erhofft er sich in der Politik von ihr sogar den Frieden, denn er schreibt ihr ja pazifistisches Charisma zu).

Er ist so konsequent und verbissen bei seiner vermeintlichen Aufgabe, daß er nicht merkt, wie lächerlich er sich macht. Lächerlich nach seinen eigenen Maßstäben, nicht nach denen der Frau: Diese ist unfähig, Abstand zu gewinnen, und deshalb völlig humorlos.

Nein, die Frauen lachen nicht über die Männer. Sie könnten höchstens eines Tages ärgerlich über sie werden. Noch erscheinen die alten Fassaden – Haushalt, Versorgung der Kinder –, mit denen sie ihren Verzicht auf eine geistige Existenz kaschieren, nach außen hin nicht baufällig genug, um den vorzeitigen Abgang der Mädchen aus den Hochschulen und ihren Verzicht auf die anspruchsvolleren Berufe nicht wenigstens pro forma zu rechtfertigen. Wie wird es aber sein, wenn die Hausarbeit *noch* mehr automatisiert ist, wenn es wirklich *genug* gute Kindertagesstätten gibt oder wenn die Männer gar entdecken – was eigentlich längst fällig wäre –, daß man zum Leben *Kinder* überhaupt nicht braucht?

Wenn der Mann nur einmal in seiner blinden Aktivität einhalten und Bilanz ziehen würde, so müßte er feststellen, daß seine Bemühungen um die geistige Belebung der Frau ihn nicht einen Schritt weitergebracht haben. Daß die Frau zwar von Tag zu Tag geputzter, gepflegter und »kultivierter« wird, daß sie aber immer nur höhere materielle Ansprüche an ihr Leben stellt und niemals geistige.

Hat sie zum Beispiel seine Art zu denken, die er auf seinen Hochschulen lehrt, je zur Entwicklung eigener Theorien verleitet? Hat sie seine Forschungsinstitute, die er für sie geöffnet hat, jemals für eigene Forschungen in Anspruch genommen? – Es müßte dem Mann allmählich auffallen, daß die Frau all die wundervollen Bücher, die er ihr in seinen Bibliotheken zur Verfügung stellt, einfach nicht liest. Daß seine phantastischen Kunstwerke, die er ihr in seinen Museen zeigt, sie bestenfalls zur Imitation anregen. Daß all die Aufrufe zur Selbstbefreiung, die er ihr in Filmen und Theaterstücken auf ihrem eigenen Niveau in ihrer eigenen Sprache nahebringen will, von ihr immer nur nach ihrem Unterhaltungswert beurteilt werden und sie nie, aber auch wirklich nie zur Revolte verleiten.

Es ist ganz logisch, daß der Mann, der die Frau für seinesgleichen hält und dabei mitansehen muß, was für ein stupides Leben sie neben ihm führt, glaubt, *er* unterdrücke *sie*. Doch solange man sich erinnert, ist die Frau nicht mehr zu irgendeiner Unterwerfung unter den Willen des Mannes gezwungen worden, im Gegenteil: Es sind ihr alle Möglichkeiten zur Verfügung gestanden, sich unabhängig zu machen. Wenn sich also die Frau in dieser langen Zeit nicht von ihrem »Joch« befreit hat, dann gibt es dafür nur eine Erklärung: Sie hat keins.

Der Mann liebt seine Frau, aber er verachtet sie auch, weil ein Mensch, der morgens auszieht, um voller Energie neue Welten zu erobern – was ihm dann, aus Gründen des Broterwerbs, freilich nur selten gelingt –, einen, der das nicht will, verachtet. Und das ist es, was den Mann vielleicht am meisten dazu bringt, sich um die geistige Entwicklung der Frau zu bemühen: Er schämt sich für sie und glaubt, sie schäme sich auch. Er möchte ihr wie ein Gentleman aus der Verlegenheit helfen.

Was er nicht weiß, ist, daß die Frauen diese Neugier, diesen Ehrgeiz, diesen Tatendrang, die ihm so selbstverständlich erscheinen, nicht kennen. Wenn sie nicht an der Welt der Männer teilnehmen, dann deshalb, weil sie nicht wollen: Sie haben kein Bedürfnis nach dieser Welt. Die Art Unabhängigkeit der Männer wäre für sie vollkommen wertlos, sie fühlen sich nicht abhängig. Die geistige Überlegenheit des Mannes schüchtert sie nicht ein, Ehrgeiz in geistigen Dingen kennen sie ja nicht.

Die Frauen können wählen, und das ist es, was sie den Männern so unendlich überlegen macht: Jede von ihnen hat die Wahl zwischen der Lebensform eines Mannes und der eines dummen, parasitären Luxusgeschöpfes – und so gut wie jede wählt für sich die zweite Möglichkeit. Der Mann hat diese Wahl nicht.

Würden sich die Frauen von den Männern unterdrückt fühlen, hätten sie doch ihnen gegenüber Haß oder Furcht entwikkelt, wie man dies Unterdrückern gegenüber nun einmal tut – doch die Frauen hassen die Männer nicht, und sie fürchten sie auch nicht. Würden die Männer sie mit ihrem größeren Wissen demütigen, so hätten sie – da ihnen alle Mittel zur Verfügung stehen – danach getrachtet, es ihnen gleichzutun. Würden die Frauen sich unfrei fühlen, dann hätten sie sich wenigstens jetzt, in dieser günstigsten Konstellation ihrer Geschichte, endlich von ihren Unterdrückern befreit.

In der Schweiz (einem der am höchsten entwickelten Staaten der Welt, in dem die Frauen bis vor kurzem noch kein politisches Wahlrecht hatten) ließ man in einem bestimmten Kanton die Frauen über die Einführung des Frauenwahlrechts selbst abstimmen – die Mehrheit entschied sich dagegen. Die schweizerischen Männer waren bestürzt, glaubten sie doch in diesem unwürdigen Verhalten das Werk ihrer jahrhundertelangen Bevormundung zu sehen.

Wie sie sich irren: Die Frau fühlt sich durch den Mann alles andere als bevormundet. Eine der vielen deprimierenden Wahrheiten im Verhältnis zwischen den Geschlechtern ist ganz einfach die, daß in der Welt der Frauen der Mann praktisch nicht existiert. Der Mann ist der Frau nicht wichtig genug, daß sie sich gegen ihn auflehnt. Ihre Abhängigkeit von ihm ist ja nur materieller, gewissermaßen »physikalischer« Art. Es ist die Abhängigkeit eines Touristen von seiner Fluggesellschaft, eines Wirts von seiner Kaffeemaschine, eines Autos von Benzin, eines Fernsehgeräts von Strom. Solche Abhängigkeiten bereiten keine Seelenqualen.

Ibsen, der dem gleichen Irrtum erlegen war wie die anderen Männer, hat sich die Mühe gemacht, mit seiner ›Nora‹ eine Art Befreiungsmanifest für alle Frauen zu schreiben. Aber die Uraufführung des Stückes im Jahr 1880 hat lediglich bei den Männern einen Schock bewirkt. Sie schworen sich, noch verbissener für menschenwürdige Lebensbedingungen der Frau zu kämpfen.

Bei den Frauen selbst übrigens haben sich die Emanzipationsbestrebungen wie üblich in einer *modischen* Variante erschöpft: Eine Zeitlang gefielen sie sich in der oft belächelten Maskerade der Suffragetten.

Einen ähnlich tiefen Eindruck hat später die Philosophie Sartres auf die Frauen gemacht. Zum Beweis, daß sie alles verstanden hatten, ließen sie sich die Haare bis zur Taille wachsen und trugen dazu Hosen und schwarze Pullover.

Das gleiche widerfuhr den Lehren des Kommunistenführers Mao Tse-tung; für die Dauer einer Saison war der »Mao-Look« in Mode.

Der weibliche Horizont

Was immer die Männer anfangen, um den Frauen zu imponieren: In der Welt der Frauen zählen sie nicht. In der Welt der Frauen zählen nur die anderen Frauen.

Wenn eine Frau bemerkt, daß ein Mann sich auf der Straße nach ihr umdreht, freut sie sich natürlich. Ist dieser Mann teuer angezogen oder fährt er gar einen teuren Sportwagen, dann ist die Freude um so größer. Sie ist etwa mit jenem Gefühl vergleichbar, das ein Aktionär bei der Lektüre eines positiven Börsenzettels empfindet. Ob der Mann für die Frau gut aussieht oder nicht, sympathisch oder nicht, intelligent oder nicht, spielt keine Rolle. Dem Aktionär ist es ja auch gleichgültig, mit welchen Farben seine Coupons bedruckt sind.

Erlebt diese Frau hingegen, daß sich eine andere Frau nach ihr umwendet – was wirklich nur im äußersten Fall geschieht, denn die Maßstäbe, nach denen Frauen sich gegenseitig messen, sind viel unbarmherziger als die der Männer –, hat sie ihr Höchstes erreicht. Dafür lebt sie: für die Anerkennung, für die Bewunderung, für die »Liebe« der anderen Frauen.

Denn in der Welt der Frauen existieren nur die anderen Frauen: die Frauen, mit denen sie beim Kirchgang, Elternabend oder im Supermarkt zusammentreffen. Die Frauen, mit denen sie sich über die Hecken ihrer Vorgärten hinweg unterhalten. Die Frauen, an denen sie beim Einkaufsbummel in den eleganten Geschäftsstraßen oder bei festlichen Abendveranstaltungen scheinbar achtlos vorübergehen. Sie messen sich mit dem, was in *deren* Köpfen ist, nicht in denen der Männer, *ihr* Urteil ist für sie ausschlaggebend, nicht das der Männer, und für ein schlichtes Lob aus dem Mund einer anderen Frau verzichten sie gern auf all die unbeholfenen Komplimente ihrer Liebhaber, die doch immer nur dilettantisch sein können. Denn Männer haben keine Ahnung, in welcher Welt die Frauen wirklich leben, und übersehen so bei ihren Lobeshymnen immer alle wichtigen Gesichtspunkte.

Dann wollen die Frauen den Männern also gar nicht gefallen? Vergessen wir nicht, daß die Männer ihre materielle Basis sind. Aber die Bedürfnisse der Männer wären, da sie in bezug auf Frauen so gut wie ausschließlich auf Sexsymbole und eine gewisse Verfremdung durch Schminke reagieren, mit viel weniger Aufwand zu befriedigen. Zum Beispiel durch lange Haare, bemalte Lippen, enganliegende Pullover, kurze Röcke, durchsichtige Strümpfe, Stöckelabsätze. Doch die lebenden weiblichen Kunstwerke, die man in den eleganten Einkaufsstraßen von Paris, Rom oder New York trifft, sind den Wünschen und dem Verständnis der Männer weit entrückt. Einen Lidschatten gut zu plazieren und abzutönen erfordert eine hohe Kultur; die Wahl eines bestimmten Lippenstifts, die Technik, ihn optimal, mit Pinseln oder direkt, in Schichten oder nicht in Schichten, aufzutragen, die gewünschten Wirkungen und die unerwünschten Nebenwirkungen von falschen Wimpern in ein optimales Verhältnis zu bringen und am Schluß alles in sich und mit dem Kleid, der Stola, dem Mantel, der Beleuchtung abzustimmen, erfordert Spezialistentum. Ein Mann hat dafür keinen Sinn, er hat überhaupt keine Kultur in bezug auf weibliche Maskerade entwickelt und kann deshalb wandelnde Kunstwerke dieser Art in ihrer ganzen Größe überhaupt nicht adäquat bewerten. Denn dazu braucht man Zeit, Geld und eine unendliche geistige Beschränktheit – Voraussetzungen, die sich ausschließlich bei Frauen finden lassen.

In anderen Worten: Eine Frau wird einen Mann immer nur so weit beeindrucken wollen, daß er bei ihr bleibt und sie – im weitesten Sinn allerdings – ernährt. Alles, was sie sonst noch in sich investiert, zielt auf die anderen Frauen: Außerhalb seiner Funktion als Ernährer mißt die Frau dem Mann keinen Wert zu.

Wenn ein Unternehmen hinter einer Spitzenarbeitskraft her ist, wird es versuchen, sie mit den äußersten Mitteln so lange zu ködern, bis sie weich ist. Es weiß, daß es sich nach Unterzeichnung des Vertrags schadlos halten kann. Es sitzt immer am längeren Hebel. Mit den Frauen ist es das gleiche: Sie lassen ihrem Mann nur so viel Leine, daß er das Leben an ihrer Seite einer Kündigung des Vertrags gerade noch vorzieht.

Überhaupt kann man eine Frau gut mit einer Firma vergleichen. So wie eine Firma ein neutrales System zur Gewinnmaximierung ist, so ist die Frau ohne persönliche Liebe, Bosheit und ohne Haß mit dem Mann verbunden, der für sie arbeitet. Wenn er sie verläßt, bekommt sie es natürlich mit der Angst zu tun, denn ihre wirtschaftliche Existenz steht ja auf dem Spiel. Aber dies ist eine rationale Angst, sie hat rationale Ursachen und läßt sich ausschließlich rational – ohne daß sich Abgründe auftun könnten – kompensieren. Zum Beispiel dadurch, daß sie einen anderen Mann unter Vertrag nimmt. Diese Angst hat also überhaupt nichts mit den Empfindungen eines Mannes zu tun, der sich in der gleichen Situation in Eifersucht, Minderwertigkeitsgefühlen oder Selbstmitleid verzehrt.

Da ein Mann eine Frau immer nur wegen einer anderen Frau verläßt und nie, um frei zu sein, gibt es für eine Frau keinen Grund, ihn zu beneiden oder gar eifersüchtig zu werden. Er verbessert ja in ihren Augen seine Position um nichts. Das existentielle Abenteuer, das ihrem Mann durch die neue Liebe zu einer anderen Frau widerfährt, beobachtet sie aus der Perspektive eines kleinen Unternehmers, der seinen besten Angestellten an die Konkurrenz verliert und sich nun der Mühe unterziehen muß, einen brauchbaren Ersatz aufzutreiben. Liebeskummer ist also für die Frau bestenfalls das Gefühl, daß ihr ein gutes Geschäft davonschwimmt.

Deshalb ist es auch absurd, wenn ein Mann zum Beispiel seine Frau für *treu* hält, nur weil sie ihn nicht mit anderen, in seinen Augen weit attraktiveren Männern seiner Umgebung betrügt. Warum sollte sie das tun, solange er gut für sie arbeitet und sie dadurch die Freuden haben kann, auf die es ihr *wirklich* ankommt? Die Treue einer Frau hat mit der Treue eines Mannes prinzipiell nichts gemein: Frauen sind, im Gegensatz zu Männern, für das Äußere ihres Partners so gut wie unempfindlich. Flirtet eine Frau mit dem besten Freund ihres Mannes, dann will sie damit bestimmt nur dessen Frau ärgern und nicht ihren Mann, denn nur deren Gefühle sind für sie wichtig (wenn es ihr um den Mann ginge, würde sie das bestimmt nicht so offen zeigen). Gruppensexpraktiken sind lediglich eine Variante des in manchen Gesellschaftskreisen überholten Flirts. Auch hier kommt es der Frau nur auf die anderen Frauen an und nicht auf deren Männer. Die Geschichte ist voll von Anekdoten über Könige und Fürsten, die sich mit mehreren Mätressen zugleich vergnügten. Über weibliche Potentaten kursieren solche Histörchen kaum: Eine Frau würde sich beim Gruppensex nur mit Männern zu Tode langweilen; das war schon immer so und wird sich nicht ändern.

Würden die Frauen auf das *Aussehen* der Männer reagieren, hätte es sich die Werbung längst zunutze gemacht. Da die Frauen – dank des Geldes, das die Männer für sie verdienen – über eine weit größere Kaufkraft verfügen als die Männer (darüber gibt es aufschlußreiche Statistiken), würden die Fabrikanten selbstverständlich versuchen, den Kauf ihrer Produkte durch Fotos und Werbespots von schönen, kräftigen Männern mit ausgeprägten sekundären Geschlechtsmerkmalen zu stimulieren. Aber das Gegenteil ist der Fall: Wohin man sieht, präsentieren die Werbeagenturen schöne Mädchen, die zum Kauf von Pauschalreisen, Autos, Waschpulver, Fernsehgeräten oder Schlafzimmereinrichtungen verführen sollen.

Die Filmproduzenten finden erst jetzt allmählich heraus, daß man den Frauen statt der gewohnten *beaus* genausogut häßliche Liebhaber, wie etwa Belmondo, Walther Matthau oder Dustin Hoffman, vorzeigen kann. Die Männer, die in physischer Hinsicht ein sehr niederes Selbstwertgefühl haben und sich nur ausnahmsweise für schön halten – schön sind in ihren Augen nur die Frauen –, können sich mit häßlichen Schauspielern leichter identifizieren. Solange nur die weiblichen Hauptrollen weiterhin mit schönen Stars besetzt bleiben, konsumieren die Frauen diese Filme ebenso gern wie die mit Rock Hudson, denn wirklich interessieren werden sie nur die darin vorkommenden Frauen.

Dieser Umstand konnte dem Mann eigentlich nur deshalb verborgen bleiben, weil er ständig erlebt, wie eine Frau die andere diffamiert. Wenn er immer wieder hört, wie seine Frau die krumme Nase, den flachen Busen, die X-Beine oder die fülligen Hüften einer anderen kritisiert, muß er logischerweise annehmen, die Frauen könnten sich gegenseitig nicht ausstehen oder fänden sich zumindest ganz und gar reizlos. Doch das ist natürlich eine Fehlinterpretation: Einen Firmeninhaber, der ständig vor seinen Angestellten die Konkurrenzfirma lobt, würde man ja auch für wahnsinnig halten. Er wäre seine besten Angestellten sicher bald los. Politiker müssen die gleiche Art Komödie aufführen und sich gegenseitig öffentlich verteufeln; dabei würde sich Nixon bestimmt viel lieber mit Breschnew oder Fidel Castro auf eine einsame Insel verbannen lassen als mit dem hochgelobten Mann von der Straße, der ihm das Mandat verschafft hat. Mit dem Mann von der Straße verbindet ihn so gut wie nichts.

Wenn es sich die Frauen materiell leisten könnten, würden sie sich bestimmt eher mit anderen Frauen zusammentun als mit Männern. Nicht etwa, weil sie alle lesbisch wären. Was die Männer die lesbische Veranlagung der Frau nennen, hat vermutlich wenig mit dem Geschlechtstrieb der Frauen zu tun. Nein – die beiden Geschlechter haben so gut wie keine gemeinsamen Interessen. Was also sollte die Frauen bei den Männern halten, wenn nicht das Geld? Sie selbst hätten untereinander so viel Gemeinsamkeit, denn der weibliche Intellekt und das weibliche Gefühlsleben sind auf einem primitiven, das heißt allgemeinen Niveau stehengeblieben, und es gibt so gut wie keine individualistisch oder außenseiterisch veranlagten Frauen. Man könnte sich gut vorstellen, was für ein anregendes Leben sie miteinander führen würden – ein paradiesisches Leben vielleicht, wenn auch auf einem schauderhaft niedrigen Niveau. Aber wen könnte das schon stören?

Das schönere Geschlecht

Der Mann wäre für einen außerirdischen Betrachter sicher das anbetungswürdigste Wesen auf diesem Planeten; jedenfalls steht außer Zweifel, daß er ihn weit attraktiver finden müßte als beispielsweise die Frau. Denn der Frau gegenüber hat er zwei Vorzüge: Er ist schön, und er ist intelligent.

Nur dank einer jahrhundertelangen Verwirrung aller Wertmaßstäbe kann es möglich geworden sein, die Frau als »das schöne Geschlecht« zu apostrophieren. Allein die Tatsache, daß sie dümmer ist als der Mann, würde genügen, diese absurde Behauptung zu widerlegen. Ein dummer Mensch kann niemals schön sein, es sei denn, man legt den kreatürlichen Charakter des Menschen bei der Beurteilung zugrunde. Und es muß betont werden, daß vor allem der Mann selbst den Fehler begeht, die Frau nach Maßstäben zu bewerten, die Mensch und Tier auf die gleiche Stufe stellen. Das ist wohl nötig, denn in der Gruppe *homo sapiens* hätte sie nicht die geringste Chance.

Der Mann braucht, wie wir noch sehen werden, die Frau, um sich ihr zu unterwerfen. Und um vor sich selbst zu bestehen, läßt er nichts unversucht, sie mit Qualitäten auszustatten, die seine Unterwerfung rechtfertigen. Da sie ihren Geist noch nie unter Beweis gestellt hat, kann er sie nicht gut für geistreich halten (obwohl er mit der Erfindung des Begriffs »weibliche Intuition« auch in dieser Richtung schon Versuche unternommen hat). Also nennt er sie schön.

Ästhetische Maßstäbe erzwingen die Haltung der Subjektivität, jedes ästhetische Urteil ist ein Akt persönlicher Freiheit. Aber die Subjektivität wird leicht zum Alibi, und der Mann läßt sich gern versklaven. Nur weil die Frau sich auf eine Weise herausputzt, die darauf abzielt, alle Blicke auf sich zu lenken, setzt der Mann voraus, sie habe auch einen Grund dazu. Er findet sie schön, weil sie sich selbst schön findet. Und er ist ihr dankbar dafür, daß sie ihm erlaubt, sie schön zu finden.

Sie unterstützt diesen Anspruch auch noch mit einem Trick: Da sich das höchste Ideal der Frau – ein Leben ohne Arbeit und Verantwortung – mit dem eines Kindes deckt, imitiert sie das Kind. Kinder sind »rührend« hilflos, sie haben einen lustigen kleinen Körper mit lustigen kleinen Gliedmaßen, über ihren lustigen kleinen Fettpolstern spannt sich makellose, junge, zarte Haut. Sie können leicht zum Lachen gebracht werden, benehmen sich überhaupt possierlich – sie sind eine Verniedlichungsform des Erwachsenen –, und da sie sich nicht selbst ernähren können, ist es selbstverständlich, daß man für sie sorgt und ihnen alle Schwierigkeiten aus dem Weg räumt. Das ist durch einen biologischen Mechanismus gesichert: Spezies, die ihre Nachkommenschaft zugrunde gehen lassen, sterben aus.

Durch eine raffinierte Kosmetik, die darauf abzielt, ihren *Baby-Look* zu konservieren und ein hilflos-niedliches Geplapper, in dem Ausdrücke des Erstaunens, der Überraschung und der Bewunderung (»Oh!«, »Ah!«, »Wundervoll!«) die Hauptrolle spielen, versucht sie, ihrer Umwelt so lang wie möglich das süße liebe kleine Mädchen vorzugaukeln. Denn dadurch, daß sie ihr Kindergesicht und eine gewisse Attitüde der Hilflosigkeit bewahrt, appelliert sie an die Beschützerinstinkte des Mannes und veranlaßt ihn, für sie zu sorgen.

Diese Rechnung ist, wie alles, was die Frau selbständig unternimmt, so dumm und kurzsichtig, daß es an ein Wunder grenzt, wenn sie trotzdem aufgeht. Solang sie nämlich das Babygesicht als weibliches Schönheitsideal propagiert, muß sie sich spätestens mit fünfundzwanzig Jahren in einer Sackgasse wiederfinden. Mit allen Tricks der Kosmetik (in Frauenzeitschriften liest man tatsächlich, die Frau habe beim Denken Denkfalten und beim Lachen Lachfalten zu vermeiden) läßt es sich nicht verhindern, daß sie in diesem Alter das Gesicht einer Erwachsenen bekommt. Aber was soll der Mann, der darauf dressiert wurde, nur süße kleine Mädchen schön, liebenswert und hilfsbedürftig zu finden, mit einer erwachsenen Frau anfangen?

Was soll er anfangen mit einer Frau, deren glatte, feste Rundungen zu schwabbeligen Fettklumpen unter einer schlaffen, weißen Hautdecke geworden sind? Deren Stimme nicht mehr kindlich klingt, sondern schrill? Deren Lachen nicht mehr spontan und fröhlich ist, sondern stoßweise und wiehernd? Mit einer Schreckschraube, deren abstoßend dummes Geschwätz jetzt, da es nicht mehr aus Kindermund kommt, an seinen Nerven zerrt und in deren Gesicht die vielen überraschten »Ahs« und »Ohs« immer seltener den Ausdruck naiven Erstaunens hervorzaubern und immer häufiger den des Schwachsinns? Keinerlei erotische Wunschträume wird die kindische Mumie jemals wieder entzünden. Man möchte glauben, endlich sei es aus mit ihrer Macht.

Doch die Rechnung der Frauen geht, wie gesagt, trotzdem auf, und zwar aus zwei Gründen: erstens, weil sie mit Hilfe der Kinder, die sie inzwischen geboren haben, wiederum Schutzlosigkeit vortäuschen können, und zweitens, weil es auf der Welt einfach nicht genug *junge* Frauen gibt.

Es liegt wohl auf der Hand, daß die Männer, hätten sie nur die Wahl, ihre erwachsen gewordenen Baby-Frauen von Herzen gern gegen jüngere eintauschen würden. Doch weil das zahlenmäßige Verhältnis zwischen den Geschlechtern annähernd eins zu eins ist, es also nicht für jeden Mann zu jeder Zeit eine junge Frau geben kann – und weil er zum Leben unbedingt eine Frau braucht –, bleibt er bei der, die er schon hat.

Der Beweis ist leicht zu erbringen. Wenn der Mann tatsächlich wählen kann, wählt er immer die jüngere Frau. Marilyn Monroe oder Liz Taylor waren in dem Augenblick passé, als sich zum ersten Mal ihre Fältchen nicht mehr vollständig verkleistern ließen: Der Mann hat an der Kinokasse einfach das Billett für eine jüngere gekauft. Wer es sich finanziell leisten kann, wählt nicht nur an der Kinokasse, sondern auch im Leben. Die Manager aus Finanzwelt und Showbusiness tauschen regelmäßig ihre altgedienten Ehefrauen gegen jüngere ein. Da sie gute Ablösungen bezahlen, findet niemand etwas dabei, nicht einmal die Frau selbst (die ist vermutlich froh, den Mann so günstig loszuwerden).

Aber diesen Luxus können sich nur die reichen Männer leisten. Wenn ein armer Schlucker sich aufbläst und in einem Augenblick des Überschwangs und der Verblendung zum zweiten Mal eine junge Frau nimmt, kann er sicher sein, daß er sie bald wieder verliert, weil sein Geld zum Unterhalt von zwei Frauen (und der Kinder, auf denen auch die zweite bestehen wird) nicht ausreicht: Hat eine schöne junge Frau die Wahl zwischen einem älteren und einem jüngeren Mann mit gleichem Einkommen, wird sie auf jeden Fall den jüngeren bevorzugen, und zwar nicht, weil dessen Jugend sie ästhetisch oder sympathisch beeinflussen würde, sondern weil er länger für sie sorgen kann. Die Frauen wissen genau, was sie von einem Mann erwarten, daher wissen sie auch, wie sie sich zu entscheiden haben. – Vermutlich ist es noch nie vorgekommen, daß eine Frau einen armen zwanzigjährigen Mann einem reichen vierzigjährigen vorgezogen hätte.

Es ist ein großes Glück für die erwachsenen Frauen, daß die Männer sich selbst nicht für schön halten. Dabei sind die meisten Männer schön. Mit ihrem glatten, von der Arbeit trainierten Körper, ihren kräftigen Schultern, ihren muskulösen Beinen, ihren melodischen Stimmen, ihrem warmen, menschlichen Lachen, ihrem intelligenten Gesichtsausdruck und ihren ausgewogenen – weil sinnvollen – Bewegungen stellen sie alles in den Schatten, was die Frau auch bei rein kreatürlicher Betrachtungsweise jemals sein könnte. Und da sie im Gegensatz zur Frau arbeiten und ihren Körper ständig sinnvoll weiterbenützen, bleibt er auch länger schön als ihrer, der infolge fehlenden Trainings rasch verfällt und nach fünfzig Jahren nichts weiter mehr ist als ein beliebiger Haufen menschlicher Zellen (man beobachte nur einmal auf der Straße die fünfzigjährigen Hausfrauen und vergleiche ihr Aussehen mit dem gleichaltriger Männer).

Aber die Männer wissen nicht, daß sie schön sind. Es sagt ihnen niemand. Man faselt von der »Anmut« der Frauen, vom »Liebreiz« der Kinder, vom »Zauber« der Tierwelt. Doch wenn vom Mann die Rede ist, dann lobt man höchstens seinen Mut, seine Tapferkeit, seine Entschlossenheit – lauter Eigenschaften, die sich auf seine Verwertbarkeit für die Zwecke der Frauen beziehen und nie auf seine äußere Erscheinung. Es gibt wohl außerhalb der medizinischen Lehrbücher keine Beschreibung des Mannes, die sich lang mit der Form seiner Lippen, der Farbe seiner Augen bei dieser oder jener Beleuchtung, beim kräftigen Wuchs seiner Haare, der Zartheit seiner Brustwarzen oder der Ebenmäßigkeit seiner Hodensäcke aufhielte. Und der Mann selbst wäre höchst erstaunt und belustigt, wenn man ihn wegen dieser Merkmale seines Körpers loben würde.

Der Mann ist nicht daran gewöhnt, daß man von seinem Aussehen redet. Die erwachsene Frau, die meist häßlich ist und somit genug Anlaß hätte, sich der Bewunderung des Mannes hinzugeben (und Zeit dazu hätte), sieht ihn nicht. Das ist keine Böswilligkeit oder gar Berechnung, aber für sie ist der Mann eine Art Maschine, die materielle Werte produziert. Eine Maschine beurteilt man nicht nach ästhetischen, sondern nach funktionellen Gesichtspunkten. Der Mann ist der gleichen Ansicht und beurteilt sich ebenso. Die Männer sind viel zu sehr in den Arbeitsprozeß eingespannt und vom permanenten Konkurrenzkampf zermürbt, um sich mit Abstand sehen zu können.

Vor allem aber wollen die Männer gar nicht wissen, ob sie schön sind oder nicht. Um ihrem Kampf einen Sinn zu geben, *müssen* ganz einfach die Frauen die Schönen sein, die Hilflosen, die Anbetungswürdigen. Und deshalb nennen sie sie weiterhin, in Ermangelung einer genaueren Definition für ihre widersprüchlichen Eindrücke, »das schöne Geschlecht«.

Das Universum ist männlich

Der Mann ist – im Gegensatz zur Frau – schön, weil er – im Gegensatz zur Frau – ein geistiges Wesen ist.

Das bedeutet:

Der Mann ist neugierig (er will wissen, wie die Welt um ihn herum aussieht und wie sie funktioniert).

Der Mann denkt (er zieht Folgerungen aus den Daten, die er vorfindet).

Der Mann ist schöpferisch (er macht, aufgrund seiner Kenntnisse über Vorhandenes, etwas Neues).

Der Mann fühlt. (Auf seiner außerordentlich breiten, außerordentlich vieldimensionalen Gefühlsskala registriert er nicht nur Herkömmliches in feinsten Abstufungen. Er schafft und entdeckt auch neue Gefühlswerte und macht sie durch sensible Beschreibungen auch anderen zugänglich oder stellt sie in Beispielen künstlerisch dar.)

Von allen Qualitäten des Mannes ist seine Neugier sicher die ausgeprägteste. Diese Neugier ist dermaßen verschieden von der Neugier der Frau, daß es unbedingt einiger Erläuterungen bedarf:

Die Frau interessiert sich prinzipiell nur für Dinge, die sie unmittelbar für sich persönlich nutzbringend verwerten kann. Wenn sie zum Beispiel in der Zeitung einen politischen Artikel liest, so ist viel wahrscheinlicher, daß sie einen Studenten der Politischen Wissenschaften becircen will, als daß sie Anteil am Schicksal der Chinesen, Israelis oder Südafrikaner nimmt. Schlägt sie im Lexikon den Namen eines griechischen Philosophen nach, bedeutet das nicht ein plötzliches Interesse an griechischer Philosophie, sondern daß er zur Lösung eines Kreuzworträtsels fehlt. Studiert sie die Reklame für ein neues Automobil, dann weil sie es haben will und nicht aus einer Art platonischen Interesses an Technik.

Es ist eine Tatsache, daß die meisten Frauen – auch Mütter – überhaupt keine Vorstellung davon haben, wie die menschliche Frucht entsteht, wie sie sich in ihrem Leib entwickelt und welche Stadien sie bis zur Geburt durchläuft. Natürlich wäre es völlig überflüssig, wenn sie über diese Dinge Bescheid wüßten, denn sie könnten ja auf die Entwicklung des Fötus ohnehin keinen Einfluß nehmen. Wichtig ist für sie zu wissen, daß eine Schwangerschaft neun Monate dauert, daß man sich unterdessen schonen und bei Komplikationen sofort zum Arzt gehen muß, der selbstverständlich alles wieder in Ordnung bringt.

Die Neugier des Mannes ist dagegen etwas ganz anderes: Sie genügt sich selbst, es ist kein unmittelbarer Nutzeffekt damit verbunden, und sie ist dennoch nützlicher als die der Frau.

Man muß nur einmal an einer Baustelle vorbeikommen, an der irgendein neues Arbeitsgerät eingesetzt wird, zum Beispiel eine neue Art Bagger. Es gibt kaum einen Mann – ganz gleich, welcher sozialen Schicht –, der daran vorbeigeht, ohne zumindest einen längeren Blick darauf geworfen zu haben. Viele aber bleiben stehen, sehen zu und unterhalten sich darüber, welche Eigenschaften die neue Maschine besitzt, wieviel sie leistet, warum sie es leistet und inwiefern sie sich von herkömmlichen Modellen unterscheidet.

Einer Frau würde es nicht einfallen, an einer Baustelle stehenzubleiben, es sei denn, die Menschenansammlung wäre so groß, daß sie glauben müßte, eine prickelnde Sensation (»Arbeiter von Planierraupe zermalmt«) zu versäumen. In einem solchen Fall würde sie sich erkundigen und sich dann sofort abwenden.

Die Neugier des Mannes ist universell. Es gibt prinzipiell nichts, was ihn nicht interessiert, ob es sich nun um Politik handelt, Botanik, Atomtechnik oder um Gott weiß was. Auch Dinge, die nicht in sein Ressort fallen, wie zum Beispiel das Einwecken von Obst, das Ansetzen eines Kuchenteigs, die Pflege eines Säuglings, finden sein Interesse. Und einem Mann könnte es nicht passieren, daß er neun Monate schwanger geht, ohne daß er über die Funktion von Plazenta und Ovarien in allen Einzelheiten Bescheid wüßte.

Der Mann beobachtet nicht nur alles, was um ihn herum (und in der Welt überhaupt) passiert, er interpretiert es auch. Da er versucht, sich über alles zu informieren, fällt es ihm auch leicht, Vergleiche anzustellen, im Gesehenen bestimmte Prinzipien zu erkennen und diese nutzbringend anzuwenden – immer mit dem Ziel, etwas ganz anderes, nämlich etwas Neues, daraus zu machen.

Man muß nicht betonen, daß alle Erfindungen und Entdeckungen auf dieser Welt von Männern gemacht worden sind, ob es sich nun um Elektrizität, Aerodynamik, Gynäkologie, Kybernetik, Mechanik, Quantenphysik, Hydraulik oder Abstammungslehre handelt. Auch die Prinzipien der Kinderpsychologie, der Säuglingsernährung oder der Speisenkonservierung wurden von Männern ersonnen. Ja, sogar die Wandlungen der Damenmode oder etwas derart Banales wie die Entdeckung neuer Speisenfolgen und Geschmacksnuancen liegen traditionell in den Händen der Männer. Sucht man ein besonderes Erlebnis für seinen Gaumen, so findet man es im allgemeinen nicht am Familientisch, sondern in einem Restaurant, in dem selbstverständlich das Essen von einem Mann zubereitet wird. Die Geschmackssensibilität der Frauen ist – selbst wenn sie die Absicht hätten, eine neue Speise zu erfinden – derart begrenzt und durch die Zubereitung der üblichen phantasielosen Alltagsgerichte derart abgenützt, daß sie dazu nicht imstande wären. Es gibt keine weiblichen Gourmets, die Frauen taugen zu überhaupt nichts.

Doch der Mann, der alle geistigen und körperlichen Voraussetzungen für ein reiches, freies, menschenwürdiges Leben in sich vereint, verzichtet darauf und führt statt dessen das Leben eines Sklaven. Denn was macht er mit allen seinen wunderbaren Fähigkeiten? Er stellt sie in den Dienst derer, die diese Fähigkeiten nicht haben. Er nennt sie »die Menschheit« und meint damit die Frauen und die Kinder der Frauen.

Es ist wirklich eine Ironie, daß diejenigen, die dazu befähigt wären, ein ideales Leben zu führen, es nicht wollen und daß jene, denen sie ein solches Leben durch ihr Opfer ermöglichen, nicht daran interessiert sind. Man hat sich so sehr an diesen stumpfen Mechanismus der einseitigen Ausbeutung einer Menschengruppe durch eine Parasitenclique gewöhnt, daß alle Moralbegriffe völlig pervers geworden sind. Es ist für uns selbstverständlich, im männlichen Geschlecht den Sisyphos zu sehen, der auf die Welt kommt zum Lernen, Arbeiten, Kinderzeugen und dessen Söhne wiederum auf die Welt kommen zum Lernen, Arbeiten, Kinderzeugen und immer weiter, so daß wir uns überhaupt nicht mehr vorstellen können, wozu der Mann sonst noch da sein sollte.

Ein junger Mann, der eine Familie gründet und sich hinfort sein ganzes Leben lang, meist in stumpfsinnigen Tätigkeiten, der Ernährung von Frau und Kindern widmet, gilt als ehrenwert. Einer, der sich nicht bindet, keine Kinder zeugt, mal hier und mal dort lebt, mal dies und mal jenes tut – weil es ihn interessiert und um sich selbst und nur sich selbst zu ernähren –, und der einer Frau, wenn er sie trifft, als freier Mensch gegenübertritt und nicht in der Uniformität des Sklaven, wird von der Gesellschaft ausgestoßen und verachtet.

Es ist deprimierend zu sehen, wie die Männer Tag für Tag all das verraten, wozu sie geboren sind. Wie sie, statt mit ihrem Geist, ihrer Kraft und ihrer ungeheueren Energie Welten zu erschließen, von denen man noch nicht einmal zu träumen wagt – wie sie, statt Gefühle zu erforschen, von deren Vorhandensein man nicht einmal etwas ahnt – wie sie, statt das Leben unendlich reich und lebenswert zu machen (ihr eigenes, von dem die Frauen nichts verstehen), auf all diese ungeheueren Möglichkeiten verzichten und ihren Geist und ihren Körper freiwillig in Geleise zwängen, in denen sie für die abstoßend primitiven Bedürfnisse der Frauen nützlich sind.

Mit dem Schlüssel zu allen Rätseln des Universums in der Hand begeben sich die Männer aus freien Stücken auf das Niveau der Frauen herab und biedern sich ihnen an. Mit ihrem Geist, ihrer Kraft und ihrer Phantasie, die dazu prädestiniert sind, zu machen, was sein könnte, konservieren und verbessern sie das, was schon ist. Und wenn sie etwas erfinden, was es noch nicht gibt, so stets mit dem Alibi, daß es früher oder später ja doch der »ganzen Menschheit« (gemeint ist: der Frau) zugute kommen wird. Sie entschuldigen sich noch für ihre Großtaten, entschuldigen sich dafür, daß sie Weltraumfahrt betreiben und zum Mond fliegen, statt noch mehr leiblichen Komfort für die Frauen und deren Kinder zu schaffen. Die mühseligste Anstrengung bei ihren Neuentdeckungen war noch immer deren Übersetzung in die weibliche Sprache, zum Beispiel mittels Fernsehwerbespots aus Kindergeplapper und süßlichem Liebesgeflüster, mit denen sie die Frauen sanft einladen, sich der neuen Errungenschaften doch ruhig zu bedienen. Denn wegen ihrer erwiesenen Phantasielosigkeit besteht bei der Frau niemals *a priori* das Bedürfnis nach irgendwelchen Erfindungen – sonst würde sie doch einmal selbst eine machen, wenigstens eine einzige.

Wir haben uns so sehr daran gewöhnt, daß die Männer alles, was sie tun, im Hinblick auf die Frau tun, daß wir nicht einmal mehr in Betracht ziehen, daß es auch anders sein könnte. Daß zum Beispiel die Komponisten auch einmal etwas anderes komponieren könnten als *Liebes*-(Abhängigkeits-)Lieder. Daß Schriftsteller keine Romane und keine *Liebes*-(Abhängigkeits-) Lyrik mehr verfassen, sondern Kunst. Wie es wäre, wenn die Maler endlich aufhören würden mit ihren ewigen Frauenakten und Frauenprofilen (gegenstandslos gemalt oder konventionell) und uns endlich etwas *Neues* sehen ließen, das wir noch niemals gesehen haben!

Es müßte doch zu machen sein, daß die Wissenschaftler ihre wissenschaftlichen Werke nicht mehr ihren Frauen widmen (die sie doch nie, nie verstehen), daß die Cineasten die Ideen ihrer Filme nicht mehr mit vollbusigen Frauenleibern belasten, daß die Zeitungen Raumfahrtreportagen nicht unbedingt mit großformatigen Fotos blondierter Astronautenfrauen entschuldigten und auch, daß sich die Astronauten selbst etwas anderes von der Erde in den Raum überspielen ließen als *Liebes*-(Abhängigkeits-)Schnulzen.

Wir haben nicht die geringste Ahnung, wie eine Welt aussähe, in der Männer die Phantasie, die sie darauf verwenden, noch schneller erhitzbare Schnellkochtöpfe, noch weißer waschendes Waschpulver, noch farbfestere Veloursteppiche und noch kußechtere Lippenstifte zu fabrizieren, auf die Lösung wirklicher Probleme verwendeten. In der sie, statt Kinder zu zeugen (die wieder Kinder zeugen) und so das Leben immer weiter fortzuschieben, *selbst* lebten. In der sie, statt immer wieder die »rätselhafte« Psyche der Frau erforschen zu wollen – sie erscheint ihnen nur so rätselhaft, weil es dort rätselhafterweise nichts gibt, was erforscht werden könnte –, ihre eigene Psyche erforschten oder sich auf die mögliche Psyche von möglichen Lebewesen auf anderen Planeten besännen und sich Wege einfallen ließen, mit diesen Kontakt aufzunehmen. In der sie, statt Waffen für Kriege herzustellen, die doch kein anderes Ziel haben, als das (nur für Frauen nützliche) Privateigentum zu beschützen, immer effektivere interstellare Raumfahrzeuge konstruierten, die sie fast so schnell wie das Licht zu anderen Welten trügen, und uns von Dingen berichteten, die wir uns nicht einmal träumen lassen.

Leider haben die Männer, die über alles nachzudenken befähigt und willens sind, alles, was die Frau betrifft, zum Tabu erklärt. Das Schlimmste ist, daß die Tabus so wirksam sind, daß sie niemand mehr erkennt. Die Männer führen, ohne je darüber nachzudenken, die Kriege der *Frauen*, zeugen die Kinder der *Frauen*, bauen die Städte der *Frauen*. Und diese Frauen werden dabei immer fauler, dümmer, materiell anspruchsvoller. Und immer reicher. Durch ein primitives, aber wirkungsvolles System von direkter Ausbeutung, Heirat, Scheidung, Beerbung, Witwen-, Alters- und Lebensversicherung bereichern sie sich unaufhaltsam. In den USA verfügen die Frauen bekanntlich über mehr als die Hälfte des gesamten Privatvermögens. Nicht viel anders dürfte es in den fortschrittlichen Teilen Europas sein. Bald wird die Frau außer der psychologischen Macht über den Mann auch die absolute materielle Macht über ihn haben.

Der Mann ignoriert das und sucht weiter sein Glück in der Unterwerfung. Sie hätte gewissermaßen eine periodische Rechtfertigung, wenn die Frau wirklich das wäre, wofür er sie hält. Wenn sie dieses zarte, anmutige Wesen wäre, diese gütige Fee, dieser Engel aus einer besseren Welt, zu gut für ihn und diese Erde.

Wie ist es nur möglich, daß ausgerechnet die Männer, die sonst alles wissen wollen, vor diesen einfachen Tatsachen die Augen verschließen? Daß sie nicht bemerken, daß an den Frauen, außer einer Vagina, zwei Brüsten und ein paar Lochkarten mit dummen, stereotypen Redensarten, nichts, aber auch wirklich nichts ist? Daß sie Konglomerate von Materie sind, Klumpen ausgestopfter Menschenhaut, die vorgeben, denkende Wesen zu sein?

Wenn die Männer nur einmal in ihrer blinden Produktivität einhielten und überlegten, so müßten sie doch die Frauen mit ihren Kettchen, Rüschenblüschen und Goldsandalettchen im

Handumdrehen entlarvt und mit der ihnen eigenen Intelligenz, Phantasie und Zielstrebigkeit innerhalb von Tagen ein Gerät konstruiert haben, eine Art menschenähnlicher Maschine, die ihnen für die Frau, an der weder außen noch innen etwas originell ist, einen vollwertigen Ersatz bieten würde. Warum fürchten sich die Männer so sehr vor der Wahrheit?

Ihre Dummheit macht die Frau göttlich

Nur Unterdrückte können ein Bedürfnis nach Freiheit entwikkeln. Sobald sie frei sind – und vorausgesetzt, sie sind intelligent genug, diese Freiheit mit allen Konsequenzen zu ermessen –, kehrt sich ihr früheres Freiheitsbedürfnis genau ins Gegenteil: Sie bekommen Angst und fangen an, sich wieder nach der Geborgenheit fester Bindungen zu sehnen.

In seinen ersten Lebensjahren ist ein Mensch immer unfrei. Er ist eingekeilt zwischen den Regeln der Erwachsenen und, da er selbst noch keine Erfahrung im sozialen Verhalten hat, von diesen Regeln auch vollkommen abhängig. Er entwickelt deshalb einen starken Freiheitsdrang, wünscht sich nichts sehnlicher, als seinem Gefängnis zu entrinnen, und tut das bei erster Gelegenheit. Ist er dann endlich frei, wird er sich, falls er *dumm* ist – und Frauen *sind dumm* –, in seiner Freiheit sehr wohlfühlen und sie sich zu erhalten suchen. Ein dummer Mensch denkt nicht abstrakt, verläßt das eigene Terrain nicht und kennt deshalb auch keine Existenzangst. Er fürchtet sich nicht vor dem Tod (er kann ihn sich nicht vorstellen) und fragt nicht nach dem Sinn des Daseins: Alle seine Handlungen erhalten in der Erfüllung seiner Komfortgelüste einen unmittelbaren Sinn, und der genügt ihm. Auch Religionsbedürfnisse sind ihm fremd. Sollten sie trotzdem einmal auftreten, befriedigt er sie umgehend an sich selbst, denn es liegt im Charakter der Dummen, daß sie imstande sind, die eigene Person hemmungslos zu bewundern (hängt eine Frau einer Religion an, dann nur, *damit sie in den Himmel kommt* – der liebe Gott ist nichts weiter als der Mann, der das für sie bewerkstelligen soll).

Die Lage des Intelligenten (des Mannes) ist ganz anders: Er empfindet zwar die Befreiung zunächst als unendliche Erleichterung, die grandiosen Perspektiven seiner Unabhängigkeit berauschen ihn, doch sobald er dann von dieser Freiheit Gebrauch machen, also sobald er sich durch eine freie Tat in dieser oder jener Richtung festlegen will, bekommt er es mit der Angst zu tun: Da er abstrakt denken kann, weiß er auch, daß jede seiner Taten die Möglichkeit unendlich vieler Konsequenzen in sich birgt – Folgen, die er trotz seiner Intelligenz nicht alle vorhersehen kann und für die er, da er sich für die Tat frei entscheidet, voll verantwortlich ist.

Wie gern würde er aus Furcht vor negativen Auswirkungen seiner Handlungen überhaupt nichts mehr unternehmen! Und weil das nicht möglich ist – der Mann ist zu Taten verurteilt –, fängt er an, sich nach den festen Regeln seiner Kindheit zurückzusehnen, nach jemandem, der ihm sagt, was er tun und lassen soll, und so seinen jetzt sinnlosen Handlungen (denn sie dienen zwar letztlich dem eigenen Komfortbedürfnis, doch wozu dient *er selbst*?) wieder einen Sinn gibt und ihm seine große Verantwortung erleichtert. Und er sucht sich einen Gott, der ihm den Gott seiner Kindheit – der seine Mutter war – ersetzt und dem er sich bedingungslos unterwerfen kann.

Am liebsten wäre ihm zu diesem Zweck ein zwar strenger, aber auch gerechter, weiser und allwissender Gott, wie etwa der jüdische, christliche oder mohammedanische. Doch da er intelligent ist, weiß er natürlich, daß es einen solchen nicht geben kann, daß jeder Erwachsene *per definitionem* sein eigener Gott selbst ist und daß er folglich seine *Lust an der Unfreiheit* (die Rückkehr in ein der frühkindlichen Abhängigkeit ähnliches Stadium bereitet ihm tiefes Wohlbehagen) immer nur an selbsterfundenen Regeln befriedigen kann – und er macht sich daran, sich solche Regeln (Götter) zu erfinden.

Er tut es unbewußt mit anderen zusammen, er gibt, wie die anderen, seine Einzelerfahrungen zu Protokoll, vergleicht sie mit denen der anderen, erkennt darin Gemeinsames, erfaßt dieses Gemeinsame unbewußt mit den anderen in Regeln, erfindet so Gesetze für künftiges »sinnvolles« (das heißt, für irgend jemand oder etwas außer ihm nützliches) Verhalten und unterwirft sich ihnen freiwillig. Die so entstehenden *Systeme* werden kollektiv und individuell immer weiter ausgebaut und sind bald so komplex, daß sie der einzelne nicht mehr überblicken kann – sie gewinnen Autonomie und werden »göttlich«. Man kann ihren Gesetzen nur noch *vertrauen* – ebenso wie man als unerfahrenes Kind den teils sinnvollen, teils sinnlosen Gesetzen der

Eltern *vertrauen* mußte –, kontrollieren kann man sie nicht, und bei ihrer Übertretung droht immer Ausschluß aus der Gemeinschaft und Verlust der Geborgenheit. Marxismus, Nächstenliebe, Rassismus oder Nationalismus sind solche erfundenen Systeme, und Männer, denen es gelingt, ihr Religionsbedürfnis daran zu befriedigen, werden für die Unterwerfung unter eine Einzelperson (Frau) weitgehend immun.

Die weitaus größte Zahl der Männer unterwirft sich jedoch vorzugsweise bewußt den Exklusivgöttern *Frauen* (sie nennen diese Unterwerfung *Liebe*), denn diese haben für die Befriedigung ihrer Religionsbedürfnisse die günstigsten Voraussetzungen: Die Frau ist immer für den Mann da, sie hat kein eigenes Religionsbedürfnis, ist also insofern tatsächlich »göttlich«. Weil sie ständig Forderungen stellt, fühlt der Mann sich von ihr nie verlassen (sie ist als Gott immer gegenwärtig). Sie macht ihn unabhängig von kollektiven Göttern, die er mit Konkurrenten teilen müßte. Sie erscheint ihm vertrauenswürdig, denn sie gleicht, indem sie seiner Mutter gleicht, dem Gott seiner Kindheit. Sie gibt seinem sinnlosen Leben einen künstlichen Sinn, denn alles, was er tut, gilt jetzt *ihrem* Komfort, nicht seinem (später auch noch dem Komfort ihrer Kinder). Sie kann als Göttin nicht nur strafen (durch Entzug von Geborgenheit), sondern auch belohnen (durch Gewährung von sexuellem Genuß).

Die wichtigsten Voraussetzungen für ihre Göttlichkeit sind jedoch ihr Hang zur Maskerade und ihre Dummheit. Ein System muß seine Gläubiger entweder durch seine Überlegenheit an Wissen beeindrucken oder diese durch seine Unverständlichkeit verwirren. Da die erste Möglichkeit für die Frauen nicht in Frage kommt, profitieren sie von der zweiten. Ihre Maskerade läßt sie dem Mann fremd und geheimnisvoll erscheinen, ihre Dummheit macht sie für jeden seiner Kontrollversuche völlig unerreichbar. Denn während sich Intelligenz in verständlichen, logischen Handlungen äußert und dadurch meßbar, berechenbar und kontrollierbar wird, entbehren die Handlungen der Dummen jeglicher Vernunft und lassen sich dadurch weder voraussehen noch überprüfen. So ist die Frau, genau wie die Päpste und Diktatoren, durch einen Schutzwall aus Pomp, Maskerade und Geheimniskrämerei ständig vor Entlarvung geschützt; sie kann ihre Macht immer weiter ausbauen und garantiert gerade dadurch dem Mann auf lange Sicht die Befriedigung seiner Religionsbedürfnisse.

Damit der Mann in seiner Freude an der Unterwerfung sich aber auch tatsächlich der Frau unterwirft und nicht etwa anderen Männern, einer Tierart oder einem der erwähnten Systeme, hat sie in sein Leben eine Reihe von Dressurakten eingebaut, mit deren Einstudierung sie frühzeitig beginnt. Dabei kommt es ihr zustatten, daß er ihr gerade dann am meisten ausgeliefert ist, wenn er sich am leichtesten dressieren läßt: als Kind. Und durch die natürliche Selektion reproduzieren sich gerade jene Frauen, die zur Dressur des Mannes am besten geeignet sind – die anderen können sich ja ohnehin nicht reproduzieren.

Allein die Tatsache, daß der Mann von Anfang an daran gewöhnt ist, eine Frau um sich zu haben, ihre Gegenwart als »normal« zu empfinden und ihre Abwesenheit als »anormal«, würde genügen, ihn später in einer gewissen Weise von ihr abhängig zu machen. Doch diese Abhängigkeit wäre nicht gravierend, denn ein Leben ohne Frau käme in diesem Fall dann lediglich einem Milieuwechsel gleich. Wer im Gebirge aufgewachsen ist und später im Flachland wohnt, wird sich vielleicht ewig nach dem Gebirge sehnen, aber deshalb wird er noch lange nicht dorthin zurückkehren. Es gibt Wichtigeres.

Es läge auch nicht im Interesse der Frau, im Mann nur so eine romantische, untergeordnete Sehnsucht nach Art des Heimwehs zu erzeugen, die nur sonntags und in der Entfernung spürbar ist und zu keinen Konsequenzen führt. Wichtig ist für sie, daß sie den Mann direkt zur Arbeit erzieht und dazu, daß er ihr alle Früchte dieser Arbeit zur Verfügung stellt. Sie wird deshalb in erster Linie versuchen, eine Reihe von Reflexen bei ihm zu bedingen, die ihn zur Produktion all jener materiellen Werte veranlassen, die sie braucht. Das erreicht sie dadurch, daß sie ihn von seinem ersten Lebensjahr an nur auf ihre eigene Wertskala dressiert. Damit bringt sie ihn so weit, daß er zum Schluß seinen Wert mit seiner Nützlichkeit für sie gleichsetzt und sich nur wohlfühlt, wenn er in ihrem Sinne wertvoll ist, das heißt, etwas für sie Wertvolles produziert.

Die Frau selbst wird ihm dabei zu einer Art Skala, an der er zu jedem Zeitpunkt Wert oder Unwert einer bestimmten Tätigkeit ablesen kann. Und wenn er etwas tut, was nach dieser Skala wertlos ist – etwa Fußballspielen –, wird er versuchen, dieses Minus so rasch wie möglich durch erhöhte Aktivität auf einem von der Skala anerkannten Gebiet wettzumachen (aus diesem Grund werden etwa Fußballspiele und andere Sportveranstaltungen bis zu einem gewissen Grad von den Frauen toleriert).

Von allen Dressurmethoden, deren sich die Frau bei der Erziehung des Mannes bedient, hat sich *das Lob* als die brauchbarste erwiesen: Es ist eine Methode, mit deren Anwendung man sehr früh beginnen kann und die noch bis ins hohe Alter ihre Wirksamkeit unvermindert beibehält (im Gegensatz etwa zur Dressur durch Sex, die nur über einen relativ kurzen Zeitraum praktikabel ist). Die Lobmethode ist so effektvoll, daß man bei richtiger Dosierung sogar auf ihren Antagonisten, den Tadel, verzichten kann: Jemand, der an Lob gewöhnt ist, wird sich ohne Lob bereits so vorkommen, als sei er getadelt worden.

Dressur durch Lob hat zum Beispiel folgende Vorteile: Sie macht den Gelobten abhängig (damit das Lob etwas wert ist, muß es von einer höheren Instanz kommen, der Gelobte wird also den Lobenden zu einer höheren Instanz erheben); sie macht ihn süchtig (ohne Lob weiß er bald nicht mehr, ob er etwas wert ist oder nicht, er verliert die Fähigkeit, sich mit sich selbst zu identifizieren); sie steigert seine Leistung (Lob wird zweckmäßig nicht immer wieder für die gleiche Leistung erteilt, sondern für eine jeweils höhere).

Sobald ein männlicher Säugling zum ersten Mal dafür gelobt wird, daß er seine Notdurft nicht im Bett verrichtet hat, sondern auf einem Töpfchen, wenn er ein gütiges Lächeln und ein paar jener bekannten munter-idiotischen Redensarten als Lob für ein leergetrunkenes Fläschchen erkennt, tritt er in den Teufelskreis. Um wieder in den Genuß des lustvollen Gelobtwerdens zu kommen, wird er bei nächster Gelegenheit genau das zu wiederholen versuchen, was dieses Gefühl hervorgerufen hat. Bleibt das Lob eines Tages aus, ist er unglücklich und tut alles, worin er auch nur die geringste Chance sieht, jenes Glück, nach dem er süchtig geworden ist, aufs neue zu erlangen.

Natürlich ist auch der weibliche Säugling Dressurakten ausgeliefert; während der ersten beiden Lebensjahre macht die Frau kaum einen Unterschied zwischen den Geschlechtern ihrer Kinder. Aber die Dressur bricht beim Mädchen ab, sobald es die Regeln der Hygiene gelernt hat: Die Wege trennen sich, und je weiter die Erziehung fortschreitet, desto mehr wird das kleine Mädchen zur Ausbeuterin erzogen, der kleine Junge zum auszubeutenden Objekt.

Ein wichtiges Mittel dazu ist das Kinderspielzeug. Indem sie den Spieltrieb ihrer kleinen Kinder zuerst fördert und dann ausnützt, lenkt die Frau wie zufällig in die gewünschte Richtung. Dem kleinen Mädchen gibt sie Puppen und Puppenaccessoires: Wagen, Bettchen, Miniaturgeschirr; dem kleinen Jungen alles, was das Mädchen nicht bekommt: Baukästen, Modelle von elektrischen Eisenbahnen, Rennwagen, Flugzeuge. So erhält das weibliche Kind früh Gelegenheit, sich mit seiner Mutter zu identifizieren, die Rolle der Frau zu erlernen: Es überträgt deren Dressursysteme auf die Puppen, lobt und tadelt, wie es selbst gelobt und getadelt wird, lernt spielerisch die Grundgesetze der Menschenführung. Und weil auch das kleine Mädchen auf Lob angewiesen ist, dieses Lob aber nur für Identifikationen mit der Frauenrolle bekommt, wird es auch später nichts anderes sein wollen als »weiblich«. Seine maßgebende Instanz werden deshalb immer Frauen sein, nie Männer, weil nur Frauen beurteilen können,wie gut es diese Rolle spielt (den Männern wird gelehrt, die Frauenrolle sei minderwertig, sie kommen daher als Lobredner nicht in Frage).

Dem männlichen Kind wird für alles applaudiert, nur nicht für das Spiel mit Miniaturmenschen. Es baut Modelle von Schleusen, Brücken, Kanälen, zerlegt aus Neugier Spielzeugautos, feuert Schüsse aus Spielzeugpistolen und übt so alles, was es später zum Unterhalt der Frau einmal brauchen wird. Wenn ein kleiner Junge ins Schulalter kommt, kennt er bereits die Grundgesetze der Mechanik, Biologie, Elektrotechnik aus eigener Erfahrung, er kann Hütten aus Brettern bauen und in Kriegsspielen verteidigen. Je mehr eigene Initiative er dabei entwickelt, desto sicherer erntet er Lob. Die Frau ist ja daran interessiert, daß er bald mehr weiß als sie – sie selbst könnte sich mit ihren Kenntnissen in einer Welt ohne Männer kaum am Leben erhalten – und daß er sich in allem, was Arbeit betrifft, ganz von ihr unabhängig macht. Der Mann ist für sie zwar eine Maschine, aber keine gewöhnliche: Eine solche müßte ja von ihr fachkundig bedient oder zumindest programmiert werden. Wenn eine Frau wüßte, was das ist, würde sie ihn als eine Art *Roboter mit Bewußtsein* bezeichnen, der fähig ist, sich selbst zu programmieren (und daher, sich weiterzuentwickeln) und sich jeder neuen Situation mit neuem Programm ideal anzupassen (auch die Wissenschaftler arbeiten an der Entwicklung solcher Roboter, die für sie arbeiten, entscheiden und denken und ihnen die Früchte ihrer Aktivität zur Verfügung stellen – freilich Roboter aus unbelebter Materie).

So ist der Mann, noch bevor er sich für die eine oder andere Lebensweise selbständig entscheiden könnte, derart süchtig geworden nach Lob, daß er sich nur noch bei solchen Tätigkeiten wohlfühlt, für die ihm jemand Beifall zollt. Und er wird, weil er süchtig ist, immer mehr Beifall brauchen und daher immer größere Leistungen in der von der Frau gewünschten Richtung vollbringen müssen. Natürlich könnte der Beifall im Prinzip auch von einem Mann kommen, aber die Männer sind – aus eben diesen Gründen – ununterbrochen beschäftigt und stehen gegeneinander in feindseliger Konkurrenz. Deshalb holt sich ein Mann, sobald er es sich leisten kann, seinen eigenen, exklusiven Lobredner ins Haus: jemand, den er jederzeit fragen kann, ob er gut und brav war oder nicht und *wie* gut und *wie* brav er war. Die Frau ist, scheinbar zufällig, für diese Rolle die ideale Besetzung – aber sie hat ja alles so inszeniert und nur darauf gewartet, sie zu übernehmen.

Nur selten gelingt es einem Mann – einem erfolgreichen Künstler oder Wissenschaftler etwa –, diesen Bann zu brechen und seinen dringend benötigten Beifall auch von Männern zu beziehen. So macht er sich zwar von den Frauen unabhängig, aber nie von der Sucht nach Beifall selbst. Der Beweis dafür ist, daß ein Mann, der auf einem bestimmten Gebiet erfolgreich war und daher auch materiell gesichert ist, sich nie freiwillig in ein anderes begibt, um dort seine Fähigkeiten zu erproben und seine Neugier zu befriedigen. In der Regel arbeitet er – wie zum Beispiel Miró mit seiner Strichpunkt-Technik, Strauß mit seinen Walzern oder Tennessee Williams mit seinen Frauendramen – immer auf dem Terrain, auf dem er schon einmal Lob geerntet hat. Er scheut das Risiko, *sein eigener Maßstab zu sein.*

Der Verdacht, daß der sogenannte »persönliche« Stil eines Künstlers nichts Positives ist, liegt sehr nah. Ein Autor wie Beckett etwa, der im Lauf von zwanzig Jahren immer *Godot*-Varianten produziert, tut das nicht aus Vergnügen (dafür ist er zu intelligent). Er scheut – lobsüchtig – das Risiko wie eine Entziehungskur. Könnte er sich doch von seiner konditionierten Verhaltensweise lösen! Längst hätte er etwas anderes gemacht, vielleicht Flugzeuge konstruiert (die zuverlässige Mechanik seiner Stücke läßt auf technische Begabung schließen), seltene Pflanzen gezüchtet oder zumindest einmal eine Komödie geschrieben (soviel Erfolg verprellt bestimmt die beste Verzweiflung). Vielleicht eine Komödie, in der eine Frau bis zur Taille in einem Erdhügel steckt und nach ihrer Zahnbürste sucht, wie in

›Glückliche Tage‹. Vielleicht hätte er damit sogar Erfolg beim Publikum. Aber ein solches Experiment wäre für einen nach dem Leistungsprinzip dressierten Mann natürlich zu riskant. Deshalb schreibt einer wie Beckett lieber weiterhin dramatisch über die Absurdität des Lebenstriebes: denn dafür ist ihm Lob sicher.

Dressur durch Selbsterniedrigung

Manchmal wird ein kritisch eingestellter Mann vielleicht sagen, die Frauen hätten – wegen der Schamlosigkeit, mit der sie ihre Ignoranz auf allen Wissensgebieten eingestehen – kein Ehrgefühl. Dabei vergißt er allzu leicht, daß er seine eigenen Begriffe von Ehre, Stolz, Menschenwürde et cetera weiblicher Dressur verdankt. Daß er nur deshalb ehrenhaft, stolz, ritterlich geworden ist, weil er von einer Frau dazu dressiert wurde. Und daß diese Eigenschaften – die seine *Männlichkeit* ausmachen, auf die er so stolz ist –, desto stärker in seinem Charakter verankert sind, je gründlicher diese Dressur an ihm vorgenommen wurde. Er selbst hat nichts dazu getan.

In jedem einschlägigen Psychologie-Lehrbuch steht zu lesen, daß Leistung beim Kind am besten durch Selbstvertrauen gefördert wird. Es ist aber unmöglich, daß ein Kind von sich aus Selbstvertrauen gewinnt: Es wird in ein Milieu hineingeboren, wo ihm alles überlegen ist und es aus eigener Kraft nichts erreichen könnte. Die Frau, die daran interessiert ist, aus einem männlichen Kind einen Menschen zu machen, der nicht nur sich selbst erhält, sondern auch noch andere, wird deshalb mit ihrer Erziehung in erster Linie darauf abzielen, Selbstvertrauen zu züchten. Sie wird die Gefahren des Daseins – soweit sie diese überhaupt selbst erkennt – in seinen Augen bagatellisieren, die Möglichkeit seines eigenen Todes vor ihm verheimlichen (zum Beispiel durch die Versprechung eines ewigen Lebens als Belohnung für Wohlverhalten in ihrem Sinn) und so jene schwachsinnig-optimistische Grundstimmung in ihm erzeugen, die es für ihre Dressurakte (und somit für das Leben überhaupt) am besten aufrüsten. Eine der Methoden, das männliche Selbstbewußtsein und damit das Leistungsniveau hochzuschrauben, ist, wie wir schon gesehen haben, das Lob. Eine weitere ist die *Selbsterniedrigung* der Frau.

Wenn die Frau einem von ihr geborenen Kind nicht wenigstens während seiner ersten Lebensjahre an Intelligenz überlegen wäre, hätte die Menschheit längst aufgehört zu existieren. Doch eine gute Mutter wird immer auf der Hut sein, daß diese anfängliche Überlegenheit ihr Kind nicht in seiner Entwicklung hemmt, sich so eines Tages womöglich noch gegen sie selbst richtet und das Kind länger als unbedingt nötig an ihrem Rockzipfel hängt. Sie wird versuchen, ihrem Kind, besonders wenn es ein Junge ist, sobald wie möglich ein Gefühl der Überlegenheit über sie zu vermitteln. Eine Art Vorschuß auf spätere Leistungen, der ihm sein erstes Selbstvertrauen gibt. Dabei gebraucht sie um so häufiger einen Kunstgriff, je weiter der präsumptive Mann in seiner Entwicklung vorwärts kommt: Sie stellt sich immer noch dümmer, als sie ohnehin schon ist, und gibt ihm so einen Vorsprung, den er, wenn er ein richtiger Mann werden will (und sie sorgt dafür, daß er es will), nicht mehr verlieren darf.

Da der Wert der Frauen in der Gesellschaft nicht nach ihrer Intelligenz gemessen wird, sondern nach ganz anderen Gesichtspunkten (eigentlich wird überhaupt nichts gemessen: Der Mann braucht sie, und damit genug), können sie es sich leisten, sich so dumm zu stellen und so dumm zu sein, wie es ihnen gerade kommt. In diesem Punkt gleichen die Frauen den Reichen allgemein: Auch bei diesen ist nicht wichtig, ob sie intelligent sind, sondern *daß sie reich sind.* Wenn Henry Ford II. die geistige Kapazität einer der Stammkundinnen von *Tiffany's* hätte, wäre er nicht minder gesellschaftsfähig. Nur sein Chauffeur kann sich das nicht leisten. Ebenso wie ein Reicher kann sich eine Frau jede Blöße geben – und man kann mit Recht behaupten, daß sie sich jede nur mögliche Blöße gibt –, ohne daß ihr Nachteile daraus erwachsen. Mit anderen Worten: Eine Frau kann so dumm sein, wie sie nur will – der Mann wird trotzdem zu ihr aufsehen und nicht auf ihre Gesellschaft verzichten wollen.

Ihre Beschwörungsformel lautet ganz einfach: Arbeiten ist männlich, Nichtstun weibisch. Sie verkündet, der Mann sei in einer beneidenswerten Situation, stark und ungebunden, sie dagegen schwach und durch die heilige Bürde des Gebärens ans Haus gefesselt. Sie sei zu wertvoller Arbeit körperlich nicht geeignet.

Der Mann folgt dieser Mythologie willig und hält sie für schmeichelhaft. Er bedenkt nicht, daß auch der Elefant stark ist, stärker als ein Mann zum Beispiel, und daß Männer trotzdem für die meisten Arbeiten besser geeignet sind als Elefanten.

Natürlich verheimlicht die Frau dem Mann, daß sie selbst im Vergleich zu ihm so gut wie nichts tut. Tatsächlich beschäftigt sie sich ja unentwegt mit irgend etwas. Sie sagt nur, alles, was sie tut, sei im Vergleich zu seiner Arbeit minderwertig. Sie suggeriert ihm, daß die schwachsinnigen Vergnügungen, denen sie sich im Lauf des Tages hingibt (Bügeln, Kuchenbacken, das Heim verschönern), für das Wohl der Familie notwendige Arbeiten seien und daß er sich glücklich schätzen könne, eine Frau zu haben, die ihm diese niedrigen Dinge abnimmt. Der Mann, der ja nicht ahnen kann, daß einer Frau solche Beschäftigungen tatsächlich Spaß machen, *wird* sich glücklich schätzen.

Indem die Frau alle Arbeiten in »männlich« und »weibisch«, in »würdig« und »unwürdig« einteilt und so mit Gefühlswerten befrachtet, denen sich nach einiger Zeit niemand mehr entziehen kann, wird sie selbst unkontrollierbar und verschafft sich so in ihrem Machtbereich völlige Narrenfreiheit. Was immer sie tut – es ist ja im Vergleich zu Männerarbeit sowieso nichts wert; sie selbst sagt es, und warum sollten die Männer das nachprüfen wollen?

Natürlich könnte der Mann, wenn er nur wollte, die weibliche Terminologie entlarven, die »männlichen« und »weibischen« Arbeiten »schwer« und »leicht« nennen: Männerarbeit ist meist schwer, Hausarbeit immer leicht. Mit den Maschinen, die der Mann dafür erfunden hat, erledigt sich die Arbeit zum Beispiel für einen Vier-Personen-Haushalt mühelos in zwei Vormittagsstunden. Alles, was die Frauen sonst noch tun, ist überflüssig, dient ihrem Vergnügen und zur Erhaltung der idiotischen Statussymbole ihrer Clique (Spitzengardinen, Blumenbeete, Hochglanzpolitur): Wenn sie es als Arbeit bezeichnen, so ist das nichts weiter als eine unverschämte Zwecklüge.

Hausarbeit ist so leicht, daß sie in psychiatrischen Heilanstalten traditionell von jenen Schwachsinnigen erledigt wird, die zu keiner anderen Tätigkeit mehr taugen. Wenn sich die Frauen beklagen, daß sie für diese Arbeit nicht noch extra Geld bekommen (sie fordern nicht viel, nur etwa den Lohn eines Automechanikers!), dann ist das nur ein weiterer Beweis dafür, wie attraktiv diese »Arbeit« für sie ist. Solche Forderungen sind außerdem kurzsichtig, denn sie könnten dazu führen, daß die

Frauen eines Tages tatsächlich als Arbeitskraft bewertet und *angemessen* belohnt würden. Das würde dann offenbaren, wie sehr sie auf Kosten der Männer über ihre Verhältnisse leben.

Doch der Mann ist an die weibliche Terminologie von Kind an gewöhnt und hat kein Interesse, sie zu entlarven. Er *muß* den Glauben haben, daß er etwas Großes tut, wenn er Geld für seine Frau verdient. Daß er etwas leistet, wozu eine Frau nicht fähig wäre. Hätte er dieses Gefühl der Überlegenheit nicht, müßte er an der Stumpfsinnigkeit seiner Arbeit verzweifeln. Sobald er den Eindruck hat, etwas zu tun, das ebensogut eine Frau tun könnte (und hin und wieder finden die Frauen es opportun, diesen Eindruck zu erwecken), versucht er, seine Leistung zu steigern und so den gewohnten Abstand zwischen sich und dem »schwachen« Geschlecht wiederherzustellen. Er braucht das für sein Selbstbewußtsein.

Die Analyse des Teufelskreises ist einfach: Die Frauen erfinden Regeln, dressieren die Männer darauf und können sie so beherrschen. Sie selbst halten sich nie an die Regeln der Männer. Die *Mannesehre* zum Beispiel ist ein System, das die Frauen gemacht haben. Sie selbst nehmen sich von diesem System aus, verzichten für sich auf jede Art Ehre und manipulieren auf diese Weise die Männer. In einem der bekannten Fernsehkrimis mit *Emma Peel* stehen sich in einer Szene zwei Männer feindselig an einem Billardtisch gegenüber. Jeder hat eine Pistole vor sich liegen, und sie vereinbaren aus Fairneß, daß sie laut bis drei zählen und dann aufeinander schießen würden. Der Held nimmt die Pistole schon bei zwei und rettet so sein Leben. Er blieb außerhalb des Systems und konnte so den anderen manipulieren, der sich auch in Lebensgefahr noch lieber an ein System hielt als an die Vernunft.

Indem die Frau alles verächtlich macht, was sie selbst tut, bringt sie den Mann dazu, den Rest zu übernehmen: also alles, was ihr kein Vergnügen macht (sie war ja als seine Mutter zuerst da und hat die Wahl vor ihm getroffen). Er fühlt sich unglücklich und wertlos, wenn er »Frauenarbeit« verrichtet. Viele Männer stellen sich bei der Hausarbeit sogar absichtlich ungeschickt an, denn ihre Unbeholfenheit wird von den Frauen gefeiert, weil sie so »männlich« ist. Ein Mann, der sich selbst einen Knopf annäht, ist kein »richtiger« Mann. Hantiert er mit dem Staubsauger, muß irgend etwas mit ihm nicht in Ordnung sein. Mit solchen und ähnlichen Argumenten läßt sich der Mann entmündigen (er traut sich alles zu, nur nicht, daß er eine Suppe kochen kann) und sich ohne Widerspruch vom anspruchslosesten Arbeitsplatz der Welt vertreiben. Erst von einem gewissen Stadium seiner Dressur an kann er dann ohne Gefahr für bestimmte Hausarbeiten als Hilfskraft herangezogen werden (wobei er natürlich die Anweisungen der Frau strikt zu befolgen hat, denn er versteht ja nichts von solchen Dingen). Er wird diese Arbeiten immer als entwürdigend empfinden und nie merken, wie angenehm das alles im Vergleich zu seiner eigenen Arbeit ist.

Allein der Stoßseufzer, sie sei einer Arbeit »als Frau« nicht gewachsen, entledigt eine Frau jeder Mühe. Wenn sie zum Beispiel nur hin und wieder in ein Gespräch einfließen läßt – womöglich im Beisein von Zeugen –, ihr Mann könne viel besser Auto fahren als sie, gewinnt sie durch diese einfache Bemerkung einen Chauffeur auf Lebenszeit (die Autobahnen sind voll von Frauen, die sich von Männern chauffieren lassen). Oder wenn eine Frau sagt, »als Frau« könne sie nicht allein ein Lokal (Theater, Konzert) besuchen, dann gibt es zwar für dieses Argument keinen rationalen Grund – Frauen werden in Restaurants so gut und so schlecht bedient wie Männer, und wenn sie nicht »belästigt« werden wollen, wie sie sich ausdrücken, brauchen sie sich nicht so aufreizend zu kleiden –, aber sie bekommt durch solche Geständnisse einen Lakaien, der sie wie einen Staatsgast bis vors Portal fährt, für sie einen freien Tisch erkämpft, ihr Menü zusammenstellt, sie unterhält und abschließend noch die Rechnung bezahlt. – Oder sie gesteht, von Politik verstünde sie nichts, eine Frau sei einfach zu dumm dafür, und schon findet sich ein Mann, der für sie Tageszeitungen und politische Magazine studiert, langwierige Fernsehdiskussionen über sich ergehen läßt, die verschiedenen Argumente anderer Männer gegeneinander abwägt und ihr am Wahltag fix und fertig eine Meinung präsentiert. Sie wählt dann die Partei, die jener Mann aufgrund seiner gewissenhaften Studien in seiner – und somit ihrer – speziellen Situation für die günstigste hält, und entledigt sich der lästigen Wahlpflicht, indem sie die Meinung ihres Mannes verdoppelt und das Endergebnis nicht gefährdet (was ja für ihr persönliches Wohlergehen – denn sie versteht tatsächlich nichts von Politik und weiß das auch – katastrophale Folgen haben könnte).

Eine der phantastischsten Blüten dieser Dressur durch Selbsterniedrigung ist es, wenn eine Frau, die ihre Tage unter paradiesischen Bedingungen in einer komfortablen Vorortvilla verbringt, in Gesellschaft von Kindern, Hunden und anderen Frauen, ausstaffiert mit Zweitwagen, Fernsehapparat und allen nur möglichen Haushaltsgeräten, ihrem Mann (der vielleicht Ingenieur ist oder Rechtsanwalt) sagt, er sei zu beneiden, denn er habe ein »erfülltes« Leben, während sie »als Frau« gezwungen sei, ein menschenunwürdiges Dasein zu führen – wenn sie das einem Mann sagt, der diesen ganzen Plunder mit seinem Leben bezahlt –, und wenn dieser Mann das glaubt.

In der Bibel heißt es, Eva sei aus Adams Rippe gemacht, somit also eine Kopie und weniger wertvoll als dieser: ein typisches Beispiel von Dressur durch Selbsterniedrigung. Man kann fast sicher sein, daß diese Geschichte irgendwann einmal von einer Frau erfunden worden ist. Aufgeschrieben hat sie dann selbstverständlich ein Mann (daß Frauen schreiben können, ist jüngeren Datums).

Ein Wörterbuch

Ihre ständige Selbsterniedrigung vor dem Mann hat dazu geführt, daß sich die Frauen in seiner Gegenwart einer Geheimsprache bedienen, die sie zwar selbst untereinander verstehen, zu der aber der Mann keinen Zugang hat, weil er sich an ihren Wortlaut hält. Es wäre deshalb für ihn lohnend, sich den Code zu verschaffen und eine Art Wörterbuch anzulegen, in dem er jedesmal, wenn er eine solche Phrase hört, nachschlagen und deren Sinn in Klartext übersetzen könnte. Hier einige Beispiele (Original mit jeweiliger Übersetzung in die männliche Sprache):

Chiffre	Klartext
Ein Mann muß mich beschützen können.	Ein Mann muß mich vor Unbequemlichkeiten schützen können. (Wovor könnte er denn eine Frau sonst schützen? Vor Räubern? Vor dem Atomkrieg?)

Ich will mich bei einem Mann geborgen fühlen.	Mit Geldsorgen muß er mir um alles in der Welt vom Halse bleiben.
Zu einem Mann muß ich aufblicken können.	Damit er für mich überhaupt in Frage kommt, muß er intelligenter, verantwortungsbewußter, mutiger, stärker, fleißiger sein als ich – was sollte ich denn sonst mit ihm anfangen?
Ich würde meinen Beruf sofort aufgeben, wenn es mein Mann von mir verlangt.	Sobald er genug Geld hat, werde ich nie mehr arbeiten.
Ich wünsche mir nichts weiter, als ihn glücklich zu machen.	Ich werde mir alle Mühe geben, damit er niemals merkt, wie ich ihn ausnütze.
Ich will ihm alle kleinen Sorgen abnehmen.	Ich werde alles tun, damit ihn nichts von der Arbeit abhält.
Ich will nur für ihn da sein.	Kein anderer Mann soll für mich arbeiten dürfen.
Ich werde nur noch für meine Familie leben.	Nie mehr im Leben werde ich etwas tun. Soll er sich mal anstrengen!
Ich halte nichts von der weiblichen Emanzipation.	Ich bin doch nicht blöd, ich lasse lieber einen Mann für mich arbeiten.
Wir leben schließlich im Zeitalter der Gleichberechtigung!	Er soll nicht denken, daß er mir Vorschriften machen kann, nur weil er mein Geld verdient!
Ich bin in diesen Dingen so schrecklich ungeschickt.	Das ist eine Arbeit, die er mir abnehmen muß. Wozu ist er denn sonst da?

Er weiß einfach alles.	Man kann ihn sogar noch als Nachschlagewerk benützen.
Wenn man sich wirklich liebt, braucht man nicht gleich einen Trauschein.	Er ist noch etwas widerspenstig, aber im Bett kriege ich ihn schon 'rum.
Ich liebe ihn.	Er ist eine erstklassige Arbeitsmaschine.

Doch solche Phrasen sagen die Frauen selbstverständlich nur zu einem Mann direkt oder wenn er in Hörweite ist. Sind sie unter sich, sprechen sie von Männern – wenn überhaupt – ganz normal. Etwa so, wie sie von Sachen sprechen würden, oder so, als tauschten sie zusätzliche Bedienungsanweisungen für ein Haushaltsgerät, von dessen Nützlichkeit ohnehin jeder überzeugt ist.

Wenn eine von ihnen etwa sagt: Diesen Mantel oder jenen Hut kann ich nicht mehr tragen, weil er meinem Freund nicht gefällt, dann ist mit der Erwähnung des Freundes keinerlei Gefühlswert verbunden (höchstens mit der des Hutes oder Mantels). Es bedeutet soviel wie: »Ich tu ihm in Gottes Namen den Gefallen, er macht ja sonst alles, was ich will.«

Wenn Frauen untereinander von den Bedingungen sprechen, zu denen sie sich für einen bestimmten Mann entscheiden würden, dann sagen sie gewiß nicht, daß es einer sein müßte, dem sie sich unterlegen fühlen, der sie beschützt (solches Geschwätz würde Gelächter provozieren) oder zu dem sie aufblicken können. Sie erwähnen vielleicht, daß sie einen Mann mit diesem oder jenem Beruf bevorzugen würden (Berufe stehen für Gehaltshöhe, Alters- und Witwenversorgung, die Fähigkeit, hohe Lebensversicherungsprämien zu zahlen). Oder sie sagen etwa: »Der Mann, den ich heiraten würde, müßte ein paar Jahre älter sein, mindestens einen halben Kopf größer und intelligenter als ich.« Das heißt dann nur soviel wie: Es fällt weniger auf und wirkt natürlicher, wenn ein etwas älterer, intelligenterer und kräftiger Mensch einen jüngeren, kleineren und dümmeren ernährt.

Frauen sind gefühlsarm

Es gibt viele Formen und Varianten weiblicher Dressurmethoden, und es würde zu weit führen, hier auf jede einzelne hinzuweisen. Nur zwei relativ harmlose seien noch einer näheren Betrachtung gewürdigt: die der »guten Manieren« des Mannes, und jene, welche die Unterdrückung seiner Emotionen zum Ziel hat.

Jeder Mann, der bei den Frauen Erfolg haben will (und welcher Mann möchte das nicht?), muß außer Intelligenz, Ehrgeiz, Fleiß, Ausdauer möglichst noch eine weitere Qualifikation mitbringen: Er muß wissen, wie man sich in Gegenwart von Frauen zu benehmen hat. Dafür gibt es bestimmte Normen, welche die Frauen eigens zu diesem Zweck erfunden haben; die sogenannten »guten Manieren«. Sie besagen, daß jeder Mann, der etwas auf sich hält, jede Frau zu jeder Zeit wie eine Königin zu behandeln hat und daß umgekehrt jede Frau, die etwas auf sich hält, einem Mann die Gelegenheit geben muß, sie jederzeit wie eine Königin zu behandeln.

Freilich wird eine Frau einen Mann schon allein unter der Voraussetzung heiraten, daß er reich ist. Hat sie jedoch die Wahl zwischen einem reichen Mann mit schlechten und einem ebenso reichen mit guten Manieren, wird sie natürlich den letzteren bevorzugen. Denn die Beherrschung der Regeln des guten Benehmens bürgt ihr dafür, daß diesem Mann der ideelle Wert der Frau durch eine zusätzliche Reihe bedingter Verhaltensweisen so sehr in Fleisch und Blut übergegangen ist, daß er ihn auch später, wenn sie für ihn weniger attraktiv sein wird, nie mehr ernsthaft in Frage stellt. »Beim Lachen wird man fröhlich«, sagen die Psychologen, oder »Der Glaube kommt mit dem Beten.« Das ist richtig, trifft aber nur für den Mann zu: Wenn er die Frau wie ein höheres Wesen behandelt, wird sie für ihn ein höheres Wesen. Frauen können zwischen Wirklichkeit und Theater viel besser unterscheiden.

Die »guten Manieren« sind nicht, wie die anderen Dressurakte, tiefenpsychologisch verwurzelte Formen der Konditionierung. Sie werden den Kindern relativ spät anerzogen und sind so besonders leicht als Maßnahmen weiblicher Ausbeutung zu erkennen. Es ist wirklich ein Rätsel, wie so alte Tricks auch heute noch erfolgreich sein können.

Welche Unverfrorenheit gehört doch zum Beispiel dazu,

wenn eine Mutter ihrem Teenagersohn für seinen ersten Theaterbesuch mit einer jungen Dame etwa folgende Ratschläge mit auf den Weg gibt: »... du zahlst das Taxi, steigst aus, gehst um den Wagen herum, öffnest die Tür und hilfst der Dame beim Aussteigen ... du geleitest sie die Stufen hinauf; dabei gibst du ihr den Arm oder gehst, wenn nicht genug Platz ist, hinter ihr, damit sie bei einem eventuellen Ausgleiten nicht stürzen kann ... du öffnest die Türen für sie ... hilfst ihr aus dem Mantel ... bringst den Mantel zur Garderobe, besorgst ihr ein Programmheft ... du gehst voraus und bahnst ihr den Weg durch die Reihen, in der Pause bietest du ihr Erfrischungen an ...« Und so weiter. Dabei muß man noch bedenken, welche Qualen das Theater dem Mann an sich schon bereitet, weil es eine überholte Kunstgattung ist und weil so gut wie alle Stücke, die dort gezeigt werden (wie der größte Teil des »kulturellen Lebens« überhaupt), auf das intellektuelle Niveau der Frauen zugeschnitten sind. Er ahnt, daß sowohl er selbst, der die Frau dorthin begleitet, als auch der ganze Lakaienapparat von Intendanten, Schauspielern und Regisseuren, der sie dort erwartet, nur dazu da ist, ihr und ihrer Clique einen Ort zu bieten, an dem sie ihre schwachsinnigen Orgien feiern können – die darin bestehen, daß sie sich vor der Statisterie der schwarzgekleideten Männer gegenseitig ihre grotesken Maskeraden vorführen.

Der frivolste Aspekt der »guten Manieren« ist, daß sie den Mann in die *Beschützerrolle* zwingen. Das fängt ganz harmlos dort an, wo er hinter der Frau die Treppe hinaufsteigt und auf der Außenseite des Bürgersteigs geht, und endet bei der Einberufung zum Militär- und Kriegsdienst. »Wenn es die Situation erfordert«, lautet also eine der Benimmregeln, »so hat der Mann die Frau unter Einsatz seines Lebens vor Unannehmlichkeiten zu bewahren.« – Sobald er alt genug ist, wird er diese Regeln ohne Überlegung befolgen: Die Dressur ist ihm längst vorausgeeilt, bei jeder Katastrophe wird er zuerst Frauen und Kinder retten, bevor er an sich denkt. Und wenn es sein Leben kostet!

Dabei gibt es wirklich keinen triftigen Grund, weshalb die Rollen nicht ebensogut vertauscht werden sollten. Da die Frau gefühlsarm ist, könnte sie die Eindrücke der Kriegsgreuel viel leichter verkraften als der Mann, bei dem sie nicht selten psychische Dauerschäden hervorrufen. An den Anblick von Blut ist sie durch den Monatszyklus ohnehin gewöhnt, und die heutige Form der Kriegführung erfordert weder körperliche Kraft noch Intelligenz, nur Zähigkeit. In jeder Statistik über die Lebenserwartung kann man nachlesen, daß Frauen älter werden als Männer, also zäher sind. Eine normal entwickelte Nordamerikanerin, die während ihrer Schulzeit Sport getrieben hat, ist beispielsweise den viel kleineren Vietnamesen an Körperkräften bestimmt nicht unterlegen. Ein G. I. kämpft also, wenn er gegen Asiaten Krieg führt, gegen Feinde, die nicht stärker sind als seine Freundinnen aus dem College.

Die erwähnte *Gefühlsarmut* zeigt sich auch darin, daß die Frau die Emotionen des Mannes unterdrückt, wo sie nur kann, und sich dabei noch in den Ruf bringt, gefühlvoll und sensibel zu sein.

Die Tränendrüsen sind winzige Flüssigkeitsbehälter, die, ähnlich wie die Harnblase, durch Training dazu gebracht werden können, dem Willen zu gehorchen. Es ist einem Erwachsenen möglich, sein Bett nicht zu nässen und nicht zu weinen. Beim männlichen Kind wird diese Dressur (wiederum durch Selbsterniedrigung der Frau – »Ein Junge weint nicht!«, »Du bist doch kein Mädchen!«) durchgeführt. Beim weiblichen wird sie unterlassen, und dieses lernt das bald zu seinem Vorteil zu nutzen. Sieht ein Mann eine Frau weinen, dann wird er niemals denken, daß sie ihre Flüssigkeitsbehälter nicht unter Kontrolle hat: Er wird annehmen, sie sei von einem starken Gefühl überwältigt, ja er schließt dessen Stärke direkt aus der Flüssigkeitsmenge, die ihre Tränendrüsen absondern.

Das ist natürlich eine Fehlinterpretation, denn Frauen sind gefühlsarm – schon deshalb, weil sie sich keine Gefühle leisten dürfen. Gefühle könnten sie dazu verführen, einen für ihre Zwecke unverwertbaren Mann zu nehmen (einen, der sich nicht versklaven läßt), oder daß sie die Männer – die ihnen doch eigentlich sehr fremd sein müßten – überhaupt nicht ausstehen könnten und ihr Leben ausschließlich in der Gesellschaft von Frauen zubrächten (tatsächlich gibt es viel weniger homosexuelle Frauen als Männer, und sie sind meist reich oder zumindest finanziell gesichert).

Das alles würde für eine Frau aber bedeuten, daß sie denken, arbeiten, Verantwortung tragen und auf all jene Dinge verzichten müßte, an denen ihr gelegen ist. Weil sie das nicht will, entwickelt sie keine Gefühle, spielt jedoch nach außen hin die Gefühlvolle, damit der Mann nicht merkt, wie kalt und berechnend sie in Wirklichkeit ist. Da sie Gefühle immer nur imitiert, behält sie bei diesem Spiel immer einen freien Kopf und ist so in der Lage, die Gefühle ihres Partners für ihren eigenen Vorteil auszunutzen (man kann ein Gefühl nur dann berechnen, wenn man nicht zugleich selbst darin verstrickt ist). Dabei genügt es ihr nicht, daß der Mann glaubt, sie fühle sich so stark wie er. Er muß glauben, sie sei »als Frau« noch viel labiler, sensibler, irrationaler und gefühlsbetonter als er, denn nur so kann sie von vornherein jeden Verdacht von sich ablenken. – Die Vorbedingung für diesen Betrug schafft sie durch den soeben beschriebenen Dressurakt.

Ein richtiger Mann weint nicht, lacht nicht laut (reserviertes Lächeln wirkt auf seine Umgebung sympathisch und auf seine Geschäftspartner seriös), zeigt keine Überraschung (er ruft nicht »ahhh ...!«, wenn das Licht angeht, oder »ihhh ...!«, wenn er mit kaltem Wasser in Berührung kommt). Er läßt sich nicht anmerken, wenn er sich anstrengt (sagt nicht »uff ...!«, wenn er eine schwere Kiste getragen hat), und singt nicht, wenn er fröhlich ist.

Und der Mann, der alle diese Gefühlsäußerungen bei der Frau erlebt, denkt nicht daran, daß er selbst seine Gefühle nur deshalb nicht zeigt, weil eben die Frau ihn gelehrt hat, sie nicht zu zeigen. Er nimmt ganz einfach an, daß die Gefühle der Frau unendlich viel stärker sein müssen als seine eigenen, wenn sie sie dermaßen unkontrolliert zur Schau stellt.

Ein Mann, der selbst nur dann weint, wenn ihn ein großes Unglück trifft (etwa beim Tod seiner Frau), muß annehmen, daß der Schmerz, den seine Frau empfindet, wenn sie – zum Beispiel einer verdorbenen Urlaubsreise wegen – in Tränen ausbricht, ebenso stark ist. Und er wird sich einen gefühlsarmen Tölpel schelten, weil er diesen Schmerz nicht nachvollziehen kann. Welche Hilfe wäre es deshalb für die Männer, wenn sie wüßten, was für eiskalte, glasklare Gedanken eine Frau haben kann, während ihre Augen von einem Tränenschleier umflort sind!

Alle Dressuren gehen auf das Zuckerbrot-und-Peitsche-Prinzip zurück. Seine Anwendbarkeit wird von den jeweiligen körperlichen Kräfteverhältnissen zwischen Dompteur und Objekt bestimmt. Doch selbst bei der Dressur kleiner Kinder zeigt sich ein gewisser Trend zugunsten des Zuckerbrots: Es bietet den Vorteil, daß das kindliche Vertrauen in die Erwachsenen erhalten bleibt – die Kinder kommen mit ihren Problemen weiterhin zu ihren Eltern und lassen sich so noch viel besser manipulieren, als wenn sie geprügelt worden wären.

Hat ein gefangener Delphin einen Dressurakt gut gemacht, wirft ihm der Dompteur einen Fisch zu. Der Delphin ist auf Fütterung angewiesen, er tut dafür, was man von ihm verlangt. Ein Mann dagegen ist in der Lage, sich seine Nahrung selbst zu besorgen: Das Geld geht durch seine Hände. Er wäre also gewissermaßen unbestechlich, wenn er nicht noch ein anderes, sehr starkes Bedürfnis hätte, dessen Befriedigung er allein nicht schafft: sein Bedürfnis nach physischem Kontakt mit dem Körper einer Frau. Es ist so stark, und er empfindet bei seiner Realisierung soviel Lust, daß es vielleicht das stärkste Motiv für seine Unterwerfung unter die Frauen ist – ja, vielleicht ist seine Lust an der Unfreiheit nur eine Facette seiner Sexualität.

Er muß sein Bedürfnis befriedigen, und die Grundlage der Ökonomie ist noch immer der Tausch. Wer eine Dienstleistung verlangt, muß etwas entsprechend Wertvolles dagegen bieten. Nun verhält es sich so, daß die Männer die exklusive Benutzung der weiblichen Vagina zu Wahnsinnspreisen hochgesteigert haben. Das ermöglicht der Frau einen sehr hohen Grad der Ausbeutung – und er stellt ja auch tatsächlich das konservativste kapitalistische System weit in den Schatten. Kein einziger Mann bleibt davon verschont. Und weil das Weibliche in erster Linie ein soziologisches Phänomen ist und kaum ein biologisches, bleiben nicht einmal Homosexuelle vor Ausbeutung bewahrt. Der triebschwächere Partner findet bald die Manipulierbarkeit des triebstärkeren heraus, fällt in die Rolle des Ausbeuters – der Frau – und benimmt sich entsprechend: Weiblich sein heißt den schwächeren Sexualtrieb haben.

Genauso, wie sich die Frauen keine großen Gefühle leisten können, verzichten sie auch auf eine ausgeprägte Libido (wie ließe sich sonst erklären, daß ein junges Mädchen sich seinem

Freund verweigert, aber trotzdem von Liebe spricht?). Die Frau unterdrückt sie, den Ratschlägen ihrer Mutter folgend, schon während der Pubertät im Interesse des Kapitals, das sie später daraus schlagen will. Früher war die »wertvolle« Braut jungfräulich, auch heute noch gilt ein Mädchen mit wenig Liebhabern für »wertvoller« als eines mit vielen. Die Keuschheit des Mannes war noch nie etwas wert (da den Frauen nichts an ihm liegt, liegt ihnen auch nichts an seiner Keuschheit). Ein Junge kann deshalb von einer erwachsenen Frau nur »verführt« werden, niemals vergewaltigt. Ein Mann, der mit einer Minderjährigen das gleiche tut, ist ein Sexualverbrecher, für den der weibliche Mob Zuchthaus fordert.

Ebensogut wie die Frau könnte auch der Mann seinen Sexualtrieb konditionieren – vorausgesetzt, er würde früh genug damit anfangen. Der Beweis sind die Mönche, die weitgehend ohne sexuelle Betätigung auskommen (niemand wird ernsthaft behaupten, daß diese große Gruppe von Männern aus Eunuchen besteht). Doch statt ihn unterdrücken zu lernen, läßt der Mann die Entwicklung seines Sexualtriebs fördern, wo es nur geht – selbstverständlich von den Frauen, denn vor allem sie sind an seiner Libido interessiert.

Während ein Mann jederzeit so gekleidet ist, daß sein Anblick auf keinen Fall beim anderen Geschlecht sexuelle Erregung hervorrufen könnte, beginnt die Frau bereits im Alter von zwölf Jahren, sich als Köder herauszuputzen. Sie betont die Rundungen ihres Busens und ihrer Hüften in enganliegenden Kleidungsstücken, macht in durchsichtigen Strümpfen auf die Länge ihrer Beine, auf die Form ihrer Waden und Schenkel aufmerksam, schminkt Lippen und Augenlider feuchtschimmernd, tönt ihre Haare in leuchtenden Farben – und das alles zu keinem anderen Zweck, als damit die Gier des Mannes nach sexueller Betätigung zu erregen und ununterbrochen wachzuhalten. Sie bietet ihm ihre Ware so offen an, als läge sie in einem Schaufenster, und als bedürfe es nur der Überwindung einer winzigen Distanz, um sie zu besitzen. Was Wunder, daß der Mann, durch dieses unverhohlene Kaufangebot in ständige sexuelle Erregung versetzt, bald keinen anderen Gedanken mehr hat als den, genug Geld zu verdienen, um sich in den Besitz der verlockenden Ware zu bringen.

Denn ohne Geld oder zumindest ohne Aussicht auf Geld bekommt ein Mann keine Frau und somit keinen Sex. Es gibt zwar in der Beziehung zwischen den Geschlechtern das Kreditwesen – das heißt, daß eine Frau unter Umständen bereit sein wird, solange ihr Mann noch in der Berufsausbildung steckt, ihr eigenes Geld zu verdienen und ihm währenddessen schon – quasi als Vorschuß auf künftige Leistungen – ihren Körper zur Verfügung zu stellen. Aber in diesem Fall sind auch die Zinsen entsprechend hoch (der Beruf, den der Mann während dieser Zeit erlernt, muß so gut dotiert sein, daß sich die Investition der Frau lohnt). Im allgemeinen gilt der Grundsatz, daß eine Frau um so teurer ist, je ansprechender ihre sekundären Geschlechtsmerkmale sind. Deshalb sollte ein Mann, wenn er einem anderen mit einer besonders attraktiven Frau begegnet, nicht deprimiert sein, sondern bedenken, wie teuer diese Frau diesem Mann zu stehen kommt.

Ökonomischer wäre es für den Mann auf jeden Fall, seinen Sexualtrieb bei Prostituierten zu befriedigen, statt sich in eine Ehe zu stürzen (bei Prostituierten im konventionellen Sinn – strenggenommen gehören ja die meisten Frauen in diese Gruppe). Doch da der Mann auch hier wieder nach dem Leistungsprinzip handelt, auf das er dressiert ist, empfindet er Sex, für den er nicht viel bezahlt hat, als minderwertig. Sein Genuß ist um so größer, je teurer die Frau ist, mit der er schläft. Und wenn er eine begehrte Frau nicht anders bekommt – oder wenn er keine andere Möglichkeit sieht, sie zu behalten –, bietet er den Höchstpreis und führt sie zum Standesamt.

Aus diesem Grund können die Frauen die offene Prostitution ruhig tolerieren. Da ihnen Eifersucht im Sinn des Mannes fremd ist (gelegentlich spielen sie Eifersucht, um ihrem Mann zu schmeicheln), macht es ihnen nichts aus, Bordelle zu befürworten. Ebensowenig wie es ihnen je etwas ausgemacht hat, außereheliche Amouren ihres Partners zu ignorieren oder, falls sie zu offensichtlich werden, zu verzeihen. Wieviele Frauen bleiben bei ihrem Mann, wenn er sie betrügt, und wie selten ist das Umgekehrte der Fall. – Ja, die Frau wünscht im Grunde nichts anderes, als daß ihr Mann fremdgeht, denn schlechtes Gewissen oder Dankbarkeit für Toleranz garantieren ihr zusätzliche Vorteile. Am liebsten ist es ihr aber, wenn diese außerehelichen Amouren unter ihrer Kontrolle stattfinden; Partnertausch und Gruppensexpraktiken erscheinen deshalb immer mehr Frauen als ideale Möglichkeit zur Neutralisierung der sexuellen Phantasie ihrer Männer. Diese Formen außerehelichen Verkehrs sind gratis (das Geld für die Prostituierte fließt in die diversen Haushaltskassen) und bringen keine gesundheitlichen Gefahren mit sich: Da die Beteiligten sich kennen, werden die Regeln der Hygiene besser eingehalten, als wenn jeder Mann für sich anonyme Bordelle frequentiert (ansteckende Krankheiten sind ja das einzige, was die Frauen bei den sexuellen Abenteuern ihrer Männer wirklich befürchten müssen).

Was für eine Ironie, wenn die Männer ausgerechnet die gewöhnlichen Prostituierten so sehr verachten – gehören doch diese zu den wenigen Frauen, die ehrlich zugeben, daß sie mit der Vermietung einer bestimmten Körperöffnung ihr Geld machen. Prostituierte, Schauspielerin, Sängerin, Tänzerin, Fotomodell sind Berufe, die nicht von Männern ausgeübt werden. Doch während Schauspielerin, Sängerin, Tänzerin, Fotomodell mit Netz arbeiten – das Netz ist der Mann, der sie auffängt, wenn sie keine Lust mehr haben –, ist die Prostituierte ohne jede Sicherung. Wird sie müde, steht niemand bereit, der nur auf diesen Augenblick gewartet hat, und es gibt in unserer Gesellschaft keinen Mann, der sich von einer ehemaligen Prostituierten so ausbeuten ließe wie von einem ehemaligen Fotomodell.

Die Frauen selbst verachten die gewöhnlichen Prostituierten ebenfalls, aber aus einem anderen Grund: Sie verachten sie wegen ihrer Dummheit. Eine Frau, die ihren Körper so ungeschickt verkauft, ist nach dem Intelligenzbarometer der Frauen einfach zu dumm. Sie bewundern nur solche Frauen, die Wucherpreise erzielen und zum Beispiel von einem der Rothschilds, Aga Khans oder Rockefellers geheiratet werden. Den Begriff vom »schmutzigen Gewerbe« haben sie nur zur Abschreckung der Männer geprägt, die vielleicht sonst doch eines Tages Parallelen ziehen könnten.

Das Grundprinzip von *Sex als Belohnung* ist bei allen Frauen gleich: Sie bieten sich dem Mann an, indem sie ihre Reize betonen, machen ihn lüstern, und wenn er dann brav seine Dressurkunststückchen vorzeigt, schenken sie sich ihm. Und da sie ihn immer und immer wieder aufgeilen, braucht er diese Belohnung immer und immer wieder. Nur Männer von geringer sexueller Potenz können es sich leisten, lang herumzugammeln und auf diese regelmäßigen Belohnungen zugunsten sporadischer zu verzichten. Ein Mann mit ausgeprägter Libido muß noch fügsamer sein als jeder andere – der »dynamische, unternehmungslustige, tatkräftige, begeisterungsfähige junge Mann«, den man in allen Wirtschaftszweigen so sehr begehrt, ist nichts weiter als ein total sexabhängiger Psychopath, der sich seine Ziele in bezug auf die Frauen besonders hoch gesteckt hat. Denn was, wenn nicht die Belohnung durch eine Frau, sollte einen jungen Mann dazu veranlassen, sich mit Begeisterung für den Verkauf eines x-beliebigen Markenartikels einzusetzen, während draußen vor seinem Bürofenster eine ganze Welt voll interessanter Abenteuer auf ihn wartet? Sein Trieb ist so stark, daß er auf die ganze Welt draußen verzichtet und sich mit dem so schwer erbeuteten Geld eine Frau kauft. Doch nennt er diese Frau dann auch sein »Abenteuer« – sie ist niemals ein Ersatz für das Verlorene: Bei seiner Begegnung mit einer Frau verläuft alles nach dem strengen System von Angebot und Nachfrage, das festen Regeln gehorcht und bei dem Überraschungen selten sind.

Die alte Weisheit, das Schicksal der Frau sei ihre Anatomie, trifft tatsächlich zu, insofern man unter Schicksal etwas Positives versteht. Im negativen Sinn könnte dieser Spruch heutzutage allerdings eher auf den Mann passen, denn während die Frau von ihren anatomischen Besonderheiten profitiert, wo sie nur kann, bleibt er ewig Sklave der seinen. Die Erektion des männlichen Gliedes ist für eine Frau so grotesk, daß es ihr, wenn sie zum ersten Mal davon erfährt, vollkommen unmöglich erscheint, daß es so etwas geben kann. Und wenn sie dann bemerkt, daß es nicht einmal der Gegenwart einer nackten Frau bedarf, um dieses Phänomen – das so simpel ist wie ein Patelarsehnenreflex – zu erzeugen, sondern daß bereits der Anblick eines Filmes oder einer Photographie dazu genügt, kommt sie aus dem Staunen nicht mehr heraus.

Es hat wohl nie etwas Absurderes gegeben als die Freudsche Illusion vom Penisneid. Das männliche Glied nebst Hodensäkken erscheint der Frau lediglich als etwas völlig Überflüssiges am sonst so aufgeräumten Körper des Mannes, als etwas beinahe Unordentliches (es ist ihr unverständlich, daß der Penis nach Gebrauch nicht wie die Antenne eines Kofferradios im Körper des Mannes versenkt werden kann), kein kleines Mädchen würde auf die Idee kommen – auch nicht im tiefsten Unterbewußtsein –, einen kleinen Jungen darum zu beneiden (daß es vor ihm benachteiligt wird, empfindet es schon gar nicht, denn es wird ja bevorzugt).

Freud war der Dressur durch weibliche Selbsterniedrigung zum Opfer gefallen, die seine Mutter und später seine Ehefrau – und wohl auch seine Töchter – an ihm durchgeführt hatten. Er verwechselte Ursache und Wirkung: Eine Frau denkt ja nicht, der Mann sei mehr wert als sie selbst, sie sagt es nur. Die Macht der Frau wäre eher ein Grund zum Neid – aber der Mann hat ja Lust an seiner Ohnmacht.

Die weibliche Libido

Die weibliche Sexualität bereitet den Männern Unbehagen. Denn sexuelle Erregbarkeit und Orgasmus lassen sich bei der Frau – ganz im Gegensatz zum Mann – schwer kontrollieren. Die Männer sind also bei ihren Untersuchungen hauptsächlich auf jene Informationen angewiesen, die ihnen die Frauen freiwillig zukommen lassen. Und da eine Frau an wissenschaftlich exakten Ergebnissen in keiner Weise interessiert ist und immer nur an den nächstliegenden Vorteil denkt, wird sie immer nur gerade das aussagen, was ihr in dieser oder jener speziellen Situation opportun erscheint. Deshalb führen die vielen Untersuchungen – etwa über die Frigidität der Frau, über ihre Genußfähigkeit beim Geschlechtsakt, ob sie einen mit dem des Mannes vergleichbaren Orgasmus hat – zu genau entgegengesetzten Resultaten (es sei unterstellt, daß auch Masters & Johnson die Durchschnittsfrau nicht auf ihren Prüfstand bekamen). Der Mann schwankt daher zwischen der Annahme, die Frau habe überhaupt keinen Sexualtrieb, und alles sei nur Komödie, und der Furcht, sie sei in Wirklichkeit viel potenter als er (und verschweige ihm das aus Mitleid), ständig hin und her. Um sich Gewißheit zu verschaffen, arbeitet er immer neue, noch besser ausgeklügelte Fragen und Fragebogen aus, in der selbstverständlichen Erwartung, die Frauen beantworteten sie im Dienst der höheren Sache gewissenhaft. Eine trügerische Erwartung!

Die Wahrheit liegt vermutlich irgendwo in der Mitte: Die Frauen sind zwar nicht wild auf Geschlechtsverkehr (sonst gäbe es sicher mehr männliche Prostitution), andererseits ist ihnen der Geschlechtsakt auch nicht verhaßt, wie oft behauptet wird.

Die Frau existiert auf einem animalischen Niveau, sie ißt gern, trinkt gern, schläft gern, und auch Sex gefällt ihr – vorausgesetzt, sie versäumt dadurch nichts Besseres und muß sich dafür nicht übermäßig anstrengen. Im Gegensatz zum Mann würde sie nie größere Strapazen auf sich nehmen, um einen Partner ins Bett zu bekommen: Wenn sie ihn aber schon in ihrem Bett hat (und wenn sie nicht gerade eine kosmetische Großaktion beabsichtigt oder im Fernsehen ein Programm läuft, das sie gern sehen würde), ist sie – vorausgesetzt, dieser Mann übernimmt die aktive Rolle – dem Geschlechtsverkehr durchaus nicht abgeneigt. Denn auch die schöne Bezeichnung »aktiv« für den männlichen Part und »passiv« für den weiblichen kann nicht darüber hinwegtäuschen, daß sich die Frau auch im Bett – wie sonst überall im Leben – vom Mann bedienen läßt. Auch wenn er dem Mann Lust verschafft, ist der Geschlechtsakt doch letzten Endes nichts weiter als eine Art Service an der Frau, bei dem der Mann der bessere Liebhaber ist, der einer Frau geschickter, rascher und länger Lust verschafft.

Weil die Männer zumindest ahnen, daß eigentlich sie diejenigen sind, die während des Geschlechtsakts mißbraucht werden, hatten sie schon immer eine gewisse Angst vor der weiblichen Libido. Man findet diese Angst in vielen Riten vergangener Kulturen, in den philosophischen Werken Schopenhauers, Nietzsches, in den Romanen Baudelaires, Balzacs, Montherlants, in den Dramen von Strindberg, Tennessee Williams, O'Neill. Doch seit der Erfindung der Geburtenkontrolle durch die Antibabypille hat diese Angst hysterische Formen angenommen. Es werden ganze Bücher darüber geschrieben, ob und wie sehr der Mann die Frau in sexueller Hinsicht fürchten müsse, ganze Zweige der Publizistik leben davon, den Männern Ratschläge für eine überlegene Rolle im Geschlechtsverkehr zu verkaufen.

Denn mit der Erfindung der medikamentösen Empfängnisverhütung hat sich der Mann (natürlich hat *er* diese Erfindung gemacht) des einzigen Triumphs beraubt, den er bei all seiner sexuellen Abhängigkeit von der Frau noch hatte: Sie war ihm in diesem Punkt in gewisser Weise ausgeliefert. Jetzt ist sie plötzlich auch hier überlegen: Sie kann Kinder haben, soviel, sowenig und von wem sie will (also möglichst von einem Reichen), und auch wenn sie keine Fortpflanzungsabsichten hat, kann sie den Geschlechtsakt vollziehen, sooft es ihr vorteilhaft erscheint.

Der Mann kann das nicht. Er hat sich immer den Anschein gegeben, seine sexuelle Potenz sei unendlich groß, und nur die Zurückhaltung der Frau hindere ihn daran, sie unter Beweis zu stellen. Doch heute muß er Farbe bekennen, heute kann sich jede Frau in der erstbesten Illustrierten darüber informieren, wie es um die männliche Potenz bestellt ist. Sie weiß jetzt, wie potent ein Mann in einem bestimmten Alter zu sein hat, ob er nachmittags potenter ist als nachts, ob er vor dem Essen potenter sein sollte als nachher, ob See- oder Gebirgsluft seine Potenz steigern, und wie oft hintereinander er in der Lage sein muß, eine Frau zu befriedigen. Und da die Männer die Statistik nie belügen – der männliche Mann lügt überhaupt nicht, Lügen ist für ihn ein Eingeständnis der Schwäche –, kann sie sich auf diese Daten hundertprozentig verlassen. Anhand der Tabellen, welche die Männer für sie ausgearbeitet haben, kann sie die Potenz eines bestimmten Mannes exakt feststellen. – Nicht nur feststellen, sondern, da der Geschlechtsverkehr kein Risiko mehr für sie birgt, mit der eines jeden beliebigen anderen vergleichen. Doch sie wird nicht – wie der Mann in seiner Angst glaubt – die Potenzen gegeneinander abwägen und sich für den Potentesten entscheiden. Da sie – wie bereits gesagt wurde – nicht wild ist auf Sex, wird sie (falls die anderen Bedingungen gleich sind) eher den weniger Potenten bevorzugen und mit ihren Intimkenntnissen erpressen.

Denn der Mann ist auf sexuellem Gebiet mehr noch als sonst ein Opfer des Leistungsprinzips, nach dem er dressiert wurde. Er gibt sich selbst Zensuren: dreimal hintereinander = sehr gut, zweimal = gut, einmal = befriedigend. Sexuelles Versagen bedeutet für ihn Versagen auf jedem Gebiet (auch wenn er ein brillanter Wissenschaftler ist, wird er nicht mehr glücklich werden). Die Frau weiß das und sieht darin mehrere Möglichkeiten, sich Vorteile zu verschaffen: a) Sie kann so tun, als wisse sie nicht, daß ihr Mann eine geringe Potenz hat, und ihn trotzdem für seine Potenz loben (vermutlich die am meisten verbreitete Methode). b) Sie kann den Mann glauben machen, seine geringe sexuelle Leistungsfähigkeit sei ein großes Handikap, und er könne sich glücklich schätzen, wenn sie trotzdem bei ihm bleibe. c) Sie kann drohen, ihn öffentlich bloßzustellen, wenn er sich ihr nicht genügend versklavt. Und weil der Mann sich noch lieber einen Dieb oder Totschläger schelten läßt als einen Impotenten, wird er sich in jedem Fall beugen und tun, was sie von ihm verlangt.

Die Potenz des Mannes hängt noch mehr als jede andere Körperfunktion von psychischen Faktoren ab, und wenn es einmal angefangen hat, gerät er tatsächlich mit der Zeit in immer größere Potenzschwierigkeiten. Er steigert sich in die Angst, die Frau nicht mehr zu brauchen, denn aufgrund seiner Dressur identifiziert er diese Abhängigkeit mit seiner Männlichkeit. Man muß sich den Widersinn einmal klarmachen: Er tut alles, um sich die Abhängigkeit von der Frau zu erhalten. Aphrodisiaka – früher unter dem Ladentisch verkauft und von Quacksalbern zubereitet – sind längst salonfähig geworden und Bestseller der pharmazeutischen Industrie. Sogar in seriösen Blättern häufen sich die Artikel über Beischlafschwierigkeiten, und Herrenwitze – die bekanntlich der männlichen Kastrationsangst entspringen – haben mehr denn je Hochkonjunktur, obwohl ihnen der »Witz« meistens fehlt. Die zahlreichen pornographischen Magazine kauft sich der Mann bestimmt nicht zum Vergnügen – amüsieren würde er sich auf einem anderen Niveau besser –, sondern in der verzweifelten Hoffnung, durch diese starken Reize immer fit zu sein und auf der Höhe seines Männlichkeitsmythos zu bleiben.

Und bei alledem ist er wieder einmal das Opfer seiner Gewohnheit, die eigenen Wertmaßstäbe für die Beurteilung der Frau anzuwenden. Er glaubt, die Frau habe nun, da es eine zuverlässige Verhütungsmethode gibt, nichts anderes mehr im Kopf, als alles Versäumte nachzuholen und nur noch das zu machen, was er – wegen seiner gründlichen Dressur – für das höchste aller Vergnügen hält – Sex. Das ist selbstverständlich ein Irrtum – denn Sex ist zwar ein Vergnügen für die Frau, aber lang nicht das größte. Die Freude, die einer Frau ein Orgasmus verschafft, rangiert auf ihrer Wertskala weit hinter der, die ihr zum Beispiel der Besuch einer Cocktailparty bereitet oder der Kauf von einem Paar auberginefarbenen Lackstiefeln.

Die Angst der Männer, durch die neugewonnene Freiheit der Frauen von diesen sexuell übertroffen oder gar physisch geschwächt zu werden, ist deshalb absurd. Eine Frau wird einen Mann, der für sie sorgt, immer nur so weit außer Gefecht setzen, daß er am darauffolgenden Morgen pünktlich in seinem Bürosessel Platz nehmen kann. Weshalb sollte sie in diesem Punkt Risiken eingehen? Selbst eine feurige Geliebte wird, wenn ihrem Mann wegen durchtobter Nächte auch nur der geringste Nachteil in seiner beruflichen Laufbahn entstehen könnte, den Geschlechtsverkehr sofort auf ein ungefährliches Maß reduzieren. Nymphomanische Frauen gibt es fast nur im Film und im Theater. Gerade weil sie im Leben selten sind, ist das Publikum auf sie neugierig (aus demselben Grund handeln so viele Filme und Romane von extrem reichen Leuten, deren Anteil an der Gesamtbevölkerung ja auch sehr gering ist).

Wenn die Frauen an der männlichen Potenz interessiert sind, so hauptsächlich wegen der zu zeugenden Kinder. Kinder braucht die Frau – wie wir später noch sehen werden – zur Verwirklichung ihrer Pläne. Viele Frauen wären vermutlich froh, wenn die sexuelle Potenz ihres Ehepartners nach der Zeugung von zwei bis drei Kindern versiegen würde, ließe sich doch so für sie eine Unmenge kleiner Komplikationen vermeiden.

Daß der Frau die körperliche Liebesfähigkeit des Mannes nicht so wichtig ist, beweist auch die Tatsache, daß gutverdienende Männer auch dann unbeirrt geheiratet werden und verheiratet bleiben, wenn sie impotent sind (man könnte sich umgekehrt kaum vorstellen, daß Frauen ohne Vagina irgendwelche Aussichten auf die Ehe mit einem normal veranlagten Mann hätten).

Dressur durch Bluff

Der starke Sexualtrieb des Mannes, seine hervorragende Intelligenz und sein Verlangen nach einem System, das ihm seine große Verantwortung abnimmt (die er aufgrund eben dieser Intelligenz erkannt hat), gestatten der Frau die sinnvolle Verwertung von Institutionen, die eigentlich der Vergangenheit angehören: der Kirchen, Sekten und anderen Glaubensgemeinschaften einer jeglichen Richtung, die sie kaltblütig zur Dressur ihrer kleinen Kinder mißbraucht und deren Heere von Angestellten, die Geistlichen, ihr auch später, wenn diese Kinder erwachsen sind, als eine Art Polizeitruppe dienen, die darauf achtet, daß ihre Interessen immer gewahrt bleiben. Dabei kommt es ihr zustatten, daß sie selbst, wie wir gesehen haben, weder gläubig noch abergläubisch ist. Auch die Männer glauben später nicht an die Lehren ihrer Kirche (es sei denn, eine Dressur wäre – etwa bei einem Priester – besonders gut gelungen), doch wenn man sie diesen Lehren früh genug zuführt, kann man gewisse Archetypen in ihnen züchten, Maßstäbe für Gut und Böse, die nicht in ihrem Verstand verwurzelt sind, sondern in ihrem Unterbewußtsein, und die sie deshalb nie mehr vergessen können. Und diese Maßstäbe sind ihrem Wesen nach immer Maßstäbe der Frau.

Jedes Glaubenssystem gründet sich auf Dressur, denn es besteht aus einer gewissen Anzahl von Regeln oder Geboten und einem Katalog von Strafen, die der Übertretung dieser Regeln (der sogenannten »Sünde«) folgen. Natürlich folgen diese Strafen niemals wirklich, denn der Glaube an eine Art Überbewußtsein ist ja ein System ohne reale Basis, und es gibt daher auch niemand, der von einer heimlichen Sünde wissen oder sie bestrafen könnte. Man sagt deshalb, daß Unglücksfälle, die sich sowieso ereignen, wie etwa Erdbeben oder der Verlust eines Freundes (früher, bei noch wenig entwickelten Naturwissenschaften, auch Seuchen, Mißernte, Blitzeinschlag), solche Strafen für begangene Sünden seien und daß man diese durch bedingungslose Unterwerfung unter die Regeln oder durch Buße (eine Art Gehirnwäsche) von sich selbst abwenden könne. Natürlich wird der Mensch in dem Maß, wie er seine Intelligenz entwickelt, diese Fiktion durchschauen und das Ausbleiben der Strafen verifizieren können. Doch die tiefverwurzelte Angst vor den Strafen (das Gefühl der Sünde), das in jenen ersten Jahren in ihm gezüchtet wurde, wird ihn auch als Erwachsenen nach Möglichkeit Handlungen meiden lassen, die in seiner Jugend als »böse« galten. Oder er wird, wenn er sie begeht, zumindest ein schlechtes Gewissen dabei haben.

Eine der Sünden, die sich in beinahe allen diesen Katalogen findet, ist die Freude am Geschlechtsakt, der nicht der Fortpflanzung dient. Und da die Männer – von den Frauen dazu provoziert – immer Lust auf Sex haben, dieser Lust so oft wie möglich nachgeben möchten und dabei nie an Fortpflanzung denken (während des Orgasmus empfindet der Mann bestimmt jede Art von Freude, nur nicht die Freude auf das Kind, das er gerade zeugt – er wird also in diesem Augenblick noch mehr betrogen als gewöhnlich), verstoßen sie ständig zumindest gegen eine der Regeln ihres Kinderglaubens und tragen so immer ein Gefühl von Sünde mit sich herum. Die Frauen hingegen, die ihren Trieb konditioniert haben und den Geschlechtsakt meist aus einem bestimmten Grund ausführen und nicht zu ihrem Vergnügen (Broterwerb, Fortpflanzung, Befriedigung des Mannes – im letzten Fall also karitativ), begehen dadurch meist keine Sünde; selbst wenn sie darauf Wert legen würden, blieben sie von Gewissensbissen verschont. Im Gegensatz zum Mann, der zwar immer wieder gute Vorsätze faßt, diese jedoch in der Praxis nicht einhalten kann, hätten sie, auch wenn sie daran glaubten, kein Schuldkonto bei ihrem System. In ihrem Hang zur Selbsterniedrigung, ihrem verstümmelten, unterdrückten Sexualtrieb (und auch in der Selbstverständlichkeit, mit der sie ohne einträgliche Beschäftigung auskommen und andere für sich arbeiten lassen) ähneln sie jenen Figuren – Jesus, Gandhi –, die sie ihren Männern als Vorbilder anpreisen lassen. Vorbilder, die diese in ihrer Triebbesessenheit natürlich nie erreichen können und die sie in ihrem Verdacht bestätigen, alle wirklich anbetungswürdigen Qualitäten seien doch letzten Endes weiblich.

Dabei sind weder die Frauen am Sexualtrieb des Mannes sonderlich interessiert, noch deren Polizei. Das Tabu müßte nicht unbedingt Sex sein, sie haben es nur deshalb gewählt, weil Sex die größte und reinste – vielleicht die einzige – Freude des Mannes ist. Wenn er den gleichen oder einen noch größeren Genuß beim Essen von Schweinefleisch oder beim Rauchen empfände, würden sie natürlich sein Gefühl für Sünde mit der Zigarette oder dem Schweinefleisch koppeln. Hauptsache, er lebt überhaupt in Sünde – in Angst – und bleibt so manipulierbar. Der Katalog wird deshalb auch je nach Alter variiert. Für die Kleinen ist die Lüge Sünde, das Begehren fremden Eigentums oder die unzureichende Ehrerbietung gegenüber Vater und Mutter. Für die Älteren ist es die Lust auf Sex und das Begehren »des Weibes ihres Nächsten«.

Doch wie sollen sie diese Sünden erkennen, wenn sie zunächst weder die Regeln kennen noch das System, in dessen Namen sie errichtet wurden? Wie sollen sie an etwas glauben, das es nicht gibt, oder sich einer Freude schämen, die niemand schadet? Da alles, was mit religiösem Glauben zu tun hat, dermaßen gegen die Logik verstößt, muß die Dressur in einem Alter durchgeführt werden, in dem man noch nicht logisch denken kann. Sie muß nach Möglichkeit an einem Ort stattfinden, dessen absurde Architektur der Absurdität des Vorgetragenen entspricht und es so etwas weniger unglaubhaft erscheinen läßt. Und wenn möglich, sollten diejenigen, die diese Schulung im alogischen Denken betreiben, anders aussehen als gewöhnliche Menschen. Wenn es zum Beispiel Männer sind, die Frauenkleider tragen oder irgendeine andere Maskerade, wird die Verwirrung und Einschüchterung der Kinder besser gelingen, und der Respekt, den sie vor diesen Wesen empfinden, wird sie auch bei späteren Begegnungen nie ganz loslassen.

Dabei haben die Frauen von Anfang an dafür gesorgt, daß ihre Lobby, die Geistlichen, ausschließlich aus Männern besteht. Denn erstens könnte es dem weiblichen Image schaden, wenn sie ihre Interessen selbst vertreten würden (man könnte sie womöglich für berechnend halten!), und zweitens wissen sie, daß der Mann nicht allzuviel von ihrem Verstand hält und daß sie deshalb immer nur über die Gefühle auf ihn einwirken können. Aber Ratschläge, die ihm ein anderer Mann erteilt – besonders einer, den er von Kind an als Respektperson kennengelernt hat –, wird er anhören und vielleicht sogar befolgen. Daß diese Ratschläge immer den Frauen zugute kommen (sie raten zum Beispiel, bei einer ungeliebten Frau auszuharren oder für Kinder zu sorgen, die sie nicht gewollt haben), entspricht nicht etwa einer Feindseligkeit dieser Lobby gegenüber den »normalen« Männern, sondern ist eine direkte Konsequenz aus deren finanzieller Abhängigkeit von den Frauen.

Die Frauen könnten gut ohne Kirchen existieren (sie brauchen sie, wie gesagt, nur zur Dressur von Männern und Kindern oder als Kulisse zur Vorführung von Garderoben zu besonderen Gelegenheiten), die Kirche selbst wäre jedoch ohne die Unterstützung der Frauen schnell ruiniert. Wenn es der Frau einfiele, ihre Kinder nur noch außerhalb der Kirchen zu dressieren – was zuweilen schon geschieht –, wenn sie darauf verzichteten, das Kirchenschiff als den wirkungsvollsten Rahmen für ein weißes Kleid zu betrachten, und wenn sie sich bei der Trauzeremonie mit der Einschüchterung des Bräutigams durch einen Standesbeamten begnügten, stünden die Kirchen innerhalb weniger Jahre vollkommen leer (in der Sowjetunion haben die sogenannten »Heiratspaläste« die Kirchen als Kulisse ersetzt). Man würde sie plötzlich als das erkennen, was sie sind, Relikte aus einer vergangenen Kultur, und ihnen unverzüglich alle staatlichen und privaten Zuwendungen sperren – die doch letzten Endes immer von Männern kommen, denn natürlich zahlt der Mann, da es sonst niemand für ihn tut, seine Peiniger stets selbst. Wenn daher jemand sagt, die Kirchen hätten erwiesenermaßen etwas Magisches an sich, weil sie mit ihren jahrtausendealten Lehren auch heute noch so viele Menschen in ihren Bann zögen, dann ist das ganz einfach eine Fehlinterpretation. Nicht die Kirchen haben dieses Magische, sondern die Frauen.

Die Glaubensgemeinschaften sind längst zu Instrumenten der Frauen umgemünzt und tun wohl nie etwas anderes als das, was diese von ihnen verlangen.

Die Leidtragenden sind nicht zuletzt die Repräsentanten der Religionsgemeinschaften selbst. Sie wollen nichts weiter als ein friedliches, kampfloses Leben führen (freilich auf Kosten der männlichen Männer – aber die Frauen tun ja nichts anderes) und werden nun von den Frauen als eine Art Mafia benutzt, mit deren Hilfe sie ihre Kinder erschrecken, ihre Partner versklaven, den Fortschritt bremsen. Sie werden gezwungen (unter Boykottdrohung), bei besonderen Anlässen in einer lächerlich-weibischen Maskerade aufzutreten, mit lauter Stimme groteske Lieder zu intonieren und vor einem – manchmal sogar intelligenten – Auditorium Schauermärchen zu verbreiten, die allen modernen theologischen Erkenntnissen widersprechen, die sie auf ihren Universitäten gelernt haben und mit denen sie sich vor diesem Auditorium unsäglich blamieren.

Denn mit der modernen Theologie, die dem Zuckerbrot-und-Peitsche-Prinzip völlig entsagt, kann man niemand mehr schrecken und selten Leistungen steigern. Was die Frauen brauchen, sind die alten Geschichten aus der Mottenkiste von Himmel und Hölle, Engel und Teufel, Paradies und Jüngstem Gericht. Nur wenn der Tod eine Tür zu ewigem Glück oder ewiger Verdammnis ist, an der nach einem Punktsystem die auf Erden vollbrachten Leistungen im Sinne der Frau abgerechnet werden, ist er ein brauchbares Dressurmittel. Und wenn man das ewige Leben als etwas Wirkliches hinstellt, zu dessen Erwerb nur Treue und Sklaverei erforderlich sind, dann ist das den Interessen der Frauen viel zuträglicher, als wenn ihre Männer tatsächlich nach der biologischen Unsterblichkeit forschen würden, die womöglich dann doch ein paar Generationen auf sich warten ließe.

Von alledem bleiben die Frauen selbst natürlich ganz unberührt, sie gehen in ihre Kirchen, wann immer es erforderlich scheint, und bleiben ohne Gewissensbisse fern, wann immer es ihnen paßt. Zu den großen Zeremonien (die nie etwas anderes sind als Einschüchterungsversuche – Einschüchterungsversuche der Frauen, nicht der Priester) erwerben sie mit viel Aufwand festliche Toiletten (Brautkleider, Taufkleider, Trauerkleider, Firmungskleider) und stecken die sie begleitenden Männer in die gewohnten dunklen Anzüge. Sie spielen die Gläubigen,

Abergläubischen oder auch die Zweiflerinnen, doch bei allem denken sie über den Glauben selbst nie nach. Die Erwägungen der Männer, ob es physikalische Voraussetzungen dafür gäbe, durch einen Zaubertrick auf dem Meer zu wandeln, Wasser zu Wein zu verzaubern oder durch Zauberei »unbefleckt« ein Kind zu empfangen, lassen sie kalt. Sie sind, wie immer, auf die Sache selbst nicht neugierig, ihr Interesse liegt bei deren Verwertbarkeit. Und wenn sie auf einen Mann treffen, der einen anderen Glauben hat und zur Bedingung macht, daß sie den ihren aufgeben – zur Bedingung dafür, daß er für sie arbeitet –, tun sie es ohne Zögern.

Kommerzialisierte Gebete

Die meisten Männer vergessen, wie gesagt, ihren Kinderglauben. Was bleibt, sind andressierte Verhaltensmuster, wie etwa die *Wahrheitsliebe,* die *Freude an der Arbeit* oder die *Lust an der Unfreiheit.*

Vom moralischen Standpunkt aus ist das Recht auf Lüge eines jener Menschenrechte, die eigentlich jedem zustehen sollten, denn mit der Lüge kann man allzu dreiste Überwachungsversuche der Gesellschaft abwehren und so den eigenen Existenzkampf verringern. Ungünstig ist dabei nur, daß Lügen nur dann sinnvoll ist, wenn nicht jeder lügt. Das heißt, damit jemand belogen werden kann, muß er wahrheitsliebend sein und das auch bei anderen voraussetzen. Die Lüge ist also gewissermaßen ein Luxusartikel, sie hat Seltenheitswert; und der muß – durch unablässige Verteufelung – im Interesse der Lügner unbedingt erhalten bleiben. Aus diesem Grund ist es so wichtig, daß die Frau den Mann zur Wahrheitsliebe dressiert: Nur wenn er die Wahrheit liebt, kann sie sich diesen Luxus leisten.

Die Wahrheitsliebe des Mannes ist für das Überleben der heutigen Gesellschaftsordnung, in der alle wichtigen Arbeiten von Männern verrichtet werden, ohnehin Voraussetzung: Auf der Lüge könnte man keine funktionstüchtigen – das heißt logischen – Systeme errichten. In unserem hochentwickelten, arbeitsteiligen Gesellschaftssystem muß einer mit dem anderen zusammenarbeiten und sich auf dessen Daten vollkommen verlassen können. Würden die Männer lügen – würden sie, nur weil es ihnen in einem Augenblick nützlich wäre, etwa falsche Angaben über die Abfahrtszeiten von Zügen, Kapazitäten von Frachtern oder Benzinvorräte von Flugzeugen an ihre Kollegen melden –, so hätte dies für das gesamte Wirtschaftssystem verheerende Konsequenzen; binnen kürzester Zeit entstünde ein komplettes Chaos.

Eine Frau kann ruhig lügen. Da sie nicht in den Arbeitsprozeß eingegliedert ist, schadet ihre Lüge immer nur einem einzelnen Menschen – meist ihrem Mann –, und sie nennt sie, wenn sie zuweilen doch ertappt wird, auch nicht »Lüge« oder »Betrug«, sondern »weibliche List«. Und solange sie nur »weibliche List« anwendet (solange es nichts mit einer körperlichen Untreue zu tun hat – das einzige Delikt, das ihr der Mann nicht verzeihen würde), findet niemand etwas Anstößiges an ihrer Lügerei. Es scheint dem Mann (wegen der an ihm vorgenommenen Dressur durch Selbsterniedrigung der Frau) ganz natürlich, daß eine Frau, schwach und abhängig wie sie ist, solche Listen gebraucht, um ihn, den starken, triebbesessenen Koloß (dieses »unselige Tier«), auf den richtigen Weg zu lenken. Und es ist deshalb kein Wunder, daß erfolgreiche Erfahrungen in dieser Sparte unter den Frauen ganz offen diskutiert und sogar in ihren Gazetten, den Frauenzeitschriften, veröffentlicht werden können. Die Mütter geben sie an ihre Töchter weiter und diese an die ihren. Sie empfinden diesen Erfahrungsaustausch als völlig legitim, denn sie sind ja häufig dazu gezwungen, beide den gleichen Mann auszubeuten (erst den der Mutter, dann den der Tochter), und ihr ganzes Wohlergehen hängt davon ab, wie er pariert.

Natürlich sagen sie einem erwachsenen Mann nicht offen, daß er nicht lügen darf. Sie tun nichts weiter, als mit seiner Lüge Unlustgefühle zu verbinden. Das machen sie – wie wir gesehen haben – entweder über den Umweg der Glaubenssysteme, bei denen auf Lügen fiktive Strafen stehen, oder direkt, durch eine Art persönlicher Magie. Wenn eine Frau ihrem Kind sagt: »Lügen ist etwas Böses, du darfst deine Mutter niemals belügen«, dann bekommt das Kind automatisch beim Lügen Gewissensbisse. Sie braucht dieses »Böse« nicht weiter zu begründen, das Kind glaubt es einfach so, es ist darauf angewiesen, ihr zu glauben, und vertraut darauf, daß sie es ihrerseits auch nicht belügt (was natürlich Unsinn ist, denn Mütter belügen ihre Kinder ständig).

Es ist die gleiche Magie, mit der die Frau später ihren Mann überzeugt: »Untreue ist etwas Erbärmliches, du darfst mich nie betrügen«, oder bei den sogenannten »großzügigen« Frauen: »Wenn du mich betrügst, ist es nicht so schlimm, nur verlassen darfst du mich nicht.« Der Mann folgt diesem Befehl – denn es ist ein Befehl –, ohne dessen Berechtigung zu bezweifeln: Er wird eine solche Frau gelegentlich betrügen, doch verlassen wird er sie selten (obwohl doch das Eingeständnis einer solchen maßlosen Gleichgültigkeit für ihn ein Signal zum sofortigen Aufbruch sein müßte).

Im allgemeinen lügt der Mann nur in einer einzigen Situation, nämlich dann, wenn er – seinem starken Geschlechtstrieb folgend – eine Frau, die er liebt, trotzdem mit einer anderen betrogen hat. In diesem Fall bekommt er es dermaßen mit der Angst vor den möglichen Konsequenzen (daß die geliebte Frau etwas Gleiches mit Gleichem vergelten könnte), daß er eher die größten Unlustgefühle in Kauf nimmt, als die Wahrheit zu gestehen. Wenn es aber zum Beispiel darum geht, einen schweren, selbstverschuldeten Autounfall zu beichten, einen menschlichen Verrat oder einen verbummelten Arbeitstag, unterdrückt er seine Angst vor Komplikationen und erleichtert sich bei ihr lieber mit einem vollen Geständnis.

Bei der Frau verhält es sich genau umgekehrt: Sie verheimlicht ihrem Mann alles, nur nicht ihr Interesse an einem anderen Mann oder dessen Interesse an ihr. Wenn sich schon ein zweiter oder dritter Mann für sie interessiert, dann muß dieses Interesse auch umgehend kommerzialisiert werden und so einen Sinn bekommen: Der Mann, dem sie es eingesteht, muß begreifen, daß es notfalls noch andere gibt, die für sie sorgen würden. Das wird augenblicklich seine Produktivität steigern und ihn wieder auf Trab bringen.

Über die männliche *Lust an der Unfreiheit* wurde in einem anderen Teil dieses Buches berichtet. Sie führt zur Religiosität und zu Gebeten. – Eine Modifikation der kindlichen Gebete sind die *Schlager:* Der frühere Gott wird kurzerhand direkt durch die viel glaubwürdigere Göttin *Frau* ersetzt (denn von ihr hängt ja *tatsächlich* das Glück des Mannes ab), die Inhalte – Sehnsucht nach Unterwerfung, Bitte um Erhörung, Flehen um Gnade oder ganz einfach Idealisierung – bleiben praktisch gleich. Ob man singt ›You're driving me crazy ...‹ oder ›Befiehl du deine Wege ...‹, ob man singt ›Fly me to the moon ...‹ oder ›So nimm denn meine Hände ...‹, kommt auf das gleiche heraus. Manche modernen Schlager besingen auch tatsächlich noch den alten Gott, man merkt dann nur an Formulierungen wie »du läßt alles wachsen« oder dergleichen, daß die Frauen nicht direkt gemeint sind.

Gebete und religiöse Lieder (vertonte Gebete) beschwichtigen die Existenzangst, weil sie immer an ein Überbewußtsein appellieren, von dessen Wohlwollen alles abhängt: Man kann sich gehenlassen, braucht um sein Glück nicht mehr selbst zu kämpfen, alles liegt ja in der Hand des Angebeteten. Je erwachsener der Mann wird, desto größer wird auch seine Angst (von der er jetzt weiß, daß sie begründet ist), und desto größer auch wird sein Verlangen, sich wenigstens für Augenblicke gehenzulassen und in die Allmacht eines anderen zu begeben. Früher haben die intellektuellen Jünglinge Liebesgedichte verfaßt, die als Gebete eine ähnlich beruhigende Wirkung auf sie hatten. Heutzutage ist diese Form der Anbetung überflüssig geworden, denn das Angebot an Schlagern – die dunklen Triebe der Männer werden selbstverständlich immer auf deren eigene Kosten kommerzialisiert – wird von Jahr zu Jahr reichhaltiger, und viele Texte, wie beispielsweise die der *Beatles,* genügen jetzt auch höchsten Ansprüchen.

Natürlich gibt es auch Schlager, die den Mann anbeten: Wenn nämlich ein solches vertontes Gebet, das zunächst durch eine Männerstimme zum Hit wurde, nun auch von einer Frau gesungen werden soll. Im allgemeinen besingen die Frauen nicht den Mann, sondern die Liebe (was ihnen, da der Mann sie zur Liebe braucht, letzten Endes doch wieder selbst zugute kommt). Irgendwann müssen sie dabei entdeckt haben, daß es ihnen auch möglich ist, sich selbst zu besingen, ohne dabei allzusehr aufzufallen. Seither preisen sie unbekümmert ihre eigene Göttlichkeit, ihre Unberechenbarkeit, ihre Grausamkeit oder die Selbstherrlichkeit, mit der sie sich diesem oder jenem hingeben, ihn dadurch vernichten oder erlösen:

»Ich bin von Kopf bis Fuß
auf Liebe eingestellt,
denn das ist meine Welt
und sonst gar nichts.
Das ist, was soll ich machen,

meine Natur,
ich kann halt lieben nur
und sonst gar nichts.
Männer umschwirren mich,
wie Motten das Licht,
und wenn sie verbrennen,
– ja, dafür kann ich nichts!«

So singt Marlene Dietrich im ›Blauen Engel‹. Wenn die Frauen sich selbst so göttlich finden, *wie* göttlich müssen sie dann erst sein! Im Leben betreiben sie die Ausbeutung der Männer subtiler als in diesem Film, sie ruinieren sie vor allem nicht so rasch (niemand wird ein Huhn schlachten, das goldene Eier legt), sondern im Lauf eines ganzen Lebens, daher lachten die Männer über die unglückliche Gestalt des Gymnasialprofessors, statt sich darin selbst zu erkennen. Heute singt Nancy Sinatra, etwas abgewandelt:

»These boots are made for walking
and that's what they're going to do
– one of these days these boots
will walk on over you.«

– Ein Hit, denn das befriedigt ebensogut die Sehnsucht der Männer nach einer grausamen Göttin wie die Ansprüche der Frauen auf Allmacht.

Selbstdressur

Das Ideal eines Dompteurs wäre, ein Tier so weit zu bringen, daß es sich selbst dressiert. Das hat es bisher noch nicht gegeben. Beim Mann verhält es sich anders: Von einem bestimmten Stadium an tut er es (er ist ja viel intelligenter als seine Dompteuse). Wichtig ist dabei nur, daß er Ziel, Belohnung und Strafe immer vor Augen hat.

Wir haben bereits eine Variante dieser Eigendressur in der Idealisierung der Frau durch die Schlagerindustrie kennengelernt. Die beste Möglichkeit zur Selbstdressur bietet jedoch die

Werbewirtschaft; dort idealisiert er die Frau nicht, weil es ihm masochistische Lust verschafft, sondern weil diese Idealisierung für ihn zu einer Frage des Überlebens wird. Nur die Ausbeuterinnen haben genug Zeit und Geld, seine Produktion zu kaufen und zu konsumieren. Um die Frau in seiner eigenen Vorortvilla mit Kaufkraft zu versehen, bleibt ihm nichts anderes übrig, als ganze Legionen ebenso kauflustiger Frauen in anderen Vorortvillen zu züchten, die seine Produkte kaufen. Er dreht sich dabei in einem Teufelskreis, und er dreht sich immer schneller, bis ihm der Atem ausgeht und ein anderer seine Rolle übernimmt. Aussteigen und davonlaufen gibt es nicht.

Die Marktforschungsinstitute fahnden vorzugsweise nach unbewußten weiblichen Wünschen (die anderen sind ja längst befriedigt) und verkaufen ihre Trophäen für viel Geld an die Konsumgüterindustrie. Die beeilt sich, die erkannten »Marktlücken« – als wenn es welche wären – zu schließen. Auch der umgekehrte Weg wird gegangen: Männer produzieren von sich aus einen neuen Artikel, von dem sie sich ausrechnen, daß die Frauen nach einer entsprechenden Werbekampagne Geschmack daran finden könnten. Sie beauftragen dann eine Werbeagentur damit, die Sehnsucht nach dem neuen Produkt zu wecken. Sie muß nicht immer erfolgreich sein. Es ist zum Beispiel in keinem europäischen Land gelungen, Fertighäuser nach amerikanischem Vorbild im großen Stil zu verkaufen.

Alle paar Jahre geht wegen dieser kostspieligen Förderung weiblicher Konsumfreudigkeit eine Welle der Entrüstung durch die Reihen der Männer, denn das Klischee von der Frau als Opfer männlicher Ausbeutung ist in ihrem Bewußtsein so stark verankert, daß sie noch bei einem so eindeutigen Beweis ihrer eigenen Ausbeutung mit Blindheit geschlagen sind. Die Frau werde, sagen sie, durch die Werbung manipuliert, ihre Naivität und Gutgläubigkeit (sprich Dummheit) werde in schamloser Weise zu Zwecken der Absatzsteigerung mißbraucht. Diese Männer sollten sich doch besser einmal fragen, wer denn hier manipuliert wird: derjenige, dessen verborgenste Wünsche entdeckt, gehätschelt und befriedigt werden, oder jener, der (um sich die Zuneigung des ersten zu erhalten oder zu erwerben) diese Wünsche entdecken, hätscheln und befriedigen muß? Es galt dem Mann schon immer als höchstes Ziel, die geheimen Wünsche einer geliebten Frau zu erfüllen, »von ihren Augen abzulesen«, wie es in konventionellen Romanen heute noch heißt. Es ist soweit: Es gibt keinen weiblichen Wunsch mehr, der verborgen bliebe, und fast keinen, der nicht durch entsprechende Anstrengung erfüllbar wäre.

Daß so die Frauen notgedrungen immer noch dümmer werden und die Männer immer noch intelligenter – daß sich also der Abstand immer mehr vergrößert, eine Verständigung immer unmöglicher wird –, fällt kaum noch auf. Es ist ein biologisches Grundprinzip, daß Intelligenz sich nur im Wettbewerb entwickelt. Die Frau aber steht außerhalb jeden Wettbewerbs, das Überangebot an Komfort schläfert sie ein und läßt auch die letzten Überbleibsel ihrer geistigen Anlagen verkümmern. Während der Mann, gerade wegen des weiblichen Komfortbedürfnisses, immer neue Geldquellen erschließen und seine Erfindungsgabe zu immer größeren Leistungen anspornen muß, wird seine von steigendem Luxus umgebene Frau von Tag zu Tag stumpfer und gleichgültiger. Und so wird der Begriff der Weiblichkeit, der bisher einfach nur Gebärfähigkeit und Käuflichkeit bezeichnete, immer mehr zu einem Gütezeichen für Gebärfähigkeit, Käuflichkeit und *Schwachsinn*.

Wenn Marx recht hat und es tatsächlich zutrifft, daß das Sein das Bewußtsein bestimmt – also zum Beispiel die Antibabypille die Sexualmoral und das Atompatt die Friedensideologien –, dann ist das Bewußtsein der westlichen Frau, deren Lebensbedingungen sich in den letzten zwanzig Jahren grundlegend gewandelt (»verbessert«) haben, in einem akuten Stadium der Veränderung begriffen. Und diese Veränderung – die nur in der vollständigen Verblödung der Frauen enden kann – ist deshalb so gefährlich, weil niemand sie bemerkt. Denn das Image der Frau wird heute nicht mehr von der Frau selbst gemacht, sondern von der Werbung – vom Mann also –, und sobald jemand an ihrem hohen Wert irgendwie zweifeln könnte, stehen hundert zündende Werbeargumente dagegen. Die Frau ist witzig, geistreich, erfinderisch, phantasievoll, warmherzig, praktisch und immer geschickt, sagt die Werbung. Milde lächelnd, wie eine Göttin, serviert sie ihrer dankbaren Kinderschar das neueste Instantgetränk, die Augen ihres Mannes sind anbetend auf sie gerichtet, weil ihm ihr neues Fertiggericht besonders gut schmeckt oder weil sie ihm gerade ein Frotteehandtuch reicht, das durch ein neues Spülmittel noch weicher ist als gewohnt. Dieses Image – das der Mann für den Verkauf seiner Konsumgüter braucht und aus diesem Grund eigens geschaffen hat – wird auf der ganzen westlichen Hemisphäre über alle Massenmedien pausenlos wiederholt und jeden Tag neu gefestigt. Wie sollte da noch jemand auf die Idee kommen, die Frauen seien in Wirklichkeit dumm, phantasielos und unsensibel? Die Frau kann es nicht, und der Mann darf es nicht.

Die Frau ist der Kunde, der Mann der Verkäufer. Einen Kunden gewinnt man nicht, indem man sagt: Das ist etwas Gutes, das mußt du kaufen. Man sagt: Du bist großartig, warum solltest du dich mit minderwertigen Dingen umgeben; du hast Komfort verdient, er steht dir zu! Der Mann muß also die Frau, abgesehen von allem anderen, auch noch deshalb loben, weil er sie als Kundin braucht. Es fällt auf, daß er sich hier eines ähnlichen Tricks bedient wie die Frau bei der Dressur an ihm. Doch leider so, daß er sich gegen ihn selbst kehrt: Sie lobt ihn, damit er für sie arbeitet, er lobt sie, damit sie sein Geld ausgibt. Wenn er der Frau seines Nachbarn schmeichelt und ihr dabei einen neuen Teppichboden für ihr Wohnzimmer aufschwatzt, muß er damit rechnen, daß der gleiche Nachbar am nächsten Tag seiner eigenen Frau eine beheizbare Badewanne andreht – denn womit sollte er sonst den Teppichboden bezahlen?

Der Mann sitzt in der Falle, er hat sie sich selbst gebaut: Während draußen der Kampf ums Geld immer härter wird, verblödet ihm zu Hause seine Frau, und seine Wohnung füllt sich von Tag zu Tag mehr mit jenem Plunder und Schnickschnack, mit dem sie die Verblödung seiner Konkurrenten finanziert. Der Mann, der eigentlich das Schlichte und Funktionale liebt, findet sich jeden Tag mehr in einem Gestrüpp aus Schnörkeln und allerlei Zierat. In seinem Wohnzimmer häufen sich Porzellankatzen, Barhocker, Glastische, Kerzenständer und seidene Kissen, in seinem Schlafzimmer sind die Wände tapeziert mit Blümchenstoff, in seinen Schränken stehen zwölf Sorten verschiedener Gläser, und wenn er in seinem Badezimmer einen Platz für seinen Rasierapparat sucht, sind alle Borde belegt mit den tausend Cremes und Schminkutensilien seiner kunstgewerblerisch bemalten Frau.

Dabei ist es interessant, daß man auch ihm selbst fast nur solche Produkte verkaufen kann, die irgendwie der Frau zugute kommen: Sportwagen (um Frauen zu ködern), Luxusartikel für die Frau oder Dinge für den Haushalt (also auch für die Frau, der dieser Haushalt de facto gehört – er selbst ist ja ein Heimatloser, der zwischen einem Büro und einem Bungalow hin und her pendelt). Die Frauen selbst würden ihren Männern von deren Geld gern auch etwas kaufen, und sie versuchen es auch, wann immer man ihnen dazu Gelegenheit gibt (sie schenken ihnen

Krawatten, bunte Freizeithemden, Aschenbecher, Brieftaschen, so oft es nur geht). Das Problem besteht darin, daß ein Mann so wenig braucht: Seine Kleidung ist genormt und daher billig, sein Konsum an Speisen und Getränken ist schon im Interesse seiner Leistungsfähigkeit beschränkt, und für den Konsum anderer Güter – außer der Zigarette, die er während der Arbeit raucht – hat er keine Zeit. Alle Anstrengungen der Industrie, Männer zum Konsum von Duftwässern, Haarsprays oder farbenfroher – also modisch kurzlebiger – Kleidung zu überreden, waren bisher mehr oder weniger vergeblich. Nur sehr junge Männer (deren Arbeitsproduktivität für die Frauen noch ungenügend ist), Reiche (die ohnehin »geliebt« werden), Künstler (eine Art Amüsiertruppe der Frauen) oder Päderasten gehen nach der jeweils neuesten Dandymode. Es ist zum Beispiel trotz aller Bemühungen der Werbeleute nicht gelungen, den sogenannten »Vatertag« zu etablieren, während der »Muttertag« in jedem Jahr für alle Branchen ein glänzendes Geschäft ist. An dem Tag, an dem sie eigentlich gefeiert werden sollten, gehen die Männer bestenfalls für ein paar Stunden in irgendein Lokal und trinken dort in Ruhe ein Glas Bier.

Es gibt außer Essen, Trinken und Rauchen nur noch eine Tätigkeit, bei der der Mann selbständig konsumiert: nämlich dann, wenn es darum geht, seinen Sexualtrieb zu befriedigen. Es ist daher kein Wunder, daß inzwischen ganze Wirtschaftszweige darauf spezialisiert sind, diesen Trieb auszubeuten, das heißt, ihn aufzugeilen und seine ohnehin schon große Lust auf Sex zu vervielfachen. Befriedigen muß er diese Lust dann allerdings, zum üblichen Preis, bei einer Frau.

Da diese Unternehmen selbstverständlich in der Hauptsache von Männern betrieben werden, bedeutet dies, daß der Mann (zum Überleben) in der peinlichen Lage ist, seine Geschlechtsgenossen selbst aufgeilen zu müssen. Er züchtet deren Lust auf die Frau mit allen irgendwie dazu geeigneten Mitteln und verfährt dabei ebenso gründlich wie *Alexander Pawlow* bei seiner berühmten Dressur am Hund. So wie dieser die Speichelsekretion des dressierten Hundes nicht nur beim Anblick einer Mahlzeit bewirken konnte, sondern bereits auf ein bestimmtes Klingelzeichen hin, kann der Mann die Erektion seiner Geschlechtsgenossen nicht nur durch die Anwesenheit einer Frau, sondern schon durch das Foto eines halbnackten Busens, einen Seufzer auf einer Schallplatte oder einen bestimmten Satz in einem Buch bedingen. Deshalb produziert er solche Anregungen gleich serienmäßig und stellt sie den anderen Männern gegen bares Geld zur Verfügung. Dieser Mechanismus kommt natürlich nicht nur der Erotika-Industrie zugute, sondern auch noch allen anderen Industriezweigen, die dem Mann für die Frau etwas verkaufen wollen, denn auch Konsumgüter für Frauen werden ihm mittels attraktiver Frauenbusen leichter verkauft. Er erwirbt ein bestimmtes Buch, geht in einen bestimmten Film oder liest ein bestimmtes Magazin, weil er sich dabei einen Kitzel für seinen Sexualtrieb erhofft, und ganz nebenbei wird so noch seine Lust auf eine Weltreise zu zweit, ein Wochenendhaus in den Bergen oder einen neuen Sportwagen erweckt.

Eines der am besten gemachten Zeugnisse dieser Variante männlicher Selbstdressur ist das amerikanische Herrenmagazin ›Playboy‹, wo dem Mann zwischen wundervollen Busen, die seine Lust entfachen, und hervorragenden theoretischen Abhandlungen, die ihn unterhalten (und ihm Gelegenheit geben, sich vor dem nächsten Busen von seiner Erektion zu erholen), abwechselnd teure Autos, Spirituosen, überflüssige Kleidung und Tabakwaren angeboten werden. Auf Frauen wirken solche Magazine gespenstisch, doch beim Mann scheint sich der Busenkult inzwischen so weit verselbständigt zu haben, daß ihm jedes Maß für das Groteske seiner Situation abhanden gekommen ist. Die Industrie, die seinen Sexualtrieb ausbeutet, suggeriert ihm so geschickt, daß der weibliche Busen zur Lust des Mannes da ist, daß er darüber ganz vergessen hat, wozu die Frauen ihre Brüste wirklich haben. Die Illusion gelingt hundertprozentig, denn seit der Erfindung des vollwertigen Muttermilchersatzes bekommt er kaum noch ein saugendes Baby zu Gesicht.

Kinder als Geiseln

Daß Kinder über alle Maßen liebenswert sind, ist noch lange keine Rechtfertigung dafür, sie auf die Welt zu bringen: Wer Kinder macht, macht Erwachsene – also Männer und Frauen. Die meisten Männer leben aber als Erwachsene in der Hölle.

Und das Glück der Frauen ist dermaßen primitiv und geht zudem so sehr auf Kosten anderer, daß es auch keinen Grund dafür geben kann, Frauen zu machen.

Es entspräche nicht der Wahrheit, wenn man behaupten wollte, nur Frauen seien an der Zeugung von Kindern interessiert: Auch Männer wünschen sich Kinder, denn diese gehören zu den zwei bis drei Ausreden, mit denen sie nach außen hin ihre Unterwerfung unter die Frau rechtfertigen können. Die Frau hingegen rechtfertigt damit ihre Faulheit, Dummheit und Verantwortungslosigkeit. So mißbraucht jeder das Kind für seine eigenen Zwecke.

Obwohl die Welt voll ist von halbverhungerten Waisen, bekommt jedes Ehepaar immer wieder seinen eigenen Nachwuchs. Denn der Mann muß ja einen Grund dafür haben, daß er sich auch später noch, wenn sein sexuelles Begehren längst nachgelassen hat, einer bestimmten Frau versklavt (der Mutter *seiner* Kinder) und nicht irgendeiner anderen. Da für ihn die Frau vor allem ein Alibi zur Unterwerfung ist, kann er zur gleichen Zeit immer nur *eine* gebrauchen (in jeder Industriegesellschaft ist der Mann monotheistisch – das heißt monogam – veranlagt), mehrere Götter (Frauen) würden ihn unsicher machen, seine Identifikation mit sich selbst erschweren und ihn in jene Freiheit zurückstoßen, vor der er ständig auf der Flucht ist.

Für die Frau zählen solche Gründe nicht. Da sie nicht abstrakt denkt, hat sie, wie wir gesehen haben, auch keine Existenzangst und kein Bedürfnis nach einem Gott, der ihrer Welt einen höheren Sinn gäbe. Sie braucht nur eine Ausrede dafür, daß ausgerechnet dieser spezielle Mann für sie arbeiten soll (der längst nicht mehr sonderlich gern mit ihr ins Bett geht), und dafür braucht sie Kinder von eben diesem Mann. Angenommen, auf unserem Planeten würde Männerüberschuß herrschen und auf jede Frau kämen beispielsweise drei Männer, dann hätte die Frau selbstverständlich keinerlei Hemmungen, sich von jedem der drei ein Kind machen und ihn für dieses Kind (das heißt, für sie selbst) arbeiten zu lassen. Sie könnte dann diese drei Männer gegeneinander ausspielen und dadurch deren Leistungen – und somit ihren eigenen Komfort – enorm steigern. Sie wäre – entgegen der landläufigen Auffassung – zur Polygamie viel eher prädestiniert als der Mann.

Ein Mann, der mit einer Frau Kinder zeugt, gibt ihr Geiseln in die Hand und hofft, daß sie ihn damit bis in alle Ewigkeit erpressen wird. Nur so hat er in seinem absurden Dasein einen

Halt und die sinnlose Sklaverei, auf die er dressiert wurde, eine Rechtfertigung. Wenn er für Frau und Kind arbeitet, arbeitet er nicht nur für zwei Menschen, von denen der eine nichts tun will, weil er weiblich ist, und der andere nichts tun kann, weil er noch zu klein ist. Er arbeitet für etwas, das mehr ist als diese Frau und dieses Kind: für ein *System,* das alles umschließt, was arm, hilflos und schutzbedürftig ist auf dieser Welt (das Arme und das Hilflose und das Schutzbedürftige *an sich*) und das – wie er glaubt – seiner bedarf. Durch Frau und Kind schafft er sich ein Alibi für seine Sklaverei, eine künstliche Rechtfertigung für seine trostlose Existenz, und er nennt dieses System, diese heilige Gruppe, die er sich *willkürlich* geschaffen hat, seine »Familie«. Die Frau nimmt seine Dienste im Namen der »Familie« freudig entgegen: Sie akzeptiert die Geiseln, die er ihr anvertraut, und macht damit, was er sich wünscht (kettet ihn immer fester an sich und erpreßt ihn bis an sein Lebensende) – und zieht daraus den Nutzen.

Beide, Mann und Frau, haben also nur Vorteile von ihren Kindern (sonst würden sie ja keine zeugen). Der Mann hat den Vorteil, dadurch seinem Leben rückwirkend einen höheren Sinn zu geben und sich auf ewig versklaven zu dürfen, und die Frau hat alle übrigen Vorteile. Diese Vorteile müssen für sie enorm sein, denn so gut wie jede von ihnen kann wählen zwischen Berufsleben und Kindern, und so gut wie jede wählt die Kinder.

Man könnte hier einwenden, daß die Frauen sich nur deshalb für Kinder entscheiden und nicht für den Beruf, weil sie Kinder lieben. Dagegen ist zu sagen, daß eine Frau so großer Gefühle, wie sie eine reine Liebe zu Kindern erfordern würde, gar nicht fähig ist. Der Beweis ist dadurch gegeben, daß so gut wie alle Frauen sich immer nur um ihre eigenen Kinder kümmern und nie um fremde. Sie nehmen sich nur dann eines fremden Kindes an, wenn sie aus medizinischen Gründen keine eigenen bekommen können (und auch dann erst, wenn alle Versuche gescheitert sind, inklusive künstlicher Befruchtung durch den Samen eines fremden Mannes). Obwohl die Waisenhäuser der ganzen Welt voll sind von reizenden, hilfsbedürftigen Kindern und obwohl Fernsehen und Zeitungen fast täglich die Zahlen der kleinen Afrikaner, Inder und Südamerikaner veröffentlichen, die den Hungertod gestorben sind, nehmen die Frauen – die doch vorgeben, Kinder zu *lieben* – eher noch einen streunenden Hund oder Kater in ihr Heim auf als ein verlassenes Kind.

Daß die Frauen Kinder nicht lieben und nur zu ihrem Vorteil mißbrauchen, ist deshalb so schwer zu entlarven, weil Schwangerschaft, Geburt und die Betreuung eines sehr kleinen Kindes tatsächlich mit einigen Unannehmlichkeiten verbunden sind. Doch wie gering sind diese Unannehmlichkeiten gegen das, was sie dafür eintauschen: lebenslange Sicherheit, Komfort und Freiheit von Verantwortung. Was müßte ein Mann auf sich nehmen, um etwas annähernd Gleichwertiges für sich zu erreichen?

Daß eine Schwangerschaft nicht so unangenehm ist, wie es scheint, hat sich inzwischen sogar schon bis zu den Männern herumgesprochen. Manche Frauen fühlen sich während dieser Zeit besonders wohl, und es ist neuerdings Mode geworden, das sogar offen zuzugeben. Daß sie alle dadurch häßlich und unansehnlich werden, mit klobiger Figur, aufgedunsenem Gesicht, fleckiger Haut, spröden Haaren und geschwollenen Beinen, braucht sie wenig zu kümmern. Sie suchen ja während dieser Zeit keinen Mann, sie haben schon einen, und wenn der mitansehen muß, wie seine Frau sich vom Schmetterling zur Raupe wandelt, hat er sich das ja selbst zu verdanken. Es ist ja *sein* Kind, das sie erwartet, *er* hat sie dermaßen entstellt – welches Recht hätte er da, sie plump und abstoßend zu finden (außerdem ist sie ja gerade dabei, ihm »ihre Jugend zu schenken«)?

Über den Gebärvorgang selbst grassieren noch Gerüchte, die so furchterregend sind, daß der Mann nie auf die Idee kommen kann, seine Frau bekäme ihre Kinder zu ihrem eigenen Vorteil und nicht zu seinem. Die Redensart »Sie schenkte ihm ein Kind«, die früher in den Romanen vorkam, gerät zwar in der Literatur allmählich aus dem Gebrauch, im Bewußtsein der Männer ist sie jedoch immer noch stark genug verwurzelt, um bei der Geburt ihrer Nachkommenschaft nichts als Schuldgefühle in ihnen zu erzeugen (Schuldgefühle, wohlgemerkt, gegenüber der Frau, nicht etwa gegenüber dem Neugeborenen!).

Ein Mann müßte sich nur einmal vorstellen, daß er sich durch eine sechsstündige Sitzung bei einem Zahnarzt eine kleine Lebensrente verdienen könnte – würde er das nicht tun? Natürlich gibt es zuweilen auch schwierige Geburten (sie sind wegen der Narkose weitgehend schmerzlos), im allgemeinen jedoch ist die Entbindung von einem Kind für eine Frau nicht schlimmer als eine lange Sitzung beim Zahnarzt. Was die Männer von ihren Frauen über den Geburtsvorgang erfahren, sind meist schamlose Übertreibungen. Die wüsten Schreie, die häufig durch die

Türen der Entbindungszimmer zu ihnen dringen, lassen sich am besten durch fehlenden Stolz und mangelnde Selbstbeherrschung erklären (beides wurde an anderer Stelle ausführlich erläutert). Seit Jahren gibt es die schmerzlose Geburt, bei der Frauen ihre Kinder nach einer Vorbereitungszeit mit Gymnastik und autogenem Training ohne Narkose zur Welt bringen und sich nicht beklagen. Die Frauen täten deshalb gut daran, sich zu verabreden, ob die Entbindung von einem Kind nun weh tut oder nicht. Solang die einen dies erzählen und die anderen jenes, bringen sie sich in Mißkredit und schaden so der gemeinsamen Sache.

Natürlich hat die Frau für das Erzeugen kleiner Menschen noch ein paar andere Gründe als den, daß sie sich damit einen Anstrich von Hilflosigkeit gibt und so ihre Tage bei leichter Arbeit und ohne Vorgesetzte verbringen kann. Zum Beispiel entdeckt sie eines Tages, daß ihr Körper wie ein Automat funktioniert, in den man nur etwas ganz Unscheinbares hineinstekken muß, damit etwas ganz Tolles herausfällt. Es reizt sie natürlich, dieses wundervolle Spiel einmal auszuprobieren. Und wenn sie es einmal gespielt hat, möchte sie es wieder und wieder spielen (es klappt fast immer – nach genau neun Monaten kommt ein Mensch), sie ist ganz verrückt vor Begeisterung und findet sich wunderbar. Die Bedienung des Automaten ist natürlich im Grunde so legitim, wie wenn ein Mensch einem anderen den Schädel einschlägt (und dieser dann automatisch umfällt), nur weil das biologisch möglich ist. – Wenn nicht jedes dieser Spiele mit ihrem Körperautomaten hinterher ein bißchen Mühe für sie bedeuten würde, wäre sie dabei unersättlich. So ist sie gezwungen, sich eine Grenze zu setzen: dort, wo noch ein Kind mehr nur eine Vergrößerung ihres Arbeitspensums mit sich brächte und keine Steigerung von Sicherheit und Komfort.

Diese Grenze ist in der Regel ganz leicht zu fixieren und wird hauptsächlich durch das Stadium der Automatisierung des jeweiligen Haushalts bedingt: In hochindustrialisierten Ländern wünscht sich eine Frau durchschnittlich zwei bis drei Kinder. Bei der Nordamerikanerin, deren Haushalt vollautomatisiert ist, liegt das Optimum näher bei drei, bei der Westeuropäerin (der noch einige Haushaltsgeräte fehlen) näher bei zwei. Ein einziges Kind wird selten gewünscht, und mehr als drei Kinder gelten schon fast als asozial wegen ihres Lärms und des Wäschegeruchs. Ein Einzelkind bringt keinen Vorteil mit sich, nur Nachteile. Eine Frau mit nur einem Kind erscheint nie so schutzlos und ans Haus gefesselt, wie sie sollte. Auch könnte diesem einen Kind etwas zustoßen – womöglich in einem Alter, wenn die Frau nicht mehr gebärfähig ist –, es gäbe dann keine Ausrede mehr für sie, es sich bequemer zu machen als ihr Mann, und er hätte keine Ausrede mehr, ausgerechnet für sie zu arbeiten. Außerdem hätte ein solches Einzelkind ja keinen Spielkameraden, die Frau müßte womöglich selbst mit ihm spielen – und wenn es etwas gibt, was Frauen hassen, dann ist es, mit ihren Kindern zu spielen. Während Kinder sich für alles interessieren, nach allem fragen, interessiert sich ja die Frau prinzipiell für nichts (außer für die schwachsinnigen Amüsiermöglichkeiten, die ihr der Haushalt und ihr eigener Körper bieten). Es fällt der Frau deshalb – selbst, wenn sie den besten Willen dazu hat – ausgesprochen schwer, auf die abenteuerliche Welt eines Kindes einzugehen. Sie hat zwar ein Repertoire läppischer Redensarten zur Unterhaltung sehr kleiner Kinder (»Ei, ei, wer kommt denn da?«), doch sobald sie älter sind als zwei Jahre und selbst anfangen zu denken, ist es aus. Das sprichwörtliche Klischee über die gemeinsamen Interessen von Vater und Sohn (der Vater, der nicht von der elektrischen Modelleisenbahn seines Sohnes lassen kann) gibt es in bezug auf Mutter und Sohn nicht, ja nicht einmal in bezug auf Mutter und Tochter. Wenn sich eine Frau dennoch überwindet und täglich eine halbe Stunde mit ihrem Kind spielt (»... mehr wäre auch schädlich für seine geistige Entwicklung«), erzählt sie es überall herum wie eine Großtat (und das mit Recht, denn ein solches Maß an Selbstüberwindung ist für sie tatsächlich eine Großtat).

Zwei bis drei Kinder erst garantieren materielle Sicherheit, sie lassen die Frau hilflos und erwerbsunfähig erscheinen, und das Risiko, im Alter ohne Kinder (ohne Enkelkinder) dazusitzen, ohne jemand, der ihr für die mütterliche Fürsorge seine Reverenz erweisen könnte, wird geringer. Außerdem können die Kinder miteinander spielen, während sich die Frau ihren »höheren« Vergnügungen, zum Beispiel dem Nähen oder dem Kuchenbacken, hingibt. Die mütterliche Fürsorge besteht in diesem Fall darin, die Kinder zusammen in ein Zimmer zu sperren und dieses erst dann wieder zu betreten, wenn sich eines verletzt und laut genug brüllt.

Hinzu kommt, daß die Erziehung und Dressur von zwei und mehr Kindern viel leichter zu bewerkstelligen ist als die eines einzigen Kindes. Um den Gehorsam eines einzigen Kindes muß man kompliziert werben, man muß sich Methoden ausdenken, um es zu übertölpeln (»zu überreden«, »zur Einsicht zu bringen«), oder man muß es züchtigen (was für die Frau nur lästig sein kann, so daß sie es ihrem Mann überläßt). Mehrere Kinder hingegen erzieht man durch Erpressung. Da sie alle auf die Anerkennung ihrer Mutter angewiesen sind, genügt es, eines von ihnen ein klein wenig zu bevorzugen, damit die anderen sofort alles tun, was sie von ihnen verlangt. Jedes Kind lebt in ständiger Furcht, daß ihm die Mutter ihre »Liebe« entziehen und einem anderen zuwenden könnte, und wenn diese Furcht in der Regel auch keine Zuneigung zwischen Geschwistern entstehen läßt (als ob die Frauen daran interessiert wären!), so fördert sie doch den Wettbewerb und somit die Leistung. Und auch später, wenn diese Kinder längst erwachsen sind, werden sie im Grunde nichts anderes wollen, als sich gegenseitig zu übertrumpfen und vor ihrer Mutter auszustechen. Die Söhne befriedigen ihren Ehrgeiz im Beruf, die Töchter überbieten sich gegenseitig in der Anhäufung von Besitztümern. Und von Zeit zu Zeit kehren sie alle immer wieder zu ihrer Mutter zurück (die das für Sympathiekundgebungen hält und das Interesse der Geschwister aneinander »Familiensinn« nennt), um auf ihre neuesten Errungenschaften aufmerksam zu machen.

Alle diese Vorteile gelten jedoch nur für eine Zahl von zwei bis drei Kindern. Eine Frau mit mehr als drei Kindern (in unserer heutigen Zeit meistens aus irgendeinem Versehen heraus oder wegen religiöser Bindungen des Mannes) hat ein paar Jahre lang tatsächlich ziemlich viel zu tun – wenn auch bei freier Arbeitseinteilung, ohne Verantwortung für den Lebensunterhalt (Verantwortung für Kinder ist den meisten Frauen ohnehin fremd) und ohne Vorgesetzte. Doch diese erhöhte Aktivität dauert nur so lange, bis das jüngste Kind das Kindergartenalter erreicht hat, und bietet ihr noch einen kleinen Vorteil: Sie kann sicher sein, daß sie ihr Mann, solange die Kinder nicht erwachsen sind, niemals sitzenläßt. Denn ein Mann, der eine Frau mit vier und mehr Kindern verläßt (und sei es auch nur deshalb, weil er diese Frau einfach nicht mehr ausstehen kann), gilt in unserer Gesellschaft praktisch als kriminell.

Wie dem auch sei: Wenn die Kinder das Kindergarten- oder Schulalter erreicht haben, ist auch für die kinderreiche Frau die meiste Arbeit ihres Lebens getan. Sie hat wieder Zeit und oft auch Geld genug, ihr Leben einigermaßen zu genießen. Sie geht zum Friseur, arrangiert Blumen in Vasen, bestreicht Möbel nach den Vorschlägen der Frauenzeitschriften bunt und pflegt ihren kostbaren Körper. In den meisten westlichen Ländern dauert der Schulunterricht fast den ganzen Tag, und in den wenigen, wo es noch keine Ganztagsschulen gibt, sind die Männer bereits mit dem üblichen Elan dabei, sie zu errichten. Sie haben aufgrund ihrer Untersuchungen festgestellt, daß Kinder, die nicht den halben Tag lang dem Einfluß ihrer Mütter ausgesetzt sind, ihre geistigen Fähigkeiten besser entfalten können und somit später leistungsfähiger sein werden. Die praktische Verwertung dieser Erkenntnis, die sie in keiner Weise als kränkend empfinden (da sie die »Ehre« des Mannes nicht kennen, kann man sie auf diese Art nicht verletzen), liegt also in doppelter Hinsicht im Interesse der Frauen.

Die weiblichen Laster

Wenn ein Stapel gebügelter Leintücher ordentlich in einem Schrankfach liegt, wenn ein Braten schön gleichmäßig von allen Seiten bräunt, wenn ein Löckchen auf die gewünschte Weise in die Stirn fällt, wenn das Rosa eines Nagellacks genau zum Rosa eines Lippenstifts paßt, wenn sauber gewaschene Wäschestücke im Wind flattern, wenn zehn Paar Schuhe frisch geputzt in Reihen stehen, wenn Fensterscheiben so blank sind, daß sie die Passanten blenden, wenn der Mann pünktlich zur Arbeit gefahren ist und wenn die Kinder friedlich miteinander in der Sonne spielen, dann ist die Welt der meisten Frauen hundertprozentig in Ordnung. In solchen Stunden befinden sie sich auf dem Gipfel ihrer Genußfähigkeit, ihr Glücksgefühl läßt sich durch nichts mehr überbieten. Und damit sie in dieser Hochstimmung bleiben, backen sie rasch noch einen Kuchen, gießen den Gummibaum am Wohnzimmerfenster oder stricken an einem Pullover für ihr Jüngstes. Denn wer nicht arbeitet, hat andere Genüsse als einer, der arbeitet. Eine Frau lümmelt sich nicht mit einer Zeitung auf der Couch herum, ihr Müßiggang ist von dem, was Männer unter Müßiggang verstehen, grundverschieden (und deshalb erscheint sie diesen ja auch so fleißig): Wenn eine Frau nicht arbeiten will, so nicht, weil sie es sich bequem machen und ausruhen möchte – wovon sollte sie sich ausruhen? –, sondern weil sie unerhört vergnügungssüchtig ist und weil sie für ihre Vergnügungen Zeit braucht. Diese Vergnügungen sind: Kuchenbacken, Wäschebügeln, Kleidernähen, Fensterputzen, Löckchendrehen, Fußnägel lackieren und zuweilen – bei sehr hochentwickelten Frauen, wir werden später noch auf sie zu sprechen kommen – auch Maschineschreiben und Stenographieren. Und damit es nicht auffällt, nennt sie ihre Amüsements im Haus »Hausarbeit«. Körperpflege betreibt sie ohnehin nur zur Freude ihres Partners, und ihre läppischen Vergnügungen in den Vorzimmern der berufstätigen Männer – die darin bestehen, daß sie, in voller Maskerade am Schreibtisch sitzend, deren fertig formulierte Gedanken in ein optisches Medium überträgt – bezeichnet sie als »anregende geistige Tätigkeit«. Auf diese Weise schwelgt sie mit ihrer Clique in einem großen, permanenten Fest, lebt sie in einer Welt der Freiheit, Verantwortungslosigkeit und des rationalen Glücks, von der ein Mann für sich selbst nicht einmal zu träumen wagt und die er allenfalls bei Hippies oder Südseeinsulanern vermuten würde, aber nie in seiner eigenen Umgebung.

Es gäbe natürlich gegen diese unschuldigen Orgien nichts einzuwenden, wenn die Männer wüßten, daß es solche sind. Wenn sie nicht ihr ganzes Leben ruinierten in dem Glauben, die Frauen hätten es noch viel schlechter als sie. Denn auf den Gedanken, daß dies alles die Vergnügungen ihrer Frauen sind, können Männer von allein nicht kommen. Dazu müßten sie begreifen, wie abgrundtief dumm diese Frauen sind: so dumm, daß sie sich nur auf dem allerniedrigsten Niveau und auf ewig gleichbleibende Weise amüsieren können, und ein solches Maß an Dummheit liegt für einen Mann außerhalb jedes Vorstellungsvermögens.

Nicht einmal die Psychologen, die sich doch ständig mit der weiblichen Intelligenz befassen (als Männer interessieren sie sich nun einmal mehr für Frauen als für sich selbst), sind bisher auf die Idee verfallen, daß ihnen die »weibliche« Psyche möglicherweise nur deshalb so sonderbar vorkommt, weil Frauen so blöde sind. Daß ihnen die »weiblichen« Tätigkeiten nur deshalb so unattraktiv erscheinen, weil es ihnen an der zum Verständnis notwendigen Dummheit mangelt. Wenn diese Fachleute mit ihren Untersuchungen etwa feststellen, daß Schulmädchen fast ausschließlich in jenen Fächern reüssieren, in denen man nicht zu denken braucht, wo man also, wie beim Sprachenstudium, auswendig lernen kann – dabei kann ein gutes Gedächtnis bekanntlich ebensogut ein Symptom für Schwachsinn sein – oder wo, wie in der Mathematik, alles nach strengen Regeln verläuft, die man wiederum auswendig lernt, und daß sie in gewissen anderen (Physik, Chemie, Biologie) weitgehend versagen, dann folgern sie daraus nicht etwa, daß es diesen Mädchen an Intelligenz mangelt, sondern sie sprechen von einer »typisch weiblichen« Intelligenz. Daß diese Art von »Intelligenz« eine erworbene (also nicht angeborene) Art von Dummheit ist, die daher rührt, daß eine Frau durchschnittlich im Alter von fünf Jahren zum letzten Mal einen originellen Gedanken äußert und sich dann unter Anleitung einer total verblödeten Mutter darum bemüht, jede Form von Intelligenzentfaltung abzubremsen, würden diese Psychologen nie begreifen.

Und auch die übrigen Männer mögen sich die grenzenlose Dummheit ihrer Partnerinnen nicht recht eingestehen: Sie seien zwar nicht besonders gescheit, meinen sie, dafür hätten sie jedoch Instinkt – und sie nennen diesen Instinkt, im Unterschied zum tierischen, den weiblichen. Aber leider ist dieser vielgerühmte Instinkt nur ein anderes Wort für statistische Wahrscheinlichkeit: Weil Frauen sich in alles einmischen und zu allem ihre Meinung äußern (da sie dumm sind, merken sie nicht, wie sie sich blamieren), kann es natürlich nicht ausbleiben, daß sie mit ihren Prognosen zuweilen recht behalten. Die meisten Prognosen sind ohnehin negativ und nie sehr exakt formuliert: »Das kann nur eine Katastrophe geben«, sagen sie, »... von dieser Sache würde ich lieber die Finger lassen«, oder »... mit deinen sogenannten Freunden wirst du nichts als Enttäuschungen erleben.« Solche Prophezeiungen könnte jeder bei jeder Gelegenheit wagen. Und wenn Frauen manchmal tatsächlich klarer sehen als Männer, so deshalb, weil sie im Unterschied zu den Männern ohne Gefühle urteilen.

Dabei ist die Dummheit der Frauen nur eine allzu logische Konsequenz ihrer ganzen Einstellung zum Leben: Was könnte eine Frau, die sich schon als Kind dafür entscheidet, später auf Kosten eines Mannes zu leben (alle fünfjährigen Mädchen wollen später heiraten, einen Haushalt führen und Kinder zur Welt bringen, und die zehn-, fünfzehn- und zwanzigjährigen wollen es immer noch), mit Intelligenz und den dadurch bedingten Einsichten wohl anfangen? Sie muß sich doch dafür bereithalten, später ganz auf die Neigungen und Interessen jenes Menschen einzugehen, der für sie sorgt (sie muß ihn ja wegen dieser Neigungen und Interessen sogar noch loben), und sie hat doch im voraus keine Ahnung, was das für einer sein wird. Was könnte es ihr schon nützen, sich beispielsweise frühzeitig für den Sozialismus zu engagieren (demonstrierende Studentinnen sind immer mit einem demonstrierenden Studenten liiert), wenn sie später womöglich einen wohlhabenden Fabrikanten heiraten wird? Was käme denn dabei heraus, wenn sie aus lauter Sensibilität zur Vegetarierin würde und dann womöglich einem Viehzüchter nach Australien folgen müßte? Und wozu sollte sie sich zum Atheismus bekehren, wenn sie dann vielleicht doch ihr Leben in einem rosenumsponnenen Pfarrhaus verbringt?

Was hätte es Jacqueline Bouvier genützt, wenn sie in ihrer Jugend irgendwelche ideologischen Konzepte entwickelt hätte? Ein Faible für Demokratie jedenfalls wäre ihr nur bei ihrer ersten Heirat mit J. F. Kennedy zustatten gekommen, ein Faible für Faschismus nur bei der zweiten. Und da sie eine der »weiblichsten« Frauen überhaupt ist, legt sie vermutlich auf die Achtung der Männer ohnehin keinen Wert: Im Grunde kommt es ihr nur darauf an, den Frauen zu gefallen und sie zu beeindrucken.

Es ist also besser, wenn eine Frau der Gesellschaft in ihrer Jugend nur ein bißchen über Kunst, ein bißchen Tischsitten und ein bißchen Sprachen lernt. Wenn sie tatsächlich einmal in die Verlegenheit kommen sollte, eine Rolle im öffentlichen Leben zu spielen – als Frau eines Mannes, der im öffentlichen Leben eine Rolle spielt –, genügt es vollkommen, wenn sie beteuert, daß eine »echte« Frau vor allem für ihren Mann und für ihre Kinder da sein sollte, und alle Welt wird dies als ein Zeichen größter Bescheidenheit werten und ihr dafür Beifall zollen.

Die Dummheit der Frauen ist so überwältigend, daß alles, womit sie in Berührung kommen, gleichsam wie von ihr durchtränkt wird. Sie fällt nur deshalb nicht mehr auf, weil ihr jeder von der ersten Sekunde seines Lebens an ausgeliefert war und sich so unmerklich an sie gewöhnen konnte. Bisher wurde sie daher von den Männern auch entweder ignoriert oder als typisch weibliche Eigenschaft betrachtet, die niemand störte. Doch mit dem Zuwachs an Zeit und Geld ist auch das Unterhaltungsbedürfnis der Frauen gestiegen, was bedeutet, daß diese Dummheit sich nun auch im öffentlichen Leben immer mehr breitmacht. Nicht nur jede Bodenvase, jedes Schlafzimmerbild und jeder Brokatvorhang eines Haushalts, jede Cocktailparty und jede Sonntagspredigt spiegelt sie jetzt wider, auch in den sogenannten Massenmedien beansprucht sie inzwischen immer mehr Platz. Die Frauensendungen in Hörfunk und Fernsehen nehmen überhand, die

Spalten mit Gesellschaftsklatsch, Verbrechen, Mode, Horoskop, Kochrezepten werden auch in seriösen Tageszeitungen immer länger, und die speziellen Publikationsorgane der Frauen kommen jeden Tag zahlreicher und üppiger auf den Markt. Und ganz allmählich wird so nicht nur die private Sphäre der Männer, sondern auch das gesamte öffentliche Leben von dieser Dummheit verseucht.

Es gibt zum Beispiel Publikationen über Politik, Philosophie, Naturwissenschaften, Wirtschaft, Psychologie und solche über Kleidung, Kosmetik, Wohnkultur, Gesellschaftsklatsch, Kochen, Verbrechen, Liebesaffären. Die ersten werden fast ausschließlich von Männern gelesen, die letzten ausschließlich von Frauen, und beiden – Männern sowohl als auch Frauen – erscheint die Lektüre des anderen so abstoßend und öde, daß sie sich lieber zu Tode langweilen, ehe sie sich daran vergreifen. Tatsache ist, daß die Männer sich wirklich dafür interessieren, ob es auf dem Mars primitive Lebensformen gibt oder ob die Argumente der Chinesen im russisch-chinesischen Grenzkonflikt stichhaltiger sind als die der Russen, und daß solche Probleme die Frauen absolut kalt lassen. Sie interessieren sich dafür, wie man braune Häschen stickt, Kleider häkelt und ob sich eine bestimmte Filmschauspielerin scheiden läßt oder nicht. So leben beide schön voneinander getrennt, jeder mit seinem eigenen Horizont und ohne jemals mit dem anderen in wirkliche Berührung zu kommen. Das einzige Thema, das sie beide interessiert, ist die Frau.

Natürlich bleiben einige Männer trotzdem nicht davor verschont, sich mit den speziellen Frauenpublikationen zu befassen, denn so wie auch die weibliche Mode, die ja die meisten Männer nicht im geringsten interessiert, von männlichen Sklaven gemacht wird (die Frauen sagen dann seelenruhig, sie beugten sich dem Diktat der großen Couturiers), werden auch die Unterhaltungsorgane für Frauen von solchen hergestellt und vertrieben. Und diese Bemühungen können erst dann erfolgreich sein, wenn die Männer sich ganz auf die geistige Ebene der Frau hinabbegeben und herauszubekommen versuchen, was ihr gefällt. Da dies für einen Mann ein beinahe hoffnungsloses Unterfangen ist, läßt er sich dabei von einem Stab weiblicher Redakteure beraten, der ihm sagt, was eine Frau gut unterhält. Die Verantwortung für Gestaltung, Verkauf und Auflagensteigerung dieser Organe bleibt ihm jedoch auf alle Fälle.

Diese Blätter unterhalten die Frau (zum Beispiel ›Ladies'

Home Journal‹, ›McCall's‹), befriedigen ihre Klatschsucht (›Gente‹, ›Movie Life‹), beraten sie bei der Auswahl ihrer Maskerade (›Vogue‹, ›Bazaar‹) und vereinen manchmal auch diese verschiedenen Elemente in einer einzigen Publikation (›Elle‹, ›Brigitte‹, ›Grazia‹). Und ihnen allen ist gemein, daß sie den Mann völlig ignorieren (das Hauptthema der Herrenjournale dagegen ist die Frau). Wenn sie ihn erwähnen, so prinzipiell nur in Zusammenhang mit seinen Vorlieben in bezug auf Frau, Heim oder Speisen (»Tragen Sie in diesem Sommer hautfarbene Unterwäsche, Männer mögen das«, »Ein natürliches Make-up für das erste Rendezvous«, »Stellen Sie Kerzen auf, das stimmt ihn romantisch«, »Drei Gerichte, für die er Sie lieben wird« usw.). Und weil eine solche pauschale Kenntnis seiner Vorlieben nur dem Zweck dienen kann, mit ihrer Hilfe *irgendeinen* Mann leichter zu ködern oder länger zu fesseln (die Leserinnen dieser Blätter sind allesamt entweder ledig und somit auf der Suche nach einer Arbeitskraft, oder verheiratet, also darauf angewiesen, die bereits eroberte Kraft zu halten), sind sie letzten Endes doch nichts weiter als Gebrauchsanweisungen. Gebrauchsanweisungen für den immer noch zuverlässigsten Arbeitsroboter der Welt, als den sie den Mann betrachten. Häufig heißen die Überschriften denn auch ganz offen: ›So angeln Sie sich den Mann fürs Leben‹, ›Zehn Dinge, die ihn bei Laune halten‹, oder ›Ratschläge für die ersten drei Ehejahre‹. Und diese Anweisungen lesen sich so klar und übersichtlich, als handle es sich um Tips zum Erwerb eines Wagens oder um Pflegeanleitungen für einen Kaschmirpullover.

Wegen der Begrenztheit der weiblichen Interessen kommt es in den Redaktionen solcher Blätter natürlich häufig zu Stoffmangel. Dann müssen die Redakteure auf sogenannte Männerthemen zurückgreifen (von denen es ja, da die Männer sich für alles interessieren, genug gibt) und diese durch ein kompliziertes Umwandlungsverfahren auf das Niveau ihrer Leserinnen zurechttrimmen. Dabei lautet das oberste Gesetz: Jeder Artikel muß den Eindruck erwecken, als handle es sich um einen Bericht über Frauen. Nur unter einer Überschrift wie ›Frauen waren mein Ruin‹ könnte über einen gealterten Boxer berichtet werden, ein Komponist muß während des Interviews zumindest einmal sagen, daß ihn Frauen inspiriert haben und daß ja auch ein schönes Mädchen wie eine Melodie sei – nur noch schöner. Wenn diese Tarnung gut gelingt, ist es durchaus möglich, die entferntesten Themen an die Frauen heranzutragen. Es hat sich herausgestellt, daß man sogar über die Aufgaben eines Verteidigungsministeriums etwas für Frauen schreiben kann, wenn man das Ganze als einen Bericht über das Familienleben des betreffenden Ministers aufzieht (dabei darf natürlich der Platz für die Fotos von Frau und Kindern des Ministers nicht zu knapp bemessen sein), und sogar über fremde Länder läßt sich etwas bringen, wenn man die Reportagen als Artikel tarnt, die das Leben einer Frau aus dem Milieu der Leserinnen schildert, die einen Mann aus einem solchen fernen Land geheiratet hat (»Mein Mann ist Japaner, Ägypter, Chilene, Israeli«).

Dieses Prinzip trifft eigentlich auf alle Sparten zu und gilt ganz besonders für die Politik. Da Frauen sich nur für Frauen interessieren und nicht für Männer, kann man ihnen auch aktuelle politische Ereignisse nur dann nahebringen, wenn diese den Eindruck erwecken, als hätten sie eine Frau zum Mittelpunkt. Der Vietnamkrieg etwa wurde erst populär, als die ersten Fotos jener sagenhaften *Madame Nhu* in der Presse erschienen, die Probleme der nordirischen Katholiken sind erst seit *Bernadette Devlin* aktuell, und das Drama um die unfruchtbare Soraya hat wahrscheinlich zum Verständnis der Probleme des Iran mehr beigetragen als alle anderen Publikationen über dieses Land zusammengenommen.

Die erste politische Tat eines Machthabers sollte daher seine Heirat mit einer möglichst fotogenen Frau sein. Man kann nur ahnen, welch ein Gewinn es für Länder wie Israel oder Indien bedeutet hätte, wenn Golda Meir oder Indira Gandhi nach den strengen Maßstäben der Frauen schön gewesen wären, wenn ihre Fotos anstelle der Gracias von Monaco, Sirikits von Thailand oder Farah Dibas von Persien die Titelseiten der Illustrierten geschmückt hätten. Die entsprechenden Reportagen hätten dann Überschriften gehabt wie ›Die Juwelen der Golda Meir‹ oder ›Was den Männern an Indira Gandhi so gefällt‹ – und ganz nebenbei hätte man auch der anderen Hälfte der Weltbevölkerung (der wohlhabenderen Hälfte) immer wieder klarmachen können, daß beispielsweise in Israel der Teufel los ist und in Indien jedes Jahr soundsoviel hunderttausend Kinder den Hungertod sterben (die man von dem Geld leicht ernähren könnte, das Frauen für Nagellack und Nagellackentferner ausgeben).

Zwischen einer ungeschminkten, kahlen und nackten Frau und einem ungeschminkten, kahlen und nackten Mann gibt es kaum einen Unterschied. Mit Ausnahme jener Organe, die der Fortpflanzung dienen, wird alles, was Mann und Frau voneinander unterscheidet, künstlich erzeugt. Der Mann wird zum Mann durch die Entwicklung seiner Intelligenz und die dadurch mögliche Produktivität (seine Erscheinung bleibt dabei fast unverändert), die Frau wird zur Frau durch graduelle Verdummung und durch die Verwandlung ihres Äußeren, und diese Differenzierung der Geschlechter geschieht ausschließlich auf Veranlassung der Frau.

Ein Mann gilt, wie wir gesehen haben, erst nach einer Reihe weiblicher Dressurakte als »männlich«, die Frau selbst jedoch verwandelt sich in eigener Regie und macht sich »weiblich« mit Hilfe der Kosmetik, Frisierkunst und Garderobe. Diese artifiziell hergestellte Weiblichkeit besteht aus zwei Komponenten: der Betonung der sekundären Geschlechtsmerkmale, die bereits an anderer Stelle beschrieben wurde, und der Verfremdung durch den *Maskeneffekt.* Denn mit ihren vielfältigen Masken verfolgt die Frau immer nur den Zweck, den Unterschied zwischen sich und einem beliebigen Mann so auffällig wie möglich zu gestalten.

Durch die Betonung ihrer Geschlechtsmerkmale wird sie für den Mann begehrenswert, durch die übrige Maskerade wird sie geheimnisvoll für ihn – sie wird das fremde, das schillernde, das »andere« Geschlecht, und daß sie das wird, erleichtert ihm seine Unterwerfung. Mit Hilfe der weiten Skala von Verwandlungsmöglichkeiten, die ihr zur Verfügung stehen – eine »richtige« Frau sieht jeden Tag ein wenig anders aus –, frappiert und überrascht sie den Mann jedesmal aufs neue. Außerdem gewinnt sie Zeit: Während er hinter ihrem veränderten Äußeren mühsam die Frau vom Tage zuvor wiederfinden muß, kann sie in Ruhe ihre eigenen Pläne realisieren – die darin bestehen, diesen Mann in eine möglichst ausweglose Position zu manövrieren – und ihn dabei geschickt von jenem Verwesungsgeruch ablenken, den ihr unter der gefälligen Maskerade dahinfaulender Geist überall verströmt.

Eine Frau betrachtet sich daher immer nur als Rohstoff für eine Frau: Nicht das Material wird beurteilt, sondern was daraus entsteht. Ohne Make-up, Lockenfrisur und Kettchen sind Frauen praktisch noch nicht vorhanden – das erklärt auch, weshalb so viele von ihnen völlig ungeniert mit Lockenwicklern und eingefettetem Gesicht herumlaufen: Das sind ja noch nicht sie, sie werden erst noch gemacht! –, und diese Fiktion gelingt ihnen um so leichter, als ihnen dabei ihre Intelligenz nicht im Weg steht.

Damit diese Metamorphose zur Frau gelingt, haben sie von jeher keine Mühe gescheut. Keine kosmetische Prozedur war einer Frau je zu zeitraubend oder kostspielig, wenn es darum ging, jenes Endprodukt herzustellen, das sich vom Mann in so auffälliger Weise unterscheidet. Indem sie ihre Haut einfettete, wurde diese immer glatter und immer verschiedener von der des Mannes, indem sie ihre Haare lang trug oder lockig, unterschied sie sich ebenfalls von ihm, und indem sie ihre Augen mit schwarzer Schminke umrahmte, wurden sie zwar nicht schöner, aber ganz und gar anders als Männeraugen: fremd, geheimnisvoll, beunruhigend.

Das alles war der ursprüngliche Sinn der weiblichen Maskerade, doch er ist inzwischen fast in Vergessenheit geraten. Da die bürgerliche Frau in den letzten Jahrzehnten durch den von Männern geschaffenen Wohlstand von einer vielbeschäftigten Hausangestellten zu einer Art Kokotte avanciert ist, konnte es nicht ausbleiben, daß sich ihre früher zweckgebundenen Spiele mit ihrer äußeren Erscheinung verselbständigten. Sie hat jetzt Zeit und Geld und möchte sich mehr denn je unterhalten wissen. Und weil das Spiel mit ihrem Körper zu ihren bevorzugten Unterhaltungen zählt (häufig ist es sogar ihr einziges Vergnügen, denn besonders wohlhabenden Frauen muß es ja auch noch die Hausarbeit ersetzen), wird es auch von allen Seiten forciert – von den Männern, die ihre Schminkutensilien produzieren, von denen, die ihre Kleider und Frisuren entwerfen und produzieren, und von denen, die davon leben, für dieses Spiel immer neue Varianten vorzuschlagen: den Redakteuren von Frauenfunk und Frauenzeitschriften. Dabei hat sich inzwischen tatsächlich so etwas wie eine ganz eigene Kultur unter den Frauen entwickelt, eine Art Kunstgewerbe, in dessen Schutz sie völlig ungestört und unter sich leben können, und das sie in Höhen (vielmehr Tiefen) führt, wohin ihnen der Mann – mit Ausnahme der darauf spezialisierten Arbeitssklaven – nicht mehr folgen kann.

»Sorgen Sie dafür, daß Ihre Lippenhaut geschmeidig bleibt«, rät beispielsweise eine renomierte Frauenzeitschrift einer Leserin, die über »zu tiefe« Lippenfalten klagt, »bürsten Sie Ihre Lippen täglich vorsichtig mit einer nassen Zahnbürste, und benutzen Sie mehrmals am Tag Lippenpomade. Nehmen Sie Lippenstifte ohne Perlmuttschimmer, sie setzen sich nicht so leicht in den Falten fest.« »Messen Sie nach«, befiehlt sie allen Frauen, »Ihr Beckenumfang darf Ihre Taillenweite um 25, den Brustumfang höchstens um acht Zentimeter übersteigen.« »Bürsten Sie Ihre Brauen immer erst in Form, bevor Sie sie nachstricheln. Malen Sie nie einen glatten Bogen, sondern stricheln Sie sorgfältig Härchen für Härchen. Ganz natürlich sieht es aus, wenn Sie direkt neben der Nasenwurzel fast senkrechte Striche malen und wenn Sie zwei Farben mischen, zum Beispiel Grau und Braun.« »Hängen Sie einen Spiegel in Ihre Küche: er hilft Ihnen kontrollieren, ob Sie beim Kochen unbewußt Grimassen schneiden oder Ihre Stirn in Falten legen, und er erinnert Sie auch, wenn Ihre Frisur sich aufgelöst hat.«

Und die Frauen, für jede neue Spielregel dankbar (denn sie haben ja nicht genug Phantasie, selbst solche zu erfinden), führen alles gewissenhaft aus: messen ihren Beckenumfang, bürsten ihre Lippen, stricheln ihre Augenbrauen und hängen sich, zur Vermeidung von Denkfalten, kleine Spiegel in die Küche. Und wenn sie das getan haben, warten schon wieder neue Spielvorschläge: Es gibt heute tatsächlich Frauen, die ihre Brüste täglich zehn Minuten lang in kaltem Wasser baden (»Das macht sie straff«), die sich, ohne krank zu sein, jeden Morgen von Kopf bis Fuß einölen, die ihre Haare alle paar Tage auf mindestens dreißig Lockenwickler drehen und die allein für das Make-up ihrer Augen über eine halbe Stunde benötigen. Und da sie dank all dieser, in seinen Augen absurden Tätigkeiten dem Mann immer fremder, immer unberechenbarer – immer *weiblicher* – erscheinen, sind es häufig gerade diese Frauen, denen er sich am willigsten versklavt.

Inzwischen geht das Spiel immer weiter. Wer mitspielen will, wer den Anschluß an die Clique nicht verlieren möchte, muß immer neue Regeln beachten, denn die Anforderungen, die die Frauen gegenseitig an sich stellen (die Männer sind aus dem Spiel längst ausgeschieden), werden enorm, die Unterhaltungsmöglichkeiten mit dem eigenen Körper sind ins Unendliche gewachsen und nehmen von Tag zu Tag weiter zu. Dabei ist es natürlich unvermeidbar, daß viele Frauen halbwegs auf der

Strecke bleiben und sich wieder vornehmlich den Amüsements des Haushalts zuwenden. Es entstehen, durch das unterschiedliche Einkommen der Männer bedingt, Klassenunterschiede zwischen sehr gut, gut und weniger gut maskierten Frauen, wobei die ersteren als Idole dienen und ihnen durch ihre perfekte Maskerade, die sie über ihre speziellen Publikationsorgane ständig überwachen, eine Art Ersatzbefriedigung bieten.

Doch auch für die nur mittelmäßig maskierte Frau werden die Spielregeln immer komplizierter: Zum Schwimmen beispielsweise geht sie nur noch mit wasserfestem Spezial-Make-up, sorgfältig enthaarten Beinen und Achselhöhlen, eingefettetem Körper und mit unter der von Gummiblüten übersäten Bademütze aufgedrehten Haaren; vor der Fahrt zum Supermarkt pflegt sie sich zumindest mit mattschimmernder Tagescreme, einem Tupfer Rouge und hellbrauner Wimperntusche; bei Beerdigungen nimmt sie zur schwarzen Mantilla eine besonders helle Teintgrundierung und fast unsichtbaren Lippenstift; und das Schminken und Ankleiden für eine ganz gewöhnliche Cocktailparty, die sie vielleicht nach ein paar Minuten schon wieder verläßt, beansprucht inzwischen Stunden. Wo sie früher einen einzigen Lidschatten auftragen mußte, nimmt sie jetzt drei (etwa weiß, gold und grün), ihre Lippen pflegt sie mit Lippenpomade, Konturenstift, Perlmuttstift und Puder, ihre falschen Wimpern werden nicht mehr *en bloc* aufgeklebt, sondern Wimper für Wimper (»Das wirkt natürlicher«), und in die eigene Frisur wird immer häufiger ein falsches Haarteil eingeflochten, das selbstverständlich, genau wie das eigene Haar, immer frisch gereinigt und gelockt sein muß. Allein für das Make-up von Augen und Augenbrauen braucht eine Frau folgendes: ein Band falscher Wimpern, Spezialkleber und Pinzette für das Befestigen dieser Wimpern, Mascarastift, Wimperntusche, Eyeliner, Lidschatten (drei Farben), Brauenstifte (zwei Farben), Brauenpuder mit abgeschrägtem Pinsel, Brauenbürstchen, ölhaltige Pads für das Abschminken und Spezialaugencreme.

Und den Männern, die ihre Göttinnen zwar göttlich mögen (fremd, schillernd, das heißt *weiblich*), aber nicht mit zusehen wollen, wie sie Stunden um Stunden sklavisch vor dem Spiegel verbringen, wird es bei dieser Entwicklung immer unbehaglicher. Denn genau wie bei der Hausarbeit, die in ihren Augen gegen die menschliche Würde verstößt und von der sie nicht glauben können, daß sie ihren Frauen Vergnügen verschafft, können sie dies auch von der Kosmetik nicht annehmen. Jeder

Mann weiß zwar von sich selbst, daß er keinen Wert darauf legt, daß seine Frau zur Pflege ihrer Augenlider drei verschiedene Puderfarben verwendet (genauso, wie er weiß, daß er keine Zimmerpflanzen und keine Spitzenvorhänge an seinem Fenster bräuchte), doch er denkt, genau wie bei der Hausarbeit, daß die anderen Männer oder *die Gesellschaft* dies von einer Frau verlangen, und er bedauert sie deswegen und fühlt sich für diese Entwicklung persönlich verantwortlich. Da er weiß, daß er und seine Geschlechtsgenossen nur auf das Äußere einer Frau Wert legen, auf Sexsymbole und eine gewisse Verfremdung durch Schminke, die sich jedoch in Grenzen hält (worauf sollen sie bei der Dummheit und Gefühlsarmut der Frau eigentlich sonst Wert legen?), folgert er, daß deren unermüdliche Beschäftigung mit ihrem Körper sich nur mit einem Übereifer bei der Erfüllung der männlichen Ansprüche erklären läßt, und fühlt sich schuldbewußt und gerührt. Durch seine primitiven Bedürfnisse mache er die Frau zum Objekt, meint er (zum *Lustobjekt*), unterdrücke ihre wertvollen Eigenschaften (die ja tatsächlich nirgends zu finden sind!) – und geht damit natürlich wieder einmal haarscharf an der Wahrheit vorbei. Denn daß diese ganze Entwicklung die bisher höchste Stufe weiblicher Kultur ist, daß Frauen sich durch Mode und Kosmetik nicht zu Objekten machen, sondern daß ihre fortwährende Beschäftigung mit diesen Dingen der geistigen Aktivität unendlich primitiver Subjekte entspricht, mag er in seinem eigenen Interesse nicht denken.

Und noch etwas kann er nicht wissen: Daß nämlich die Art, wie eine Frau sich sozusagen Tag für Tag völlig neu erschafft, wie sie sich durch ihre vielfältigen Maskeraden immer wieder vor sich selbst verfremdet, sie nicht nur amüsiert, sondern auch noch ihr ohnehin sehr schwaches Religionsbedürfnis (das, wie wir im Kapitel über die ›Lust an der Unfreiheit‹ gesehen haben, durch ihre geringe Intelligenz bedingt ist) befriedigt. Jeder Schritt zu einer solchen Verwandlung erfordert ja ganz neutrale, kritische Selbstbeobachtung von ihr und zwingt sie praktisch dazu, sich ständig mit den Augen einer fremden Zuschauerin zu sehen und ihr Werk mit deren Maßstäben im Laufe eines Tages tausendmal zu überprüfen. Folglich kann sie sich, wenn die Verwandlung gelingt, wenn die Maskerade den Anforderungen der Fremden entspricht oder diese sogar noch übertrifft, mit deren Augen hemmungslos bewundern. Sie ist durch diesen Trick sozusagen in der Lage, sich selbst zu verherrlichen, und bleibt damit vor jedem System, das dazu dient, die menschliche

Lust an der Unfreiheit zu befriedigen (Ideologien, Religionen, Verherrlichung eines anderen), weitgehend verschont.

Aus allem, was die Frauen mit sich anstellen, und was immer ihrer Verschönerung dient, ergibt sich für die Männer eine logische Konsequenz: daß Frauen nämlich Männer, selbst wenn sie sie beachten würden, auf keinen Fall schön finden könnten. Es heißt zwar, »ein Mann muß nicht schön sein«, und viele Männer zitieren diese Weisheit ganz ohne Hintergedanken sogar noch selbst, aber offensichtlich ist es doch so, daß er nicht nur nicht schön sein muß, sondern daß er, selbst wenn er es wünschte, in den Augen der Frauen nicht einmal schön sein könnte. Wenn die Frauen sich in ihrer albernen Maskerade selbst schön finden (und nichts deutet das Gegenteil an), können sie nicht zugleich die weitgehend ungeschminkten, uniformierten Männer schön finden; diese wären in ihren Augen ja bestenfalls Vorstufen zu Menschen, Rohmaterial, Entwürfe. Ein Mann ist daher für die Frau in gewissem Sinn sowieso immer häßlich, und folglich kann sie bei ihrer Wahl sein Äußeres auch völlig ignorieren und sich ganz frei – das heißt nur nach dem Lebensstandard, den er ihr bieten könnte – entscheiden.

Besonders sensible Männer müssen dies in jüngster Zeit auch selbst empfunden haben und versuchen daher, nach den Maßstäben der Frau schön zu werden und diese endlich auch einmal durch ihr Äußeres zu beeindrucken. Doch dieser Ausbruchsversuch ist inzwischen so gut wie gescheitert: Erstens konnten alle diese Männer unmöglich von heute auf morgen das erreichen, was Frauen in Generationen kultiviert haben (das lange Haar eines Mannes ist nie so seidig, seine Haut nie so zart und seine Garderobe nie so erlesen extravagant wie die einer Frau), zweitens haben die Legionen versklavter Männer diese Verräter sofort aus ihrer Gemeinschaft ausgestoßen und ihnen weitgehend die Verdienstmöglichkeiten gesperrt.

Heute maskieren sich fast nur noch jene – Dichter, Maler, Musiker in Beatbands, Hippies, Schauspieler, Journalisten, Fotografen –, die gerade mit dieser Maskerade, als eine Art Hofnarren der Bourgeoisie, ihr Geld verdienen, und fast jeder von ihnen hat auch eine Frau, die dieses Geld sofort wieder verwertet. Beim Dichter ist es die Muse, beim Maler das Modell und bei den Musikern das *Groupie*, das auf ihre Kosten lebt. Und sollten sich wirklich einmal lange Haare oder Halsketten für Männer allgemein durchsetzen (was durchaus möglich ist, denn alle hundert Jahre gibt es, meist wegen der inzwischen veränderten Arbeitsbedingungen, auch in der Herrenmode kleine Varianten), dann werden diese langen Haare bei allen genau gleich lang sein, und die Ketten, die sie anstelle der Krawatten tragen, werden ebenso diskret und unauffällig sein wie diese.

Berufswelt als Jagdrevier

Die vielen berufstätigen Frauen – Sekretärinnen, Fabrikarbeiterinnen, Verkäuferinnen, Stewardessen –, denen man überall begegnet, die sportlichen jungen Mädchen, die in immer größerer Zahl Colleges und Hochschulen bevölkern, könnten einen fast auf die Idee bringen, die Frau habe sich in den letzten zwanzig Jahren grundlegend verändert. Sie könnten einen glauben machen, das moderne junge Mädchen sei fairer als seine Mutter und habe sich – vielleicht von einem großen Mitleid mit seinem Opfer überwältigt – entschlossen, nicht mehr die Ausbeuterin des Mannes zu sein, sondern seine Partnerin.

Dieser Eindruck täuscht. Die einzig wichtige Tat im Leben einer Frau ist die Wahl des richtigen Mannes (sie darf sich sonst überall irren, hier nicht), und deshalb trifft sie diese Wahl meist dort, wo sie die männlichen Qualitäten, auf die es ihr ankommt, am besten beurteilen kann: beim Studium und bei der Arbeit. Büros, Fabriken, Colleges und Universitäten sind für sie nichts weiter als gigantische Heiratsmärkte.

Welches Milieu sie zum Ködern ihres künftigen Arbeitssklaven tatsächlich wählt, hängt weitgehend vom Einkommen des Mannes ab, der sich vorher für sie versklavt hatte – ihres Vaters. Die Töchter gutverdienender Männer suchen sich den Mann zum Heiraten vorzugsweise auf Hochschulen und Universitäten, denn dort bestehen die größten Chancen, einen mindestens ebensogut verdienenden Mann zu finden (außerdem ist ein Pro-Forma-Studium bequemer als eine – wenn auch vorläufige – Berufstätigkeit). Mädchen aus weniger gutem Hause müssen sich zum gleichen Zweck vorübergehend in einer Fabrik, einem Laden, Büro oder Krankenhaus verdingen. Beide Formen des Engagements sind provisorisch – sie dauern bis zur Hochzeit, in Härtefällen bis zur Schwangerschaft – und haben einen großen Vorteil: Jede Frau, die heute heiratet, hat »dem Mann ihrer Wahl zuliebe« entweder einen Beruf oder ein Studium aufgegeben. Und solche »Opfer« verpflichten.

Berufstätigkeit und Studium der Frau verfälschen also nur die Statistik und dienen außerdem dazu, den Mann noch hoffnungsloser zu versklaven – denn sowohl Beruf als auch Ausbildung sind für Mann und Frau etwas völlig Verschiedenes.

Für den Mann geht es im Beruf immer um Leben und Tod. Gerade die ersten Jahre sind meist für seine ganze Zukunft entscheidend – ein Mann, der mit fünfundzwanzig noch nicht auf dem Weg nach oben ist, gilt als hoffnungsloser Fall –, in dieser Zeit entfaltet er alle seine Fähigkeiten, der Kampf mit seinen Konkurrenten ist ein Kampf bis aufs Messer. Hinter einer Maske großzügiger Kollegialität liegt er ständig auf der Lauer; jedes Zeichen von Überlegenheit eines anderen wird ängstlich registriert, jedes Zeichen von dessen Schwäche muß er sofort zu seinen Gunsten ausnützen. Und bei alledem ist er immer nur ein Rädchen in einem gigantischen Wirtschaftsgetriebe, das ihn nach allen Regeln der Kunst auswertet: Wenn er andere schindet, schindet er sich selbst am meisten, die Befehle, die er gibt, sind Befehle anderer über ihm. Wird er gelegentlich von seinen Vorgesetzten gelobt, geschieht das nie, um ihm eine Freude zu machen, sondern immer mit dem Ziel, ihn noch weiter anzuspornen. Für ihn, der darauf dressiert wurde, stolz und ehrenhaft zu sein, ist jeder Tag im Berufsleben eine endlose Kette von Demütigungen: Er begeistert sich für Markenartikel, die ihn nicht interessieren, lacht über Witze, die er geschmacklos findet, vertritt Meinungen, die nicht die seinen sind. Und bei alledem darf er sich nicht eine Sekunde lang vergessen: Die kleinste Nachlässigkeit kann Degradierung bedeuten, ein einziges falsches Wort kann das Ende der Karriere sein.

Die Frau, um die es bei diesen Kämpfen in erster Linie geht und unter deren Augen sich das alles abspielt, sieht dem gelassen zu. Für sie ist die Zeit ihrer Berufstätigkeit eine Zeit der Flirts, Rendezvous, Neckereien – in der als Vorwand auch noch ein bißchen Arbeit erledigt wird, mit der meist keinerlei Verantwortung verbunden ist. Sie weiß, daß das alles vorübergeht (und falls nicht, dann hat sie wenigstens jahrelang in dieser Illusion gelebt). Die Kämpfe der Männer beobachtet sie deshalb aus sicherer Distanz, gelegentlich applaudiert sie einem der Kämpfer, tadelt oder ermutigt ihn. Und während sie ihnen Kaffee kocht, ihre Post öffnet und ihre Telefongespräche abhört, trifft sie kaltblütig ihre Wahl. Sobald sie den *Mann fürs Leben* gefunden hat, zieht sie sich zurück und überläßt das Terrain dem Nachwuchs.

Beim Studium ist es nicht anders. In den USA findet man auf Colleges und Hochschulen mehr Frauen denn je, doch die Zahl derer, die fertigstudieren, ist geringer als vor dem Zweiten Weltkrieg. Während die Studentinnen in den Vorlesungen ihre Frühjahrsgarderobe entwerfen, in den Pausen kokettieren und, mit unter durchsichtigen Gummihandschuhen blutrot lackierten Fingernägeln, an Leichen herumsezieren, geht es bei ihren männlichen Partnern immer um alles oder nichts. Einer Frau genügt es, College oder Universität mit einem Verlobungsring abzuschließen, beim Mann reicht nicht einmal ein Diplom. Diplome kann man leicht durch Auswendiglernen erwerben (es gibt wenig Prüfer, die zwischen Wissen und Bluff unterscheiden können), der Mann aber muß auch begreifen, worum es geht. Von der Fundiertheit seiner Kenntnisse wird später sein materieller Erfolg abhängen, sein Prestige und häufig sogar das Leben von Menschen.

Die Frau kennt keinen Kampf. Wenn sie ihr Studium abbricht und einen Universitätsdozenten heiratet, hat sie ohne Anstrengung das gleiche erreicht wie er. Als Ehefrau eines Fabrikanten wird man sie mit noch größerer Ehrerbietung behandeln als diesen (und nicht wie jemand, den man in der gleichen Fabrik bestenfalls am Fließband beschäftigen könnte). Als Frau hat sie immer den Lebensstandard und das Sozialprestige ihres Mannes und muß nichts tun, um diesen Standard und dieses Prestige zu erhalten – das tut er. Der kürzeste Weg zum Erfolg ist deshalb für sie immer noch die Heirat mit einem erfolgreichen Mann. Und den bekommt sie weder durch Fleiß noch durch Strebsamkeit oder Ausdauer, sondern einzig und allein durch eine attraktive Erscheinung.

Man hat gesehen, welche Anforderungen die gut dressierten Männer an das Aussehen der Frauen stellen. Die besten Dompteusen bekommen automatisch – also ohne sich im geringsten bemühen zu müssen – die erfolgreichsten Kämpfer unter ihnen. Da diese sogenannten »schönen« Frauen auch meist die sind, die es seit ihren Kindertagen am leichtesten hatten und somit noch weniger als die anderen einen Grund zur Entwicklung ihrer geistigen Anlagen fanden (Intelligenz entfaltet sich nur im Wettbewerb), ergibt sich die logische Konsequenz, daß sehr erfolgreiche Männer meist abgrundtief blöde Frauen haben (es sei denn, man bewertet das Geschick einer Frau, sich als Köder herauszuputzen, als Intelligenzleistung).

Es ist fast schon ein Klischee, daß ein Mann, der es besonders weit gebracht hat (als Wirtschaftsboß, Finanzmakler, Großreeder, Dirigent), auf dem Gipfel seines Erfolgs (also meist in zweiter oder dritter Ehe) ein Fotomodell heimführt. Männer, die durch Erbschaft reich sind, leisten sich meist schon in erster Ehe ein solches Superweib (das sie dann freilich im Laufe der Jahre von Zeit zu Zeit auswechseln). Fotomodelle aber sind meist Frauen, die nicht einmal eine abgeschlossene Schulbildung haben und die bis zu ihrer Heirat nichts anderes tun, als graziös vor Kameras zu posieren. Doch da sie »schön« sind, sind sie potentielle Reiche.

Und alle diese Frauen »geben aus Liebe eine Karriere auf«. Jedenfalls erzählen sie das dem Mann, und der glaubt es. Der Gedanke, daß er durch seinen Antrag die Frau im letzten Augenblick vor der Mühe eines Abiturs oder Staatsexamens gerettet hat, wäre nicht so schmeichelhaft für ihn, deshalb schiebt er ihn weit von sich und berauscht sich statt dessen an der »kompromißlosen« Liebe, die diese Frau nach ihren eigenen Angaben für ihn empfindet. Wer weiß, denkt er – immer seinen eigenen Wertmaßstäben folgend –, vielleicht wäre eines Tages aus ihr eine berühmte Chirurgin (gefeierte Primaballerina, brillante Journalistin) geworden – und das alles hat sie aufgegeben, für ihn! Die naheliegende Idee, daß sie lieber die Frau eines berühmten Chirurgen, mit dessen Einkommen, dessen Prestige und ohne dessen Arbeit und Verantwortung ist, kommt ihm nicht. Er nimmt sich vor, ihr das Leben an seiner Seite so angenehm wie möglich zu gestalten, damit sie ihr großes Opfer nie bereuen muß.

Ein geringer Prozentsatz der Studentinnen westlicher Industrienationen (zehn bis zwanzig Prozent) schafft dennoch vor der Heirat ein Hochschuldiplom. Trotz gelegentlicher Ausnahmen sind es meist die weniger attraktiven Frauen, denen es nicht gelungen ist, während ihrer Studienzeit eine brauchbare Arbeitskraft zu engagieren. Dieses Diplom erhöht dann automatisch ihren Marktwert, denn eine gewisse Sorte Mann fühlt sich – vorausgesetzt, er hat selbst ein Diplom – durch den Titel seiner Frau persönlich geschmeichelt (wie gescheit muß er sein, daß diese hochgebildete Frau sich für ihn interessiert!). Und wenn seine Koryphäe dann noch einigermaßen sexy ist, fühlt er sich im siebenten Himmel!

Doch nicht lang. Denn auch die Ärztin, Juristin oder Soziologin wird ihre Karriere für die seine »opfern« oder zumindest zurückstellen. Sie wird in eine Vorortvilla ziehen, Kinder gebären, Blumenbeete anlegen und sein Heim mit dem üblichen Kitsch anfüllen. Nach ein paar Jahren hat sie über diesen Amüsements ihr bißchen auswendig gelerntes Fachwissen vollkommen vergessen und wird im Grund genauso sein wie ihre Nachbarinnen.

Die »emanzipierte« Frau

Es gibt aber auch Frauen über fünfundzwanzig, die berufstätig sind. Das kann verschiedene Gründe haben:

a) Die Frau ist mit einem »Versager« verheiratet (mit einem Mann, der nicht genug Geld verdient, um ihre Kitschorgien zu finanzieren).
b) Die Frau ist aus biologischen Gründen kinderlos (einige Männer sehen dann nach dem Abklingen ihrer Leidenschaft keine Veranlassung mehr, sie zu versorgen).
c) Die Frau ist *häßlich*.
d) Die Frau ist *emanzipiert*.
e) Die Frau hat Interesse an einem bestimmten Beruf (und verzichtet daher von vornherein auf den eigenen Sklaven und die eigenen Kinder).

Die Motive für die Berufstätigkeit von a) und b) liegen nahe. Wichtig sind die beiden nächsten Gruppen, denn die häßliche Frau gilt oft als emanzipiert, und das ist falsch. Die Chancen, einem Exemplar der letzten Kategorie zu begegnen (einer Frau, die geistigen Interessen zuliebe – oder gar aus Fairness! – auf Komfort und Leibeigene verzichtet), sind fast aussichtslos.

Die *häßliche* Frau (die Frau, die nach dem Geschmack der Männer häßlich ist, weil ihre sekundären Geschlechtsmerkmale entweder unvollkommen entwickelt oder ungenügend zur Schau gestellt sind und weil ihren Gesichtszügen jeglicher *Baby-Look* fehlt) arbeitet aus dem gleichen Grund wie der Mann: weil es sonst niemand für sie tut. Doch während der Mann mit seinem Gehalt Frau und Kind ernährt, arbeitet sie immer nur für sich selbst und nie, um mit dem verdienten Geld das Leben eines schönen jungen Mannes zu finanzieren.

Diese Frau ist oft ziemlich intelligent. Anfangs läßt sie zwar wie alle Frauen, dem Beispiel ihrer Mutter folgend und im Vertrauen auf den künftigen Arbeitssklaven, ihre geistigen Anlagen verkümmern. Doch je älter sie wird, desto mehr sieht sie ihre Chancen auf einen solchen Sklaven dahinschwinden. Und eines Tages bleibt ihr nichts anderes übrig, als sich der letzten Überbleibsel ihrer Intelligenz zu erinnern und daraus das Beste zu machen.

Manche Frauen aus dieser Gruppe bringen es damit sogar sehr weit: Als Schriftstellerinnen, Politikerinnen, Journalistinnen, Ärztinnen, Juristinnen kommen sie nicht selten (und gerade, weil sie als intelligente Frauen so sehr aus dem Rahmen fallen) zu großen Ehren. Damit erweisen sie natürlich der Ausbeuterin in der Vorortvilla unschätzbare Dienste: »Seht ihr«, sagt diese, »wir Frauen könnten auch so manches, wir verzichten nur immer zugunsten der Männer.« Und anhand der abschreckenden Beispiele dieser Intelligenzbestien kann sie dem Sklaven an ihrer Seite immer wieder klarmachen, wie häßlich, hart und uncharmant (wie »unweiblich«) eine große Leistung die Frau macht. Und er wird selbstverständlich die Gehirnamputierte in seinem Bett jener anderen immer noch tausendmal vorziehen (*reden* kann er ja notfalls auch mit Männern).

Auch die Häßliche verzichtet trotz ihres Erfolges nie ganz auf ihren weiblichen Sonderstatus und erwartet mit größter Selbstverständlichkeit, daß ihre Umwelt sie – »als Frau, die erfolgreich war« – wie eine Art Weltwunder betrachtet. Es ist fast obszön, wie sehr gerade diese Frau immer ihre »Weiblichkeit« herausstreicht. Sie produziert sich vor Presse und Fernsehen, wann immer es geht, läßt ihren schwabbeligen Busen über ihre große Schreibtischplatte hängen und klagt, wie schwer gerade sie, »als Frau«, es in ihrer hohen Position habe.

Wie dem auch sei, im Vergleich zur landläufigen Ausbeuterin ist sie einigermaßen respektabel. Daß sie zu ihrer Respektabilität gezwungen wird – man braucht ihr nur ins Gesicht zu sehen, um zu wissen, warum sie so gescheit ist –, ist eine andere Sache. Denn Häßlichkeit ist natürlich kein persönliches Verdienst.

Kompliziert wird es bei der sogenannten *emanzipierten* Frau. Denn während man die ersten drei Kategorien der berufstätigen

Frauen (die Häßliche allerdings nur, bevor sie Erfolg hat) durch entsprechende Geldangebote ohne weiteres von ihren beruflichen Plänen abbringen könnte, arbeitet die Emanzipierte nie für Geld. Sie war *per definitionem* in ihrer Jugend immer attraktiv und hat daher immer einen gutverdienenden Sklaven zur Hand. Emanzipieren kann sich nur die »schöne« Frau. Die häßliche hat, genauso wie der Mann, nichts, wovon sie sich emanzipieren könnte; niemand hat sie je zu korrumpieren versucht, sie hatte nie die *Wahl.*

Die Emanzipierte hat auch Kinder (allerdings oft nur eins bis zwei), eine komfortable Wohnung und alle Statussymbole ihrer Clique. Doch sie findet ihre Vergnügungen nicht nur im Heim und auf den von ihren Geschlechtsgenossinnen organisierten Maskenbällen: Am besten amüsiert sie sich mit untergeordneten Handlangerdiensten, bei denen sie viel Publikum hat. Man findet sie ätherisch durch Korridore von Verlagen und Zeitungsredaktionen schwebend, im Vorzimmer der Film-, Fernseh- und Theaterbosse, in der Rolle der Regieassistentin, der Dolmetscherin, an den Schaltern der Reisebüros, in Juwelier- und Antiquitätengeschäften, in Boutiquen. Kurz, überall dort, wo sich reiche und interessante Leute treffen. Das Geld, das sie verdient, verbraucht sie meist restlos für ihre aufwendigen Maskeraden, mit deren Hilfe sie sich an ihrem Arbeitsplatz jeden Tag von neuem wieder in Szene setzt.

Die emanzipierte Frau ist genauso dumm wie die anderen, aber sie möchte nicht für so dumm gehalten werden: Von Hausfrauen spricht sie nur auf die abfälligste Art. Sie glaubt, allein die Tatsache, daß sie eine Arbeit ausführt, die auch eines Mannes nicht unwürdig wäre, mache sie intelligent. Sie verwechselt dabei Ursache mit Wirkung: Die Männer arbeiten ja nicht, weil sie so intelligent sind, sondern weil sie müssen. Ihre Intelligenz könnten die meisten von ihnen erst dann sinnvoll gebrauchen, wenn sie frei von finanziellen Verpflichtungen wären (so frei wie die Hausfrauen zum Beispiel). In der Regel hätte eine Frau in ihrer Vorortvilla viel bessere Voraussetzungen für ein reges Geistesleben als zwischen Schreibmaschine und Diktiergerät.

Die Arbeit der Emanzipierten ist selten schwierig oder verantwortungsvoll, doch sie lebt in dem Wahn, sie sei sowohl das eine als auch das andere. Diese Arbeit »füllt sie aus«, »regt sie an«, sie könnte »ohne sie nicht existieren«. Doch wirklich angewiesen ist sie auf diese Arbeit nie, sie kann sie jederzeit aufgeben, denn die Emanzipierte arbeitet, im Unterschied zur Häßlichen, nie ohne

Rettungsautomatik: Immer gibt es einen Mann, der irgendwo im Hintergrund bereitsteht und bei der ersten Schwierigkeit zu Hilfe eilt.

Daß sie langsamer aufsteigt als ihre männlichen Kollegen, findet sie zwar unfair, doch an deren mörderischen Kämpfen nimmt sie deshalb noch lange nicht teil. Das sei eben so: »als Frau«, selbst wenn man »emanzipiert« sei, habe man nicht die gleichen Chancen. Anstatt an Ort und Stelle für eine Veränderung der Tatsachen zu sorgen, rennt sie, geschminkt wie ein Clown und über und über mit Lametta behängt, auf die Versammlungen ihrer Clique und schreit nach Gleichberechtigung. Daß die Frauen selbst – und nicht die Männer – wegen ihrer Interesselosigkeit, ihrer Dummheit, ihrer Unzuverlässigkeit, ihrer Käuflichkeit, ihren albernen Maskeraden, ihren ewigen Schwangerschaften (und vor allem wegen ihrer erbarmungslosen Dressur am Mann) die Schuld an diesen Zuständen trifft, kommt ihr nicht in den Sinn.

Man könnte nun annehmen, die Männer der Emanzipierten hätten es besser als die anderen, weil sie die Verantwortung nicht allein tragen. Das Gegenteil ist der Fall: Die sogenannte emanzipierte Frau macht ihren Mann unglücklich. Denn dieser Mann wurde natürlich, wie alle seines Geschlechts, nach dem Leistungsprinzip dressiert und muß ihr deshalb immer ein paar Schritte voraus sein: Die Übersetzerin hat einen Schriftsteller zum Mann, die Sekretärin einen Abteilungsleiter, die Kunstgewerblerin einen Bildhauer, die Feuilletonistin einen Chefredakteur.

Die emanzipierte Frau ist deshalb nie eine Entlastung für ihren Mann: Sie beutet ihn noch mehr aus als die anderen. Je höher sie hinaufkommt, desto unbarmherziger treibt sie ihn an (und manchmal kommt eine solche Frau, durch Zufall oder die Protektion eines Mannes – denn sie ist ja attraktiv – tatsächlich in eine wichtige Stellung). Wenn er nicht selbst eine hohe Position hat, wird jede ihrer Gehaltserhöhungen für ihn zum Trauma, jede ihrer beruflichen Anerkennungen kann ihn in Panik versetzen. Er lebt ständig in Angst, sie könnte ihn eines Tages doch noch überrunden, und findet keinen Augenblick Ruhe. Die fremden Männer, die sie täglich trifft, stürzen ihn in wilde Eifersucht. Er fühlt sich überflüssig, sein ganzes Dasein scheint ihm sinnlos, denn er glaubt, daß sie ihn nicht mehr braucht. Das Glück des Sklaven – das einzige Glück, das den Männern nach ihrer Dressur noch erreichbar ist – bleibt ihm versagt.

Und auch ihre Kinder macht die Emanzipierte unglücklich. Denn sie ist ja nicht besser als der Rest, nur anders: Sie vergnügt sich mehr bei einer stupiden Büroarbeit als bei der Versorgung ihrer intelligenten Kinder. Doch auf das Gebären wird sie deshalb noch lange nicht verzichten: Als Frau, sagt sie, brauche man ein Kind, sonst bliebe man sein Leben lang »unerfüllt«.

Die Emanzipierte verzichtet prinzipiell auf nichts: Sie ißt die Torte und den Kuchen auch noch. Damit sie ihrer »anregenden geistigen Tätigkeit« nicht entsagen muß, gibt sie ihre Kinder in Tagesheime und Internate oder läßt sie von jenen Hausfrauen erziehen, die sie so sehr verachtet. Und auch die Hausarbeit macht sie natürlich nicht allein: Sie erledigt sie mit ihrem Mann gemeinsam nach Büroschluß. Dafür darf er sich auch beim Parkettbohnern, Blümchengießen und Silberputzen mit seiner »geistig regen« Frau »anregend« unterhalten. Denn auf den traditionellen Plunder ihrer Sippschaft verzichtet die Emanzipierte natürlich genausowenig wie auf den Arbeitssklaven und die Kinder.

Um ihrem Anspruch auf die männlichen »Privilegien« Nachdruck zu verleihen (ihren Anspruch auf die gutdotierten Stellungen der Männer, nicht etwa auf die »Privilegien« des Soldaten), organisiert die Emanzipierte von Zeit zu Zeit sogenannte *Emanzipationsbewegungen.* Bei solchen Gelegenheiten lenkt sie dann mit viel Gezeter die Aufmerksamkeit der Weltöffentlichkeit auf sich, steckt sich Kampfabzeichen an den jeweils neuesten Suffragetten-Look, stellt zur Demonstration ihrer politischen Interessen etwa Kerzen an ihr Wohnzimmerfenster, kneift unter den Augen des Fernsehpublikums Bauarbeitern in die Hinterbacken und macht dergleichen Mätzchen mehr. Regelmäßig befreit sie sich dabei auch von irgendwelchen »Fesseln«. Und diese »Fesseln« versteht sie (da ihr geistige Fesseln fremd sind) immer ganz wörtlich: Zu Beginn dieses Jahrhunderts war es das Korsett, von dem sie sich befreite, in den siebziger Jahren war es der Büstenhalter (damit diese Sensation auch niemandem entgehen konnte, ließ sie ihre Sklaven die durchsichtige Bluse erfinden), und bei der nächsten Emanzipationswelle wird es vielleicht der unbequeme lange Rock sein, den sie gerade gegen den Willen der Männer mit viel Koketterie in ihren Maskenfundus aufnimmt. Nur ihre Dummheit, ihre Albernheit, ihre Lächerlichkeit, ihre Verlogenheit, ihre Gefühlskälte und ihr abgrundtief blödes Geschwätz – das hat sie bei einer solchen Gelegenheit noch nie abgelegt.

Und selbstverständlich wird sie dem Mann an ihrer Seite, auch wenn sie noch so gut verdient, nie die häusliche Domäne überlassen und an seiner Stelle die Verantwortung für Lebensunterhalt und Sozialprestige auf sich nehmen. Obwohl es möglich ist, daß sie sich im Berufsleben tatsächlich »erfüllt« und »glücklich« vorkommt – sie ist ja viel unsensibler als der Mann und kann deshalb bei einer stumpfsinnigen Arbeit auch nicht so sehr leiden –, wird sie ihm mit *ihrem* Geld niemals die Möglichkeit für ein besseres Leben schaffen. Sie wird ihm weder Feuer geben noch Türen für ihn öffnen, sie wird weder Lebensversicherungen zu seinen Gunsten abschließen noch bei der Scheidung eine Rente für ihn aussetzen. Das wäre denn gar zu »unweiblich«. Und auch dem Mann würde eine solche Regelung nicht in den Sinn kommen, dazu ist er zu gut dressiert. Der Mann der Emanzipierten wird sich nach einem Kuß die Creme-, Puder- und Lippenstiftspuren aus dem Gesicht wischen und sich wieder in den Kampf stürzen.

Women's Liberation

Die Ausbeutung des Amerikaners durch die Amerikanerin wäre eine rein amerikanische Angelegenheit, diente sie nicht Frauen in aller Welt zum Vorbild. Denn die ökonomische Vormachtstellung der USA beeinflußt leider nicht nur Politik, Wissenschaft, Forschung und Kultur der übrigen kapitalistischen Länder, sondern auch einen großen Bereich des sozialen Verhaltens ihrer Bewohner. Dank immer perfekterer Massenmedien macht sich dieser Einfluß auf alle Lebensbereiche immer rascher bemerkbar. Die alte Regel, wonach das Bewußtsein Amerikas jeweils fünf Jahre später das Bewußtsein der ganzen westlichen Welt wird, gilt heute nicht mehr. Die modernen Kommunikationstechniken haben die Dämme überflutet, die früher Orte und Zeiten trennten. Entwickelt heute ein US-Team eine neue Infarkttherapie, dann wird diese Therapie schon Wochen später an südamerikanischen Kliniken praktiziert; wird die Leistung amerikanischer Schüler mit Lernmaschinen gesteigert, dann stehen solche Maschinen kurze Zeit darauf in den Klassenzimmern Japans; kaum ist am Broadway ein Hit wie ›Jesus Christ Superstar‹ aus der Taufe gehoben, schon beginnen Westdeutschlands Abiturienten zu beten. Und wenn es gestern der amerikanischen Frau in den Sinn kam, ihre Situation mit der des amerikanischen Negers zu vergleichen, dann schreien schon heute die Frauen in England, Frankreich und Skandinavien »Wir sind die Neger der Nation«.

Mag auf manchem Gebiet, zum Beispiel Forschung, der amerikanische Einfluß für die restlichen Länder nützlich sein, im sozialen Bereich, in bezug auf die soziale Stellung der Männer dieser Länder, ist er es mit Sicherheit nicht. Denn es gibt wohl auf der ganzen Welt kein Land, in dem es dem Mann schlechter geht als in den USA. Schlechter in bezug auf seine Partnerin – und allein darum geht es hier: um die unterschiedlichen Lebensbedingungen von Mann und Frau innerhalb ein und derselben sozialen Schicht eines bestimmten Landes, innerhalb ein und derselben Familie. Niemand wird leugnen, daß der Existenzkampf eines kleinen Angestellten in Portugal härter ist als in Schweden und daß im gleichen Land die Frau eines Fabrikarbeiters ein schwereres Leben hat als beispielsweise die Frau eines Ingenieurs. Diese Ungerechtigkeiten sind Thema vieler anderer Bücher, wir dürfen sie hier außer acht lassen. *Im Vergleich zu ihrem Mann* – und nicht im Vergleich zur Frau des Ingenieurs! – führt auch die Frau des Arbeiters das Leben eines Luxusgeschöpfes.

Allein schon der hohe amerikanische Lebensstandard, mit permanenter Gefahr von Arbeitslosigkeit gekoppelt, würde genügen, das Leben eines jeden Mannes zur Hölle zu machen. In keinem anderen Land mit vergleichbarem Lebensstandard sind die Arbeitsplätze so gefährdet, in keinem anderen Land mit vergleichbarer Arbeitslosigkeit sind die Ansprüche an den Lebensstandard so hoch: Der Unterschied zwischen einem Mann, »der etwas erreicht hat« und einem »Versager« wird nirgendwo deutlicher als in den Vereinigten Staaten. Zu diesen äußeren Schwierigkeiten kommt hinzu, daß wohl kein Mann der Welt so gründlich manipuliert wird wie der US-Amerikaner. Der erwachsene amerikanische Mann ist so hervorragend dressiert, daß es wohl nichts gibt, was er nicht gutwillig mit sich machen ließe – und es gibt ja auch tatsächlich nichts, was man nicht bedenkenlos mit ihm macht. Es liegt auf der Hand, daß in keinem Land der Welt männlicher Nachwuchs von Müttern so mitleidlos zur Leistung abgerichtet wird wie in Amerika, daß männlicher Sexualtrieb in keiner Gesellschaft so skrupellos in

Geld umgemünzt wird wie in Amerika, daß weibliches Profitdenken von niemand so ungeniert für Liebe ausgegeben wird wie von der Amerikanerin.

Das soll nicht etwa heißen, die Amerikanerin sei grausam zu ihrem Mann. Frauen sind überhaupt nicht grausam zu Männern, sind sie ihnen doch meist gar nicht wichtig genug, um sie zu quälen; nur in Filmen werden Männer von Frauen *absichtlich* zugrunde gerichtet. Es bedeutet lediglich, daß die Amerikanerin noch weniger als jede andere Frau gelernt hat, im Mann ein menschliches Wesen zu sehen. Vielleicht ist die noch nicht lang zurückliegende Pionierzeit mit ihren vielen Gefahren daran schuld, daß man in Amerika mehr als irgendwo sonst den Wert eines Mannes nach seiner Nützlichkeit für die Frau beurteilt. Und auch der Amerikaner selbst sieht sich so am liebsten: sein Gehalt ist der Maßstab für das, was er taugt. Amerika ist der einzige Ort der Welt, wo ein schlecht bezahlter Professor ein schlechter Professor ist und ein erfolgloser Schriftsteller ein schlechter Schriftsteller. Beim Lateinamerikaner wird Männlichkeit noch mit sexueller Potenz assoziiert, beim US-Amerikaner direkt mit Geld. In der Tat lebt amerikanische Literatur von Edward Albee bis Jacqueline Susann zum großen Teil von der Frage, ob ein Mann noch ein Mann ist, wenn er die Frau seiner Wahl nicht standesgemäß ernähren kann. – Selbstverständlich ist er keiner.

Der Amerikaner weiß: Glück kann nur von Frauen kommen, und Frauen kosten Geld. Er ist bereit, den Preis zu zahlen. Als Jugendlicher zahlt er ihn voraus, als Erwachsener zahlt er ihn ab, als Toter zahlt er ihn nach. Anderswo würde einem Mann vielleicht ein Licht aufgehen, wenn es in seinem Land gut frequentierte Scheidungsparadiese von der Sorte *Reno* gäbe oder wenn Tausende seiner Geschlechtsgenossen wegen versäumter Alimentenzahlungen im Gefängnis säßen. Der Amerikaner sieht auch darin nur eine Bestätigung seiner Überlegenheit. Ist er nicht der Bevorzugte, da er doch das Geld hat, um zu bezahlen? Ist er nicht der Tüchtige, da doch er zur Arbeit geht? Würde seine Frau bei der Eheschließung seinen Nachnamen und seinen Vornamen übernommen haben, wenn nicht er der Herr und Meister wäre? Noch kürzlich ergab eine Meinungsumfrage, daß mehr Amerikaner als Amerikanerinnen denken, Frauen würden unterdrückt, und daß einundfünfzig Prozent der amerikanischen Männer glauben, der weißen Frau in ihrem Land ginge es genauso schlecht wie dem schwarzen Mann.

Der Amerikaner ist seiner Frau dankbar dafür, daß er zur Arbeit gehen darf, denn Arbeit ist für ihn ein männliches Privileg. Die Frau, für die er es tut, hat dafür gesorgt, daß er daran niemals zweifelt – daß er, trotz des himmelschreienden Unterschieds zwischen seiner Situation und ihrer, *sie* bemitleidet und daß er in ihrem Verzicht auf Arbeit ein *Opfer* sieht. Noch mehr als jeder andere Mann verwechselt er den fehlenden intellektuellen Ehrgeiz seiner Frau mit Bescheidenheit, ihre Dummheit mit exorbitanter Weiblichkeit, ihren Verzicht auf Verantwortung mit Liebe. Noch mehr als jedem anderen gelingt es ihm, auch vor eindeutigen Beweisen seiner eigenen Ausbeutung die Augen zu verschließen.

Da in seinem Land die Manipulation der Männer noch ungenierter betrieben wird als anderswo, wäre es für den Amerikaner noch leichter, sie zu entlarven. Doch er will nichts sehen und er will nichts wissen. Daß in den Fernsehserien seiner Kinder der Vater der Trottel ist und die Mutter der Star, erscheint ihm angemessen, denn auch seine Mutter war ja die Beste. Daß die Mafia der Frauenverbände das gesamte kulturelle Leben kontrolliert, findet er unumgänglich, denn einer muß sich ja um Kultur kümmern. Daß die Frauen seines Landes in der Öffentlichkeit mit Lockenwicklern herumlaufen und die anderer Länder nicht, hält er für liebenswerte Folklore. Daß die Mehrzahl der Patienten von Psychiatern Frauen sind, während Männer die weitaus höhere Selbstmörderrate stellen, interpretiert er als Beweis für den Wert der Psychoanalyse. Daß bei ihm seit Generationen Männer zu Kriegskrüppeln werden, während Generationen von Frauen nicht wissen, was eine Handgranate ist, findet er nur gerecht – denn der Mann ist ja nun einmal der Stärkere, und der Stärkere zieht in den Krieg.

Selbstverständlich will er auch nicht sehen, daß er für seine Sklavendienste, die aufreibender und demütigender sind als die der Männer irgendwo sonst, am wenigsten einhandelt. Sein Lohn ist die am grellsten geschminkte, am häufigsten gefärbte, am auffallendsten maskierte – also die unechteste Frau der Welt. Doch auch davor verschließt er die Augen.

Denn die Amerikanerin ist die höchstbezahlte Ehefrau der Welt – und natürlich will sie für ihr Geld etwas haben. Ihr Kosmetikkonsum steht an der Spitze, sie schminkt sich mehr, salbt sich mehr, pudert sich mehr, färbt sich mehr als alle anderen Frauen – und obwohl sie im Ruf steht, besonders unelegant zu sein, braucht sie auch mehr Geld für Kleider und sonstige Maskerade.

Von allen Frauen der Welt führt sie das komfortabelste Leben. Häufiger als andere Frauen bewohnt sie ein eigenes Haus, fährt sie ein eigenes Auto, geht sie auf Erholungsreise, erledigt sie ihre Arbeit mit Maschinen, verwendet sie beim Kochen Fertiggerichte. Doch obwohl ihr Haushalt vollautomatisch ist, ihre Kinder in Schulbussen zum Unterricht fahren und der Unterricht fast den ganzen Tag dauert – obwohl sie also jede Gelegenheit zur Berufstätigkeit hätte, ist der Prozentsatz der verheirateten berufstätigen Frauen niedriger als in vielen anderen Industrieländern. Obwohl mehr Frauen als anderswo die höheren Schulen besuchen, obwohl ihnen die zwei Jahre Militärdienst ihrer männlichen Kollegen erspart bleiben, liegt der Prozentsatz derer, die ein Universitätsdiplom erreichen, bei ganzen dreizehn Prozent.

Amerika hat die höchste Scheidungsquote der Welt, die Chancen eines Neugeborenen, mit Mutter *und* Vater aufzuwachsen, sind geringer als irgendwo sonst. Doch das stört die Amerikanerin nicht: Von allen Frauen hochindustrialisierter Länder ist sie die bei weitem gebärfreudigste. Kein Wunder, denn Kinder sind hier eine wirkliche Lebensversicherung. Der amerikanische Vater zahlt die höchsten Alimente – und da auf versäumte Zahlungen Gefängnis steht, zahlt er sie auch pünktlich.

Auch seine Witwenrenten sind die höchsten. Zwar ist der amerikanische Ehemann durchschnittlich vier Jahre älter als seine Frau und seine mittlere Lebenserwartung sieben Jahre geringer, doch da die elf Jahre, die sie ihn voraussichtlich überleben wird, für die Amerikanerin kein Risiko bedeuten, bevorzugt sie nach wie vor den älteren Mann als Lebenspartner. Hochgeachtet und ob ihres Reichtums von aller Welt hofiert, verbringt sie später die Zeit ohne ihn noch komfortabler als die mit ihm. Sie spielt Bridge, treibt Sport, empfängt den Besuch ihrer Kinder und Kindeskinder und kümmert sich in Frauenverbänden um Law and Order. Angetan mit Blumenhütchen, die welken Lippen signalrot geschminkt (seht her, hier ist eine Amerikanerin!), geht sie dazwischen immer wieder einmal auf Weltreise und sorgt dafür, daß man sie auch im Ausland nicht vergißt. Und man vergißt sie nicht, im Gegenteil: wenn die greise Rose Kennedy, nachdem sie ihrer Nation bereits drei ihrer männlichen Nachkommen geopfert hat (während Töchter und Schwiegertöchter dabei reich und alt werden), vor Fernsehkameras damit kokettiert, wie gern sie auch noch die Präsidentschaftskampagne ihres letzten überlebenden Sohnes unterstützen würde, feiert man sie wie eine Heldin. Was für eine tapfere Mutter!

Man könnte nun vermuten, daß die hohe Rendite, die eine amerikanische Frau aus ihrer Weiblichkeit erzielt, Höchstleistungen auf anderen Gebieten von ihr fordert. Doch unter Kennern gilt sie weder als gute Köchin noch als versierte Liebespartnerin. Trotz der guten Bezahlung werden an ihre Verführungskünste die niedrigsten Ansprüche gestellt. Ihr Mann, von Hollywood längst auf allergröbste Sexsymbole abgerichtet – auf große Busen und voluminöse Gesäße –, hat kaum noch einen Sinn für die Nuancen. Daher ist alles, was sie braucht, ein paar Kurven und die Nerven, lange genug nein zu sagen. Und darin ist sie nun wirklich Meisterin: Necking und Petting sind amerikanische Erfindungen. Frauen anderer Länder tragen auch falsche Busen, um Männer zu ködern, falsche Gesäßteile tragen sie wohl nur in Amerika.

Doch obwohl Frigidität die logische Konsequenz dieser von Generation zu Generation perfektionierten Geschäftstaktik ist, hat die Amerikanerin es fertiggebracht, daß die Nation in ihrer Frigidität eine Krankheit sieht, mit der man sich ernsthaft zu befassen hat. Denn da ist schließlich ein Unterschied: die Prostituierte verzichtet auf ihren Orgasmus, die Ehefrau nicht. Anstatt daß man sich fragt, was eine frigide Frau im Bett eines Mannes überhaupt zu suchen hat – im Bett eines Mannes, den sie nicht begehrt! –, versucht man sie in kostspieligen Prozeduren und mit immer neuen Rezepten von ihrem Leiden zu befreien. Selbstverständlich erst dann, wenn sie standesgemäß verheiratet ist. Vorher hätte sie weder das Geld für die Therapie noch das Interesse an der Heilung.

Doch wie gesagt: Die Amerikanerin ist nicht »schlechter« als andere Frauen, sie ist ihnen nur voraus. Ihre skrupellosen Ausbeutungspraktiken wären auch nicht so gefährlich, wenn sie nicht von einer enorm entwickelten Film- und Fernsehindustrie pausenlos idealisiert werden würden. Sie macht das Image der westlichen Frau, ihre Verhaltensweise wird kopiert. Das Schicksal ihres Mannes wird bei steigendem Lebensstandard automatisch das Schicksal der anderen.

Es gibt jedoch noch einen weiteren Grund, sich mit der Amerikanerin besonders zu befassen, und dieser Grund heißt *Wo-*

men's Liberation. Denn den amerikanischen Frauen geht es gut, besser als anderen – doch nicht allen. Dasselbe System, das den meisten Amerikanerinnen so unendlich viele Vorteile bringt, muß sich notgedrungen gegen eine Minderheit in ihren eigenen Reihen kehren: gegen die nach männlichen Maßstäben unattraktiven Frauen.

Bis vor kurzem fiel das außer den Betroffenen selbst niemandem weiter auf. Doch eines Tages beschlossen diese Frauen, die Sache so nicht weiter hinzunehmen und sich – wie ihre Vorgängerinnen, die Suffragetten – zu organisieren. Und da die amerikanische Öffentlichkeit daran gewöhnt ist, Frauen zuzuhören, wenn sie etwas sagen, waren ihre Probleme bald in aller Munde. Nicht nur in Amerika, sondern auch in der übrigen Welt, wo die neue Bewegung selbstverständlich sofort kopiert wurde.

Warum, könnte man sich fragen, hat dieser Aufstand der Frauen ausgerechnet in den USA begonnen, wenn sie es doch allem Anschein nach dort besser haben als irgendwo sonst? Die Erklärung ist einfach: gerade weil die Frau es dort so gut hat, gerade weil der soziale Unterschied zwischen einer Frau mit einem Mann und einer, die ihr Geld selbst verdient, so enorm ist, gerade weil in diesem Land mehr als in jedem anderen eine berufstätige Frau von der Masse der Ausbeuterinnen, die ihre Interessen gefährdet sieht, wie eine Verräterin, wie eine Aussätzige behandelt wird, gerade deshalb mußte diese Bewegung dort beginnen und nirgends sonst. An grenzenlose Macht über den Mann und an allerhöchstes gesellschaftliches Prestige gewöhnt, ist der Verzicht auf Macht und Prestige für die Amerikanerin noch schmerzlicher als für jede andere Frau. Wenn es auf direktem Weg nicht geht, wird sie sich diese Insignien ihrer Weiblichkeit auf Umwegen verschaffen.

Als weiterer Grund kommt hinzu, daß wegen der angespannten Lage auf dem Arbeitsmarkt diese Minderheit der zur Arbeit gezwungenen oder manchmal auch arbeitswilligen Frauen, sobald sie sich um die besser dotierten Stellungen bewerben, tatsächlich in einer etwas schwierigeren Situation sind als ihre europäischen Schwestern. Zwar sehen sie sicher viele Schwierigkeiten aus einer besonderen Perspektive und nehmen viele der Unannehmlichkeiten des Berufslebens für Diskriminierungen ihres Geschlechts. Doch es trifft sicher zu, daß ein amerikanischer Arbeitgeber, vor die Wahl gestellt, eine Stellung mit einem Mann oder einer Frau zu besetzen – und wenn die Frau nicht attraktiv genug ist, um seinen Sexualinstinkt anzusprechen – sich tatsächlich lieber für den Mann entscheidet. Und er kann diese Entscheidung sogar rechtfertigen: Wenn die Frau heiratet und Kinder bekommt, gibt sie ihren Job fast immer auf, wenn der Mann heiratet und Kinder bekommt, ist er für die Firma eine noch zuverlässigere Arbeitskraft als zuvor. Handelt es sich um bereits verheiratete Bewerber, dann fällt ihm die Wahl sogar noch leichter, weiß er doch mit fast hundertprozentiger Sicherheit, daß der Mann mit seinem Gehalt mehrere Menschen ernähren wird, die Frau aber bestenfalls sich selbst. Er entscheidet sich also von seiner Warte aus sogar humaner, wenn er den Mann bevorzugt. Die »Frau mit Familie«, die Frau, *die ein ganzes Leben lang einen gesunden Mann und dessen Kinder ernährt,* kommt im Erwerbsleben praktisch nicht vor. Soll man die Arbeitgeber dafür verantwortlich machen oder die Frauen?

Es ist traurig und komisch zugleich, wie die Frauen der amerikanischen Women's Lib, die nun wirklich einigen Grund zum Kämpfen haben, ihre ganze Macht, ihre ganze Publizität, ihre ganze Zeit und ihre ganze Arbeit darauf verschwenden, gegen den falschen Feind anzugehen. Wie sie ihre einzig möglichen Verbündeten, die Männer, durch pausenlose Diffamierung in die Enge treiben und die wirklich Schuldigen an ihrem Dilemma durch maßlose Komplimente verhätscheln. Wie alle Frauenbefreiungsbewegungen der Geschichte ist auch Women's Lib von der falschen Plattform aus gestartet, wie alle hat sie daher ihr Ziel verfehlt – doch daß sie es verfehlt hat, davon wird sie keine Macht der Welt überzeugen können.

Die Verantwortung dafür trifft die Intellektuellen. Es ist verständlich und vielleicht sogar entschuldbar, daß die Männer – eingedenk aller Dressurmethoden, denen sie von frühester Kindheit an ausgesetzt sind –, sobald sie über die Frauen nachdenken, zu dem Ergebnis kommen a) der Mann hat die Macht und b) er benützt diese Macht dazu, die Frau zu unterdrücken.

Unverständlich und unentschuldbar ist jedoch, daß die intellektuellen Frauen, die ja die Möglichkeit hatten, die Sache von der weiblichen, also von einer ganz anderen Warte aus zu beurteilen, sich dieser Meinung so kritiklos anschlossen. Anstatt zu sagen: »Das ist ja schön, daß ihr so gut von uns denkt, aber in Wirklichkeit sind wir ganz anders, als ihr uns seht – wir haben euer Mitleid und euere Komplimente überhaupt nicht verdient«, sagten sie: »Eure Einsicht in Ehren, aber wir sind nicht nur so bemitleidenswert, unterdrückt und ausgebeutet, wie ihr denkt – wir sind noch viel bemitleidenswerter, noch viel unterdrückter, noch viel mehr ausgebeutet, als ihr es euch in euren männlichen Gehirnen überhaupt vorstellen könnt!« Die intellektuellen Frauen, die immerhin für ihr Geschlecht den zweifelhaften Ruhm in Anspruch hätten nehmen können, die raffiniertesten Sklavenhalterinnen der Menschheitsgeschichte zu sein, verkauften die Frau unter ihrem eigentlichen Niveau und machten sie zu einem Objekt männlicher Wohltätigkeit. Der Mann als Tyrann, die Frau als sein Opfer – selbstverständlich waren die Männer geschmeichelt, denn aufgrund ihrer Dressur halten sie die Bezeichnung Tyrann für ein Kompliment, und akzeptierten freudig diese weibliche Definition der Frau, die sich so gut mit ihrer eigenen deckte.

Auch Simone de Beauvoir, die mit ihrem 1949 erschienenen Werk ›Das andere Geschlecht‹ Gelegenheit hatte, das erste Buch über die Frau überhaupt zu schreiben, ließ diese Gelegenheit vorübergehen und erstellte statt dessen mit viel Fleiß ein Kompendium der Ideen Freuds, Marx', Kants usw. über die Frau. Anstatt sich die Frauen einmal anzusehen, durchforstete sie die Bücher der Männer und fand natürlich überall Zeichen für weibliche Benachteiligung. Die Neuigkeit ihres Elaborats bestand lediglich darin, daß diesmal die männliche Meinung über die Frau die Unterschrift einer Frau trug. Doch die Weichen für die anderen Schriftstellerinnen waren damit gestellt: Betty Friedan, Kate Millett, Germaine Greer ..., eine kopierte die andere, sie überschlugen sich in ihrem Eifer, Beweise für männliche Infamie zu erbringen – doch über ihr wirkliches Sujet, die Frau, schrieben sie nichts, was der Rede wert gewesen wäre.

So ist es leider bis heute geblieben. Obwohl Frauen mehr als je zuvor in eigenen Magazinen, auf eigenen Zeitungs-Seiten, in eigenen Rundfunk- und Fernsehprogrammen Gelegenheit haben, jede, aber auch jede Meinung über sich zu äußern, tun sie nichts weiter, als immer und immer wieder die alten Ideen aus der Mottenkiste – die Ideen von Männern über Frauen – wiederzukäuen und mit frischen Details zu versehen. Statt ihrer Gefolgschaft klarzumachen, was für ein jämmerliches Pack sie sind, besteht der Gipfel weiblicher Würde für sie darin, Reklame für Büstenhalter oder Vaginalspray abzulehnen; der Gipfel weiblicher Originalität ist dann erreicht, wenn sie nach ›Playboy‹-Muster ein Damenmagazin mit einem Male-Nude-Centerfold ausstatten.

Deshalb ist wieder einmal eine Women's Liberation-Bewegung gescheitert: Die Feinde, die sie bekämpfte, waren Freunde, und der wirkliche Feind wurde nicht entdeckt. Wieder einmal hat die fixe Idee von der Solidarität der Geschlechter – die hier doch bestenfalls die Solidarität mit einem Kartell sein könnte – Frauen zur falschen Strategie verleitet. Doch gemerkt haben sie es nicht. Die Hilfe in ihrem Kampf kam zwar fast ausschließlich von Männern, doch da sie in dem Wahn leben, von Männern verfolgt zu sein, hielten sie deren Nachgiebigkeit für ein Zeichen ihrer eigenen Stärke und schrien um so lauter gegen sie an. Trotzdem war ihnen niemand böse: von der ›New York Times‹ bis zum ›Christian Science Monitor‹, von ›Playboy‹ bis ›Newsweek‹, von Kissinger bis McGovern – alle waren sie für Women's Liberation. Kein Mann hat gegen sie demonstriert, keiner hat sie am Demonstrieren gehindert – und obwohl ihre Mitglieder vor keiner Verleumdung des Mannes zurückschreckten, blieb der McCarthy der Women's Lib verschollen, und beim FBI rührte niemand einen Finger.

So wie ihre Vorgängerinnen, die Suffragetten, den Frauen innerhalb kürzester Zeit das Wahlrecht verschafften – von dem sie dann allerdings keinen Gebrauch machten, denn sie haben damit weder Frauen in politische Ämter gehievt noch Kriege verhindert –, bekamen auch die Frauen von Women's Lib augenblicklich alle Forderungen erfüllt. Die Ungleichheiten im Gesetz, die diese Frauen so sehr ärgerten, hatten die Männer zwar eher zu ihrem Schutz errichtet – doch wenn die Damen selbst das anders sahen und wenn sie darauf bestanden, daß es geändert wurde? Innerhalb von Monaten war alles erreicht: das Recht der Kellnerin auf Nachtarbeit, das Recht der Handwerkerin auf das Tragen schwerer Berufsausrüstung, das Recht, auf Telefonmasten zu klettern, das Recht, Männern Alimente zu zahlen, das Recht auf den eigenen Namen und somit auf Behandlung der Ehefrau als allein verantwortliche juristische Person, das Recht auf Militärdienst, das Recht, in den Krieg zu ziehen, usw. Von der Welle allgemeiner Großzügigkeit angesteckt, wollte auch die Regierung nicht zurückstehen: Regierungsaufträge, ließ sie verlauten, sollten in Zukunft nur noch an solche Firmen gehen, die arbeitswillige Frauen nicht diskriminieren.

Doch das Heer der unterdrückten Frauen, die nur auf diesen Augenblick gewartet hatten, kam nicht. Nachdem die erste Amerikanerin auf einem Telefonmasten, die erste Klempnerin, die erste Bauarbeiterin und die erste Möbelpackerin fotografiert und ihre Bilder in allen Zeitungen der Welt nachgedruckt waren, war der Rummel zu Ende. Warum hätte er auch weitergehen sollen? Es ist schließlich kein Vergnügen, Steine zu klopfen, Möbel zu schleppen oder Wasserleitungen zu reparieren. Anders als Männer können Frauen wählen, ob sie sich so abquälen wollen oder nicht. Logisch, daß sich die meisten dagegen entscheiden. Und vor die Wahl gestellt, entscheiden sie sich selbstverständlich auch gegen Militär- und Kriegsdienst. Für die Frau ist eine Frau ja ohnehin immer eine Pazifistin: Kriege beginnt, trotz Frauenwahlrecht, der Mann.

Dermaßen von ihrem eigenen Geschlecht im Stich gelassen, begannen die Theoretikerinnen von Women's Lib sich immer weiter in Details zu verstricken: ob jeder Geschlechtsverkehr mit einem Mann eine Vergewaltigung der Frau sei, ob man den vaginalen Orgasmus überhaupt akzeptieren dürfe, ob nur die Lesbierin wirklich emanzipiert sei, ob die Frauenfrage akuter sei als das Rassenproblem, usw. Angelockt von der großen Publizität, die sie dort erwartete – denn wo fällt eine hübsche Frau mehr auf als unter häßlichen? –, war mittlerweile eine ganze Reihe attraktiver »emanzipierter« Frauen zur Organisation gestoßen. Und obwohl diese Frauen keine Ahnung von den Problemen haben konnten, von denen sie redeten – eine attraktive Frau wird weder im Beruf noch im Privatleben diskriminiert –, übernahmen sie doch bald Starrollen in der Organisation und machten sie immer mehr zu einer Branche des amerikanischen Showbusiness und zu einer – wie im letzten Kapitel definiert – »echten« Emanzipationsbewegung.

Doch mittlerweile formierten sich auch die Ausbeuterinnen in den Vorortvillen, denn durch die lautstarke Forderung nach Arbeit und die Bereitschaft der Männer, diese Forderungen zu akzeptieren, hatte man sie – freilich ohne es zu wollen – tatsächlich in eine peinliche Lage gebracht. In Organisationen wie *Man Our Masters* und *Pussycat League* versicherten sie der Welt, wie falsch die Ziele der Women's Lib seien und wie glücklich es eine Frau mache, ihrem Mann und ihren Kindern zu dienen.

Die kurioseste Form der Gegenbewegung kam freilich aus einer Fraktion der Women's Lib selbst: Wir wollen gar nicht die Stellungen der Männer, beteuern diese Frauen, das gäbe ja ein ökonomisches Chaos, wenn jetzt alle Frauen plötzlich zu arbeiten begännen; was wir wünschen ist, daß man uns endlich nicht mehr zu Eunuchen degradiert, daß wir uns frei entfalten dürfen und unsere geistige Entwicklung und unser Sexualtrieb vom Mann nicht mehr unterdrückt werden.

Diese Argumentation ist nicht nur deshalb kurios, weil sie den Mann sogar noch für den verstümmelten Sexualtrieb der Frau verantwortlich macht (ihn, dem nichts lieber ist als eine Frau, die Spaß an Sex hat), sondern weil hier zum ersten Mal zutage tritt, wie fremd der Frau der Gedanke ist, daß *sie* ihre Familie ernähren könnte, wie sie überhaupt nicht auf die Idee kommt, daß weibliche Berufstätigkeit nicht unbedingt ein ökonomisches Chaos bedingen müßte, weil ja die absolute Zahl der Berufstätigen innerhalb einer Gemeinschaft durch Frauenarbeit nicht ansteigen muß. Daß man nicht erst Kinderkrippen braucht, bevor die Frauen zu arbeiten beginnen, weil ja die Qualität der Säuglingspflege nicht abhängig ist vom Geschlecht des Pflegers und diese somit auch vom Vater ausgeführt werden kann.

Für die Frau muß Arbeit immer ein Vergnügen bleiben, und damit es so ist, braucht eine berufstätige Frau einen berufstätigen Mann. Wenn sie schon etwas tut, dann stellt sie auch Bedingungen, und eine davon ist, daß sie sich die Arbeit aussuchen kann und daß sie sie jederzeit wieder aufgeben darf. Deshalb steckt sie lieber ihr Neugeborenes in eine Kinderkrippe, als daß sie auf den berufstätigen Partner verzichtet; deshalb bleibt sie lieber selbst zu Hause, bevor sie ihren Mann zu Hause läßt und ihre Berufstätigkeit zu Zwang und Verantwortung werden könnte.

Women's Liberation ist gescheitert. Die Geschichte von der unterprivilegierten Frau war eine Fiktion, und mit einer Fiktion läßt sich kein Aufstand inszenieren. Die Leidtragenden sind wieder einmal die Männer. In einem Land, in dem der Mann von der Frau so skrupellos ausgebeutet wird wie in den USA, ist eine Bewegung, die für noch mehr Frauenrechte kämpft, eine reaktionäre Bewegung. Solange das Geschrei nach weiblicher Gleichberechtigung nicht aufhört, kann der Mann niemals auf den Gedanken kommen, daß eigentlich er das Opfer ist.

Auch die Mündigkeit der Frau wurde wieder einmal nicht erreicht. Denn die Befreiung der Frau wäre die Befreiung der Frau von ihren Privilegien – doch dafür, daß das nicht passieren konnte, sorgte ausgerechnet Women's Lib.

»Man läßt die Männer besser in dem Glauben«, schrieb eine Leserin an ›Psychology Today‹, »daß sie Herr im Hause sind, man schmiegt sich an, ist abhängig – und kontrolliert und manipuliert sie wie immer.«

Der Mann wird von der Frau so dressiert, daß er ohne sie nicht leben kann und deshalb alles tut, was sie von ihm verlangt. Er kämpft um sein Leben und nennt das *Liebe.* Es gibt Männer, die drohen ihrer Angebeteten mit Selbstmord, wenn sie nicht erhört werden. Das ist für sie kein Risiko: Sie haben nichts zu verlieren.

Aber auch die Frau kann ohne den Mann nicht existieren, sie ist für sich allein so lebensuntüchtig wie eine Bienenkönigin. Auch sie kämpft um ihr Leben, und auch sie nennt das *Liebe.* – Einer braucht den anderen, und es sieht so aus, als gäbe es doch wenigstens *ein* gemeinsames Gefühl zwischen ihnen. Aber die Ursachen und das Wesen dieses Gefühls und ihre Konsequenzen sind für Mann und Frau völlig verschieden.

Für die Frau bedeutet Liebe Macht, für den Mann Unterwerfung. Für die Frau ist Liebe ein Vorwand für kommerzielle Ausbeutung, für den Mann ein emotionsgetränktes Alibi für seine Sklavenexistenz. »Aus Liebe« tut die Frau Dinge, die ihr nützen, der Mann solche, die ihm schaden. Die Frau arbeitet »aus Liebe« nicht mehr, wenn sie heiratet; der Mann arbeitet, wenn er heiratet, »aus Liebe« für zwei. Die Liebe ist für beide Teile ein Kampf ums Überleben. Aber der eine überlebt nur durch Sieg, der andere nur durch Niederlage. Es ist eine Ironie, daß die Frauen auch ihre größten Gewinne im Augenblick ihrer größten Passivität ernten und daß ihnen das Wort »Liebe« auch bei ihrem erbarmungslosesten Betrug am Mann den Glorienschein der Selbstlosigkeit gibt.

Der Mann vernebelt sich mit »Liebe« seinen feigen Selbstbetrug und macht sich glauben, seine sinnlose Sklaverei für die Frau und deren Geiseln sei ehrenhaft und habe einen höheren Sinn. Er ist zufrieden mit seiner Rolle, als Sklave ist er am Ziel seiner Wünsche. Und weil die Frau ohnehin nur Vorteile aus diesem System zieht, wird sich nichts ändern; das System zwingt sie zwar zur Korruption, aber niemand findet etwas dabei. Man darf von einer Frau nichts anderes erwarten als *Liebe,* solange sie damit alles andere eintauschen kann. Und den zum Sklaven dressierten Mann werden seine Anstrengungen immer nur im Sinn der Dressur weiterbringen, nie zu seinem Vorteil. Er wird immer noch mehr leisten, und je mehr er leistet, desto weiter wird die Frau sich von ihm entfernen. Je mehr er sich ihr anbiedert, desto anspruchsvoller wird sie werden. Je mehr er sie begehrt, desto weniger wird er selbst für sie begehrenswert sein. Je mehr er sie mit Komfort umgibt, desto bequemer, desto dümmer, desto unmenschlicher wird sie werden, und desto einsamer er selbst.

Nur die Frauen könnten den Teufelskreis von Dressur und Ausbeutung brechen. Sie werden es nicht tun, es gibt dafür keinen rationalen Grund. Auf ihre Gefühle darf man schon gar nicht hoffen – Frauen sind gefühlskalt und ohne jedes Mitleid. Die Welt wird also immer weiter in diesem Kitsch, in dieser Barbarei, in diesem Schwachsinn *Weiblichkeit* versinken, und die Männer, diese wunderbaren Träumer, werden niemals aus ihren Träumen erwachen.

Das polygame Geschlecht

Gibt es zwei Lieben zwischen Mann und Frau?

Die »wahre« Liebe

Man stelle sich ein Filmdrehbuch vor, das folgende Szene enthält:

Sonne, Meer, einsamer Strand, ein Mann und eine Frau
Der Mann: Liebling, du bist so still. Was hast du?
Die Frau: Nichts.
Der Mann: Sag schon.
Die Frau: Ich weiß nicht, wie ich es dir beibringen soll.
Der Mann: Wie du mir *was* beibringen sollst?
(Pause)
Die Frau: Ich möchte dich verlassen.
Der Mann: Du hast einen anderen?
Die Frau: Ja.
Der Mann: Bist du sicher, daß du ihn liebst?
Die Frau: Ja.
Der Mann: Mehr als mich?
Die Frau: Ich kann ohne ihn nicht mehr leben.
Der Mann (legt den Arm um sie): Wunderbar.
Die Frau: Wie bitte?
Der Mann: Ich sage »wunderbar« – nimm ihn dir.
Die Frau: Du freust dich?
Der Mann: Weshalb sollte ich mich nicht freuen?
Die Frau: Du liebst mich also nicht mehr?
Der Mann: Im Gegenteil.
Die Frau: Du liebst mich?
Der Mann: Ich liebe dich, ich will, daß du glücklich bist. Erwartest du etwas anderes?

Spätestens an dieser Stelle greift der Produzent, der das Drehbuch gerade liest, zum Telefon und verlangt nach seinem Autor. Er fragt ihn, ob er den Verstand verloren habe: Er habe doch ausdrücklich eine Liebesszene bestellt, aber das sei doch nie im Leben eine Liebesszene. In einer *echten* Liebesszene müsse der Mann hier seiner Frau den Schädel einschlagen oder wenigstens so tun. Darauf müsse er in den Wagen springen, mit heulenden Reifen davonfahren und seinen Rivalen verprügeln.

Doch der Autor findet sich nur widerwillig zu einer Änderung bereit: Ein Mann, der seine Frau wirklich liebt, sagt er, verhalte sich so und nicht anders. Wahre Liebe sei in erster Linie selbstlos.

Würde der Produzent sich auf weitere Diskussionen einlassen, käme dabei vermutlich heraus, daß es zwischen Mann und Frau zwei verschiedene Arten von Liebe geben müsse: eine verzeihende und eine rächende, eine opferwillige und eine besitzergreifende, eine gebende und eine nehmende ...

Stimmt das? Gibt es zwischen Mann und Frau zwei verschiedene Formen von Liebe, die ihrem Wesen nach entgegengesetzt sind? Oder ist nur eine die *wahre* Liebe und die andere die *falsche?*

Wie ist es möglich, daß über ein Phänomen, das so gut wie jeder erwachsene Mensch mindestens einmal erlebt hat, das mehrere Generationen von Psychoanalytikern gründlichst erforscht haben, das von jeher das Lieblingsthema der Schriftsteller, Komponisten und anderer Künstler ist, noch immer soviele Mißverständnisse bestehen?

Was ist Liebe?

Schutzobjekt und Sexpartner

Will man von der Liebe reden, muß man ganz von vorn anfangen: Daß wir leben und um uns herum Leben vorfinden, muß auf bestimmte Prinzipien zurückzuführen sein. Das heißt, wenn wir hier oder auf einem anderen Stern etwas antreffen, das lebt, dann dürfen wir voraussetzen, daß dieses Etwas Gesetzen unterworfen ist, die letzten Endes darauf hinauslaufen, aus toter Materie Leben zu produzieren. Andernfalls träfen wir es ja nicht an. Meint man mit Leben das allgemeine Prinzip *Veränderung* – Darwin nennt es *Variation und Selektion* –, so muß man den Tod, die Vernichtung mit einbeziehen, sonst wäre das Material für Veränderungen rasch verbraucht.

Ein Lebewesen müßte dann zumindest drei »Grundprinzipien des Lebens« erfüllen:

1. Sein eigenes Leben erhalten (Selbsterhaltung).
2. Sein Leben vor seinem Tod weitergeben, damit das Leben an sich erhalten bleibt (Fortpflanzung).
3. Das Leben jener erhalten, an die es seines weitergegeben hat, solange sie nicht selbst dazu in der Lage sind (Brutpflege).

Auch das Lebewesen Mensch ist den Prinzipien der *Selbsterhaltung*, *Fortpflanzung* und *Brutpflege* unterworfen – andernfalls wäre es nicht da.

Der *Selbsterhaltungstrieb* ist gewissermaßen *asozial*, die Sorge gilt ausschließlich der eigenen Person. *Fortpflanzung* und *Brutpflege* sind dagegen *soziale* Mechanismen. Die Fortpflanzung zu verwirklichen – sie ist, offensichtlich mangels eigener Attraktivität, durch den *Geschlechtstrieb* versüßt – schaffen wir nicht allein. Auch der *Brutpflegetrieb* ist auf andere gerichtet.

Die *anderen*, die wir für unsere sozialen Triebe brauchen, sind – je nachdem, welchen unserer sozialen Triebe wir an ihnen befriedigen – *Sexpartner* oder *Schutzobjekt*.

Es liegt nahe, in diesen beiden sozialen Trieben die biologische Grundlage von *Liebe* zu sehen, denn ihre intensivste und dauerhafteste Verwirklichung – das Hingezogensein zu einem Geschlechtspartner oder zu seinen eigenen Kindern – ist Liebe. Wer einen Geliebten oder eine Geliebte hat, ist glücklich. Er stillt so häufig wie möglich sein Bedürfnis nach Sexualität an ihm und sagt ihm, daß er ihn oder sie liebt. Geht die Beziehung in die Brüche, sagt er, er habe »Liebeskummer«. Dieser Zustand hält so lange an, bis Ersatz gefunden ist, das heißt »eine neue Liebe«.

Wer ein Schutzobjekt hat, beschützt es. Er riskiert sein Leben dafür, will immer nur sein Bestes und beteuert ihm seine Liebe. Verliert er es, ist er unglücklich. Er sagt, er habe nun sein Liebstes auf der Welt verloren.

Egal, wen wir meinen – Schutzobjekt oder Sexpartner –, wir gebrauchen immer wieder das gleiche Wort: Liebe. Dennoch ist das, was es bezeichnet, seinem Wesen nach grundverschieden. Ein Schutzobjekt muß – damit man es beschützen will – bestimmte Voraussetzungen erfüllen, die sich mit den Voraussetzungen für einen Sexpartner nicht vertragen, und umgekehrt. Das heißt, die Eigenschaften eines anderen bestimmen die Art des biologischen Bedürfnisses, das wir an ihm befriedigen wollen. Sie bestimmen letzten Endes die Art von Liebe, die wir ihm entgegenbringen werden.

Welche Eigenschaften sind das?

Um den Beschützertrieb auf sich zu lenken, muß jemand drei Grundvoraussetzungen erfüllen: Er muß *körperlich* dem *unterlegen* sein, der ihn beschützen soll, er muß ihm *geistig unterlegen* sein, und er muß ihm *ähnlich* sein.

Die Unentbehrlichkeit der beiden ersten Eigenschaften muß nicht ausdrücklich bewiesen werden: Einen körperlich und geistig Stärkeren oder gleich Starken beschützen zu wollen wäre sinnlos. Der *Generationsunterschied* ist die beste Voraussetzung für den nötigen Abstand der körperlichen und geistigen Kräfte. Daher funktioniert der Mechanismus am reibungslosesten zwischen Eltern und Kindern.

Die Notwendigkeit der *Ähnlichkeit* ist leicht zu beweisen. Die Liebe zum Schutzobjekt beruht auf dem denkbar einfachsten und zugleich wirksamsten Motiv: dem der Identifikation. Ich muß mich in meinem Schützling selbst erkennen, er muß mir so ähnlich sein wie nur möglich. Wenn jeder jeden beschützen wollte, nur weil er schwächer ist als er selbst, könnte es passieren, daß manche – zum Beispiel die eigenen Artgenossen – zu kurz kämen und andere bevorzugt würden. Der »Gruppenegoismus« ist gewissermaßen der einfachste, effektivste und »gerechteste« aller sozialen Mechanismen: Jeder sorgt zuerst einmal für sich und die Seinen – nur so ist es den Tieren gelungen, ohne spezielle Sozialgesetzgebung und ohne Ideologien zu überleben.

Daß der Beschützertrieb dem Ähnlichen gilt, läßt sich gerade bei den Tieren besonders deutlich beobachten: Eine Tiermutter, die ein Junges geboren hat, das ihr nicht gleicht, verstößt es gnadenlos. Die Gleichheit muß sich nicht unbedingt auf das Aussehen beziehen, sie kann – von unserem menschlichen Standpunkt aus betrachtet – solch eine Nebensächlichkeit wie gleicher Geruch sein. Sie kann partiell sein – sie muß partiell sein –, aber dort, wo sie gilt, entscheidet sie über Leben oder Tod. Jedes Kind weiß, daß es ein Vögelchen, das aus dem Neste gefallen ist, nicht mit bloßen Händen dorthin zurücksetzen darf: Wegen des fremden Geruchs würde es die Mutter sofort wieder aus dem Nest werfen. Will man erreichen, daß eine Tiermutter ein verwaistes Tierkind annimmt, muß man bestimmte Betrugsmanöver anwenden, die letzten Endes immer darauf hinauslaufen, der Pflegemutter Gleichheit vorzutäuschen. Erst dann wird sie bereit sein, es zu versorgen.

Auch der Mensch versorgt seine Nachkommen nach dem Prinzip der Gleichheit. Die Mutter tut sich mit der Identifikation mit dem Neugeborenen am leichtesten: Sie hat es monatelang gespürt, es ist aus ihr herausgekommen, es ist sie. Der Vater ist dabei nur auf den Verstand angewiesen, er steht seinem Kind anfangs ziemlich gleichgültig gegenüber. Obwohl man ihm immer wieder versichert, es sei »ganz der Vater«, fällt es ihm schwer, das zu erkennen. Erst später akzeptiert er die Ähnlichkeit, er beginnt, sein Kind zu *lieben.*

Diese Bereitschaft zur sofortigen Identifikation, die dem Mann nicht möglich ist, bringt die Frau in den Ruf, der selbstlosere Elternteil zu sein. Da sie keinen Augenblick zögert, in ihrem Kind ihr Schutzobjekt zu sehen und deshalb ihren Brutpflegetrieb unmittelbar in Aktion umsetzt, hält man Mutterliebe für ein stärkeres Gefühl als Vaterliebe. In Wahrheit handelt es sich nur um eine kleine Zeitverschiebung im Auftreten von zwei gleich starken Gefühlen, denen ausschließlich biologische Ursachen zugrunde liegen.

Daß Väter ihre Kinder genauso lieben können wie Mütter, daß der männliche Brutpflegetrieb dem weiblichen in nichts nachsteht, ist sowohl durch den Rollentausch in einigen primitiven Kulturen als auch durch moderne soziologische Experimente hinlänglich bewiesen.

Nächstenliebe

Der Mensch ist nicht nur ein Tier, er folgt nicht nur, wie ein Tier, seinen Trieben: Er kann sie erkennen, sie bewußt machen und sich von ihnen distanzieren, er kann sie modifizieren oder verallgemeinern. Er kann zum Beispiel das Prinzip der Ähnlichkeit erweitern und sich auch in fremden hilfsbedürftigen Lebewesen erkennen. Er kann sich durch seine Vernunft bescheinigen lassen, daß Menschen anderer Hautfarbe entgegen dem stumpfen Diktat seiner Triebe gleich sind (»Schwarze sind auch Menschen«, »Weiße sind auch Menschen«), daß körperliche und geistige Krüppel den gesunden Menschen gleich sind. Diese

»Humanisierung« des Brutpflegetriebs, die nur beim Menschen möglich ist, ist die *Nächstenliebe.* Nächstenliebe ist durch Einsicht kultivierter Brutpflegetrieb.

Nächstenliebe ist nur unvollkommen durch Triebe abgesichert. Dem Schutzobjekt fehlt die »biologische« Ähnlichkeit. Es ist daher ganz und gar nicht selbstverständlich, daß man es beschützt. Es braucht oft viel Überredungskunst, und es kostet oft beträchtliche »Selbstüberwindung«, den primitiven Gleichheitstrieb zu überlisten. Daher gilt Nächstenliebe auch als tugendhaft.

Nicht einmal in den christlichen Ländern ist es bisher gelungen, die zuerst von Jesus propagierte Rationalisierung des Brutpflegetriebes in großem Maßstab in die Praxis zu übertragen. Die Lehre Jesu, im Nächsten sich selbst zu erkennen und danach zu handeln, ersetzt eine biologisch bedingte Gleichheit durch eine intellektuelle, sie verstößt gegen die biologischen Voraussetzungen – nennt sie »böse« – ebenso wie etwa das Gleichheitsprinzip der Marxisten. Gerade wegen ihrer Unerreichbarkeit handelt es sich um »höhere« Werte: Der Wert von etwas wird durch seine Seltenheit bestimmt.

In der Regel sorgt man für *unvollkommene Schutzobjekte* nur gegen Bezahlung. Sie kann materieller oder ideeller Natur sein: Geld, Erbschaft, weniger Einsamkeit, gesellschaftliches Ansehen, ewiges Leben in paradiesischem Luxus.

Die häufigsten Varianten unvollkommener Schutzobjekte sind:

Unähnliche körperlich Unterlegene: Kranke, Arme.
Unähnliche geistig Unterlegene: Geisteskranke.
Unähnliche körperlich und geistig Unterlegene: fremde Kinder, Frauen. – Mit der Frau als unvollkommenem Schutzobjekt des Mannes werden wir uns an anderer Stelle ausführlich befassen.

Noch eine Variante von Schutzobjekten soll hier erwähnt sein, die, würde sie nicht einer nichtmenschlichen Art angehören, vollkommen wäre: Psychologen sind davon überzeugt, daß Hunde nach dem Identifikationsprinzip, das heißt nach ihrer Ähnlichkeit mit ihrem Halter, ausgesucht werden. Hunde, besonders die der kleinen Rassen, genießen daher nicht selten den Status eigener Kinder.

Die Voraussetzungen für die Eignung zum Schutzobjekt, wurde gesagt, seien größtmögliche Ähnlichkeit mit dem Beschützer bei größtmöglicher körperlicher und geistiger Unterlegenheit – wobei letztere am besten durch den Generationsunterschied gegeben ist. Die Voraussetzungen für die Eignung zum Sexpartner sind genau umgekehrt. Sie bestehen in größtmöglicher – jedoch polarer – Gegensätzlichkeit der Partner in allem, was von ihnen als geschlechtsspezifisch angesehen wird (physische Eigenschaften im weitesten Sinn), und in größtmöglicher Ähnlichkeit in allem, was nicht als geschlechtsspezifisch angesehen wird (psychische Eigenschaften im weitesten Sinn).

Alle Eigenschaften, die den Gegensatz zwischen mir und einem anderen des anderen Geschlechts unterstreichen, erhöhen meine Chancen, sein Sexpartner zu werden – vorausgesetzt, wir »verstehen uns«, das heißt, wir sind uns in allem, was wir nicht als geschlechtsspezifisch ansehen, gleich. Die geschlechtsspezifischen Gegensätze können mehr oder weniger allgemein oder mehr oder weniger individuell sein, das heißt, sie können sich auf das ganze andere Geschlecht oder auf eine bestimmte Person des anderen Geschlechts beziehen. Männer mit starkem Bartwuchs, behaarter Brust, breiten Schultern, schmalen Hüften, großem Glied sind zum Beispiel ganz allgemein begehrter als andere. Frauen mit zarter Haut, großen Brüsten, breiten Hüften sind bei Männern für den Geschlechtsverkehr ganz allgemein beliebter als andere. Je mehr individuelle Polaritäten hinzukommen, desto idealer gestaltet sich eine sexuelle Beziehung. Die bekannte Faszination von Blonden auf Dunkelhaarige oder Blauäugigen auf Braunäugige ist kein Zufall. Deshalb tut jeder alles, seine Gegensätzlichkeit zum anderen Geschlecht – oder zu einer bestimmten Person des anderen Geschlechts – so geschickt wie möglich herauszustreichen. Ist sie nicht vorhanden, so versucht er zumindest, sie vorzutäuschen – indem er zum Beispiel seine Armmuskeln durch Training entwickelt, Gummibusen benützt, seine Haare kurz trägt oder sie bis zur Taille wachsen läßt usw.

Auch die sogenannten »typisch männlichen« und »typisch weiblichen« Verhaltensweisen haben hier ihren Ursprung – es handelt sich dabei immer um bewußte oder unbewußte Vortäuschung geschlechtsspezifischer Eigenschaften. Selten oder oft zu lächeln, viel zu reden oder wenig, sich beim Gehen in den Hüften zu wiegen oder nicht, macht Menschen »männlicher« oder »weiblicher«. Daß es sich dabei um vorgetäuschte Eigenschaften handelt, ist dadurch bewiesen, daß sie der Mode unterworfen sind und bei Bedarf sofort wieder abgelegt werden können. Die Frauen in alten Spielfilmen sind anders »weiblich« als die bei Truffaut oder Godard. Eine Frau, die sich heute wie ein Vamp der zwanziger Jahre benimmt, wirkt auf einen Mann nicht mehr weiblich, sondern lächerlich.

Das biologische Gesetz schreibt Mischung extremer Erbfaktoren vor. Wer es ignoriert oder umgehen will – wer keine extrem weiblichen oder männlichen Eigenschaften vorzuweisen hat und sich auch keine zulegt –, hat wenig Aussicht, den Geschlechtstrieb eines anderen auf sich zu ziehen, das heißt wenig Aussicht auf Fortpflanzung.

Wie schon erwähnt, kommt zur Polarität in geschlechtsspezifischen Eigenschaften die Ähnlichkeit in allem anderen. Natürlich wird der Mann in den meisten Fällen der Frau an Körperkräften etwas überlegen sein, dies ist eine geschlechtsspezifische Eigenschaft, die sie füreinander attraktiv macht. Doch sobald der Unterschied zu groß wird – sobald eine Frau so schwach ist oder sich so schwach stellt, daß der Unterschied an Körperkräften nicht mehr als geschlechtsspezifisch angesehen werden kann –, besteht die Gefahr, daß der Beschützerinstinkt des stärkeren Partners seinem Sexinstinkt im Wege ist. Er wird fürchten, seinem Sexpartner weh zu tun, und schont ihn. Kommt zur körperlichen Inferiorität auch noch eine geistige, so wird der Sexpartner mehr und mehr zum Schutzobjekt. Der Geschlechtsakt – normalerweise eine Art Nahkampf – ist dann nur bei beträchtlicher Selbstbeherrschung des Stärkeren möglich und büßt das Wesentliche ein. Die Gleichheit des intellektuellen Niveaus ist deshalb neben der physischen Gegensätzlichkeit die Voraussetzung für Liebe zwischen Mann und Frau.

Eine gute Garantie für Ähnlichkeit im nicht geschlechtsspezifischen Bereich ist *Generationengleichheit.* Unter Generation verstehen wir die Zeitspanne zwischen der Geburt eines Individuums und der Geburt seiner ersten Nachkommen – beim Menschen also etwa zwanzig bis fünfundzwanzig Jahre. Sexualität ist ohnehin eine Angelegenheit unter Erwachsenen, aber wenn einer der Partner mehr als fünfundzwanzig Jahre älter ist und somit der Generation der Großeltern angehört, so sind die Chancen für eine beide Seiten befriedigende Geschlechtsbeziehung relativ gering. Es gibt zwar Fälle, in denen die besondere Dynamik einer bestimmten Person diese biologische Grenze für einige Zeit zu überbrücken vermag, doch diese Ausnahmen bestätigen die Regel. Die häufigen Verbindungen zwischen jungen Frauen und mehr als eine Generation älteren Männern sind kein Gegenbeweis; sie beruhen auf stets gleichbleibenden Voraussetzungen: dem Wohlstand oder gesellschaftlichen Ansehen des um mehr als eine Generation älteren Mannes. Wäre es ein biologischer Mechanismus, der attraktive junge Frauen alten Männern in die Arme treibt, dann würde gelegentlich auch einmal ein armer alter Rentner von einem reichen jungen Mädchen geheiratet.

Vernunftliebe

Ebenso wie ein Mensch seinen Brutpflegetrieb rationalisieren und zur Nächstenliebe umfunktionieren kann, läßt sich auch der Geschlechtstrieb rationalisieren. Der Mensch kann, anders als ein Tier, kultureller oder religiöser Bindungen wegen, aus Angst vor den Folgen oder um eines bestimmten Vorteils willen – etwa Heirat – auf sexuelle Betätigung vorübergehend oder für immer verzichten. Er kann seinen Geschlechtstrieb, statt ihn ganz zu unterdrücken, aber auch durch Ersatzhandlungen oder Übertragungen korrigieren. Er kann sich zum Beispiel bewußt machen, daß er den Sexpartner X begehrt, und zwar wegen dieser und jener Eigenschaften, und er kann sich sagen, daß er zwar X nicht haben kann, dafür aber Y, der zwar nicht alle Eigenschaften besitzt, die er begehrenswert findet, daß jedoch sein Verlangen nach sexueller Betätigung so stark ist, daß er sich dennoch mit Y paaren will. Diese Art Rationalisierung des Geschlechtstriebs nennen wir *Vernunftliebe*. Vernunftliebe ist Liebe aufgrund »höherer Einsicht«.

Wie ein Objekt der Nächstenliebe immer ein unvollkommenes Schutzobjekt ist, kann ein Objekt der Vernunftliebe immer nur ein *unvollkommener Sexpartner* sein. Das heißt, es handelt sich um einen Menschen, der als Geschlechtspartner entweder physisch nicht gegensätzlich genug ist – er ist zu »unmännlich« oder zu »unweiblich« – oder psychisch nicht ähnlich genug – er ist zu dumm oder zu intelligent. Einen derart unvollkommenen Sexpartner begehrt man nur so lange, als kein vollkommener erreichbar ist, oder solange eine – wie auch immer geartete – Belohnung oder Bezahlung in Aussicht steht (Geld, weniger Einsamkeit, gesellschaftliches Ansehen, Zeugung von Schutzobjekten usw.).

Extreme Formen von »Vernunftliebe« sind zum Beispiel Bordellbesuch, Selbstbefriedigung, Pornographie, Voyeurismus. Die Abstraktion von der eigentlichen Liebe geht in diesen Fällen so weit, daß sie total durch Symbolhandlungen ersetzt wird.

Alle Triebe sind manipulierbar

Fassen wir zusammen: Die Eigenschaften, die ein Schutzobjekt auszeichnen, sind denen eines Sexpartners genau entgegengesetzt: Schutzobjekt und Beschützer sind einander äußerlich ähnlich, Sexpartner sind ihr Gegensatz, Schutzobjekte sind ihrem Beschützer körperlich und geistig unterlegen, Sexpartner sind einander ebenbürtig. Diese in jeder Beziehung kontradiktorischen, sich gegenseitig ausschließenden Eigenschaften von Sexpartner und Schutzobjekt bedingen die in jeder Beziehung sich ausschließenden Gefühle, die wir beiden entgegenbringen. Die einzige – allerdings folgenschwere – Gemeinsamkeit dieser Gefühle besteht in dem Namen, mit dem wir sie bezeichnen: *Liebe*.

Kehren wir nun zu unserem Beispiel zurück, zur Diskussion zwischen Filmproduzent und Autor über die *wahre* Liebe. Der Autor ist der Ansicht, wahre Liebe müsse sich darin äußern, daß ein Mann seine Frau kampflos dem Nebenbuhler überläßt, weil ihm ihr Glück wichtiger ist als seines. Wir wissen jetzt: Das ist wohl wahre Liebe – aber wahre Nächstenliebe. Denn auch zwischen Mann und Frau hat Nächstenliebe nichts mit der Liebe zwischen Mann und Frau zu tun. Die in der Nächstenliebe enthaltenen Gefühle – Selbstlosigkeit, Opferbereitschaft, Toleranz – sind ausschließlich von der Art, wie man sie Schutzobjekten entgegenbringt. Der Mann hätte sie genauso für ein süßes kleines Waisenkind empfunden. Nur weil es sich bei dem Schützling – wie so oft, wenn Männer den Samariter spielen – um eine Frau handelt, sind die Merkmale der Nächstenliebe nicht so leicht zu entlarven.

Warum erscheint die Meinung, die der Drehbuchautor hier vertreten mußte, so vernünftig? Warum werden Nächstenliebe und Sexliebe so oft miteinander verwechselt? Warum halten die meisten auch und gerade im Verhältnis zum Geschlechtspartner Altruismus für das Wichtigste und die reine, fordernde, gleichberechtigte Sexliebe für minderwertig? Warum haben die meisten ein schlechtes Gewissen, wenn sie für ihren Liebespartner nicht das gleiche empfinden wie für einen Sozialfall – Selbstlosigkeit, Opferbereitschaft, Toleranz –, und gestehen ihm gerade dann, wenn sie ihn richtig sexuell lieben, verschämt, daß sie ihn »nicht wirklich« lieben?

Wir haben gesehen: Solange wir unseren Trieben folgen, ist alles ganz unkompliziert: Wir haben unsere Kinder als Schutzobjekte, unseren Partner als Sexobjekt. Doch der Mensch ist kein Tier: Er kann, im Unterschied zu diesem, Triebe erkennen und seiner Vernunft unterordnen. Er kann, wenn er will, unvollkommene Schutzobjekte beschützen und sich mit unvollkommenen Sexpartnern paaren, und er kann, wenn er will, ein Schutzobjekt wie einen Sexpartner behandeln und einen Sexpartner wie ein Schutzobjekt.

Wenn die Liebe zwischen Mann und Frau zur Nächstenliebe deformiert worden ist, muß etwas oder jemand ein intaktes Naturprinzip künstlich verdorben haben.

Wer hätte – um nach Art der Detektive die Suche nach dem Täter zu beginnen –, wer hätte den Profit aus einer solchen Manipulation?

Wer hätte die Macht, sie zu verwirklichen?

Was ist Macht?

Fortpflanzungstrieb (Geschlechtstrieb) und Brutpflegetrieb sind, im Gegensatz zum Selbsterhaltungstrieb, soziale Triebe. Beim Selbsterhaltungstrieb ist das Objekt des Triebes die eigene Person, beim Fortpflanzungs- und Brutpflegetrieb ist es ein anderer. Das heißt, Fortpflanzungs- und Brutpflegetrieb bringen uns in Abhängigkeit von anderen und andere in Abhängigkeit von uns. Fortpflanzungstrieb und Brutpflegetrieb sind somit der Schlüssel zu Macht und Ohnmacht.

Macht besteht darin, sich zum Ziel der sozialen Triebe eines anderen zu machen, ohne die eigenen sozialen Triebe an ihm befriedigen zu wollen. Der andere tut dann alles, was man von ihm verlangt. *Ohnmacht* besteht darin, seine sozialen Triebe an einem anderen befriedigen zu wollen oder zu müssen, ohne daß es einem gelingt, die sozialen Triebe dieses anderen auf sich selbst zu konzentrieren – man tut dann alles, was der andere von einem verlangt. Je nachdem, ob man jemand mit nur einem oder mit beiden sozialen Trieben von sich abhängig gemacht hat, beherrscht man ihn teilweise oder ganz, hat man *partielle* oder *absolute* Macht über ihn. (Wir sprechen hier von biologisch bedingter Macht, von psychologisch bedingter wird später die Rede sein.)

Will man also wissen, wer von zwei Menschen die Macht über den anderen hat, braucht man nur zu fragen, welcher von beiden in der Lage wäre, den Sex- oder Brutpflegetrieb des anderen zu manipulieren. Das gleiche gilt für das Verhältnis zwischen Menschengruppen: Klassen, Rassen, Glaubensgemeinschaften, Generationen, Geschlechtern. Wer immer in der günstigeren Ausgangsposition ist – wer die sozialen Triebe der anderen auf sich konzentrieren kann, ohne sich selbst zu engagieren, hat die Macht.

Da es sich bei den wichtigsten sozialen Trieben um Geschlechtstrieb und Brutpflegetrieb handelt, kann man die Frage nach der Macht im Grunde immer nur in Zusammenhang mit Geschlecht oder Generation stellen. Wirkliche Macht über andere können entweder Schutzobjekte oder Sexobjekte haben (im machtpolitischen Sinn ist auch der Sexpartner ein Objekt). Alles, was wir sonst noch als mächtig bezeichnen, beruht auf *Gewalt*, das heißt auf physischer Stärke. *Jemandem, der Gewalt über mich hat, diene ich unter Zwang – jemandem, der Macht über mich hat, diene ich freiwillig.* Ein Erwachsener meines eigenen Geschlechts, eine soziale Klasse, eine andere Rasse, eine politische Gruppe kann höchstens Gewalt über mich haben, das heißt, sie kann mich nur dann beherrschen, wenn sie stärker ist. Mächtig dagegen ist derjenige, an dem ich meinen Geschlechtstrieb oder meinen Brutpflegetrieb befriedigen will oder muß. Auch wenn er tausendmal schwächer wäre, würde ich noch immer alles tun, was er von mir verlangt. Macht ist also das, worauf es bei der Herrschaft wirklich ankommt, Gewalt ist zweitrangig und bei weitem nicht so wirksam.

Wer hat Macht?

Wenn der Brutpflegetrieb und Fortpflanzungstrieb über Macht und Ohnmacht entscheiden, gibt es unter den Menschen drei potentielle Machtblöcke:

a) Kinder (Schutzobjekte) – sie haben Macht über ihre Beschützer, das heißt über jene Männer und Frauen, die für sie sorgen.
b) Männer (Sexobjekte) – sie haben Macht über jene Frauen, von denen sie begehrt werden, sind jedoch Kindern gegenüber machtlos. (Über Kinder könnten sie nur Gewalt haben.)
c) Frauen (Sexobjekte) – sie haben Macht über jene Männer, von denen sie begehrt werden, sind jedoch Kindern gegenüber machtlos. (Über Kinder könnten sie nur Gewalt haben.)

Nach diesem Grundschema gäbe es keine absolute Macht eines Menschen über einen anderen: Männer und Frauen hätten sich mit dem Geschlechtstrieb gegenseitig in der Hand, Kinder hätten über den Brutpflegetrieb partielle Macht über die Eltern.

Wir haben jedoch gesehen, daß der Mensch, im Gegensatz zum Tier, seine Triebe der Vernunft unterordnen kann. Das heißt: Indem er seine eigenen oder die Triebe anderer manipuliert, vermag er sich mehr biologische Macht zu verschaffen, als ihm zukommen würde. Die wichtigsten Manipulationsmöglichkeiten wären:

a) Schutzobjekte können ihre Macht über ihre Beschützer erweitern, indem sie sich diesen auch noch als Sexpartner anbieten.
b) Sexpartner können ihre Macht über den anderen erweitern, indem sie sich ihm auch noch als Schutzobjekte anbieten.
c) Sexpartner können ihre Macht über einander erweitern, indem sie ihren eigenen Geschlechtstrieb beherrschen und damit den anderen in einseitige sexuelle Abhängigkeit bringen.

Setzen wir voraus, daß Machtstreben allgemein menschlich ist, daß also jeder der drei Machtblöcke versuchen wird, seine Macht mittels Manipulation von Fortpflanzungstrieb und Brutpflege zu vergrößern – welche der drei Gruppen – Kinder, Männer, Frauen – hätte hierfür die besten Voraussetzungen?

Kinder könnten ihre Macht theoretisch nur dadurch erweitern, daß sie sich ihren Beschützern auch noch als Sexpartner anbieten. Da Sexualität jedoch Geschlechtsreife voraussetzt, ist dies nicht durchführbar. Kinder können daher ihre Beschützer immer nur über deren Brutpflegetrieb beherrschen, ihre Macht ist aus biologischen Gründen begrenzt.

Männer könnten ihre Macht theoretisch nur dadurch erweitern, daß sie ihren eigenen Geschlechtstrieb beherrschen, somit Frauen in einseitig sexuelle Abhängigkeit von sich bringen. Da sie ihrer Partnerin meist physisch und intellektuell überlegen sind, können sie selten deren Brutpflegetrieb auf sich ziehen. Absolute Macht von Männern über Frauen ist daher nur in Ausnahmefällen möglich.

Frauen könnten ihre Macht theoretisch dadurch erweitern, daß sie ihren eigenen Geschlechtstrieb beherrschen und so die Männer in einseitige Abhängigkeit von sich bringen. Da sie ihrem Partner meist physisch und intellektuell unterlegen sind, könnten sie darüber hinaus den männlichen Brutpflegetrieb auf sich ziehen. Sie hätten somit als einzige die Möglichkeit, sich einem anderen als Schutzobjekt und Sexpartner, als Unterlegenes und als Polares anzubieten. Sie hätten als einziger der drei

Machtblöcke die Möglichkeit, einen anderen – den männlichen Machtblock – total zu beherrschen.

Wenn alle Menschen nach Macht streben, ist die Annahme, daß Frauen freiwillig darauf verzichten könnten, absurd.

Die Macht des Schwächeren

Ein Schutzobjekt, sagten wir, muß unterlegen und ähnlich sein. Wenn eine Frau also in den Genuß der Privilegien eines Schutzobjekts kommen will, kann sie das nur unter folgenden zwei Voraussetzungen: Sie muß schwächer sein als der Mann, von dem sie sich beschützen lassen will, und sie muß dümmer sein als er. Wo diese Voraussetzungen fehlen, müssen sie zumindest vorgetäuscht werden. Die andere Bedingung – physische Ähnlichkeit mit dem Beschützer – kann die Frau nicht erfüllen. Die Frau wird sich also dem von ihr erwählten Mann als eine Art Scheinkind anbieten, als *unvollkommenes Schutzobjekt*. Das heißt, sie wird versuchen, ein Objekt männlicher *Nächstenliebe* zu werden.

Die größte Schwierigkeit bei dieser Triebmanipulation besteht darin, beim potentiellen Beschützer den Eindruck körperlicher Schwäche zu erwecken. Denn eine Frau ist an sich eine ziemlich grobe Konstruktion: Mit ihren großen Brüsten, ihren breiten Hüften und ihren fleischigen Schenkeln gleichen die meisten eher den Matronen der Picasso-Gemälde als den zarten Mannequins auf den Reklameseiten der Illustrierten. Außerdem sind Frauen zäher als Männer: Nach der Statistik ist die Kindersterblichkeit unter Knaben weit größer als unter Mädchen, und obwohl der weibliche Körper durch Menstruation, Schwangerschaft und Stillperioden mehr strapaziert wird als der männliche, leben Frauen in zivilisierten Ländern im Durchschnitt fünf bis sieben Jahre länger als Männer.

Die biologische Unterlegenheit der Frau ist somit eine sehr relative Sache: Sie äußert sich in der Körperkraft, sonst eigentlich nirgends. Für die Triebmanipulation muß daher diese unbedeutende Unterlegenheit ins Riesenhafte aufgebauscht, die Überlegenheit in allen anderen biologischen Bereichen hingegen bagatellisiert werden.

Wenn Frauen in Gegenwart von Männern niemals schwere Lasten tragen, heben oder schieben, wird ihre einzige Schwäche immer wieder ins rechte Licht gerückt. Wenn sie bei jeder Gelegenheit weinen, denkt man, sie hätten die schlechteren Nerven. Wenn sie sich in zarte Stoffe hüllen und sich mittels Schminktricks ein kränkliches Aussehen geben, glaubt man, sie befänden sich am Rande des körperlichen Zusammenbruchs. Es ist nicht lange her, daß zu diesem Theater auch vorgetäuschte Ohnmachtsanfälle gehörten. Zeigt sie sich dann noch vorzugsweise in Begleitung von Männern, die größer und älter sind als sie, unterstreicht das nur ihre vorgetäuschte Zerbrechlichkeit.

Alles hängt also davon ab, den bereits vorhandenen Kräfteunterschied zwischen Beschützer und Schützling soweit wie möglich zu übertreiben. Die größere körperliche Widerstandskraft seiner Frau bleibt dem Versorger ohnehin verborgen: wenn sie so richtig deutlich wird, ist er schon tot. – Eine amerikanische Witwe zum Beispiel stirbt durchschnittlich erst elf Jahre nach ihrem Ernährer.

Die Macht des Dümmeren

Das größte Plus der Frau im Kampf um den männlichen Brutpflegetrieb ist jedoch ihre intellektuelle Unterlegenheit. Der Kräfteunterschied allein würde niemals ausreichen, eine bestimmte Frau zum Schutzobjekt eines bestimmten Mannes zu machen. Trotz aller Anstrengungen könnte sie neben ihm höchstens so schutzbedürftig wirken wie ein Chinese neben einem Schweden – und das ist lange nicht genug, um einen erwachsenen Menschen in den Genuß der Privilegien eines Kindes zu bringen. Erst wenn eine Frau schwächer ist als ihr Mann und außerdem dümmer als er, wird sie für ihn unwiderstehlich. Eine Frau, die sich ernähren lassen will, wird daher in erster Linie darauf achten, nicht intelligent zu werden. Wird sie es aus Versehen trotzdem, so verbirgt sie es zumindest so lange, bis der Mann seine Versorgungsabsichten mit Brief und Siegel amtlich legalisiert hat.

Es ist dabei von Vorteil, daß der Erwerb von Dummheit, im Gegensatz zu dem von Intelligenz, nicht die geringste Mühe kostet. Dumm wird man nicht, dumm bleibt man. Nach dem heutigen Stand der Wissenschaft gilt es als erwiesen, daß ein gesunder Mann und eine gesunde Frau, daß arm und reich, schwarz und weiß mit den gleichen geistigen Anlagen geboren werden. Diese Anlagen können entweder durch Mangel an Förderung oder durch Mangel an Wettbewerb in ihrer Entwicklung gehemmt werden. Das erste ist die Folge von Armut und geschieht bei sozial niederen Klassen. Das zweite ist die Folge von Luxus und geschieht bei Frauen. Da Heirat immer bedeutet, daß der Mann die Frau versorgt, und da die meisten Frauen noch vor der Pubertät entscheiden, daß sie später heiraten werden, stehen sie von Anfang an außerhalb des Wettbewerbs. Sie wissen, daß sie später nichts können müssen, und lernen daher auch nichts.

Allerdings taten sich die Frauen früherer Zeiten mit dem Kultivieren ihrer geistigen Unterlegenheit noch leichter als die heutigen. Als die meisten außerhäuslichen Arbeiten noch große Körperkräfte erforderten – als man noch von der Jagd lebte, Meinungsverschiedenheiten mit dem Schwert austrug und sein Haus eigenhändig baute –, lag es nahe, den Mann und nicht die Frau in den Wettbewerb zu schicken, ihn also zur Entwicklung seiner Intelligenz durch Erfahrung zu zwingen. Die Frau war ans Haus gebunden, die Kinderzahl war groß – es gab keine praktikable Möglichkeit der Geburtenkontrolle –, die Frau war den größten Teil ihres Lebens schwanger – die Arbeitsbereiche von Mann und Frau waren kaum vertauschbar.

Diese Situation hat sich aber inzwischen geändert. In den industrialisierten Ländern erfordern die wenigsten Arbeiten noch Körperkräfte, die eine Frau überfordern würden, Schwangerschaften lassen sich regulieren oder vermeiden – die Familie ist sehr klein geworden –, und Säuglingspflege kann seit der Erfindung der künstlichen Muttermilch auch von Männern besorgt werden. Mit anderen Worten: Heute könnte jede Frau ihren Mann und ihre Kinder ernähren – ebenso wie der Mann das mit seiner Frau und seinen Kindern tut – und im Wettbewerb mit anderen Ernährern so vielseitig werden, wie es die Ebenbürtigkeit der Geschlechter erfordern würde. Die zwei bis drei Schwangerschaften, die eine Frau laut Statistik hinter sich bringt, wären dabei kein Hindernis, denn sie bedeuten nur, daß sie ihre Ernährertätigkeit zwei- bis dreimal im Leben für etwa vier Wochen unterbrechen müßte. Sie wären auch keine ausreichende Rechtfertigung dafür, ihr den Militärdienst zu ersparen:

Mann und Frau könnten sich so gut wie alle Aufgabenbereiche teilen.

Wenn eine Frau also weiterhin intellektuell unterlegen und somit schutzbedürftiger sein will als ihr Partner – und offenbar will sie das –, muß sie sich schon eines Kunstgriffs bedienen. Da sie einem Mann nicht gut sagen kann, er müsse täglich für sie an den Schreibtisch gehen, weil er so kräftig ist, erzieht sie ihn so, daß er gar nicht auf die Idee kommt, sie könnte sich für ihn an den Schreibtisch setzen. »Ein richtiger Mann«, lehrt sie ihren Sohn, »ist einer, der Frau und Kinder ernährt.« Da Männer niemanden erziehen, können sie sich nicht revanchieren und ihren Töchtern das Gegenteil beibringen. Und so bleiben die Töchter weiterhin dümmer als die Söhne.

Der einzige Versuch, Frauen zu außerhäuslicher Arbeit und damit verbundener Intelligenzentwicklung zu bewegen, kommt von den Feministen. »Eine richtige Frau«, sagen sie den Frauen, »muß sich selbst verwirklichen. Sie kann das nur, wenn sie wie der Mann außer Haus arbeitet.« Aber der Trick ist zu plump, als daß die Frauen darauf hereinfallen würden. Denn Frauen sind zwar einfältig, aber doch auch wieder nicht so einfältig, wie die Feministen glauben. »Wie ein Mann« zu arbeiten wäre Arbeit mit dem Ziel, ganz allein eine ganze Familie zu ernähren. Beide Partner können ja nicht zugleich arbeiten – wenn Kinder da sind, ist es entweder *er* oder *sie*. Daß *sie* es ist, haben die Frauen bisher immer mit Erfolg vermieden: Obwohl ihnen seit nunmehr einem halben Jahrhundert alle Berufe offenstehen, ist bisher kaum ein Fall bekannt geworden, wo eine Frau freiwillig ein ganzes Leben lang einen gesunden Mann und die gemeinsamen Kinder allein versorgt hätte. Eine Frau, die heute arbeitet, tut es entweder, weil sie keinen Mann hat oder weil der, den sie hat, nicht genug verdient, oder zur Unterhaltung (»um unter Menschen zu kommen«). Weil es dabei selten zu echtem Wettbewerb kommt, bleibt ihre intellektuelle Unterlegenheit intakt. Daß die meisten berufstätigen Frauen in untergeordneten Positionen arbeiten, ist keine Folge der »Unterdrückung der Frau durch den Mann«, sondern der Arbeitsscheu der weitaus meisten Frauen zuzuschreiben, die nur vorübergehend arbeiten wollen und sich daher schon von vornherein schlecht oder überhaupt nicht ausbilden lassen. Einer Frau, die im Beruf nur ein Intermezzo zwischen Schulzeit und Ehe sieht, überträgt man nicht gern eine verantwortungsvolle Position. Das gilt auch für solche, für die Berufstätigkeit ein Hobby ist, weil sie das

Geld nicht brauchen. Wenn es darauf ankommt, ist ihr männlicher Kollege eben zuverlässiger, denn für ihn ist es ernst.

Daß unter diesem Image auch die wenigen arbeitswilligen Frauen zu leiden haben, ist nicht Schuld der Männer, sondern Schuld der Masse der anderen Frauen. Wie soll ein Arbeitgeber wissen, daß er sich einer jener seltenen Ausnahmen gegenüberfindet, die ihren Beruf ernst nehmen und nicht bei erster Gelegenheit wieder abspringen wollen?

Obgleich also die Zeiten längst vorbei sind, erlaubt das Monopol Brüste und Vagina der Frau weiterhin die Wahl ihres geistigen Niveaus. Eine Frau ist dumm, weil sie dumm sein will, ein Mann ist intelligent, weil er intelligent sein muß. Oder anders: Eine Frau ist ein Mann, der kein Mann sein muß, ein Mann ist eine Frau, die keine Frau sein darf. Könnten sich Männer genauso frei entscheiden wie Frauen, dann blieben sie genauso dumm wie sie. Einige Männer verkennen diesen Zusammenhang von Ursache und Wirkung und verachten Frauen ihrer Dummheit wegen. Das ist verständlich: sollen sie sich eingestehen, daß sie selbst nur deshalb so vielseitig verwendbar sind, weil man sie entweder nur so brauchen kann oder überhaupt nicht?

Es kommt der Frau bei ihrer Manipulation zustatten, daß Dummheit für sie kein Schimpfwort ist: Intelligenz ist ja etwas, was sie haben könnte, wenn sie nur wollte. Der Beweis liegt darin, daß sie ihre geistige Unterlegenheit nicht nur nicht verschweigt, sondern – um den Brutpflegetrieb des Mannes auf sich zu lenken – sogar damit prahlt. Nur Frauen mit ausgesprochen männlicher Wertskala können nicht ertragen, daß man sie für unbedarft hält. Doch solche Frauen sind selten, denn sie müßten ja von ihren Vätern erzogen worden sein, das heißt, sie müßten eine Mutter gehabt haben, die mindestens zehn Jahre lang ihren Mann und ihre Kinder ernährt hat.

Das ideale Paar

Das Schutzobjekt eines Mannes zu sein bedeutet, von ihm versorgt zu werden – es bedeutet materielle Sicherheit. Der Sexpartner eines Mannes zu sein bedeutet, von ihm begehrt zu werden – es bedeutet Lust. Daraus, daß die meisten Frauen Männer wählen, die ihnen überlegen sind, darf man schließen, daß sie auf Sicherheit mehr Wert legen als auf Lust und daß ihnen die Nächstenliebe ihrer Männer wichtiger ist als Liebe.

Es könnte Zufall sein, daß Frauen sich vorzugsweise mit Männern abgeben, die größer und stärker sind als sie, denn die meisten Männer sind etwas größer und etwas stärker als die meisten Frauen. Es könnte ebenfalls noch Zufall sein, daß Frauen sich vorzugsweise mit Männern abgeben, die mehr können als sie, denn die meisten Männer müssen – wegen des Existenzkampfes, der den Frauen erspart bleibt – mehr können als die meisten Frauen. Es ist jedoch kein Zufall, daß Frauen sich vorzugsweise mit Männern abgeben, die älter sind als sie. Und ebensowenig zufällig ist, daß innerhalb eines Paares alle diese Eigenschaften immer so säuberlich voneinander getrennt sind: Die Frau kleiner, schwächer, dümmer, jünger – der Mann größer, stärker, intelligenter, älter.

Das ideale Paar – das Paar, bei dem der Mann seiner Frau in jeder Beziehung überlegen ist – ist eine weibliche Kreation. Wenn die Frauen die Macht haben, wählen sie auch. Es ist wie im Geschäftsleben: der Mann unterbreitet sein Angebot, die Frauen wählen das beste aus. Wählen sie einen überlegenen Mann, ist ihre Versorgung für immer gesichert. Wählen sie einen unterlegenen, kann er sie erstens nicht so gut versorgen, und zweitens will er das auch nicht, weil ihm seine Partnerin nicht schutzbedürftig genug erscheint.

Kleine und schwächliche Jungen lernen schon in der Pubertät, wie schwer es ist, eine Freundin zu finden. Sind sie dann erwachsen, bekommen sie endgültig die Bestätigung ihrer Minderwertigkeit. Sie müssen schon sehr viel beruflichen Erfolg haben, wenn sie es dennoch zu einer attraktiven Frau bringen wollen. Vielleicht ist das der Grund, weshalb man kleinen Männern ein besonders großes Maß an Ehrgeiz und Dynamik nachsagt.

Einfältige Männer oder berufliche Versager bekommen niemals intellektuell überlegene oder beruflich erfolgreichere Frauen. Eine Frau heiratet immer die soziale Leiter hinauf, ein Mann stets die soziale Leiter hinunter. Ärzte heiraten Krankenschwestern, Ärztinnen heiraten Chefärzte, niemals Krankenpfleger. Leitende männliche Angestellte heiraten ihre Sekretärinnen, leitende weibliche Angestellte bleiben lieber ledig, ehe sie mit dem Assistenten aus ihrem Vorzimmer eine »Mesalliance« eingehen.

Berufstätigen jungen Mädchen sind selbst Männer in der gleichen Position nicht gut genug. Eine Stewardess heiratet einen Piloten oder Geschäftsmann, niemals einen Steward oder Kellner. Die schicken jungen Mädchen in den Boutiquen würden nicht im Traum daran denken, sich mit ihren Kollegen aus der Herrenmodebranche abzugeben. »Ein Mann muß mich beschützen können« heißt der Slogan – und das kann er eben nur, wenn er größer, stärker und intelligenter ist – »wenn man zu ihm aufsehen kann«.

Daß Frauen sich Männern als Kinder anbieten, wird deutlich in den Altersunterschieden zwischen Ehepartnern. Denn obwohl es keinen Grund gibt, weshalb Frauen nicht jüngere Männer heiraten sollten, sind sie durchschnittlich vier Jahre jünger als ihre Partner. Dabei wäre vom biologischen Standpunkt aus gerade das Gegenteil sinnvoll. Da Frauen fünf bis sieben Jahre (je nach Land) länger als Männer leben, wären sie im Alter nicht durchschnittlich neun bis elf Jahre lang allein, wenn sie sich mit jüngeren Männern verbinden würden. Da die weibliche Orgasmusfähigkeit laut Masters und Johnson praktisch bis zum Lebensende erhalten bleibt, die männliche jedoch zwischen sechzig und siebzig aufhört, müßten Frauen, wenn sie sich jüngere Männer nähmen, nicht einen großen Teil ihres Lebens auf Sex verzichten. Das alles beeindruckt die Frauen kaum. Da sie keinen Liebhaber, sondern einen Ernährer suchen, wählen sie den älteren Mann. Ein Dreißigjähriger kann eine Zwanzigjährige eben viel besser ernähren – ernähren im weitesten Sinn, versteht sich – als ein Abiturient. Den Abiturienten könnte man bestenfalls – neben dem Ernährer – als Liebhaber verwenden. Vorausgesetzt, der Ernährer erfährt nichts davon: Er könnte sonst die Lust an der Arbeit verlieren.

Wie wichtig den Frauen die Kinderrolle ist, die sie spielen, erkennt man daran, daß viele schon Ende Zwanzig damit anfangen, falsche Altersangaben zu machen. Das ist so normal, daß Dokumentenfälschung, wenn sie sich darauf beschränkt, daß eine Frau ihr Geburtsjahr ändert, in vielen Ländern juristisch nicht mehr verfolgt wird. Jeder Mann weiß: Eine Dame nach ihrem Alter zu fragen ist ein Zeichen schlechter Manieren. Außerdem wäre es sinnlos: Man würde ihn entweder zurechtweisen oder belügen. In vielen Firmen ist es Sitte, Listen mit den Geburtstagen zu veröffentlichen, damit jeder jedem gratulieren kann. Bei den weiblichen Mitarbeitern sind meist nur Tag und Monat aufgeführt, anstelle das Jahres stehen drei Punkte.

Natürlich gibt es auch hierfür eine andere Erklärung: Eine mitleidlose Gesellschaft, sagen die Feministen, zwinge Frauen zu solchen Manövern. Aber warum die Frauen und nicht die Männer? – Eine Frau, die sich als Kind verkaufen will, ist freilich zu ewiger Jugend verpflichtet. Wenn sie sich jünger macht, als sie ist, und damit den Männern Jugend als wertvollste weibliche Qualität suggeriert, folgt sie nicht einem unbarmherzigen Diktat der Gesellschaft, sondern diskriminiert unbarmherzig alle jene Frauen, die älter sind oder scheinen als sie selbst und die immerhin einen nicht unwesentlichen Teil dieser Gesellschaft ausmachen. Daß sie darüber hinaus ihr Geschlecht in den Ruf der Unaufrichtigkeit bringt, sei nur am Rande erwähnt. Sie kümmert das nicht. Ebensowenig wie es Frauen etwas ausmacht, von Männern für geistig unterlegen gehalten zu werden, macht es ihnen etwas aus, als unaufrichtig zu gelten. Aufrichtigkeit steht, genau wie Intelligenz, auf ihrer Wertskala ganz weit unten. Wichtig ist allein, als hilflos zu gelten, denn Hilflosigkeit ist eine Eigenschaft, die – wie keine andere – den männlichen Brutpflegetrieb mobilisiert. Frauen haben keine Ehre, und sie vermissen sie auch nicht.

Die Adoption

Im Gegensatz zu leiblichen Kindern, die man automatisch beschützt, sind Frauen jedoch nur unvollkommene Schutzobjekte. Der Mann beschützt sie aufgrund einer höheren Einsicht: er muß sich erst bewußt machen, daß hier ein hilfloses Lebewesen ist. Jede Frau steht somit in Konkurrenz mit jedem anderen unvollkommenen Schutzobjekt. Waisen, Kranke, Alte, Geisteskranke, Arme, junge Hunde und streunende Katzen sind im Grunde alle sehr viel schutzbedürftiger als Frauen. Das wichtigste Problem besteht deshalb darin, den Mann von diesen anderen Schutzobjekten abzulenken und so weit zu bringen, daß er seinen brachliegenden Brutpflegetrieb ausschließlich an Frauen befriedigen möchte.

Das ist nicht so schwer, wie es zunächst scheinen mag: Die meisten Menschen, sagten wir, praktizieren Nächstenliebe gegen Belohnung – Geld, soziales Ansehen, weniger Einsamkeit, ewiges Leben. Wenn Frauen als Gegenleistung für den Schutz, der ihnen zuteil wird, eine interessante Belohnung aussetzen, dürfen sie der männlichen Nächstenliebe sicher sein. Und genau das tun sie. Sie sind als einziges der unvollkommenen Schutzobjekte in der Lage, den zweiten sozialen Trieb des Mannes zu befriedigen – den Geschlechtstrieb. In den Augen des Mannes stellt diese Belohnung alle anderen möglichen Belohnungen in den Schatten.

Nun kann eine Frau, die sich zunächst als unvollkommenes Schutzobjekt anbietet, niemals ein vollkommener Sexpartner werden, denn sie ist zwar äußerlich der Gegensatz zu ihrem Partner, doch fehlt ihr für diese Rolle das intellektuelle Niveau. Aber da einem Mann vollkommene Sexpartner – Frauen, die wie Frauen aussehen, jedoch so intelligent sind wie Männer – selten begegnen, bleibt ihm eigentlich gar keine Wahl. Wenn er nicht ganz leer ausgehen will, muß er statt der Kinderliebe die Nächstenliebe und statt der Sexliebe die Vernunftliebe akzeptieren. Um wenigstens etwas zu haben, nimmt er mit einer Attrappe vorlieb: halb Schutzobjekt, halb Sexpartner, halb Kind, halb Frau. »Sie ist zwar nicht die Geliebte meiner Träume«, sagt er sich, »aber man kann immerhin mit ihr schlafen – und außerdem wäre die Kleine ja so hilflos ohne mich.« Um wie sein Kind zu sein, ist die Frau ihm nicht ähnlich genug – aber sie ist ihm immerhin geistig und körperlich unterlegen. Um ein echter Sexpartner zu sein, ist sie wiederum nicht intelligent genug – doch ist sie äußerlich immerhin so gegensätzlich zu ihm wie nur möglich.

Mit anderen Worten: Der Mann spielt lieber eine deplacierte Vaterrolle bei einem erwachsenen Menschen, der ihm zuweilen seinen Körper für Sex zur Verfügung stellt, als daß er auf die Befriedigung seiner beiden wichtigsten sozialen Triebe ganz verzichtet. Da er die Frau zum *Heiraten* nicht findet, nimmt er eben eine der vielen, die täglich von ihren Eltern zur *Adoption* freigegeben werden, und gelobt in einer großangelegten Zeremonie, daß von nun an er anstelle des leiblichen Vaters für ihr Wohlergehen sorgen wird. Vermutlich würde es ihn nicht einmal stören, wenn der Priester oder Standesbeamte fragen würde, ob er bereit sei, »diese Frau« an Kindes Statt anzunehmen. Hauptsache, das weißgekleidete Mädchen mit dem Sträußchen in der Hand sagt ganz schnell ja, und die Sache ist erledigt. Auf Adoption, das weiß er, läuft es ohnehin hinaus: Das Kind erkennt den neuen Vater an, führt fortan seinen Namen und lebt fortan von seinem Geld. Damit er ja nicht auf die Idee kommt, weiterhin nach einer Frau zu suchen, spielt sie von Zeit zu Zeit auch die Geliebte. Nach der Geburt des ersten echten Schutzobjektes ist die Macht des »Adoptivkindes« dann so weit gefestigt, daß das Risiko, den Vater doch noch an eine echte Frau zu verlieren, relativ gering ist. Die Rolle der Geliebten, die zunächst als Köder diente, wird mehr und mehr vernachlässigt. Eines Tages erinnern dann nur noch die gemeinsamen Kinder daran, daß man früher einmal miteinander geschlafen hat.

Die Macht des Kälteren

Wenn eine Frau die Kindrolle der Rolle der Geliebten vorzieht, bedingt der erste Schritt eigentlich schon den zweiten. Ein »Kind« darf auf keinen Fall zuviel sexuelles Interesse bekunden, sonst wird es unglaubwürdig und verliert die kindlichen Privilegien. Eine Frau, die bei ihrem Mann das Schutzobjekt spielen will, muß also unbedingt ihren Sextrieb beherrschen können. Sie muß in der Lage sein, Sexualität gezielt einzusetzen, das heißt bei einem Mann, der ihr als Vater geeignet erscheint, und nicht bei einem, der ihre Sinne reizt und verwirrt. Und sie muß notfalls fähig sein, sich diesem so lange zu verweigern, bis er sie adoptiert oder zumindest seine Adoptionsabsichten deutlich zu erkennen gegeben hat. In einem Mann den Sexpartner zu sehen wäre das Ende ihrer Macht. Sie hätte keine Lust mehr, an seinen Brutpflegetrieb zu appellieren – denn was sollte sie mit einem Liebhaber anfangen, der sie schonen will? –, und wäre mit ihrem Geschlechtstrieb von ihm genauso abhängig wie er von ihr.

Dumm bleiben, sagten wir, ist reiner Luxus und kostet keine Mühe. Kalt bleiben erfordert ziemlich viel Selbstdisziplin – doch offensichtlich ist die Frau der Meinung, daß es sich trotzdem lohnt.

Genauso wie Mann und Frau mit den gleichen geistigen Anlagen, mit dem gleichen Selbsterhaltungs- und dem gleichen Brutpflegetrieb geboren werden, kommen sie auch mit den gleichen Voraussetzungen für ein aktives Geschlechtsleben zur Welt. Doch die Lust auf Sexualität kann man konditionieren: Nonnen und Priester sind dafür gute Beispiele. Nur fangen Nonnen, weil sie Frauen sind, schon sehr viel früher mit dem Training an als ihre männlichen Kollegen, weshalb Entgleisungen und Skandale bei ihnen viel seltener sind.

Bei den übrigen Frauen ist es gar nicht notwendig, daß sie sich ganz beherrschen – im Gegenteil, völlige Frigidität wäre sogar hinderlich, denn sie könnte sie dazu verleiten, Sexuelles überhaupt nicht mehr hinzunehmen, nicht einmal im Tausch gegen die Privilegien des Schutzobjekts. Wie leicht die Konditionierung des Geschlechtstriebs zu Frigidität führen kann, zeigt eine Meinungsumfrage bei mehreren tausend Italienerinnen aller sozialen Schichten*. Nach ihrer Einstellung zur Sexualität befragt, stellte sich heraus, daß 36 Prozent dieser Frauen zwischen zwanzig und fünfzig keinerlei Interesse am ehelichen Verkehr hatten und aussagten, sie würden am liebsten ganz darauf verzichten. Ein solches Maß an sexueller Kälte ist überflüssig und eher störend. Wichtig ist allein, von beiden Partnern der jeweils kältere zu sein – denn die Macht hat immer der mit dem schwächeren Geschlechtstrieb.

Nachteile bringt eine partielle Frigidität heutzutage nicht mehr. Früher ging eine kalte Frau ohne Orgasmus aus dem Bett, heute muß ihr Partner das fehlende Verlangen kompensieren. In der Ära der Playboys darf ein Mann sich erst dann als guter Liebhaber fühlen, wenn er auch einer frigiden Frau – einer Frau also, die ihn nicht begehrt – zum sexuellen Höhepunkt verhilft. Wie er es anstellen muß, steht in zahlreichen populären Handbüchern. Obwohl ein ausschließlich durch mechanischen Reiz herbeigeführter sexueller Höhepunkt von jedem – einschließlich von der Frau selbst – hervorgerufen werden kann, sieht der moderne Mann auch in der erfolgreichen Anwendung einer bestimmten Technik noch ein Zeichen seiner Attraktivität.

Man könnte sich natürlich fragen, ob es sich für Frauen wirklich lohnt, Liebhaber gegen Väter einzutauschen. Doch diese Frage wäre ohne Sinn: Die vielen Frauen, die täglich sehr viel ältere Männer – ja, sogar Homosexuelle – heiraten, nehmen die Antwort vorweg. Es gibt sicher so manchen Grund, weshalb junge Frauen sich mit sechzigjährigen Männern abgeben – Sexualität kann es nicht sein. Ein sechzigjähriger Mann ist schon rein physiologisch nicht mehr in der Lage, das sexuelle Verlangen einer normalen Zwanzig- oder Dreißigjährigen zu befriedi-

* Doxa. Rom 1974.

gen. Tut er es dennoch, dann liegt es daran, daß dieses Verlangen überhaupt nicht vorhanden ist – das heißt, es liegt an ihr, nicht an ihm. Daß sexuelle Erfahrung einen Mann reizvoller macht, ist eine unter Männern weitverbreitete Ansicht, die immer dann ihre scheinbare Bestätigung findet, wenn ein gutsituierter älterer Herr das Herz eines jungen Mädchens erobert. Sie entbehrt jeder realen Grundlage.

Der eindeutigste Beweis dafür, daß Frauen das kältere Geschlecht sind, ist das Fehlen männlicher Prostitution. Die wenigen Bordelle für Frauen, die es neuerdings in verschiedenen Großstädten gibt, werden von homosexuellen Männern zweckentfremdet – mangels weiblicher Kundschaft. Das heißt natürlich nicht, daß es überhaupt keine Frauen gibt, die im gleichen Maß wie der Durchschnittsmann an Sex interessiert sind. Doch diese Frauen finden ihre Angebote überall, sie müssen nicht ins Bordell gehen, sie leben darin.

Nun behaupten Feministen, die bürgerliche Frau ginge deshalb nicht ins Bordell, weil sie sich geniert. Doch gerade die bürgerliche Frau hat sich bisher am wenigsten geniert, wenn es um die Erfüllung ihrer Wünsche ging. Man braucht nur daran zu denken, wie viele Frauen der Ober- und Mittelschicht in Pelzmänteln herumlaufen, deren Felle auf barbarische Weise gewonnen werden. Über das alljährliche Robbengemetzel berichtet die Presse immer wieder. Der beliebte Breitschwanzpersianer wird vom Fell ungeborener Lämmer des Karakulschafs gewonnen, das heißt durch brutal herbeigeführte Fehlgeburt beim Mutterschaf. Je nach Verarbeitung gehen einem Mantel Dutzende Abtreibungen voraus. Es ist unsinnig zu glauben, daß ein Mensch, der am eigenen Leib erfahren hat, was es bedeutet, ein Kind in sich zu tragen, und der dennoch keine Bedenken hat, sich mit den Fellen abgetriebener Tiere zu schmücken, sich genieren könnte, ein Bordell aufzusuchen, um dort seinen ganz natürlichen Wunsch nach Sexualität zu befriedigen.

Kinder *lieben* ihre Eltern nicht, sie hängen nur an ihnen: Sie brauchen sie, und manchmal sind sie ihnen sogar sympathisch. Wenn Vater und Mutter es verstehen, der Befriedigung ihres Brutpflegetriebs das Image einer gar nicht so selbstverständlichen Opferbereitschaft zu geben, kommen sie darüber hinaus noch in den Genuß kindlicher Schuldgefühle und kindlicher Dankbarkeit. Doch Liebe ist das nicht, darf es nicht sein: wenn Kinder ihre Eltern so lieben würden, wie es umgekehrt der Fall ist, käme das Leben zum Stillstand, denn sie würden dann für immer bei ihnen bleiben wollen. Im allgemeinen verlassen Kinder ihre Eltern so früh wie möglich und suchen sich eigene Schutzobjekte. Viele kehren nie mehr oder nur aus Pflichtgefühl zurück.

Wirklich lieben können Kinder ihre Eltern erst, wenn sie allmählich alt und hilflos werden. Wenn körperliche Schwäche, intellektuelle Unterlegenheit und Ähnlichkeit zusammentreffen, kann ein erwachsener Sohn seinen alten Vater lieben wie ein echtes Schutzobjekt. Freilich ist es mit der Liebe des Vaters dann vorbei: in der Beziehung zum Schutzobjekt liebt immer nur einer, und das ist der Beschützer. Das Schutzobjekt akzeptiert jeden, der es versorgen will. Bietet ihm ein anderer eine bessere Versorgung, so läßt es eben den anderen für sich sorgen. Große Gefühle werden dabei nicht investiert: Das Äußerste, was man erwarten kann, ist eine gewisse Loyalität. Denn es handelt sich hier ausschließlich um den Selbsterhaltungstrieb des Schützlings, und der ist seinem Wesen nach ein asozialer Trieb. Wäre er auf einen bestimmten Menschen fixiert, so würde, stieße jenem etwas zu, der Schützling zugrunde gehen.

Ein Mann, der eine ihm unterlegene Frau heiratet – der eine Frau »adoptiert« –, muß daher von vornherein damit rechnen, daß sie außer Sympathie und Dankbarkeit nichts für ihn empfinden kann. Eine Frau ist ja in einer noch vorteilhafteren Lage als ein Kind: Sie ist gar kein echtes Kind und könnte für sich genausogut sorgen wie ein Mann. Daß sie ihren Mann trotzdem für sich sorgen läßt, ist ein persönliches Entgegenkommen, das jederzeit rückgängig gemacht werden kann. Sie stellt daher besondere Ansprüche: Die gebotene Versorgung muß erstklassig sein, sonst engagiert sie einen anderen oder versorgt sich unter Umständen sogar selbst. Im Gegensatz zum echten Vater hat der Adoptivvater einer Frau auch keine Aussicht, im Alter ein echtes Schutzobjekt seines Scheinkindes zu werden. Das Äußerste, was er erreichen kann, ist der Status des unvollkommenen Schutzobjekts – das heißt, wenn er Glück hat, kann er später einmal in den Genuß weiblicher Nächstenliebe kommen.

Als *Belohnung* hat er seine Erbschaft ausgesetzt und den monatlichen Wechsel, der ihr auch nach seinem Tod regelmäßig ausbezahlt wird. – Nach seinem Tod, den sie, laut Statistik, rund sechs Jahre plus die Jahre, die sie jünger ist als er, überleben wird.

Sieht man von der Frau einmal ab, könnte man sagen, ein Beschützer, der die Versorgung seines Schützlings in der Hand hält, könnte ihn jederzeit erpressen. Doch gerade das kann er eben nicht. Wenn er es könnte, hätte er mit dem Versorgen erst gar nicht angefangen. Schließlich ist es kein Vergnügen, für andere zu arbeiten. Der Brutpflegetrieb ist etwas dermaßen Elementares, daß sich ihm niemand entziehen kann. Nicht einmal Frauen ist es bisher gelungen, ihn zu konditionieren. Nur ist bei ihnen die Befriedigung des Brutpflegetriebs in den wenigsten Fällen mit größerer Anstrengung verbunden. Auch wenn sie es waren, die sich Kinder wünschten – der Mann hatte ja schon seine Frau als Kind –, wird dennoch immer der Mann die Versorgung übernehmen. Der Brutpflegetrieb ist polyvalent, das heißt, ein Mensch kann mehrere Schutzobjekte auf einmal haben. Bei der Geburt des ersten echten Schutzobjekts avanciert die Ehefrau daher lediglich zur ältesten Tochter ihres Mannes. Eine Frau, die Kinder bekommt, hat so einen doppelten Vorteil: Sie befriedigt ihren Brutpflegetrieb und stellt gleichzeitig die eigene Versorgung auf eine noch solidere Basis. Als Mutter echter Schutzobjekte muß sie versorgt werden, auch wenn sie nicht mehr ganz so hilflos wirkt, wie es für die Rolle erforderlich wäre.

Die Macht des Kindes über seine Eltern – die Macht des biologisch Schwächsten über den biologisch Stärksten – ist ein Naturgesetz. Da kleine Kinder für ihren Unterhalt noch nicht selbst sorgen können, würden sie ohne ihre Macht über die Gefühle der Erwachsenen verhungern. Daß Eltern in brennende Häuser stürzen und in reißende Flüsse springen, wenn ihre Kinder in Gefahr sind, ist eine Selbstverständlichkeit. Daß Männer für ihre Frauen in den Krieg ziehen, ist ebenso selbstverständlich geworden. Denn ein Mann, der bei seiner Frau den Vater spielt, ist ihr gegenüber machtlos.

Falls dem Mann daran läge, seinerseits Macht über die Frau zu bekommen, gäbe es nur einen einzigen Weg: Er müßte, dem weiblichen Vorbild folgend, seinen Geschlechtstrieb konditionieren. Wenn es ihm gelänge, genauso kalt zu werden wie die Frau, könnte sie einen Versorger nicht mehr mit Sex ködern. Nicht einmal als Geschlechtspartner hätte sie noch Macht über ihn, denn er wäre ja dann auf sie genauso sehr oder genauso wenig angewiesen wie sie auf ihn. Wenn Männer sich zu vorübergehender Abstinenz entschlössen, könnte es ihnen unter Umständen sogar gelingen, den weiblichen Geschlechtstrieb zu normalisieren. Vielleicht würden Frauen sie dann eines Tages sogar mehr begehren, als es umgekehrt der Fall ist. Der Mann hätte dann zwar noch immer nicht absolute Macht über die Frau – ihr Schutzobjekt könnte er nur in wenigen Ausnahmefällen werden –, doch er wäre der Gleichberechtigung beträchtlich nähergekommen.

Doch es hat zumindest den Anschein, als würden Männer vor dem enormen Ausmaß weiblicher Kälte von vornherein kapitulieren. Man kann auch wahrhaftig nicht behaupten, daß Frauen mit öffentlichen Frigiditätsbekundungen irgendwie zurückhaltend wären. Früher sagten sie, »Männer wollen alle nur das gleiche«, und erklärten damit, daß sie selbst nicht nur keinen Wert auf »es« legten, sondern »es« auch verabscheuten. Heute werden sie noch deutlicher: Wissenschaftler, die nachweisen, daß Frauen täglich fünfzig Orgasmen haben könnten und Männer im Schnitt nur fünf, daß Frauen noch mit neunzig mühelos den sexuellen Höhepunkt erreichen, während Männer mitunter schon mit sechzig die allergrößten Schwierigkeiten damit haben, werden in den Frauenzeitschriften und weiblichen Kampfblättern als Stars gefeiert. Einen Menschen mit normaler Libido würden solche Nachrichten in Panik versetzen: Es ist doch so, als würde man die Rationierung des Trinkwassers oder der Atemluft ankündigen. – Frauen sehen darin nur einen weiteren Triumph des weiblichen Prinzips.

In den Vereinigten Staaten gibt es heute eine Bewegung, die den Geschlechterseparatismus auf ihre Fahne geschrieben hat: Frauen ermutigen sich gegenseitig, den ihr Geschlecht vorgeblich entwürdigenden Koitus überhaupt nicht mehr zu gestatten. Einen solchen Einfall können nur Frauen haben. Es ist kein

Zufall, daß Lysistrate weiblichen Geschlechts war: Ein Mann hätte schon beim ersten Versuch aufgegeben. Für Lysistrate war es nur eine vorübergehende Verschärfung einer ohnehin täglich praktizierten Erpressung. Für Frauen ist der Verzicht auf Sexualität, vor allem dann, wenn er einer »guten Sache« dient, überhaupt kein Opfer.

Bei solch massiver Beweisführung sieht jeder vernünftige Mann ein, daß er es trotz allerbester Absichten mit der Beherrschung seiner Libido niemals so weit bringen kann wie eine durchschnittliche Frau. Da totale Freiheit so schwer für ihn erreichbar ist, entscheidet er sich von vornherein zur totalen Unfreiheit und fügt der Ohnmacht des Vaters wie selbstverständlich die Ohnmacht des Liebhabers hinzu. Da er seine Frau ohnehin nicht beherrschen kann, stellt er sie gleich auf ein Podest und betet sie hemmungslos an. Zwar gelingt es ihm zuweilen, wie wir später noch sehen werden, seine beiden wichtigsten sozialen Triebe an zwei verschiedenen Frauen zu befriedigen und damit seine Abhängigkeit auf zwei Menschen zu verteilen. Aber weiblich sind sie beide: Von der Frau an sich, vom weiblichen Geschlecht, bleibt er deshalb immer noch einseitig abhängig.

Um wenigstens einigermaßen das Gesicht zu wahren, hat er der Tatsache, daß er hinter der Frau her ist und diese so selten hinter ihm, einen nach seiner Wertskala schmeichelhaften Namen gegeben: *männliche Aggressivität.*

Männliche Aggressivität besteht darin, bei der begehrten Frau einen Antrag auf Geschlechtsverkehr zu stellen und so lange zu warten, bis sie entweder ja sagt oder definitiv nein. Geschickt taktierende Männer können durch Streuung ihre Chancen erhöhen: Wenn sie bei mehreren Frauen gleichzeitig Anträge laufen haben, steigt die Wahrscheinlichkeit einer positiven Antwort unter Umständen beträchtlich. Männer, die dieser Methode den Vorzug geben, gelten als besonders aggressiv. Echte Aggressivität – Vergewaltigung der Frau – haben sie sich gegenseitig durch Gesetz verboten.

Die zuweilen bis zur Hysterie gesteigerte weibliche Schwärmerei für männliche Sexsymbole – berühmte Schauspieler oder Sänger etwa – scheint dem allen zu widersprechen, doch männliche Sexsymbole haben immer eins gemeinsam: ihre Unerreichbarkeit für die Frauen, von denen sie begehrt werden. Hier kann man der Libido freien Lauf lassen, denn es besteht kaum ein Risiko, daß sich aus der Begierde negative Folgen ergeben.

Erreichbare Männer werden unverzüglich auf ihre Eignung zum Adoptivvater geprüft, auch wenn die Probezeit immer häufiger unter dem Deckmantel einer leidenschaftlichen Romanze vonstatten geht. Dem gutaussehenden, erfolgreichen Junggesellen, der sich ganz offensichtlich vor eindeutigen Angeboten kaum retten kann, geht es da nur scheinbar besser. Er bekommt natürlich mehr Frauen ins Bett, und er bekommt sie früher dorthin als andere, doch wenn er nicht binnen kürzester Zeit ein Adoptionsangebot macht, verliert er sie bei erster Gelegenheit an die adoptionswillige Konkurrenz. Der große Verschleiß an Sexpartnern, den man solchen Männern nachsagt, kommt vor allem daher, daß niemand lange bei ihnen bleibt. Vor allem die wirklich begehrenswerten Frauen, das heißt die, welche am meisten wählen können, verlieren nicht viel Zeit. Sobald sie sicher sind, daß dieser Mann sie niemals adoptieren wird, verlassen sie das gemeinsame Lager und schlüpfen unter die Bettdecke eines Versorgers, der nicht nur »sein Vergnügen will«, sondern sie »wirklich liebt«.

Auch die »Ehe ohne Trauschein« ist meist eine Adoption: Der einzige Unterschied besteht darin, daß der Schützling zumindest vorübergehend den eigenen Namen behält. Gerade diese immer populärer werdende Form der Familienplanung beweist die Macht der Frau: Sie hat endlich verstanden, daß es gar nicht notwendig ist, den Versorgungsabsichten des Mannes eine juristische Basis zu geben. Im Gegenteil: Gerade durch den Verzicht auf Legalität kann ein Mann sich an seine Partnerin noch mehr gebunden fühlen. Er muß ja denken, dieser Frau komme es im Gegensatz zu allen anderen, denen er vorher begegnet war, ganz allein auf seine Person an. Die echten Schutzobjekte, die der Verbindung entspringen, tragen jedoch auf jeden Fall seinen Namen – und daß die ganze »illegitime« Familie von ihm versorgt wird, ist sowieso selbstverständlich.

Das schwächere Geschlecht ist das stärkere

Geschlechtstrieb und Brutpflegetrieb sind die Basis aller biologisch fundierten Machtstrukturen: Wer für die Befriedigung eines oder beider Triebe auf einen bestimmten anderen Menschen angewiesen ist (wer liebt), gerät in Abhängigkeit. Wer das Verlangen eines anderen nach Triebbefriedigung auf sich konzentrieren kann (wer geliebt wird), erhält über den anderen Macht. Macht besteht in der Fähigkeit, sich einseitig zum Liebesobjekt eines anderen zu machen.

Nur das weibliche Geschlecht ist, wie wir schon gesehen haben, in der Lage, sich einseitig zum Objekt der männlichen Triebe zu machen, ohne seinerseits zur Triebbefriedigung vom Mann abhängig zu werden. Für den Brutpflegetrieb haben Frauen ihre Kinder, den Geschlechtstrieb haben sie dermaßen unter Kontrolle, daß sie von Männern nicht abhängig werden können. Wenn also davon die Rede ist, daß ein Geschlecht das andere beherrscht, so kann dieses beherrschende Geschlecht nur das weibliche sein, niemals das männliche.

»Die erste gesellschaftliche Unterdrückung ist die Unterdrückung der Frau durch den Mann«, heißt ein berühmter Satz von Friedrich Engels. Engels hat Gewalt mit Macht verwechselt. Er hat, wie nach ihm viele Linke, den Fehler gemacht, die Herrschaftsstrukturen, die auf physischer Gewalt beruhen, kritiklos in den Bereich des Geschlechterkampfes zu übernehmen. Nur weil der Mann physisch kräftiger ist und deshalb Geld verdient, hat Engels geglaubt, der Mann habe auch die Macht über die Frau. Aber mit physischer Kraft kann man wohl eine soziale Klasse in die Gewalt bekommen, aber niemals Macht über ein Geschlecht.

Nicht der Kräftigere ist der potentielle Unterdrücker, sondern der Hilflosere, nicht der Begehrende ist der potentielle Herrscher, sondern der Begehrte. Wenn die meisten Frauen körperlich und geistig unterlegen sind, wenn sie von Männern mehr begehrt werden, dann ist »die erste gesellschaftliche Unterdrückung« nicht die der Frau durch den Mann, sondern die des Mannes durch die Frau. Einer Frau geht es meist erst dann schlecht, wenn es ihrem Mann schon lange miserabel geht.

Die weibliche Macht ist der Unterbau aller anderen Machtstrukturen. Sozialsysteme, deren Herrschaft nicht auf Triebbefriedigung beruht, können immer nur Überbau dieses Unterbaus sein – ihre Anführer können stets nur in dem kleinen Bereich herrschen, auf den Sexpartner und Schutzobjekte keinen Wert legen. Ein System, das die Macht des mächtigeren Geschlechts nicht berücksichtigt, ist von vornherein zum Scheitern verurteilt: es bleibt ohne Anhänger. Die Macht des mächtigeren Geschlechts ist sogar die Voraussetzung dafür, daß andere Herrschaftssysteme überhaupt funktionieren. Ohne die Zustimmung der Frau wären Faschismus, Imperialismus oder Inquisition nicht möglich gewesen. Ohne ihre Abhängigkeit von der Frau könnten Männer nicht zum Werkzeug solcher Systeme werden. Erst ein Mensch, der sich mit seinen wichtigsten sozialen Trieben an einen anderen gebunden hat – ein Mann mit Familie zum Beispiel –, kann wirklich in die Gewalt eines der Sekundärsysteme geraten und zu Terror, Heuchelei und Verrat gezwungen werden. Die Macht der Frau verhilft anderen zur Gewalt.

Kirchenväter, Politiker und Diktatoren kennen dieses ungeschriebene Gesetz. Die wichtigste politische Tat eines Herrschers besteht darin, die Frauen zu hofieren und ihnen nach dem Munde zu reden. Sie wissen: Haben sie erst einmal die Frauen auf ihrer Seite, so bekommen sie automatisch auch die Männer. Solange die Kirche die Frau als Schutzobjekt weiterempfiehlt, kann sie den Mann mühelos dazu bringen, seinen Kindern den für ihr Fortbestehen notwendigen Glauben an unsichtbare Wesen zu empfehlen. Solange Politiker soziale Erleichterungen für Frauen versprechen, können sie guten Gewissens Wehrdienst oder höheres Pensionsalter für Männer beibehalten. Solange Diktatoren auf weibliche Heere verzichten, können sie ohne Schwierigkeiten ihre männlichen Rekruten in ihre Kriege schicken.

Die Kirche wurde erst stark, nachdem sie – über die Jungfrau Maria – die Frau für anbetungswürdig erklärt hatte, ihre Herrschaft ist auch heute nur noch dort intakt, wo der Marienkult intakt ist. Jesus hatte es versäumt, sich mit den Frauen zu verbünden – zu seiner Mutter sagte er einmal: »Weib, was habe ich mit dir zu schaffen?« Und auch der frauenfeindliche Apostel Paulus hatte wenig Fortune. Erst mit der Institutionalisierung des weiblichen Schutzobjektstatus war den Christen endlich eine größere Anhängerschaft gesichert.

Es ist deshalb durchaus möglich, daß die großen Sozialrevolutionäre die »unterdrückte Frau« aus taktischen Gründen und gegen besseres Wissen erfunden haben. Weiter oben wurde behauptet, Engels habe Macht mit Gewalt verwechselt – vielleicht war es umgekehrt: Vielleicht hat er die weibliche Macht genau erkannt und sie bewußt dazu eingesetzt, seinem eigenen System zum Sieg zu verhelfen. Es wäre seltsam, wenn ausgerechnet Männer wie Marx, Engels, Lenin und Mao, die sich im Proletariermilieu auskannten wie sonst niemand, ernsthaft geglaubt hätten, der Frau des Arbeiters ginge es schlechter als dem Arbeiter. Wenn sie nicht gewußt hätten, daß die Frau des Arbeiters – trotz Armut und Kinderreichtum – immer noch den besseren Teil der unmenschlichen Proletarierexistenz am Anfang der Industrialisierung hatte. Falls diese und andere Revolutionäre das Schicksal des Proletariats verbessern wollten, blieb ihnen eigentlich gar nichts anderes übrig, als sich mit der Proletarierin zu verbünden und so zu tun, als gelte der Kampf in erster Linie ihrer Sache. Die Taktik war klug und legitim – doch wieviel Verwirrung hat sie in den Köpfen der Gefolgsleute gestiftet!

Auch Adolf Hitler hat sich – mit anderen Vorzeichen allerdings – diese Taktik zu eigen gemacht. Ohne die Unterstützung der von ihm eigens kreierten »deutschen Frau« wäre sein Weg zur Herrschaft und letzten Endes auch sein Blutbad niemals möglich gewesen. Da die Mächtigen der Nation keine Männer waren, konnte er sein Regierungsprogramm offen zur Diskussion stellen: Krieg gegen die Nachbarländer und Verfolgung einer Rasse. Wie man weiß, waren es die Frauen, die ihm am begeistertsten zujubelten. Das soll nicht heißen, Frauen seien mehr für Krieg als Männer – wer ist überhaupt für Krieg? –, doch sicher sind sie weniger dagegen. Da sie nicht an die Front geschickt werden, riskieren sie im Kriegsfall weniger, da sie weniger abstrakt denken, stellen sie sich den Tod nicht so gut vor. Denn daß auch eine demokratische Regierung wie die englische Bomben auf wehrlose Zivilisten werfen lassen würde (die Bombardements der Städte haben nachweislich nichts genützt, erst die systematische Vernichtung der Industrieanlagen hat das Kriegsende herbeigeführt) und mehr als eine halbe Million Frauen und Kinder töten lassen würde, konnte niemand voraussagen. Doch die englischen Bomber wurden von Männern geflogen, und deshalb hatten vermutlich auch die Engländerinnen keine größeren Bedenken. Auch im Land der Suffragetten war zwar für das Frauenwahlrecht gekämpft worden, jedoch nicht für die weibliche Beteiligung am Kriegshandwerk. Obwohl in jedem Land mit Frauenwahlrecht das weibliche Geschlecht auch nominell für Kriege so verantwortlich ist wie das männliche, hält die Mehrzahl der Frauen sich keineswegs für Schreibtischtäter, sondern für Pazifisten. Bei uns wurde keiner der vielen Ehefrauen, die jahrelang vom Gehalt eines KZ-Schergen gelebt hatten, der Prozeß gemacht.

Abgesehen von den jungen Mädchen, die sich in linksradikalen Kampfbewegungen engagieren, hat die Masse der Frauen bisher noch nie wissentlich etwas riskiert. Auch die Soldatinnen der israelischen Armee waren sowohl beim Sechstage- als auch beim Jom-Kippur-Krieg nur beim Nachschub. Wo geschossen wird, ist immer ein Mann. Wer sterben muß, entscheidet der Mächtigere: Der Mächtigere ist die Frau.

Wie entsteht ein Vatersyndrom?

Die Frau scheint so etwas wie eine Patentlösung für die Befriedigung männlicher Wunschträume zu sein. Denn auf den ersten Blick sieht es tatsächlich so aus, als könne man zwei der drei Grundtriebe an ihr abreagieren: den Geschlechtstrieb und den Brutpflegetrieb. Doch dieser Eindruck täuscht. Einen Menschen beschützen zu wollen und einen Menschen sexuell zu begehren sind dermaßen verschiedene Grundhaltungen, daß man sie nur unter den allergrößten Schwierigkeiten für längere Zeit auf ein und dieselbe Person konzentrieren kann. Wer jemand beschützt, will ihm etwas geben. Wer jemand begehrt, will ihm etwas nehmen. Geben ist das Gegenteil von Nehmen.

Dennoch versucht der Mann mit der Beharrlichkeit eines Sisyphos, beide Triebe an ein und demselben Menschen zu befriedigen. Er zeigt dabei soviel guten Willen wie nur möglich. Da sein Vorhaben eigentlich schon von Anfang an zum Scheitern verurteilt ist, bemüht er sich meist vergeblich. Zunächst glaubt er, es liege an ihm. Später glaubt er, es liege an seiner Partnerin. Häufig versucht er es mit einer anderen und beginnt wieder ganz von vorn. Das Ergebnis ist das gleiche.

Dieses Spiel geht so lange weiter, bis sein Sextrieb geringer wird und sein Brutpflegetrieb nach und nach die Oberhand gewinnt. So zwischen fünfzig und sechzig hat er sich dann meist endgültig mit der Vaterrolle abgefunden und träumt nur noch gelegentlich von der Geliebten. Er findet die Frau, mit der er alt werden will – er nennt sie »die Richtige«, »die Frau fürs Leben« –, oder kehrt, wenn er schon eine Familie hat, endgültig in ihren Schoß zurück und wird »seriös«. Er sei jetzt endlich souverän, sagt er, und habe sich und die Frauen in der Hand. In Wahrheit hat nur sein sexuelles Interesse nachgelassen.

Diese schizophrene Situation, die ihre Ursache darin hat, daß Frauen sich Männern meist in einer Doppelrolle anbieten und daß diese meist darauf eingehen, ist verantwortlich für eine endlose Kette von Mißverständnissen zwischen den Geschlechtern. Und natürlich hat sie katastrophale Auswirkungen auf die männliche Sexualmoral. Sie ist die Ursache für jene sexuellen Perversionen und Tabus, die wir hier zusammenfassend als *Vatersyndrom* bezeichnen. Seine wichtigsten Merkmale: *Inzest, Polygamie, Prüderie.*

Manche Männer zeigen alle drei Symptome auf einmal, andere nacheinander, bei wieder anderen tritt nur eines in Erscheinung, und die anderen sind latent. Wirklich immun dagegen könnten eigentlich nur Männer sein, die sich prinzipiell nicht für Frauen interessieren, das heißt Männer mit schwacher Libido, alte Männer und Homosexuelle. Wir werden uns in den folgenden Abschnitten mit jedem der Symptome getrennt befassen.

Adoption und Inzest

Männer, die bei der Wahl ihrer Partnerin dem Brutpflegetrieb besonders viel Platz einräumen und sich Frauen mit besonders viel Kindlichkeitsmerkmalen nehmen – bedeutend jüngere, dümmere, kleinere, schwächere –, kommen in die Zwangslage, an ihrem Schützling neben dem Brutpflegetrieb auch noch den Sextrieb befriedigen zu müssen. Das heißt, sie schlafen mit einem Menschen, den sie eigentlich als ihr Kind betrachten, und betreiben somit Inzest.

Daß es sich um Inzest handelt, wird ihnen freilich nicht bewußt. Es fällt auch schwer zu begreifen, daß ein Mann mit einer Frau wegen seines Brutpflegtriebs zusammen ist – denn nur das Sexuelle fällt ins Auge. Doch all die altruistischen Gefühle, die er ihr entgegenbringt – der Wunsch, sie zu behüten, zu verteidigen, für sie zu arbeiten, zu kämpfen –, sind die eines Vaters für sein Kind und nicht die eines Liebhabers für seine Frau.

Bei der »Adoption« kann ein Mann zwischen den Gefühlen eines Vaters und denen eines Liebhabers allerdings kaum unterscheiden. Er kennt, wenn er Glück hatte, die Gefühle des Liebhabers, die des Beschützers kennt er noch nicht. Wenn er sie zum ersten Mal für eine Frau empfindet, vergleicht er sie mit seinen früheren Gefühlen zu Frauen und stellt fest, daß sie ganz anders sind: Seinen früheren Lieben wollte er allen keine Opfer bringen. Er sieht darin den Beweis, daß dies endlich die echte, die ganz große Liebe sein müsse, auf die er so lange gewartet hat. Er nennt die neue Frau »die Frau zum Heiraten« – im Gegensatz zu den früheren, die er nachträglich als Frauen »fürs Bett« bezeichnet. Erst sehr viel später, wenn er wirklich Vater geworden ist, kann er seine damaligen Gefühle identifizieren und feststellen, daß er für sein Kind mehr oder weniger das gleiche empfindet wie für seine Frau. Wenn er ehrlich ist, wird er sich eingestehen, daß er sie weniger ihrer Sexpartner- als ihrer Schutzobjektqualitäten wegen geheiratet hat. Freilich hätte er sie andererseits ohne ihre Sexpartnerqualitäten auch wieder nicht geheiratet.

Ein Mann mit Kindfrau weiß, daß etwas nicht so ist, wie es sein sollte – doch was es ist, kann er schwer sagen. Es kommt ihm vor, als würde er mit dem Liebesakt etwas Ungehöriges von dieser Frau verlangen, etwas, was ihm eigentlich nicht zusteht. Er möchte sie schonen und hat – da er ja andererseits keinen konkreten Grund dazu sieht und es daher auch nicht tut – beim Geschlechtsverkehr immer ein mehr oder weniger schlechtes Gewissen. Er wird den Eindruck nicht los, als täte ihm jemand einen großen Gefallen, für den er sich möglichst bald erkenntlich zeigen müsse.

In früheren Zeiten, als Frauen noch jungfräulich in die Ehe gingen und außerdem der Altersunterschied zwischen Partnern meist noch größer war als heute, war der Zusammenhang zwischen Adoption und Inzest besonders deutlich: Der Ehemann mußte unmittelbar nach der Zeremonie seinen Schützling quasi mißbrauchen. Dank der neuen Sexmoral haben Männer heutzutage wenigstens Gelegenheit, sich allmählich an die Situation zu gewöhnen. Heirat, früher Vorbedingung zum Inzest, wird mehr und mehr zu einer Form der Wiedergutmachung.

Als Vater wider Willen bleibt dem Mann kein anderer Ausweg, als die Inzestschranke zu seiner »Frau« zu durchbrechen. Daß sie nicht das echte, sondern das Pseudokind ihres Mannes ist, erleichtert die Sache natürlich in gewisser Weise, denn auch der Inzest ist ja in diesem Fall kein echter, sondern ein Pseudoinzest. Dennoch bleibt ein solches Maß an Triebmanipulation nicht ohne Folgen. Bis zu welchem Grad viele Männer ihre Inzesthemmung abgebaut und sich zumindest in ihren Wunschträumen dem echten Inzest genähert haben, zeigt uns die Praxis des Psychoanalytikers. Daß Väter in bezug auf ihre heranwachsenden Töchter sexuelle Phantasien entwickeln, ist nach Aussage der Therapeuten eine Alltäglichkeit. Die Psychoanalyse, sonst wahrhaft bereit, überall Komplexe zu sehen, macht nicht einmal den Versuch, Männer von diesen Vorstellungen zu befreien. Die einzige Sorge des Analytikers besteht in diesem Fall darin, sein Patient könnte aus seinen Träumen Schuldgefühle entwickeln. Er wird nicht müde, ihm zu versichern, wie »normal« dies alles sei.

Es ist normal. Zahlen über die Praxis des echten Inzests – Geschlechtsverkehr mit Verwandten ersten und zweiten Grades – bestätigen es immer wieder, denn hier stehen Vater-Tochter-Beziehungen bei weitem an der Spitze. Eine von der schwedischen Regierung veranlaßte Untersuchung über Inzest, die alle in zwanzig Jahren in Schweden bekanntgewordenen Fälle berücksichtigt, gibt uns folgende statistische Daten: Sechzig Prozent der inzestuösen Beziehungen spielen sich zwischen Vater und Tochter ab, zwanzig Prozent zwischen Bruder und Schwester, ein Prozent zwischen Mutter und Sohn. Die restlichen neunzehn Prozent betreffen Beziehungen zwischen Männern und ihren Enkeltöchtern und Nichten.

Ein Mann, der Brutpflege- und Sextrieb auf ein und dieselbe Frau zu konzentrieren sucht und darüber hinaus noch an eine extrem kindliche Partnerin geraten ist, findet sich daher in einer besonders schizophrenen Situation. Kein Wunder, daß auf die Auserwählte sein Verhalten häufig exzentrisch wirkt: Mal verherrlicht, mal verflucht, mal vergewaltigt er sie, mal liegt er ihr zu Füßen, mal mißhandelt er sie, mal möchte er für sie sterben. Doch das alles muß so sein. Da Brutpflege- und Sextrieb im Grunde miteinander unvereinbar sind, gibt es für einen Mann keine andere Möglichkeit, als ständig von einem Extrem ins andere zu fallen.

Sensiblere Männer suchen daher so bald wie möglich einen Ausweg aus ihrer Inzestbeziehung und flüchten sich in die Polygamie oder Prüderie. Andere, weniger sensible, bleiben beim Inzest. Denn ganz allmählich wird die Lust am Verbotenen, die sie dabei empfinden, zu einem festen Bestandteil ihres sexuellen Verhaltens. Aus der Not, die sie zunächst zur Tugend machen mußten, wird bald ein Bedürfnis und eine regelrechte Perversion. Einmal daran gewöhnt, Sex mit »kleinen Mädchen« zu vollziehen, wird erlaubter Sex – der mit Frauen – für diese Männer ausgesprochen langweilig. Es läßt sich vermuten, daß besonders jene, die – zunächst nur, um ihren Vatertrieb zu befriedigen – an besonders kindliche Frauen gerieten, dabei die größten Schwierigkeiten haben. Wahrscheinlich sind es die gleichen, die noch als ältere Herren bei gelegentlichen Bordellbesuchen nach Minderjährigen verlangen. Denn worauf es ihnen bei der ganzen Aktivität vor allem anderen ankommt, ist die Verletzung des Tabus.

Die Ursachen der männlichen Polygamie

Der Mann mit der Kindfrau wird sich nach Möglichkeit dem Irrsinn der Monogamie entziehen und seinen Seelenfrieden in der Vielweiberei suchen. Er wird seine Liebe teilen: seinen Brutpflegetrieb seiner Frau zuwenden, seinen Sextrieb einer anderen – der einen etwas geben, der anderen etwas nehmen, die eine beschützen, die andere herausfordern, die eine schonen, die andere nicht.

Die männliche Polygamie hat ihren Ursprung darin, daß Männer sowohl ihren Brutpflegetrieb als auch ihren Fortpflanzungstrieb an Frauen befriedigen. Das erweckt dann den Eindruck, sie könnten zwei Frauen zugleich lieben: In Wahrheit lieben sie jedoch nur eine der beiden als Frau – die andere ist ihr Kind. Bei Frauen können solche Verwechslungen kaum vorkommen, denn der Personenkreis, an den sie sich mit ihren Trieben wenden, unterscheidet sich ganz eindeutig: Für den Brutpflegetrieb haben sie Kinder, für den Sextrieb – falls nötig – ihren Mann. Daher gelten Frauen als monogam und Männer als polygam. Die meisten Männer scheinen sich jedoch der tieferen Ursache ihrer Polygamie nicht bewußt zu sein. Ein Mann, sagen sie, brauche mehrere Frauen – der Frau genüge offenbar ein einziger Mann. Da sie sowohl mit ihrem Schutzobjekt als auch mit ihrem Sexpartner geschlechtlich verkehren – mit letzterem allerdings weit häufiger –, nehmen sie an, die Ursache ihrer Vielweiberei sei in der männlichen Sexualität zu suchen, die nun einmal prinzipiell anders sei als die weibliche.

In Ehen, die auf der Adoption der Ehefrau basieren, ist das Signal zum Anbruch der polygamen Epoche des Ehemanns meist die Geburt des ersten Kindes. Auch für den väterlichsten aller Männer wird damit der Brutpflegetrieb hinreichend befriedigt – und in dem Maß, wie dies der Fall ist, meldet sich sein

Geschlechtstrieb. Bis dann eines Tages das Verlangen nach einem Sexpartner so stark ist, daß er seine Bedenken – denn natürlich möchte er seinem Schützling Kummer ersparen und hat deshalb Bedenken – beiseite schiebt und sich eine Geliebte nimmt. Die »Frau zum Heiraten« hat er jetzt – nun braucht er wieder die »fürs Bett«.

Der Schritt wird ihm meist dadurch erleichtert, daß seine Kindfrau nach der Geburt der echten Schutzobjekte ihre Sexpartnerrolle nur noch mit einem Minimum an Aufwand betreibt. Selbst für eine Frau mit normaler Libido ist ein Liebhaber, den sie sich nach seiner Verwendbarkeit als Vater ausgesucht hat, nicht lange begehrenswert, viele empfinden sogar einen ausgesprochenen Widerwillen beim Geschlechtsverkehr mit einem solchen Mann (siehe die bereits erwähnte italienische Statistik). Die Sexpartnerrolle war in erster Linie als Köder gedacht: Das Ziel war Adoption durch einen Mann mit darauffolgender Zeugung von Kindern. Ist dieses Ziel erreicht, wird das Gewicht mehr und mehr auf den Schutzobjekt-Aspekt verlegt, denn er stellt die geringsten Anforderungen und ist so der Weg des kleinsten Widerstands. Als Sexpartner engagiert sie sich eigentlich nur noch in Krisenzeiten – etwa dann, wenn sie ihre Schutzobjektrolle durch eine andere Frau gefährdet sieht und fürchten muß, der Versorger könnte sie verlassen. Genaugenommen bräuchte eine Frau mit Kindern nicht einmal selbst das Schutzobjekt zu spielen – die Kinder spielen es für sie, und sie tun es überzeugender, als sie selbst es je könnte. Ein Mann, der seine Kinder beschützen will, will auch deren Mutter beschützen, denn die Kinder brauchen sie ja. »Ich liebe meine Frau und meine Kinder«, sagt der Familienvater, als ob es sich um identische Gefühle handelte – für ihn sind es identische Gefühle.

Polygamie scheint somit nicht nur der beste, sondern auch der einzige Ausweg für den Mann mit Adoptivfrau zu sein. Dennoch sind nicht alle Männer polygam. Der Grund ist leicht zu erraten: Da ein Mann auf dieser Welt nichts umsonst bekommt – weder die Befriedigung seines Brutpflege- noch die seines Sextriebs –, müßte er, um seine polygame Veranlagung zu realisieren, auch in der Lage sein, mehrere Frauen zu ernähren, und meist ist er das nicht. Vielweiberei setzt immer eine ungerechte Verteilung der Vermögenswerte voraus, sie ist ein Spiegel der sozialen Gerechtigkeit in einem bestimmten Land. Da er Frauen bezahlen muß, bekommt ein Mann mit viel Geld immer viele Frauen und einer mit wenig gar keine. Männer in sozialistischen Staaten sind daher, was die Realisierung ihrer sexuellen Wunschträume betrifft, in einer besonders schlechten Ausgangssituation: je gleichmäßiger die Verteilung des Volksvermögens, desto geringer die Chance für Vielweiberei. Da der Anteil der Frauen an der Gesamtbevölkerung dem der Männer etwa gleich ist, bleibt die feste Nebenfrau auch in westlichen Industrieländern, wo jeder Mann zumindest eine Frau ernähren kann, ein Privileg der Bosse. Besonders günstig ist die Basis für Vielweiberei im starken sozialen Gefälle westlicher Entwicklungsländer. In Lateinamerika ist Bigamie praktisch institutionalisiert. Der gutsituierte Mexikaner hat die »casa grande« und die »casa chica«, das Haus mit der Ehefrau und das mit der Geliebten. Natürlich hält das Arrangement nur, solange er in der Lage ist, beide Häuser ausreichend zu versorgen.

Ob ein Mann polygam ist oder nicht, hängt somit ganz von seiner ökonomischen Situation ab: Reiche Männer sind nicht polygamer, sondern reicher – arme Männer sind nicht monogamer, sondern ärmer.

Wir unterscheiden daher folgende Formen von Polygamie: *simultane, sukzessive, sporadische* und *symbolische*. Für welche Form sich ein bestimmter Mann entscheidet, hängt letzten Endes ganz von dem Vermögen ab, das ihm für die Realisierung seiner Wünsche zur Verfügung steht. Simultane und sukzessive Polygamie ist die Vielweiberei der Reichen, sporadische und symbolische die der kleinen Leute.

Simultane Polygamie

Simultane Polygamie ist die eigentliche Polygamie: Ein Mann hat mehrere Frauen und möchte alle behalten. *Sukzessive Polygamie* ist Polygamie auf Zeit: Ein Mann hat zwei Frauen, wartet jedoch darauf, eine der beiden wieder loszuwerden. *Sporadische Polygamie* ist gelegentliche Vielweiberei, *symbolische Polygamie* ist Befriedigung des Sexualtriebs ohne Sexpartner. Ein wohlhabender Mann wird sich entweder für simultane oder sukzessive Polygamie entscheiden, auf sporadische oder symbolische Vielweiberei legt er im allgemeinen keinen Wert.

Beim *simultan-polygamen Mann* – dem Mann mit Ehefrau

und gleichzeitiger Geliebter – wird die vollzogene Trennung zwischen Schutz- und Sexobjekt am deutlichsten. Der Beschützer bleibt bei seinem Schutzobjekt, wird womöglich noch fürsorglicher als zuvor, die sexuelle Beziehung zu ihm wird jedoch mit Beginn des polygamen Abschnitts zu einer Farce. Vermutlich würde ein Mann, der eine Sexpartnerin gefunden hat, mit seinem Schutzobjekt am liebsten überhaupt nicht mehr sexuell verkehren. Weil er ihm jedoch Kummer ersparen will – das gehört zu seiner Beschützerrolle –, tut er es hin und wieder trotzdem. Doch er verfährt dabei so direkt wie nur möglich. Den eigentlichen Sex mit allen seinen Nuancen praktiziert er von nun an ausschließlich mit seinem Sexpartner. Trotz Heuchelei, Angst vor Entdeckung und finanzieller Mehrbelastung wirkt der simultan-polygame Mann – der Mann, der seinen Brutpflege- und seinen Sextrieb an verschiedenen Triebobjekten abreagieren kann – ausgeglichener als während seiner monogamen Epoche. Er sieht in dieser Zufriedenheit einen Beweis für die polygame Veranlagung aller Männer.

Nun geschieht jedoch etwas Seltsames: Statt sich zu seiner neuen Liebe zu bekennen, bezeichnet er weiterhin die Gefühle für die erste Frau – für sein Schutzobjekt – als Liebe. Die Gefühle für die Geliebte nennt er einen »Rausch«, eine »vorübergehende Besessenheit«. Er spricht von der Beziehung zu seiner Geliebten – von den Gefühlen zu seiner eigentlichen Frau – wie von etwas Minderwertigem, zuweilen sogar wie von etwas Verabscheuungswürdigem. Er meint, er sei ihr »verfallen«, sie appelliere »an seine niederen Instinkte«. Stellt die Ehefrau ihn zur Rede, so sagt er, er wisse gar nicht, was sie von ihm wolle: Das mit der anderen sei doch »nur Sex« und habe mit Liebe überhaupt nichts zu tun.

Für dieses Verhalten gibt es eine einfache Erklärung. Die Unterscheidung, die ein Mann zwischen seinem Schutzobjekt und seinem Sexpartner trifft, ist ganz willkürlich. Natürlich hat die Geliebte sich ihm als Sexpartner angeboten, denn als Sexpartner hatte sie zunächst die größeren Aussichten – der Brutpflegetrieb ihres Liebhabers war ja bereits durch Adoptivfrau und Kind hinreichend befriedigt. Doch im Grunde ist auch sie eine Frau wie die meisten: halb Schutzobjekt, halb Sexobjekt, halb Kind, halb Vamp – mit der Fähigkeit, das Gesicht zu zeigen, das gerade am besten honoriert wird. Oft ist sie der Ehefrau sogar ausgesprochen ähnlich – viele Männer haben einen bestimmten »Typ«, der sie immer wieder anzieht. Und da die Nebenfrau oft nicht nur schöner ist als die legale – häufig ist sie nicht nur jünger, sondern auch noch dümmer als diese –, kann sie leicht zur Falle werden: es besteht jederzeit die Möglichkeit, daß sie sich unversehens von einem Sexpartner in ein Schutzobjekt verwandelt. Statt der erträumten Geliebten hat der simultan-polygame Mann dann plötzlich einen weiteren Sozialfall am Hals. Er wird mit dem neuen Schützling eine weitere Familie gründen, weitere Kinder zeugen und, falls er sich wieder eine Geliebte nimmt, schließlich in einem noch größeren Dilemma stecken als zuvor. Denn sein Sextrieb, auf den es ihm bei dem ganzen Manöver eigentlich ankam, ist wieder einmal mehr oder weniger unbefriedigt – und seiner legalen Frau, die er eigentlich beschützen wollte, hat er nichts als Schaden zugefügt.

Die wichtigste Aufgabe des Mannes mit zwei Frauen besteht somit darin, Komplikationen dieser Art zu vermeiden und sich und sein Schutzobjekt so gründlich wie nur möglich vor dem neuen Sexpartner zu schützen. Dem Beispiel anderer Polygamer folgend, unterzieht er sich deshalb einer Art Gehirnwäsche: Damit er ja nie in Versuchung geraten kann, der neuen Liebe den Status zu geben, den er ihr geben möchte, wird er seine Gefühle für den Sexpartner von Anfang an verleugnen, verniedlichen oder verteufeln. Damit er ja nie in den Verdacht gerät, seine Geliebte zu lieben, wird er sein überwältigendes Verlangen, dieser so nahe wie nur möglich zu sein, in sie einzudringen, sie immer wieder zu berühren und von ihr immer wieder berührt zu werden, vor sich und anderen zu etwas Minderwertigem, Niedrigem, Primitivem, Billigem und Zweitklassigem machen – zu »nur Sex«.

Parallel zur Abwertung des Sexpartners läuft die Aufwertung des Schutzobjekts. Das Bedürfnis nach Brutpflege, das im Grunde nichts mit Mann und Frau zu tun hat, weil man es auch für Kinder, Alte und Kranke empfinden kann, wird zu etwas hochstilisiert, was es nicht ist und niemals werden kann – zu »wahrer« Liebe zwischen Mann und Frau. Als »Mutter seiner Kinder« wird die Adoptierte mehr und mehr »das Reine«, »das Wichtige«, »der Sinn« in seinem Leben und die Geliebte das genaue Gegenteil davon.

Die Erlebnisse mit dem Sexpartner werden öffentliches Eigentum: Er ist jederzeit bereit, seinen Freunden darüber Auskunft zu erteilen – drängt ihnen diese Auskunft zuweilen sogar auf –, wie und wie oft er es mit ihm getan hat. Die sexuellen Beziehungen zum Schutzobjekt, soweit sie überhaupt noch bestehen, sind tabu. Erfährt er, daß ein anderer Mann von seinem Schutzobjekt wie von einem Sexpartner redet, dessen »Ehre beschmutzt«, wie er es nennt – er ist bereits soweit, Sexualität für etwas prinzipiell Schmutziges zu halten –, stellt er ihn unverzüglich zur Rede. Vor nicht allzulanger Zeit haben sich Ehemänner für den Ruf ihrer Frauen – Frauen, mit denen sie nur noch aus Pflichtgefühl schliefen – sogar duelliert und – so unwahrscheinlich es klingt – deswegen gelegentlich ihr Leben gelassen.

Die Adoptivfrau, der diese ganze Begriffsmanipulation zugute kommt und der sie letztlich auch zu verdanken ist, bleibt davon allerdings unberührt – vor sich selbst verwechselt sie niemals Sexualität mit Brutpflege. Nimmt die Ehefrau eines Mannes, der sie betrügt, sich ihrerseits einen Liebhaber, so wird ihr nie die Idee kommen, die Gefühle für diesen Liebhaber nicht Liebe zu nennen. Da die wenigsten Frauen Männer als Schutzobjekte sehen können – nur kranke oder intellektuelle Männer geraten gelegentlich in den Genuß des Muttertriebs ihrer Partnerinnen –, kommen Frauen auch nicht in Versuchung, ihren Brutpflegetrieb für Liebe zu halten und ihre Liebe für ein Zeichen von Verruchtheit. Für eine Frau ist Liebe die Befriedigung des Sextriebs und die Befriedigung des Sextriebs Liebe. Sie muß daher auch keine Abstriche machen und kann Sex guten Gewissens »Liebe« nennen und nicht, wie ihr Mann es tut, »nur Sex«. Natürlich wird sie das vor ihm geheimhalten: Offiziell ist auch für sie Liebe immer Nächstenliebe.

Sukzessive Polygamie

Genau wie der simultan-polygame Mann hat auch der sukzessiv-polygame zwei Frauen. Doch im Gegensatz zu diesem empfindet er Polygamie als Belastung und wartet darauf, eine der beiden – meist ist es die ältere – bei erster Gelegenheit loszuwerden. Während also der Simultanpolygame nach Möglichkeit immer polygam ist, wechseln beim Sukzessivpolygamen Phasen der Polygamie mit solchen der Monogamie, wobei der Rhythmus des Wechsels in direktem Verhältnis zu dem Vermögen steht, das er für Frauen ausgeben kann.

Je nachdem, ob ein Mann mehr Wert auf Befriedigung seines Brutpflegetriebs oder seines Sextriebs legt, lassen sich Sukzessiv-Polygame in zwei Kategorien einteilen:

1. Männer, die immer neue Schutzobjekte suchen – die *ewigen Väter.*
2. Männer, die immer neue Sexpartner suchen – die *ewigen Junggesellen.*

Der *ewige Vater* repräsentiert zweifellos die häufigste Variante von Sukzessiv-Polygamie. Es ist der Mann, der vor allem auf Brutpflege Wert legt und daher bei der Wahl seiner Partnerin in erster Linie darauf achtet, daß sie so kindlich wirkt wie nur irgend möglich. Da Frauen nur bis fünfundzwanzig oder allerhöchstens bis dreißig kindlich wirken können, muß sich ein solcher Mann spätestens alle zehn Jahre eine neue Partnerin suchen. Dabei steht nicht nur die Zahl der »Kinder«, die er im Lauf seines Lebens adoptiert, in direktem Verhältnis zu seinem Vermögen, sondern auch die Art. Neureiche Männer nehmen sich mit Vorliebe gesunder Kinder an – Typ Mädchen vom Lande –, Männer der guten Gesellschaft und Schöngeister bevorzugen eher die kränkelnde Variante – Typ Mannequin. Ausschlaggebend ist jedoch stets, daß der Schützling einen wirklich schutzbedürftigen Eindruck macht. Sobald man vermuten muß, die Hilflose könne sich selbst helfen, versagt die Brutpflegeautomatik. Wenn die Adoptivfrau nach einigen Jahren das Aussehen eines erwachsenen Menschen bekommt, muß sie durch eine Nachfolgerin ersetzt werden. Die Zeit der Suche nach geeignetem Nachwuchs ist die polygame Phase des sukzessiv-polygamen Mannes, sie entspricht der Schwangerschaft bei der Frau.

Weil das Kindchenspielen der höchstbezahlte Frauenberuf überhaupt ist, wird der »ewige Vater« – vorausgesetzt, er ist wirklich vermögend oder er hat einen wirklich einträglichen Beruf – nicht besonders lang nach einer neuen Besetzung Ausschau halten müssen. Sobald er das neue Kind gefunden hat und ganz sicher ist, daß es ihn auch braucht, gibt er seiner erwachsen gewordenen Tochter eine Mitgift – meist handelt es sich um das Haus, in dem er mit ihr gewohnt hat, plus Alimentenzahlung bis zur Wiederverheiratung (in fortschrittlichen Ländern nennt man es heute Ausbildungshilfe) – und widmet seine ganze Kraft dem jungen Nachwuchs. Er wird sein Baby natürlich nicht im Kinderwagen spazierenfahren, sondern im Lincoln oder Mercedes, er wird es auch nicht von Nachbarinnen bewundern lassen, sondern von Freunden oder Kollegen. Doch das Bild ist das gleiche. Natürlich wird ihn kein Mensch fragen, ob sein Baby auch schon sprechen kann oder ob es schon seine ersten Zähnchen hat, aber man wird ihm auf jeden Fall freundlich bestätigen, wie »süß« »seine Kleine« sei. Er wird darauf so stolz sein wie eine Mutter oder ein Vater. Die Kleine sei zwar süß, wird er antworten, aber sie habe auch einen ganz schönen Dickkopf und sei zuweilen – im Bett – auch ganz schön wild.

Da es den »ewigen Vater« nicht nur unter reichen, sondern auch unter bürgerlichen Männern gibt, existiert auch eine bürgerliche Variante der auf Brutpflege basierenden Sukzessiv-Polygamie. Der bürgerliche Mann ist natürlich nicht reich genug, sich ständig neue Schutzobjekte zu suchen. Doch so nach zwanzig oder dreißig Jahren zielstrebiger Berufstätigkeit hat auch er es meist zu einem kleinen Vermögen gebracht, und dieses investiert er nicht selten in eine Zweitadoption. Im Volksmund ist das sein »zweiter Frühling«. Man kann anhand seines Bankkontos und des Alters seiner derzeitigen Frau genau vorausberechnen, zu welchem Zeitpunkt sich das Naturphänomen ereignen wird.

Weder dem reichen noch dem bürgerlichen »ewigen Vater« geht es in erster Linie um Sexualität. Im Gegensatz zum Simultan-Polygamen verläßt ein Sukzessiv-Polygamer der Brutpflegevariante seine Frau, um anderswo seinen Brutpflegetrieb zu befriedigen, nicht seinen Sextrieb. Seine erste Frau ist ihm zwar zu alt, jedoch nicht als Frau, sondern als Kind. Daher ist hier die Regel Scheidung und Wiederheirat – gerade das, was der Simultan-Polygame mit aller Kraft zu vermeiden sucht. Daher spricht der Sukzessiv-Polygame von der Sukzessivfrau auch nicht abwertend – im Gegenteil, die neueste Frau ist stets die größte Liebe seines Lebens –, abgewertet wird ihre Vorgängerin. Da er die Neue nicht als Sexpartnerin sieht, sondern als Schutzobjekt, will er ihr auf die umfassendste Art Schutz bieten, die er zu vergeben hat: durch legale Adoption.

Im Gegensatz zum »ewigen Junggesellen« hat der »ewige Vater« keine Angst vor Impotenz. Was er sagen will, ist nicht »seht her, ich bin noch so potent, daß ich sogar junge Frauen befriedigen kann«, sondern »seht her, ich bin noch so leistungsfähig, daß dieses unschuldige Kind sich mir anvertraut«. Ein »ewiger Vater« weiß aus Erfahrung, daß er ohnehin nur mehr oder weniger frigide Frauen bekommen kann – andere würden sich nur ausnahmsweise mit zwanzig oder dreißig Jahren älteren Männern einlassen.

Man könnte nun hier einwenden, daß Frauen, die sich Männern als Schutzobjekte anbieten, sich eine Zeitbombe einhandeln – denn irgendwann einmal wird der Mann sie verlassen und sich eine Jüngere suchen. Dies ist jedoch keine echte Gefahr – wie es auch kommen mag, die Rolle ist auf jeden Fall einträglicher als die des reinen Sexpartners. Wenn ein Mann eine jüngere Frau heiratet, so heißt das automatisch, daß er auch seine ältere Frau ernähren kann – sonst hätte er die jüngere ja überhaupt nicht erst bekommen. Der Mann selbst hat Gesetze gemacht, die ihn dazu zwingen, jede seiner früheren Frauen angemessen zu versorgen. Falls nicht ein anderer kommt, der bei seiner Verflossenen die Brutpflege übernimmt – was aber meist nach einiger Zeit der Fall ist, denn das Verhältnis zwischen männlicher und weiblicher Bevölkerung ist annähernd eins zu eins –, ernährt er sie mitunter ein ganzes Leben lang. Nur Frauen, denen an ihrem Mann als Liebhaber gelegen ist, können sich durch die Trennung wirklich verletzt fühlen. Adoptivfrauen werden kaum leiden: Sie sehen ihren Mann als Vater, und einem Kind ist es egal, ob dieser Vater eines versorgt oder zehn – Hauptsache, es entstehen keine Engpässe in der Versorgung. Natürlich lebt ein Einzelkind auf größerem Fuß als eines mit zwei oder drei Geschwistern – doch wenn es nicht anders geht, wird es sich auch mit einem kleineren Anteil zufriedengeben. Wenn die finanzielle Seite geregelt ist, geben sie ihre Väter frei und machen sich mitunter sogar auf die Suche nach einem Liebhaber.

Der *ewige Junggeselle* – der Sukzessiv-Polygame der Sextriebvariante – ist relativ selten. Es handelt sich um Männer, die eigentlich Frauen suchen, jedoch überall auf Kinder treffen. Da sie auf Sexualität nicht verzichten wollen, lassen sie sich auch mit diesen »Kindern« ein, doch nur für kurze Zeit: Sie sind ihnen zu einfältig – nicht als Kinder, sondern als Frauen. Da diese Sukzessiv-Polygamen keine Kinder wollen und daher auch selten Adoptionsangebote machen, ist die Trennung für beide Seiten schmerzlos. Nicht selten tut sogar das Pseudokind den ersten Schritt, nachdem es sich von der Vergeblichkeit seiner Bemühungen überzeugt hat.

Natürlich hat auch der ewige Junggeselle einen Brutpflegetrieb zu befriedigen, doch er wählt dazu Schutzobjekte, die schutzbedürftiger als Frauen sind. Nicht selten kämpft er als

Idealist für die Gerechtigkeit und Freiheit, engagiert sich für sozial Benachteiligte oder hat in seinem Beruf – als Arzt, Fürsorger, Politiker – so viel mit Objekten der Nächstenliebe zu tun, daß sein Brutpflegetrieb hinreichend gesättigt ist. Gegen Frauen, die sich ihm nach Feierabend als Schutzobjekt anbieten, ist er daher im Gegensatz zu seinen Geschlechtsgenossen weitgehend immun.

Sporadische Polygamie

Sporadische Polygamie ist die Vielweiberei des kleinen Mannes. Im Gegensatz zum Reichen befriedigt der Arme seinen Sextrieb nicht regelmäßig, sondern gelegentlich, und zwar bei:

1. Frauen, die nicht zu haben sind (Promiskuität).
2. Frauen, die jeder haben kann (Prostitution).

Frauen, die nicht zu haben sind, sind die Frauen anderer Männer. Es handelt sich um solche, die sich trotz normaler Libido für einen Mann entschieden haben, den sie eigentlich nicht begehren – für einen »Vater« –, und deshalb nun gezwungen sind, diese Libido außerhalb des Adoptivverhältnisses zu befriedigen. Oft sind es auch Frauen, die noch keinem bestimmten anderen gehören, sich jedoch für eine Adoption zur Verfügung halten. Während sie warten, spielen sie mitunter den Sexpartner des »Vaters« einer anderen. Da solche Frauen ihre Gunst immer gratis gewähren – denn es liegt ihnen tatsächlich an Sex, wenn auch nicht so sehr wie an Versorgung –, darf der, dem sie geboten wird, nicht lange zögern: Das Angebot an Gratissex ist bescheiden und die Nachfrage enorm. Nur ein Reicher darf sich aussuchen, mit wem er wann schlafen will – er kann, falls er reich genug ist, den ersten »Vater« sogar überbieten und so auch Frauen erobern, die eigentlich schon nicht mehr zu haben sind. Der Arme überlegt nicht lang und akzeptiert wahllos jede Frau, die er bekommt – er weiß, dies ist eine Gelegenheit, die vielleicht nicht so bald wiederkehrt. Obwohl es sich hier nur um Promiskuität handelt, bezeichnet der kleine Mann die Notwendigkeit, seinen Sextrieb am ersten erreichbaren Sexpartner zu befriedigen, gern als »abenteuerlich«. Die Frau, die für ihn nicht zu haben ist – weil er schon eine andere hat und zwei nicht beschützen kann –, nennt er sein »Abenteuer«.

Frauen, die jeder haben kann, sind solche, die zwar nicht gratis sind, aber auch nicht unerschwinglich. Denn die Höhe der Summe, die eine Frau für die Befriedigung des männlichen Sextriebs verlangt, richtet sich mathematisch genau nach der Anzahl der Männer, denen sie sich zur Verfügung stellt. Sexualität ist einer der wenigen Aspekte des täglichen Lebens, in dem es auch in Wohlfahrtsstaaten noch Klassenschranken gibt: Welche Sexpartner ein polygamer Mann bekommt, richtet sich exakt nach seinem Einkommen. Frauen mit Exklusivverträgen – »Ein-Mann-Frauen« – sind die teuersten, denn nach Beendigung des Vertragsverhältnisses erfolgt automatisch Abfindung plus Lebensrente. Vertragslose Exklusivverbindungen, wie etwa die zur Geliebten, sind nur während der Dauer der Beziehung kostspielig – gerade der fehlende Vertrag schützt den Sexpartner nach Beendigung des Verhältnisses vor Abfindungszahlungen. Sex mit Callgirls – Frauen mit einem bis zwei Partnern pro Tag – ist bereits wesentlich günstiger, der Kunde ist hier der Mann des gehobenen Mittelstandes. Mit steigender Zahl der Partner sinken dann die Preise immer weiter, und die Männer, die sie zahlen, werden immer ärmer. Die Bordelldirne mit fünf Partnern pro Tag ist das Sexobjekt des gutverdienenden Vertreters, die Autodirne mit zehn Partnern das des mittleren Angestellten, die Hure am Straßenrand mit bis zu dreißig Partnern das des Proletariers. Wirkliche sexuelle Frustration müssen eigentlich nur arbeitslose Männer erleben.

Sex mit Prostituierten ist zweifellos die preiswerteste Form von Befriedigung des Sextriebes am lebenden Objekt, doch sie ist auch zugleich diejenige, die von Sexualität am weitesten entfernt ist. Männer, die zu Prostituierten gehen, stillen ihr Verlangen nach Liebe zu einem erwachsenen Menschen des anderen Geschlechts fast schon mechanisch. Daß sie dabei ein Lebewesen im Arm halten, hat im Grunde nur noch Symbolcharakter. Sexualität, die kompromißloseste Form zwischenmenschlicher Kommunikation, wird so auf ihren allergröbsten Ausdruck reduziert, eine durch zehnminütige Reibung erzeugte Serie unfreiwilliger Muskelkontraktionen. Die Frau, die – mit welcher Technik auch immer – diese Kontraktionen ermöglicht, rangiert nur knapp vor irgendeinem anderen x-beliebigen Hohlraum, der sie ebenfalls erzeugen würde.

Wie dem auch sei: Bordellsex ist billig und schützt das Schutzobjekt zu Hause. Die Prostituierte nimmt der Adoptivfrau nicht selten die lästigeren Pflichten eines Sexpartners ganz oder teilweise ab. Der Bordellbesuch eines Mannes wird daher auch selten als Zeichen moralischer Verkommenheit gewertet: im Gegenteil, es ist der eindeutigste Beweis seiner bedingungslosen Ergebenheit für die Adoptierte. Selbst wenn die Polygamie entdeckt wird, kann nicht viel passieren: Die Konkurrentin ist ja »nur« eine Prostituierte – und daher nach landläufigen Maßstäben soviel wie gar keine Frau. »Richtige« Frauen sind solche, die den Schutzobjektstatus einer anderen Frau gefährden könnten. Die Prostituierte ist in dieser Hinsicht absolut harmlos: Ein Mann, der sich von seiner »Adoptierten« trennt, um ein Straßenmädchen zu heiraten, wäre eine Sensation.

Im Grunde halten daher nur Männer Prostitution für unmoralisch. Sie leiden unter der Vorstellung, daß sie dazu imstande sind, eine Frau – ein im hohen Maße schutzbedürftiges Wesen, wie man sie gelehrt hat – einfach so zu nehmen und ihr im Austausch nichts zu geben als ein wenig Geld. Nur der Gedanke, daß andere Männer mit derselben Frau das gleiche tun – daß es gerade deshalb so billig ist –, macht ihnen die Sache einigermaßen erträglich. Für Frauen ist weibliche Prostitution nicht verwerflich. Abgesehen von Feministinnen – Frauen, die ihr Geschlecht nach männlichen Maßstäben beurteilen – halten Frauen ihresgleichen nicht wirklich für schutzbedürftig. Aus Gründen der Hygiene sähen sie es allerdings meist lieber, wenn ihre Adoptivväter sich mit symbolischer Polygamie begnügten und statt des monatlichen Bordellbesuchs lieber eine Zeitschrift wie ›Playboy‹ oder ›Penthouse‹ abonnierten.

Symbolische Polygamie

Sporadische und symbolische Polygamie, sagten wir, seien die Vielweiberei des kleinen Mannes. Ob ein Mann sich für die eine oder andere Form entscheidet, ist weniger ein finanzielles Problem – beide Varianten sind etwa gleich teuer – als eine Frage des Temperaments. Extrovertierte werden mehr zu sporadischer Polygamie tendieren, Introvertierte zu symbolischer.

Vermutlich kostet es einen Mann nicht wenig Überwindung, eine ihm völlig unbekannte Person auf offener Straße anzusprechen und sie kurzerhand um das Intimste zu bitten, was zwei Menschen miteinander tun können. Der Introvertierte ist zu sensibel für den Gang zur Prostituierten und bevorzugt deshalb die Sexpartner-Attrappe. Natürlich gibt es auch wohlhabende Introvertierte. Da sie sich aber niemals um Sexpartner bemühen müssen – im Gegenteil –, müssen sie sich trotz ihrer Sensibilität nicht mit Symbolsex begnügen. Nur Reiche, die mit lebenden Sexpartnern nichts anfangen können – ältere Männer und solche mit gestörter Libido –, interessieren sich überwiegend für die gleichen Symbole wie ihre unterprivilegierten Brüder.

Menschen sind verschieden: Die Phantasie des einen läßt sich durch Bilder erregen, die des anderen durch Worte. Dritte wieder bevorzugen eine Kombination von beiden. Das Angebot für den symbolisch-polygamen Mann nimmt darauf Rücksicht und bietet jedem Konsumenten den adäquaten Sexersatz. Für Männer mit mehr optischer Phantasie gibt es pornographische Filme und Bilder, die, wenn sie ohne Begleittext sind, an Deutlichkeit keinen Wunsch offenlassen dürfen. Für Männer, die sich leichter durch Worte erregen lassen – meist sind es die intellektuelleren –, gibt es pornographische Literatur. Für jene, die auf keines der beiden Medien verzichten wollen, gibt es das »Herrenmagazin«.

Daß beim Herrenmagazin das Bild das Wort unterstützt und das Wort das Bild, hat sich für seine Produzenten als enormer Vorteil erwiesen: Als Hugh Hefner vor vielen Jahren in den Vereinigten Staaten sein ›Playboy‹-Magazin startete, konnte die Zensur ihm nicht viel nachweisen – weder Abbildungen noch Begleittexte waren überdeutlich, die Wirkung lag in der Kombination von beiden und war schwer zu erfassen. Der Erfolg war deshalb groß und ist bis heute ständig gewachsen, denn trotz seiner zahlreichen Imitationen ist ›Playboy‹ noch immer der meistverkaufte Sexersatz für den schüchternen Mann. Das liegt weniger an der Qualität der abgebildeten Sexpartner – sie gelten als weniger erregend als die der Konkurrenzmagazine – als an dem ausgeklügelten Alibi für den Kauf. Hefner hat den Introvertierten richtig eingeschätzt: Mit doppelseitigen Anzeigen wirbt er in ›Playboy‹ bei Frauen für ein Abonnement von ›Playboy‹ als Geschenk für *ihn*. Da sehr wenig Frauen ›Playboy‹ lesen – es ist ein Herrenmagazin –, zielt das Inserat überhaupt nicht auf Frauen, sondern auf Männer: »Wie«, sollen sie denken, »andere Frauen abonnieren ihren Männern sogar ›Playboy‹ – dann tu ich ja nichts Schlimmes.« Ein hervorragendes Sortiment an Kurzgeschichten, Interviews und Cartoons macht das Alibi perfekt: Obwohl diese Beiträge von den meisten Käufern ignoriert werden, rechtfertigen sie doch den Kaufentscheid. Hefner hat ein weibliches Monopol durchbrochen. Als erstem Mann ist es ihm gelungen, die sexuelle Frustration der Familienväter kommerziell auszuwerten und somit auf einem Gebiet zu reüssieren, das bis dahin ausschließlich Frauen vorbehalten war. Da er als Mann die Bedürfnisse seines Geschlechts besser kennt, kann er sie auch besser befriedigen als Frauen. Mit einem Imperium im Wert von zweihundert Millionen Dollar ist er bereits heute die erfolgreichste *Madame* der Geschichte.

Natürlich können symbolische Sexobjekte – Frauen, die es eigentlich gar nicht gibt – den polygamen Introvertierten nur erregen und nicht befriedigen. Der Ausweg für ihn ist Selbstbefriedigung oder Befriedigung am Schutzobjekt. Dank der stimulierenden Wirkung des Sexersatzes gelingt es ihm nicht selten, seinen Beschützerauftrag für kurze Zeit zu vergessen und sein Pseudokind als echte Verführerin zu sehen. Falls er Phantasie hat, kann er sich auch vorstellen, er halte statt der Adoptierten das Mädchen vom *Centerfold* im Arm.

Nur Männer sind prüde

Die Hauptmerkmale des Vatersyndroms sind *Inzest, Polygamie* und *Prüderie* – nicht wenige Männer verhalten sich zugleich inzestuös, polygam und prüde. Männliches Inzestverhalten und männliche Polygamie wurden hier bereits erörtert. Wir kommen nun zum dritten Merkmal des Vatersyndroms, der männlichen Prüderie.

Ein Mensch ist prüde, wenn er seinen Sextrieb verleugnet. Aus dieser Definition ergibt sich schon, daß eigentlich nur Männer prüde sein können: Frauen verstümmeln im Interesse späterer Machtpolitik ihren Sextrieb oft schon während der Pubertät (siehe Kapitel »Die Macht des Kälteren«). Wenn sie gegen Sex sind, müssen sie keine verborgenen Wünsche verleugnen – wo nichts ist, kann auch nichts verdrängt werden. Die wenigsten erwachsenen Frauen können deshalb prüde sein. Prüderie ist eine männliche Eigenschaft.

Nicht alle Männer, die sich prüde geben, sind jedoch wirklich prüde. Wir unterscheiden daher zwischen

1. gespielter Prüderie (die Prüderie der »Verwalter«) und
2. echter Prüderie (die Prüderie der »Väter«).

Gespielte Prüderie ist die Prüderie jener Männer, die von den Frauen damit beauftragt wurden, die Welt in ihrem Sinne zu verwalten. Denn wer Macht hat, wird sie logischerweise dazu benutzen, all das zu tun, was ihm Spaß macht, und all das zu lassen, was ihm keinen macht. An der Spitze der Dinge, die keinen Spaß machen, stehen die Demütigungen des Erwerbslebens. Sie werden deshalb immer jenen überlassen, die nicht genug Macht haben, ihr Leben selbst in die Hand zu nehmen. Natürlich kann zuweilen auch der berufliche Wettbewerb Vergnügen bereiten – der Beweis ist die berufstätige Frau mit gutverdienendem Ehemann und der Reiche, der zum Vergnügen täglich ins Büro geht (er ist das männliche Pendant zur »emanzipierten Frau«) –, doch bei den meisten Männern handelt es sich um Zwang, sie hatten nie die Wahl.

Frauen sind für die Welt, was Aktionäre für ihre Firmen sind: Obwohl sie von nichts etwas verstehen, obwohl sie selbst kaum etwas tun, wird alles, was getan wird, in ihrem Interesse getan. Häuser werden so gebaut, wie sie sie brauchen, Gesetze so verfaßt, daß sie sie schützen, Kapital wird so angelegt, daß es ihnen zugute kommt. Konsumgüter werden so fabriziert, wie sie sie zu kaufen wünschen. Männer – die Gesetzgeber – schikken sich selbst per Gesetz in den Krieg und lassen die Frauen zu Hause, Männer – die Börsenmakler – vermehren ihr Geld so, daß in mehreren großen Industriestaaten Frauen bereits die absolute Aktienmehrheit halten, Männer – die Geistlichen – zwingen ihr eigenes Geschlecht zur Keuschheit, Treue und Monogamie.

Wie man den Aktionär auf der Jahresversammlung fragt: »Wollen Sie, daß wir so weitermachen?«, und er darauf antwortet: »Ja, das will ich, aber die Gewinne müssen noch größer werden«, unterbrechen auch Ehemänner zuweilen ihre Aktivitäten und fragen: »Ist es euch recht so, sollen wir so weitermachen?«, und die Frauen sagen: »Ja, macht weiter so, aber gebt euch in Zukunft noch ein bißchen mehr Mühe.« *Was* die Männer *wie* weitermachen sollen, auf welchem Gebiet sie sich mehr Mühe geben könnten, brauchen Frauen nicht zu wissen: Der Apparat ist so perfekt, daß sie selbst weder seine Mängel erkennen noch die Qualifikation der Verantwortlichen beurteilen müssen.

Die Männer selbst werden eventuelle Schwächen des Systems aufdecken und die Tüchtigen aus ihren Reihen für Spitzenpositionen vorschlagen.

Das einzige, was Frauen verlangen, ist der Nachweis, daß der Bewerber den weiblichen Schutzobjektstatus respektiert, denn auf diesem Status beruht ja ihre Macht. Diesen Nachweis erbringt er durch sein makelloses Privatleben: Ein Mann, der die weiblichen Interessen in einer Spitzenstellung vertreten will, muß deshalb zunächst einmal eine Frau adoptieren und mit ihr mehrere Schutzobjekte zeugen – selbstverständlich hat es in seiner Vergangenheit weder Scheidung, Untreue noch sonstige sexuelle »Verfehlungen« gegeben. Erfüllt er diese Voraussetzungen nicht, werden ihn die Frauen trotz aller Empfehlungen der Sachverständigen kaum wählen – die Sachverständigen wissen das und schlagen solche Kandidaten gar nicht erst vor.

Männer, die in der Verwaltung des weiblichen Imperiums hohe Ämter anstreben und zum Beispiel Staatsoberhäupter, Minister, Kleriker, Generäle, Richter oder Bankdirektoren werden wollen, müssen deshalb sowohl vor als auch während ihrer Tätigkeit dem weiblichen Ideal entsprechend leben: Ungeliebte Ehefrau dürfen sie nicht verlassen – jeder kennt die lebenslang mitgeschleppten Frauen der Honoratioren, ihre »Jugendsünden« –, Nebenfrauen dürfen sie sich nicht gestatten, Menschen ihres eigenen Geschlechts dürfen sie nicht begehren und so weiter. Kurz: *Verwalter* müssen entweder prüde sein oder sich prüde geben, sonst haben sie keine Chance. Bei öffentlichen Auftritten müssen sie beteuern, daß ihnen ihr Familienleben über alles geht, daß sie sexuelle Zügellosigkeit verurteilen, daß sie Homosexualität nicht nachempfinden können und dergleichen mehr. Ein unbedachter Satz, ein illegitimer Kuß, ein heimliches Rendezvous, und der Traum von der Karriere kann vorbei sein.

Echte Prüderie – die Prüderie der *Väter* – ist schwerer zu erkennen als gespielte, denn sie wird gern als das Gegenteil dessen dargestellt, was sie ist: als Beweis der sexuellen Freizügigkeit des Mannes. Sie hat ihre Ursache darin, daß ein Mann, der Frauen als Schutzobjekt sieht – ein *Vater* –, im Liebesakt konsequenterweise die Vergewaltigung eines Schwächeren sieht. Dadurch entstehen Schuldgefühle, die erst durch umfassende *Geständnisse* wieder abreagiert werden können. Man unterscheidet dabei zwischen direkten und indirekten Geständnissen: Die ersten sind die sogenannten *Herrengespräche*, die zweiten die sogenannten *Herrenwitze*, beides sind Formen von Prüderie.

Es ist zwar nicht bekannt, wieviel Zeit der Durchschnittsmann darauf verwendet, mit Männern über Sexualität zu reden, doch es ist vermutlich viel mehr als für den Sex selbst. Nun gibt es aber eigentlich keinen einleuchtenden Grund dafür, weshalb ein erwachsener Mann – es sei denn, er wäre homosexuell – mit einem anderen Mann über Sex reden sollte. Der Geschlechtsakt ist im Normalfall ein Gesprächsthema zwischen zwei Sexpartnern. Daß Männer dennoch vorzugsweise und so ausdauernd mit Männern über ihre sexuellen Erlebnisse sprechen, läßt sich nur mit aufgestauten Schuldgefühlen erklären, mit dem schlechten Gewissen, das sie beim Geschlechtsverkehr mit Frauen empfinden.

Noch deutlicher wird der Sachverhalt beim indirekten Geständnis, dem *Herrenwitz*. Für den Mann, der Sex mit Frauen als unerlaubt empfindet, aber dennoch nicht darauf verzichtet, muß der Held einer Zote eine Figur sein, die Unerlaubtes tut. Der Inhalt des typischen Herrenwitzes ist deshalb immer der Geschlechtsakt, eine der beteiligten Personen ist entweder ein unerfahrenes Kind, ein libidinöser Frauenarzt, eine Nonne oder ein Geistlicher. Da es sich bei Herrenwitzen eigentlich nicht um Witze, sondern um Geständnisse handelt, sind sie für Außenstehende kaum interessant. Die Aufforderung zum Witzeerzählen ist lediglich als Vorwand für die Einleitung einer Gruppentherapie zu sehen, die statt in psychologischen Instituten in Gasthäusern und Herrenklubs stattfindet. Das schallende Gelächter, das jeder Darbietung folgt, ist ein *befreites* Gelächter, ein Ausdruck von kollektiv erleichtertem Gewissen.

Eine weitverbreitete Form männlicher Prüderie ist auch die Forderung nach der unberührten Braut. Man trifft sie vor allem dort, wo gespielte Prüderie – in diesem Fall die der Geistlichen – mit echter Hand in Hand geht. Mit der Forderung nach der jungfräulichen Braut erklärt der Bräutigam unmißverständlich, daß er Sexualität für verwerflich hält. Frauen, denen er begegnet, unterzieht er einem einfachen Test: gehen sie mit ihm ins Bett, sind sie schlecht, gehen sie nicht mit ihm ins Bett, sind sie gut. Nur wenn sie gut sind – wenn sie ihm bewiesen haben, daß sie ihn nicht begehren –, wird er ein Leben lang für sie sorgen.

Da ein Mensch, der bis zu seinem dreiundzwanzigsten Jahr auf Sexualität verzichtet, davon gezeichnet bleibt, bekommt der Mann, der eine Jungfrau heiratet, meist genau das, was er sich im Grunde gewünscht hat: eine frigide Partnerin. Er wird schon nach kürzester Zeit zu simultaner oder sporadischer Polygamie zurückkehren und seinen Sextrieb wie vor seiner Ehe bei einer »Schlechten« befriedigen. Die »Gute« wird die »Mutter seiner Kinder«, ein asexuelles Wesen, das zu beschützen sich lohnt. Daß Frauen von einer »Männergesellschaft« zu sexueller Abstinenz gezwungen werden, ist ein weitverbreitetes Mißverständnis: Eine Frau, die vorhat, sich selbst zu versorgen, muß nicht unberührt bleiben, sie kann sich so viele Liebhaber nehmen, wie sie will.

Alle diese Formen von Prüderie sind, wie bereits erwähnt, bei Frauen kaum anzutreffen – es gibt wohl prüde Frauen, doch sie sind die Ausnahme, nicht die Regel. Die Durchschnittsfrau spricht wenig über ihre sexuellen Erlebnisse, erzählt selten Zoten und stellt niemals die Forderung nach dem unberührten Bräutigam. Da die wenigsten Männer Kinder simulieren, begehen die wenigsten Frauen eine verwerfliche Handlung, wenn sie mit ihnen schlafen – sie haben deshalb auch kein schlechtes Gewissen und keine Veranlassung zum Geständnis. Im Gegenteil: Für die vielen, die beim Geschlechtsakt nichts empfinden können – in den USA zum Beispiel veranschlagt man den Prozentsatz von Frauen mit Orgasmusschwierigkeiten auf fünfundsiebzig Prozent –, ist dieser Akt ein Akt allerreinster Nächstenliebe, ein Opfer, auf das sie stolz sein dürfen.

Liebe zwischen Mann und Frau ist monogam, eifersüchtig und treu

Was Liebe ist

Sexualität, sagten wir, sei die Basis von Liebe zwischen Mann und Frau. Doch warum lieben wir im allgemeinen nur einen Partner und nicht mehrere? Warum schlafen auch Leute, die wählen können, nicht jeden Tag mit einem anderen? Warum verzichten wir, wenn der Geliebte nicht da ist, eher ganz auf Sex, als daß wir uns einen erreichbaren Sexpartner nehmen? Warum sind wir treu, wenn wir lieben, warum sind wir eifersüchtig und intolerant? Warum gehört zur Liebe zwischen Mann und Frau die Fixierung an eine bestimmte Person? – Um das zu verstehen, müssen wir zunächst einmal wissen, was eine *Person* ist, das heißt, wir müssen uns ganz kurz mit der Struktur des *Ich* befassen.

Was jemand oder etwas ist, sagt Wagn*, wird von allem anderen definiert, das er oder es nicht ist. Dieses andere ist sein *System,* das Definierte selbst ist das *Objekt,* und diese System-Objekt-Beziehung gilt für physikalische Vorgänge ebenso wie für psychologische. Beim Objekt ICH wird das System von den Menschen gemacht, die es definieren: Die anderen machen mich zu dem, was ich bin, ohne ihre Definition wäre ich kein Individuum, denn ich hätte keine Eigenschaften und wäre von nichts und niemandem verschieden. Je weniger Menschen mich definieren, desto zuverlässiger wird die Definition, die man mir bietet, denn desto geringer ist die Gefahr, daß sie in sich widersprüchlich sein könnte. Das Glück, das ein Individuum durch genaues Definiertsein – durch seine freiwillige Unterwerfung unter fremde Maßstäbe – empfindet, nennt Wagn *Lust an der Unfreiheit.* Ihr Gegenteil wäre *Existenzangst,* die durch Definitionsmangel – durch Freiheit – entsteht. Der ideale Definitor, um wieder auf das Thema dieses Buches zurückzukommen, wäre demnach ein einziger anderer, und am besten für die Rolle geeignet wäre zweifellos der Liebespartner. Denn ich bin zwar

* Klaus Wagn: Was Zeit ist und was nicht. München 1975.

in erster Linie ein Mensch, aber schon in zweiter ein sexuelles Wesen: Die gröbste Unterscheidung, die man zwischen Menschen trifft, ist die in männlich und weiblich. Am liebsten lasse ich mich daher von einem Menschen des anderen Geschlechts definieren. Das hat zwei Vorteile: Der andere – mein System – ist ein einziger, seine Meinung über mich kann sich nicht mit anderen widersprechen, und er ist mein sexueller Gegenpol: Wer könnte mich besser als *Frau* definieren als ein *Mann*? Derjenige, der mir am genauesten sagen kann, wie ich bin, als Mensch und als sexuelles Wesen, ist mein Geliebter. Das ist auch der Grund, weshalb Liebe glücklicher – oder unglücklicher – machen kann als alles andere.

Eine glückliche Liebe beruht auf gegenseitiger freiwilliger Unterwerfung. Ein Mann und eine Frau, die sich lieben, befinden sich im Zustand absoluter Definition – jeder der beiden weiß in jedem Augenblick, wer, was und wie er ist, jeder ist des anderen allerhöchste Instanz. Zwischen Liebenden ist einer des anderen Objekt, aber auch System, sie sind sich gegenseitig *alles*. Das Definieren ist hier so genau, wie Definieren nur sein kann: Der Definitor ist ein einziger, und der definiert mich ganz – meine Psyche im Gespräch, meinen Körper im Liebesakt.

Ein Freund oder Feind kann mir etwas über meinen Geist sagen, ein Liebhaber kann meinen Körper beurteilen – der Geliebte richtet über meine ganze Person. Jede seiner Liebkosungen zeigt mir, wie ich bin: schön, begehrenswert, jede seiner Fragen und jede seiner Antworten sagen mir, was ich bin: ein Mensch, mit dem er sich unterhalten will, der interessanter ist als all die anderen, die er kennt. Dadurch, daß er ausgerechnet mich erwählt hat, macht mein Geliebter mich zu etwas Einmaligem auf dieser Welt: *Ich* werde von ihm geliebt, kein anderer. Wenn es eine glückliche Liebe ist, werden die Definitionen von Tag zu Tag genauer, nach jedem Rendezvous weiß ich noch besser, wie ich bin. Die anderen können über mich sagen, was sie wollen, ich glaube ihnen kein Wort. Nur mein Geliebter darf mir sagen, wie ich bin. Da seine Definitionen immer präziser werden, wird meine Abhängigkeit von ihm von Mal zu Mal größer, aber ihm geht es mit mir nicht anders. Ich sage ihm, daß ich ihm gehöre, daß er mit mir machen soll, was er will, daß ich ohne ihn nicht leben kann. Das ist keine Übertreibung: ich könnte tatsächlich ohne ihn nicht leben – ich wüßte nicht, für wen ich überleben sollte, denn ich wüßte ohne ihn nicht, wer ich bin. Er ist mein *System*.

Verläßt mich mein Geliebter, so entsteht ein unmittelbarer, akuter Definitionsmangel, ein Zustand totaler Freiheit, auf den ich – wenn es eine wirklich große Liebe war, eine absolute Definition von Geist und Körper – nur mit Apathie, Verzweiflung, Wahnsinn, Selbstmord – mit *Existenzangst* – reagieren kann. Der oft belächelte Liebeskummer ist wohl das größte Unglück, das einem Menschen zustoßen kann: Es ist das intensivste Freiheitserlebnis, das die Welt zu bieten hat.

Wie Liebe ist

Wenn Liebe totale Definition von Geist und Körper durch einen einzigen anderen ist, dann hat sie notwendigerweise folgende Eigenschaften:

1. Liebe ist monogam: Ich kann mich wohl von zwei Partnern lieben lassen, aber ich kann nur einen lieben. Bigamie ist eine höchst unpräzise Definition: Die Meinungen, die meine beiden Partner über mich haben, müssen sich – zumindest in den letzten Einzelheiten, aber gerade darauf kommt es in der Liebe an – notwendigerweise widersprechen. Wenn ich mich dem Urteil von verschiedenen Menschen unterwerfe, weiß ich nicht, wie ich bin, und kann deshalb nicht glücklich werden.

Dies ist ein wichtiger Unterschied zwischen Schutz- und Sexobjektliebe: Man kann mehrere Schutzobjekte zugleich lieben, aber nur ein Sexobjekt. Schutzobjekte sind schwache Definitoren. Sie sagen dem Beschützer »ich brauche dich«, sonst nichts. Aufgrund welcher persönlichen Eigenschaften er gebraucht wird, teilen sie ihm nicht mit: sie sind ihnen gleichgültig. Und sie sind bereit, ihn notfalls sofort gegen einen besseren Beschützer einzutauschen (siehe Kapitel »Väter sind machtlos«). Wegen des Unterschieds im intellektuellen Niveau zwischen Schützling und Versorger fühlen auch Schutzobjekte sich nur mäßig definiert, ihre Abhängigkeit vom Beschützer ist hauptsächlich »physikalisch.«

2. Liebe ist eifersüchtig: Wenn mein Geliebter mit seiner Liebe noch einen anderen definiert, verliere ich meine Individualität. Ich werde wie der andere, der von meinem Geliebten ebenfalls geliebt wird (da Liebe monogam ist, liebt er keinen, doch das ist mir nicht bewußt), *ich bekomme einen Doppelgänger.* Um wieder einmalig zu werden, muß ich den Doppelgänger vernichten oder mir einen neuen Geliebten suchen.

Eifersucht ist nicht unbedingt ein Zeichen von Liebe, aber Liebe ohne Eifersucht kann es nicht geben. Toleranz ist kein Liebesbeweis, sondern genau das Gegenteil. Wer bereit ist, seinen Geliebten mit einem anderen zu teilen, sagt ihm damit unmißverständlich, daß er ihn als Sexpartner nicht interessiert – daß er bestenfalls Nächstenliebe oder Freundschaft für ihn empfindet.

Man ist nur dort eifersüchtig, wo man von einem anderen definiert wird. Das Schutzobjekt definiert mich nur als Beschützer, ich kann deshalb nur dann eifersüchtig werden, wenn es mich nicht mehr als Beschützer definiert. Im übrigen kann es tun, was es will, ohne daß ich eifersüchtig werde.

Ein Freund definiert mich nicht als Liebespartner, ich kann deshalb nur dann eifersüchtig werden, wenn er seine Freundschaft einem anderen zuwendet. Die sogenannte offene Ehe, die toleriert, daß man seinen Liebespartner noch mit anderen schlafen läßt, basiert nicht auf Liebe, sondern auf Freundschaft. Der Geschlechtsverkehr, der zwischen den in einer »offenen Ehe« vereinten Partnern stattfindet, ist ein *Freundschaftsdienst,* der mit Liebe nichts mehr zu tun hat.

3. Liebe ist treu: Wenn ich etwas unternehme, wovon mein Liebespartner nichts weiß, stimmen seine Definitionen nicht mehr auf mich. Sexuelle Untreue ist nur dann möglich, wenn ich auf die Definitionen meines Partners sowieso keinen Wert mehr lege: wenn ich ihn nicht mehr liebe. Betrüge ich einen Partner, den ich liebe, trotzdem, muß ich ihm hinterher alles beichten. So furchtbar das für mich sein mag – nur so kann ich wieder exakt von ihm definiert werden.

Kann Liebe dauern?

Die Liebe zwischen einem Mann und einer Frau kann ein ganzes Leben dauern. Es gibt keinen zwingenden Grund, weshalb ein Paar, das sich mit siebzehn ineinander verliebt hat, mit siebzig nicht mehr ineinander verliebt sein sollte. Daß solche Lieben in der Praxis selten vorkommen, liegt einmal an dem bereits erwähnten Liebeskonzept, das Liebe zwischen Mann und Frau mit den Begriffen der Nächstenliebe mißt und zum anderen am mangelnden Angebot geeigneter Liebespartner.

Was ist ein geeigneter Liebespartner? Erinnern wir uns der beiden Voraussetzungen für das Zustandekommen von Liebe zwischen Mann und Frau:

1. größtmögliche physische Gegensätzlichkeit,
2. größtmögliche intellektuelle Ähnlichkeit.

Die äußere Gegensätzlichkeit ist in den meisten Verbindungen gegeben: Das biologische Gesetz läuft darauf hinaus, extreme Erbfaktoren innerhalb der gleichen Spezies optimal zu mischen (siehe Kapitel »Was ist ein Sexpartner?«). Wir wählen instinktiv solche Partner, die sich physisch eindeutig von uns unterscheiden.

Die intellektuelle Ähnlichkeit ist meist nicht vorhanden. Sie wäre jedoch aus folgenden Gründen notwendig:

1. Wenn der Sexpartner sehr viel dümmer ist, wird man ihn instinktiv schonen wollen. Wer seine sexuellen Wünsche an einem Unterlegenen befriedigt, hat das Gefühl, ihn zu mißbrauchen. Sexualität mit Unterlegenen bedingt sexuelles Fehlverhalten (Inzest, Polygamie) und verursacht schlechtes Gewissen (Prüderie).
2. Wenn dem Sexpartner die intellektuelle Ähnlichkeit fehlt, kann er sein Gegenüber nicht definieren. Ist er geistig unterlegen, so kann er ihm nicht sagen, wie er ist, ist er geistig überlegen, kann der andere ihn nicht verstehen.

Mit anderen Worten: Damit Liebe zwischen Mann und Frau von Dauer ist, müssen die Partner in allem gleich sein, ausgenommen in Bereichen, die sie als geschlechtsspezifisch ansehen – dort müssen sie so gegensätzlich wie nur möglich sein. Je nachdem, in welchem Maß beide Bedingungen erfüllt werden, dauert eine Liebe länger oder kürzer.

Kurze Lieben – Liebesaffären – entstehen dann, wenn einer der Partner dem anderen intellektuell sehr unterlegen ist. Liebesaffären können in Ehen münden und zwei Menschen ein Leben lang aneinanderketten – das ändert nichts an der Tatsache, daß ihre Liebe im Grunde eine dürftige Angelegenheit war.

Wie kann es überhaupt zwischen Ungleichen zu Liebe kommen? Wie ist es möglich, daß ein Mann, wenn auch nur vorübergehend, seine große Zuneigung zu seinem Schützling mit einer großen Liebe zu einer Frau verwechselt? Warum kann sich eine Frau für einen Mann begeistern, von dessen Wesen sie im Grunde nicht das geringste versteht? Erinnern wir uns, daß Liebe totale Definition ist, Definition von Körper und Psyche. In einer Liebesaffäre kann mein Körper ausgezeichnet definiert sein, vor allem dann, wenn das Äußere meines Liebhabers in einem hohen Maß meinem Gefühl für Ästhetik entspricht. »Du bist schön«, »du bist begehrenswert«, sagt mir die Umarmung meines schönen Geliebten, »du bist schön«, »du bist begehrenswert«, sagt ihm die meine. Um unseren Körpern die schmeichelhaften Definitionen zu erhalten, behilft sich unsere Psyche mit einem kleinen Betrugsmanöver: Wenn mein Geliebter dümmer ist als ich, idealisiere ich ihn, wenn ich dümmer bin als mein Geliebter, idealisiere ich mich selbst.

a) *Idealisierung des anderen:* Einen Dummen, mit dem man schlafen möchte, so weit zu idealisieren, daß man dieses Begehren für Liebe hält, ist eine Kleinigkeit. Es ist durchaus möglich, die Dummheit eines anderen vorübergehend für eine besondere Art Intelligenz zu halten. Denn während sich Intelligenz in verständlichen, logischen Handlungen äußert und dadurch meßbar, berechenbar und kontrollierbar wird, entbehren die Handlungen der Dummen jeglicher Vernunft und lassen sich dadurch weder voraussehen noch überprüfen. Dummheit kann frappierende Auswirkungen haben: Einem Dummen fehlt zum Beispiel die für die Erkenntnis einer gefährlichen Situation notwendige Phantasie – er kann dadurch in Augenblicken der Gefahr auf seine Umgebung sicher und überlegen wirken. Ein Dummer kann sich leicht entscheiden: da er nicht abstrakt denkt, gibt es für ihn in einer bestimmten Lage meist nur einen einzigen Ausweg – und der ist nicht selten genau der richtige. Da er nichts weiß und deshalb auch nicht vergleichen kann, ist der Dumme in seinem Urteil über intellektuelle Probleme meist erstaunlich konsequent.

Oft dauert es Monate, bis man in die Systemlosigkeit seines dummen Gegenübers ein System gebracht und dessen Selbstsicherheit als das entlarvt hat, was sie im Grunde ist: mangelndes Abstraktionsvermögen und mangelnde Sensibilität, die aus mangelnder Erfahrung kommen. Ist dies geschehen, kann man ihn trotz aller Anstrengung nicht mehr idealisieren – und wenn man ihn nicht mehr idealisieren kann, vermag man ihn auch nicht mehr zu lieben. Ein Einfältiger kann mit seinen wenigen Begriffen die Vielseitigkeit seines Partners nicht definieren: Ein Kind, das seinem Vater sagt, er sei großartig, wirkt rührend, aber niemals glaubwürdig – der Vater weiß, daß es mit seinem kleinen Erfahrungsschatz noch nicht beurteilen kann, ob er im Vergleich zu anderen Männern wirklich großartig ist.

Wer einmal eingesehen hat, daß sein Geliebter im Grunde ein Dummkopf ist, wird bald auch keine Freude mehr an dessen Umarmungen haben, ganz gleich, wie schön er ihn noch immer findet. Mit einem Dummen sein Bett zu teilen ist die einsamste Sache auf der Welt. Aus Sex wird »nur Sex«, und falls inzwischen keine »Adoption« stattgefunden hat, geht die Verbindung zu Ende.

b) *Idealisierung der eigenen Person:* Mein Geliebter, der hochgebildete Professor X, ist von mir begeistert. Vor allem, sagt er, gefiele ihm an mir die Qualität y, das sei eine seltene Eigenschaft, die habe nicht jede Frau. Ich verstehe zwar nicht, was er damit meint, doch ich fühle mich geschmeichelt: Ich bin eine Frau mit der Qualität y, ein ziemlich ungewöhnlicher Mensch – ich idealisiere mich.

Mit der Zeit wird mir die Sache jedoch langweilig: Die Qualität y sagt mir überhaupt nichts, sie ist als Wert auf meiner Wertskala nicht vorhanden. Der Professor und ich verstehen uns nicht, uns fehlt die gemeinsame Sprache. Daß dieser gebildete Mann mich liebt, enthält ein gewisses Quantum Definition – es macht mich zur Geliebten eines gebildeten Mannes –, doch wer ich selbst bin, sagt es mir nicht. Wenn keine »Adoption« stattgefunden hat, werde ich meinen vielseitigen Geliebten bald verlassen und mir einen dümmeren Liebhaber suchen, der meine eigene Sprache spricht und meine Begriffswelt teilt. Der Professor ist als mein Liebespartner ungeeignet, die Verbindung zu ihm wäre »nur Sex«, denn sie könnte mich als Individuum nicht ausreichend definieren.

»Nur Sex« ist der Liebesakt ohne Liebe, »nur Sex« ist Sex zwischen Menschen, die sich im Grunde nicht verstehen. Sexpartner mit unterschiedlichem intellektuellem Niveau können nur dann zusammenbleiben, wenn jeder einen anderen hat, der ihn definiert. »Nur Sex« bedingt psychische Untreue – ein beliebter Ausweg für Paare, die durch äußere Umstände für den Rest ihres Lebens miteinander verbunden sind. Die Frau hat eine beste Freundin, die sie nach den strengen Regeln des Systems Weiblichkeit definiert – die im Namen aller Frauen beurteilt, wieviel sie »als Frau« wert ist: anhand der Zahl der Kinder, der Qualität der Wohnungseinrichtung, der Eleganz der Kleidung, der sozialen Stellung des Ehemannes etc. Der Mann hat Freunde, Arbeitskollegen, politische Gesinnungsgenossen, die ihm Teildefinitionen seiner Person liefern. Dieses Manöver erlaubt beiden Partnern, den Grund ihres Zusammenbleibens weiterhin als Liebe zu bezeichnen.

»Nur Sex« kann man auch mit mehreren Sexpartnern haben: Ein Mann mit einer dummen Ehefrau und einer dummen Geliebten hat mit der Ehefrau »nur Sex« und Brutpflege und mit der Geliebten »nur Sex« ohne Brutpflege. – Definiert wird er von anderen.

Lieben von mittlerer Dauer entstehen dann, wenn sich das Niveau zweier zunächst ähnlicher oder das Aussehen zweier zunächst gegensätzlicher Partner auf unterschiedliche Weise verändert. Zum Beispiel:

a) Einer der Partner entzieht sich mit Beginn der Liebesbeziehung dem Existenzkampf, der andere hingegen kämpft für beide. Das hat zur Folge, daß der eine von Tag zu Tag vielseitiger wird, während der andere auf dem Niveau verharrt, das er zu Beginn der Beziehung hatte. Nach einiger Zeit sind sie dann zu verschieden geworden, um sich noch präzise definieren zu können, ihre Liebe ist zu Ende.

b) Einer der Partner ist labil und hat deshalb keine feste Meinung über seine Umwelt. Labilität ist oft ein Wesenszug überdurchschnittlich intelligenter Menschen. Jeder Sachverhalt hat ja mehrere Aspekte, man kann über alles zumindest zwei Meinungen haben, und jede dieser Meinungen ist immer irgendwie richtig und irgendwie falsch. Ein Mensch von normaler Intelligenz ist sich dessen meist nicht bewußt, er sieht nur eine einzige Seite. Der überdurchschnittlich Intelligente hingegen weiß es, er fällt deshalb mit seinem Urteil ständig von einem Extrem ins andere. Selbstverständlich bleibt auch der Partner des Labilen von solchen Gesinnungswandlungen nicht verschont, denn auch er – er vor allem – gehört ja zur Umwelt des Labilen. Der Geliebte eines Labilen sieht sich ständig widersprechenden Definitionen seiner Person ausgesetzt: Mal ist er gut, mal ist er schlecht, mal wird er gelobt, mal wird er verdammt. Er ist zwar stets genauestens definiert, doch die Qualität der Definition ist nie von Dauer. Mit der Zeit wird er seinem Partner überhaupt nicht mehr glauben, was er über ihn sagt – er wird ihm sein

Vertrauen entziehen und sich einen zuverlässigeren Definitor suchen.

c) Eine Liebe kann auch zu Ende gehen, wenn die intellektuelle Ähnlichkeit zwar erhalten bleibt, die äußerliche Gegensätzlichkeit jedoch immer geringer wird. Ein weiblicher Ingenieur, der mit den Kenntnissen seiner männlichen Kollegen auch deren Attitüde übernimmt – die Haare kurz schneidet, spricht, lacht und sich bewegt wie ein Mann –, wird seinem Partner immer weniger »weiblich« erscheinen. Ein Friseur, der sich eines Tages selbst zu maniküren, parfümieren und färben beginnt, wirkt kaum noch attraktiv auf eine Partnerin, die sich in ihn verliebt hat, als er noch unmanikürt, unparfümiert und ungefärbt umherging – er erscheint ihr »unmännlich«.

Wie jeder weiß, sind *große Lieben* außerordentlich selten. Damit eine große Liebe entsteht, müssen, wie bereits gesagt, zwei Voraussetzungen zusammentreffen: spezifische äußere Gegensätzlichkeit der Partner (einer ist polar zum anderen – der Mann sehr männlich, die Frau sehr weiblich) und Gleichheit in allen nicht geschlechtsspezifischen Bereichen (Mann und Frau haben die gleiche Intelligenz, Sensibilität usw.). Diese Bedingungen werden nur selten erfüllt:

Frauen, die sich in ihrem Äußeren von Männern eindeutig unterscheiden – *sehr weiblich wirkende Frauen* – sind aus biologischen Gründen begehrter als andere, denn das biologische Gesetz läuft darauf hinaus, extreme Erbfaktoren innerhalb der gleichen Spezies optimal zu mischen. Diese Begehrtheit garantiert ihnen ein Überleben außerhalb des Wettbewerbs: Die Männer, von denen sie begehrt werden, sind bereit, für ihre Gesellschaft jeden Preis zu zahlen. Eine sehr weiblich wirkende Frau müßte schon sehr viel Willenskraft haben, wenn sie sich trotz der ständigen Korruptionsversuche von seiten der Männer dem gleichen Existenzkampf aussetzen würde wie diese. Sie wählt meist den leichteren Weg und läßt einen Mann für sich kämpfen. Sehr weiblich wirkende Frauen müssen nicht intelligent sein, um zu überleben – im allgemeinen werden sie es deshalb auch nicht. Sie erfüllen nur eine der beiden Voraussetzungen für die Liebe: die der äußeren Gegensätzlichkeit zu ihrem Partner.

Frauen, die sich in ihrem Äußeren von Männern nicht eindeutig unterscheiden – *wenig weiblich wirkende Frauen* –, sind aus biologischen Gründen weniger begehrt als andere: Männer werden sie selten oder niemals Korruptionsversuchen aussetzen. Um zu überleben, müssen sich wenig weiblich wirkende Frauen daher in den gleichen Existenzkampf stürzen wie Männer und werden, genau wie diese, zur Entwicklung ihres Intellekts gezwungen. Wenig weiblich wirkende Frauen erfüllen deshalb ebenfalls nur eine Voraussetzung für die Liebe: die der intellektuellen Ebenbürtigkeit zum Partner. Die andere Bedingung, die der äußeren Gegensätzlichkeit, erfüllen sie meist nicht.

Daraus ergeben sich folgende Konsequenzen:

1. Wen immer der Mann zu seinem Partner wählt, es fehlt ihm eine der Voraussetzungen zur Liebe (die Frau ist entweder zu unweiblich für ihn oder zu dumm).
2. Wen immer die Frau zu ihrem Partner wählt, es fehlt ihm eine der Voraussetzungen zur Liebe (der Mann ist entweder zu unmännlich für sie, zu dumm oder zu intelligent).
3. Da die Erfüllung der biologischen Gesetze Vorrang hat – da ein Trieb stärker ist als ein psychologisches Bedürfnis –, werden dumme, aber weiblich wirkende Frauen den intelligenten, aber unweiblich wirkenden Frauen vorgezogen.

Dies verleitet zu folgenden Fehlschlüssen:

a) Männer glauben, daß Intelligenz Frauen unweiblich macht. In Wahrheit ist jedoch das Gegenteil der Fall: Unweiblichkeit macht Frauen intelligent.
b) Frauen glauben, daß Intelligenz Männer abschreckt. In Wahrheit ist jedoch das Gegenteil der Fall: Intelligenz schreckt Männer nicht ab, nur fürchten sie die Unweiblichkeit einer Frau noch mehr als deren Dummheit (es ist also nur eine Frage der Priorität).

Wir drehen uns im Kreis: Männer können keine Frauen zum Lieben finden, und jene Frauen, die auf die Liebe eines Mannes mehr Wert legen als auf dessen Schutz, können keine Frauen zum Lieben werden. Da sie glauben, daß Männer intelligente Frauen meiden, unterlassen sie alles, was ihren Horizont erweitern könnte, und entfernen sich gerade dadurch immer weiter von der Liebe. Nur weil es zu jeder Regel Ausnahmen gibt, kommt es dennoch zuweilen zu einer jener ganz großen Lieben, die ein Leben lang dauern.

Öffentliche Väter – öffentliche Kinder

Journalisten als öffentliche Väter

Die westliche Welt ist ein Matriarchat, in dem Männer die Patriarchen spielen – ohne dieses Spiel wäre das Matriarchat überhaupt nicht möglich. Das Spiel muß jedoch immer ein Spiel bleiben: Wenn daraus eines Tages Ernst würde, wäre dies das Ende der weiblichen Vormachtstellung. Damit das auf keinen Fall passiert, bedienen sich die Frauen der Massenmedien und richten einen Teil der dort tätigen Journalisten dazu ab, mit illegitimen Mitteln weibliche Imagepflege zu betreiben. Sie sollen den anderen Männern sagen, daß Frauen schwach und schutzbedürftig sind und daß wahre Liebe zu einer Frau die Qualitäten von Nächstenliebe haben muß.

Ein wirklicher Patriarch wäre ein Mann, der

a) andere versorgt und
b) dies zum Vorwand nimmt, ihnen vorzuschreiben, wie sie leben müssen.

Nur die Eigenschaft a) des Patriarchen ist für Frauen wünschenswert, b) können sie nicht brauchen. Nun würde aber a) ohne b) nicht funktionieren: Wer Geld verdient, will auch bestimmen, wie es ausgegeben wird, sonst macht ihm das Verdienen keine Freude. Damit die nützliche Eigenschaft a) erhalten bleibt, muß der Mann deshalb glauben, er habe auch die Eigenschaft b).

Mit anderen Worten: Damit die wirtschaftliche Verwertung seiner Arbeitskraft reibungslos vonstatten geht, muß der Mann davon überzeugt sein, daß er seine Frau unterdrückt. Man muß ihm suggerieren, daß er sie im Austausch gegen das Geld, das er für sie verdient, zu niedrigen Sklavendiensten zwingt und sie sexuell ausbeutet.

Auf privater Basis ist dieses Täuschungsmanöver schwer durchführbar: Jeder Ehemann weiß, daß seine Frau in ihrem automatisierten Haushalt alles andere ist als eine Sklavin. In der Durchschnittsehe trifft die Frau praktisch alle finanziellen Entscheidungen: Laut Statistik werden Kaufentscheide meist von Frauen allein getroffen, lediglich bei Konsumgütern, zu deren Beurteilung technische Kenntnisse erforderlich sind – Autos, Haushaltsmaschinen – entscheidet sie mit ihrem Mann gemeinsam. Die Frau trifft praktisch alle Entscheidungen im sozialen Bereich: Sie bestimmt durch gezielten Gebrauch der Antikonzeptiva die Zahl der Kinder, durch ihre Anwesenheit zu Hause über deren Erziehung, sie trifft meist die Auswahl der Freunde und Verwandten, mit denen man verkehrt. Von sexueller Ausbeutung kann keine Rede sein: Die durchschnittliche Koitusfrequenz nach zehnjähriger Ehe liegt zum Beispiel in den USA laut Kinsey bei zweimal wöchentlich. Selbst für eine frigide Frau – und bei einer anderen könnte es sich ja nicht um Ausbeutung handeln – ist das keine sonderlich große Strapaze.

Die Täuschung des Mannes über seine Rolle ist daher viel leichter durch Beeinflussung der öffentlichen Meinung zu bewerkstelligen. Jeder Mann weiß zwar, daß er selbst keinen Menschen ausbeutet und daß er persönlich niemanden sexuell mißbraucht – aber vielleicht tun es die anderen Männer? Wenn Zeitung, Rundfunk und Fernsehen es jeden Tag wiederholen, wird er es schließlich glauben. Wenn die gebildeten Männer den einfacheren immer wieder klarmachen, daß auch ein normaler Sexualverkehr bereits als eine Vergewaltigung der Partnerin interpretiert werden müsse, daß die monotone Kurzarbeit in einem vollautomatisierten Haushalt, die ganztägige Gesellschaft von Kindern und Freundinnen, das ewige Warten auf die Rückkehr des Ehemannes die subtilste Art menschlicher Versklavung sei, die es je gab, so wird auch er sich irgendwann zu jenen brutalen Typen rechnen, die ihre Frauen daran hindern, »sich selbst zu realisieren«. Seine Jagd um das tägliche Brot seiner Adoptierten bekommt dadurch wieder einen Sinn.

Öffentliche Väter sind Männer, die ihre Geschlechtsgenossen mit falschen Daten über Frauen versorgen und dadurch den weiblichen Schutzobjektstatus aufrechterhalten. Es sind die Journalisten von Tageszeitungen und Zeitschriften, die sich mit »Frauenfragen« befassen, die Rundfunk- und Fernsehredakteure, die Feuilletons über die »unterdrückte« Frau anfertigen, »Emanzipations«-Filmemacher jeglicher Couleur, schriftstellernde Kraftprotze, die romanhaft oder autobiographisch dokumentieren, wie sie ihre unschuldigen Gespielinnen sexuell »mißbrauchen«, etc.

Alle diese *öffentlichen Väter* haben eines gemeinsam: Sie handeln nicht aus niederen Beweggründen. Die einen werden zur Unwahrheit gezwungen, die anderen möchten selbst gern glauben, was sie sagen, dritte wieder glauben es tatsächlich. Wir unterscheiden daher zwischen:

a) unfreiwilligen öffentlichen Vätern,
b) freiwilligen öffentlichen Vätern,
c) öffentlichen Vätern aus Unvermögen.

Unfreiwillige öffentliche Väter

Hier handelt es sich um Journalisten, die von ihren Verlegern oder Produzenten zu falschen Behauptungen genötigt werden. Ein Journalist, der seinen Job nicht riskieren darf – ein Journalist mit Familie also –, muß schreiben, was sein Verleger von ihm erwartet. Das sieht so aus, als sei Pressefreiheit nur eine Pressefreiheit für Verleger – doch im Grunde ist sie nicht einmal das. Ein Verleger, der sein Produkt verkaufen will, muß sich nach den Gesetzen der Marktwirtschaft richten, das heißt, er wird nur das schreiben lassen, was man lesen will. Die Freiheit der Presse ist also letzten Endes die Freiheit des Verbrauchers, in seiner Zeitung seine eigene Meinung zu lesen. Aus den bereits erwähnten Gründen wollen sowohl Frauen als auch Männer lesen, daß Frauen unterdrückt werden – ein Journalist wird daher kaum Gelegenheit haben, etwas Gegenteiliges zu publizieren. In einer kapitalistischen Gesellschaft manipulieren nicht die Massenmedien die Menschen, sondern die Menschen die Massenmedien.

Doch selbst wenn Männer die Wahrheit über ihre Rolle lesen wollten, gäben immer noch die Frauen den Ausschlag. Denn beide sind zwar Leser, doch die Frau ist darüber hinaus noch der Großkonsument. Wie bereits erwähnt, werden Kaufentscheidungen, von der Wohnungseinrichtung bis zu Artikeln des täglichen Konsums, hauptsächlich von Frauen getroffen, und deshalb richten sich die meisten Werbekampagnen direkt oder indirekt an sie. Da die westlichen Presseerzeugnisse zum größten Teil über Anzeigen finanziert werden, würden mit dem Tag, an dem Frauen eine bestimmte Zeitung oder ein bestimmtes

Magazin nicht mehr kaufen, weil ihnen der redaktionelle Teil nicht gefällt, automatisch die Anzeigenaufträge ausbleiben. Männer hätten also, selbst wenn sie wollten, niemals die geringste Chance, in einem an beide Geschlechter gerichteten Presseprodukt – und das sind die meisten – ihre eigene Meinung über Frauen zu veröffentlichen.

Das gleiche gilt für Fernsehsendungen, die durch Werbung finanziert werden. In den meisten westlichen Staaten ist Fernsehen Werbefernsehen. Das bedeutet, daß auch hier nur das gezeigt werden darf, was anstandslos die weibliche Zensur passiert. Es handelt sich natürlich nicht um Vorzensur, sondern um Nachzensur. Sie funktioniert nach folgendem Prinzip: Wenn das Produkt keine Gnade findet, ist sein Produzent erledigt. Er sucht das durch Selbstzensur zu vermeiden.

Wohl kann man dazwischen einmal eine Kleinigkeit riskieren und Frauen ganz vorsichtig etwas wahrheitsgetreuer porträtieren als gewöhnlich. Das kann sogar förderlich sein und das Interesse an einer bestimmten Zeitung vorübergehend aktivieren – aber siegen muß letzten Endes immer die Frau. Für jeden Artikel, der Frauen kritisiert, muß man hundert andere veröffentlichen, die sie verherrlichen.

Daß Männer nichts über ihre wirkliche Rolle wissen wollen, sieht man an den hauptsächlich an männliche Leser gerichteten Presseerzeugnissen. Eine moderne Frauenzeitschrift, etwa ›Cosmopolitan‹, könnte es eventuell noch wagen, sich über die Vatergesellschaft zu belustigen, denn sie wird ausschließlich von Frauen gelesen, die im Grunde wohl alle wissen, was sie aus den Männern gemacht haben. Männermagazine sind Produkte von Vätern für Väter: ›Times‹, ›Newsweek‹, ›L'Express‹, ›Der Spiegel‹ müssen den Mann als brutalen Unterdrücker des weiblichen Geschlechts porträtieren. Was für einen Sinn hätte der Kampf ihrer Abonnenten noch, wenn diejenigen, für die sie kämpfen, nicht schutzbedürftig sind und wenn man ihnen sagen würde, daß in Wirklichkeit sie selbst die am meisten Versklavten sind? Herausgeber von Männermagazinen und Frauen ziehen am gleichen Strang: Selbst wenn sie wüßten, wer wen unterdrückt, würden sie sich hüten, in ihrem Blatt die Wahrheit schreiben zu lassen.

Sobald die Intelligenz eines Menschen ein bestimmtes Maß überschreitet, kann sie ihm gefährlich werden. Der durchschnittlich Intelligente sieht, wie bereits erwähnt, immer nur einen Aspekt eines Sachverhalts, er kann sich deshalb in einer bestimmten Situation leicht entscheiden und sein Leben auf relativ einfache Weise »meistern«. Doch ein Sachverhalt hat nicht nur eine Seite, sondern mehrere. Der überdurchschnittlich Intelligente sieht sie alle auf einmal: Zu der Meinung, die er hat, kommt immer noch die andere, die er ebenfalls haben könnte. Was ist nun richtig, was ist falsch? Wenn er sich so und so verhält, wird dann das eine eintreffen oder das andere, das ebenfalls eintreffen könnte? Übergroße Intelligenz führt zu Entscheidungsschwäche und Lebensangst. Der Intellektuelle wünscht sich vor allem eines: Jemand, der ihm sagt, wie er sich verhalten soll. Er ist immer auf der Suche nach Schutz und kann ihn doch nirgends finden. Wen sollte er als seinen Beschützer akzeptieren? Ein Dümmerer kann es nicht sein, und einem Intelligenteren wird er auf Anhieb kaum begegnen.

So wie eine Frau oft ihrer »Unweiblichkeit« – Mangel an spezifisch weiblichen Geschlechtsmerkmalen – die Entwicklung einer normalen intellektuellen Kapazität verdankt, ist beim Mann oft seine »Unmännlichkeit« – Mangel an spezifisch männlichen Geschlechtsmerkmalen – schuld an seiner übergroßen Intelligenz. Es ist auffällig, daß ein großer Prozentsatz der sogenannten intellektuellen Männer körperlich wenig robust wirkt. Die Unfähigkeit, einen Klassenkameraden zu verprügeln, hat wohl mehr große Denker hervorgebracht als das Interesse an den Geheimnissen des Universums: Man zieht sich automatisch auf ein Gebiet zurück, wo man die Selbstbestätigung findet, die einem anderswo verweigert wird. Da zum Beispiel jugendliche Brillenträger häufig auch große Leser sind, glauben viele Leute, das Lesen verderbe die Augen. In Wirklichkeit lesen solche Menschen, weil sie schwache Augen haben: Sie legen sich aufgrund ihrer besonderen Konstitution eine andere Wertskala zu.

Es gibt für intellektuelle Männer zwei Möglichkeiten: Entweder sie geben ihre Lebensangst zu, oder sie verbergen sie hinter einer Maske von Draufgängertum. Nur wenige wählen den ersten Weg. Eine Frau darf Angst zeigen, sie soll es sogar, ein

Mann darf es nicht. Da ein ängstlicher Mann kein Schutzobjekt sucht, sondern jemand, der *ihn* beschützt – eine *Mutter* –, wird es sich noch schwerer tun als andere. Eine *Mutter* müßte ihm geistig überlegen und physisch polar zu ihm sein – er wird kaum eine Frau finden, die beide Bedingungen erfüllt. Die Mutterattrappe kommt immer erst mit dem beruflichen Erfolg. Wenn ein Intellektueller als Schriftsteller, Maler, Regisseur, Komponist bekannt geworden ist, weil er seine Lebensangst den anderen Intellektuellen so einleuchtend beschrieben hat, daß sie sich mit ihm identifizieren konnten, findet er nachträglich auch noch die Frau, die ihn »beschützt«. Jetzt darf er seine Angst offen zeigen, jetzt macht sie ihn sogar interessant. In seinem Œuvre sind Frauen immer die Starken und Mächtigen, denen Männer bedingungslos ausgeliefert sind. Männliche Künstler sind in ihrem Verhältnis zu Frauen entweder Anbeter oder Angeber, sie sind Ingmar Bergman oder Norman Mailer – auf gleicher Ebene findet man sie so gut wie nie.

Freilich scheinen die meisten Intellektuellen das Norman-Mailer-Image dem des ewigen Anbeters vorzuziehen. Aus Furcht, man könnte ihre Angst entdecken, imitieren sie die Männer, die sie im Grunde sein möchten. Da die wenigsten von ihnen gute Schauspieler sind, schießen sie dabei natürlich oft weit über das Ziel hinaus. Vor allem, wenn es sich um größere Gruppen Intellektueller handelt, steigert sich die Übertreibung zuweilen ins Groteske.

Wer heute unvorbereitet eine Zeitungsredaktion, ein Fernsehstudio oder eine Werbeagentur betritt – Orte also, wo besonders viele Übersensible auf einem Fleck sitzen –, muß sich vorkommen, als sei er auf einen Frachter geraten. Die Männer, die ihm in den vollklimatisierten, teppichbelegten Büroräumen begegnen, sehen aus, als müßten sie von einem Augenblick zum anderen damit rechnen, zum Kohlenschaufeln, Lastenschleppen oder Ankerwerfen abberufen zu werden. Mit ihren abgewetzten Lederjacken, ihren derben Kordhosen, ihren Bärten und Bärtchen, Pfeifen und Pfeifchen sehen sie aus wie Seeleute, LKW-Fahrer oder Bauarbeiter, aber niemals wie Männer, deren einzige körperliche Anstrengung darin besteht, einen Bleistift zwischen den Fingern zu halten.

Es sind *Überkompensierer* – Männer, die Männer nachahmen und dabei zu weit gehen. Alles, was die anderen tun, tun sie auch, doch da kein echtes Bedürfnis dahintersteckt, haben sie kein Gefühl für die Proportionen. Nur weil sie glauben, daß es männlich sei, quälen sie sich mit Whisky und harten Schnäpsen, ruinieren sie ihre Gesundheit mit selbstgedrehten Zigaretten, verbringen sie ihre Samstage auf Fußballplatztribünen, pfeifen sie hinter Blondinen her, zwängen sie sich auf unbequeme Sportwagensitze oder hochtourige BMW-Motorräder. Sie, die sonst gegen jede Art von Blutvergießen sind, wehren sich fanatisch gegen Geschwindigkeitsbegrenzungen im Straßenverkehr. Sie, die den Tod fürchten wie sonst niemand – sie haben als einzige die Phantasie, ihn sich vorzustellen –, sichern sich mit Kettenrauchen ein frühzeitiges Ende durch Lungenkrebs. Sie, die Frauen meist schüchtern begegnen und sich sonst sehr gewählt ausdrücken – sie sind »verunsichert«, »frustriert«, »progressiv« und wissen auch, was das bedeutet –, sprechen von ihnen unter sich im vulgärsten Arbeiterjargon (Frauen sind »Puppen«, »Weiber«, die man »aufs Kreuz legen« und »ficken« muß). Und während ihr Vorbild, der Arbeiter, sonntags in seinen Sonntagsanzug schlüpft, verbringen sie auch das Wochenende in dessen Arbeitskluft. Ihre intellektuellen Veranstaltungen – Konzerte, Theater, Kunstausstellungen – besuchen sie vornehmlich im künstlich verwaschenen Jeansensemble: Das Image des wilden Mannes muß immer verteidigt werden.

Nur auf Gebieten, wo sie ihre Vorbilder nicht erreichen, berufen sie sich auf ihre höhere Intelligenz und erklären ihre Schwächen zu Stärken. Ein Intellektueller kann im allgemeinen »keinen Nagel in die Wand schlagen«, er »versteht nichts von Geldangelegenheiten«, hat »nicht die geringste Ahnung, wie ein Auto funktioniert«, und wenn eine elektrische Sicherung auszuwechseln ist, ruft er nach dem Hausmeister.

Solche Dinge zu können wäre ein Zeichen von geistiger Primitivität – er ist zwar ein richtiger Kerl, aber primitiv ist er deshalb nicht. So wie eine Frau nichts können muß, weil sie weiblich ist, muß der Intellektuelle nichts können, weil er bereits etwas anderes kann.

Daß *Überkompensierer* aufgrund ihrer Fähigkeit, abstrakt zu denken, ausgerechnet dort arbeiten, wo sie von Frauen am meisten gebraucht werden – im Zeitungs- und Verlagswesen, bei Funk und Fernsehen, in psychologischen Instituten, in der Meinungsforschung und Werbung –, und da sie sich so gern mit »Frauenfragen« befassen, ist natürlich für deren Zwecke von unschätzbarem Wert. Denn im Gegensatz zu Anbetern sagen sie Frauen nicht »ihr seid die Größten«. Selbstverständlich müssen sie auch hier überkompensieren – hier vor allem, und deshalb beschäftigen sie sich ja so gern mit »Frauenfragen«. Sie sagen: »Wir sind die Größten – merkt ihr denn nicht, ihr Ärmsten, wie sehr wir euch ausbeuten und mißbrauchen?« Das kann nicht anders sein: Um nicht zu zeigen, wie sehr er selbst Schutz braucht, muß der Überkompensierer jene als schutzbedürftig porträtieren, von denen er sich Schutz erhofft. Der Durchschnittsmann wirkt ohnehin stark, der Intellektuelle muß sich erst einen Schwächeren erfinden, damit er stark erscheinen kann.

Intellektuelle Männer sind daher die besten Verbündeten, die Frauen sich zur Verteidigung ihres Schutzobjektstatus wünschen können. Hier decken sich männliche und weibliche Interessen wie sonst nirgends: Die Frau braucht das Image des Schwachen, der Intellektuelle das des Starken. Ein Journalist, der jeden Tag in seiner Zeitung schreibt, wie grausam Männer Frauen unterdrücken – ohne es selbst zu tun –, kommt der weiblichen Vorstellung von gutem Journalismus so nah wie nur möglich. Ein Fernsehredakteur, der sich über die Bezeichnung »Sexobjekt« entrüstet und seinen Geschlechtsgenossen im Umgang mit Frauen die Tugenden der Nächstenliebe empfiehlt – Opferbereitschaft, Selbstlosigkeit, Toleranz –, macht die nach weiblichem Maßstab bestmögliche Fernsehsendung. Es ist zwar eine Ironie, daß ausgerechnet die schutzbedürftigsten Männer den Frauen mitteilen, wie schutzbedürftig Frauen seien, und daß ausgerechnet die Geschlechtneutralsten diesen Frauen vorrechnen, wie sehr sie sie im Bett mißbrauchen. Doch da das Ganze im Interesse aller ist – auch in dem der übrigen Männer –, wird keiner die Angelegenheit näher untersuchen. Frauen, die nicht protegiert werden möchten – und nur solche könnten eigentlich dagegen sein –, sind zu selten, als daß ihre Meinung ins Gewicht fallen könnte.

Öffentliche Väter aus Unvermögen

Es gibt Männer, die nicht nur sagen, daß Frauen von ihnen unterdrückt werden, sondern es auch tatsächlich glauben. Es sind die öffentlichen Väter aus intellektuellem Unvermögen – Männer, die außerstande sind, die einfachsten Tatsachen zusammenhängend zu interpretieren. Dieses Unvermögen muß nicht den gesamten Denkprozeß betreffen, es kann sich auf einen Teilbereich beschränken.

Friedrich Engels, Karl Marx, August Bebel, Sigmund Freud waren intelligente Männer, doch in bezug auf die Analyse des Geschlechtsverhältnisses haben sie eindeutig versagt (siehe Kapitel »Das schwächere Geschlecht ist das stärkere«). Das ist dadurch zu erklären, daß von Frauen erzogene Männer – und wer wird nicht von einer Frau erzogen? – überhaupt nicht mehr in der Lage sind, über Frauen unvoreingenommen nachzudenken. Die heutige Psychologie geht davon aus, daß die meisten Wertbegriffe eines Menschen bereits in seinen ersten Lebensjahren von der Bezugsperson – der Mutter also – geprägt werden. Die großen männlichen Frauenrechtler kamen alle aus gutsituierten Bürgersfamilien, ihre Mütter waren Schutzobjekte ersten Ranges, die natürlich ihren Sonderstatus mit den bekannten Gehirnwäschemethoden verteidigten. Den wirklichen Familiensklaven, ihren Vater, bekamen sie aufgrund seiner Sklavenarbeit für Frau und Kinder nur ganz selten zu Gesicht.

Es ist natürlich ebensogut möglich – dies wurde bereits erläutert –, daß die erwähnten Revolutionäre geschickte Demagogen waren, die das Märchen von der unterdrückten Frau aus politischen Gründen erfunden haben. In Anbetracht ihrer intellektuellen Leistungen auf anderen Gebieten wäre diese Erklärung einleuchtend. Die Ausnahme wäre Sigmund Freud: Falls er wußte, welchen Unsinn er in bezug auf die Frauen behauptete, war er vermutlich ein »Überkompensierer«.

Man muß zur Entschuldigung der historischen Frauenrechtler sagen, daß vor der Einführung des Frauenwahlrechts und ohne die neueren Erkenntnisse der Trieblehre Männer Frauen viel eher für unterdrückt halten konnten als heute. Wenn ein Intellektueller wie John Kenneth Galbraith, ein Harvard-Professor des Jahres 1974, die US-Frau als »Magd des Mannes« bezeichnet und Sätze zu Papier bringt wie: »Im Zuge der Demokratisierung steht heute fast dem gesamten männlichen Bevölkerungsanteil eine Ehefrau als Dienerin zur Verfügung«,* dann gibt es dafür nur zwei plausible Erklärungen: Er will die Fakten nicht sehen, oder er kann sie nicht sehen (er stellt sich dumm oder er ist dumm). Denn er ignoriert zumindest folgende für die meisten westlichen Industriestaaten – und über diese schreibt er ja – geltenden Tatbestände:

* J. K. Galbraith: Wirtschaft für Staat und Gesellschaft. München 1974.

1. Männer leisten Militärdienst, Frauen nicht.
2. Männer werden in den Krieg geschickt, Frauen nicht.
3. Männer werden später pensioniert als Frauen (obwohl sie aufgrund ihrer kürzeren Lebenserwartung ein Recht auf frühere Pensionierung hätten).
4. Männer haben praktisch keinen Einfluß auf ihre eigene Fortpflanzung (es gibt für sie weder Pille noch Schwangerschaftsabbruch, sie müssen – oder können nur – die Kinder bekommen, die Frauen bekommen wollen).
5. Männer ernähren Frauen, Frauen ernähren nie – oder nur vorübergehend – Männer.
6. Männer arbeiten ein Leben lang, Frauen vorübergehend oder gar nicht.
7. Obwohl Männer ein Leben lang arbeiten und Frauen nur vorübergehend oder gar nicht, sind sie insgesamt ärmer als Frauen (die US-Frauen besitzen bereits einundsechzig Prozent des US-Privatvermögens).
8. Männer bekommen ihre Kinder »geliehen«, Frauen dürfen sie behalten (da Männer ein Leben lang arbeiten und Frauen nicht, beraubt man sie – mit der Begründung, daß sie arbeiten müssen – bei einer Trennung von der Mutter automatisch der Kinder).

Die Liste der männlichen Benachteiligungen wäre beliebig fortsetzbar. Ein Journalist, der angesichts dieser nachprüfbaren Tatsachen dennoch behauptet, die Frau sei die Sklavin des Mannes – und das auch glaubt –, hat seinen Beruf verfehlt: Er kann nicht logisch denken.

Öffentliche Kinder

Was wäre eine Anklage ohne Kronzeugen? Wenn die öffentlichen Väter behaupten wollen, daß sie Frauen unterdrücken, brauchen sie Frauen, die diese Behauptung bestätigen – denn wo sich keiner geschädigt fühlt, kann man nicht gut von einem Verbrechen reden. Die Frauen, die diese Scheinbestätigungen ausstellen, sind die *öffentlichen Kinder*. Als selbsternannte Fürsprecherinnen ihres ganzen Geschlechts versichern sie den

Männern, daß Frauen sich tatsächlich versklavt, mißbraucht, ausgebeutet, mißverstanden und gedemütigt fühlen. Zu diesem Zweck liefern sie entweder vorsätzlich falsche Beweise, dramatisieren eine bestimmte Situation oder stellen tragische Einzelfälle als exemplarisch hin. Frauenrechtler und Frauenrechtlerinnen sind wie Kinder, die zusammen »Beerdigung« spielen: Sie schaufeln ein Grab, töten eine Eidechse, legen sie hinein und beginnen dann laut zu schluchzen.

Nun kommt es natürlich darauf an, wo die Beerdigung stattfindet: Kinder, die ihre Eltern auf ihren Schmerz aufmerksam machen wollen, heulen dort, wo sie von ihnen gehört werden, also möglichst nah beim Haus. Frauen, die Männer von ihrem traurigen Schicksal überzeugen wollen, begraben ihre »toten Eidechsen« dort, wo man davon am meisten Notiz nimmt: in den großen Städten – vorzugsweise in New York, USA. Daß dies der ungeeignetste Ort von allen ist, weil gerade die US-Frauen das komfortabelste Leben führen, kann die allgemeine Ergriffenheit kaum beeinträchtigen.

Öffentliche Kinder produzieren sich in der Nachbarschaft *öffentlicher Väter*, und die meisten und vor allem die einflußreichsten öffentlichen Väter gibt es in New York. In New York werden die am meisten zitierten (und kopierten) Presseerzeugnisse der Welt hergestellt: ›New York Times‹, ›Time‹ und ›Newsweek‹. Die Meinung der *öffentlichen Väter* Amerikas ist deshalb verbindlich für alle anderen: Wenn US-Journalisten sagen, daß Männer Frauen versklaven, werden Europäer, Südamerikaner und Australier ihnen kaum widersprechen. Die Sache ist ja im Interesse aller: Die *Privatväter* ihres eigenen Landes wollen das gleiche lesen wie die Nordamerikaner.

Daß die Dachorganisation der amerikanischen Frauenrechtsbewegung, N.O.W. (National Organization for Women), fast vierzigtausend Mitglieder zählt, sagt nichts über die Vernunft der Idee, die sie vertritt. Als der amerikanische Spaßmacher Alan Abel seine Landsleute dazu aufrief, die Blößen ihrer Haustiere mit Kleidungsstücken zu bedecken, weil der Anblick nackter Tiere das menschliche Schamgefühl verletze, bekam er für seine fingierte Kampagne ebenfalls eine Anhängerschaft von vierzigtausend Personen. Man muß dies in den richtigen Proportionen sehen: in einem Land mit mehr als zweihundert Millionen Einwohnern ist nichts zu abwegig, als daß nicht Leute kämen, die es zu ihrem Anliegen machten. Daß der Mythos von der unterprivilegierten Frau ausgerechnet dort am meisten

Verteidiger finden mußte, wo es der Frau am besten geht, ist einleuchtend: Wo es der Frau am besten geht, müssen Männer und Frauen die größten Anstrengungen machen, es zu verbergen.

Wenn N.O.W. mehr öffentliche Beachtung findet als jede andere Gruppe vergleichbarer Größe – wer hat schon in Europa von Alan Abels Prüderie-Test erfahren? –, so liegt dies am Bedürfnis der Männer und Frauen außerhalb der Organisation, gerade diese Meinung über die Frau immer wieder zu hören. Denn was immer sich Frauenrechtlerinnen zu Propagandazwecken ausdenken, wie ungeschickt, geschmacklos oder absurd es auch sein mag, man wird es am nächsten Morgen in seiner Tageszeitung lesen. Entweder weil sie es selbst geschrieben haben – viele von ihnen sind Journalistinnen, die Berichterstattung über »Frauenfragen« haben sie in allen wichtigen amerikanischen Zeitungen fest in der Hand – oder weil ein öffentlicher Vater sie gewissenhaft zitiert. Und von dort nimmt die Botschaft ihren Weg über die restliche Welt: Ob die amerikanischen Frauenrechtlerinnen für oder gegen Kissinger, Marilyn Monroe, lange Hosen, kurze Hosen, Vaginalsprays, Lesbianismus oder sexuelle Abstinenz sind, wird in europäischen Zeitungen ernsthaft wiedergegeben. Wer könnte auch so chauvinistisch sein, Nachrichten vom Freiheitskampf dieser tapferen Frauen in seinem Blatt zu unterdrücken?

Warum machen diese Frauen das? könnte man sich fragen. Was haben weibliche Journalisten und Schriftsteller davon, wenn sie ihr Geschlecht zu Wohlfahrtsempfängern abstempeln? Warum wollen sie partout die Rolle des Opfers spielen? Profitieren Frauen, abgesehen vom Materiellen, wirklich so sehr vom schlechten Gewissen der Männer?

Journalistinnen sind keine Helden. Sie tun das Nächstliegende und schreiben – mit einigen Ausnahmen allerdings – genau das, was man lesen will. Nicht sie sind schuld am Image der Frau, sondern die, die es ihnen abkaufen. Unter den prominenteren Journalistinnen ist nicht eine einzige, die noch heute ernsthaft an die unterdrückte Frau glaubt – man muß es ehrenhalber voraussetzen –, doch solange diese Version verlangt wird, wird sie auch geliefert. Vor allem in den USA ist verbale Frauenbefreiung zu einer regelrechten Industrie geworden. Es gibt Spezialzeitschriften, beispielsweise ›Ms.‹, deren Geschäfte so gut laufen, daß sie von ihren Unterdrückten und Befreiten sogar Farbfotos auf Hochglanzpapier bringen können. Das

Märchen von der Magd des Mannes ist für die Gebrüder Grimm zu einer echten Konkurrenz geworden.

»Frauenfragen«-Journalismus hat gegenüber anderen Sparten dieses Berufs den Vorteil, besonders einfach zu sein. Um als weibliche Kronzeugin die weibliche Sklaverei anzuprangern, braucht man weder Mut (da niemand dagegen ist, hat man auch keine Feinde), Stil (wie man schreibt, ist gleichgültig, Hauptsache man beschreibt sein Geschlecht als unterdrückt), Fachkenntnisse (als Berufslegitimation genügt notfalls eine Vagina) noch Ideen (die liefern immer Männer).

Die Idee von der Unterdrückten war, wie mehrfach gesagt, eine Männeridee. Sie stammt nicht von Beauvoir, Friedan, Millet und Greer – wie sollten Frauen auch auf die Idee kommen, sie seien unterdrückt? –, sondern von Marx, Engels, Bebel und Freud. Die intellektuellen Frauen liefern lediglich die für die Trauerzeremonien notwendigen »toten Eidechsen«. Sie bedienen sich dabei folgender Methoden:

a) Tatsachenbericht,
b) *Insider*-Bericht,
c) halbierte Statistik.

Beim *Tatsachenbericht* erzählt eine Frau ihr häufig wirklich tragisches Einzelschicksal. Dieses wird dann von den anderen als exemplarisch bezeichnet.

Beim *Insider*-Bericht schildern Frauen den Männern, wie man »als Frau« eine bestimmte Situation empfindet. Germaine Greer etwa erklärt dem ›Playboy‹-Leser, daß »für eine Frau« jeder Geschlechtsakt einer Vergewaltigung gleichkomme. Gloria Steinem sagt dem Leser von ›Der Spiegel‹, daß es so wenig Ärztinnen gibt, weil man sich »als Frau« einen weiblichen Arzt gar nicht so richtig vorstellen könne. Ellen Frankfort* erläutert den Mangel an weiblichen Chirurginnen: »Als Frau« meide man diesen Beruf, weil Männer einem sagen, man bekäme durch das lange Stehen Krampfadern und werde dadurch für das andere Geschlecht unattraktiv. Um ganz allgemein zu zeigen, wie man sich »als Frau« im täglichen Leben fühlt, vergleicht man sich mit rassischen Minderheiten: Die US-Frauen sagen, sie fühlten sich genauso behandelt wie die Neger in ihrem Land, die Frauen der übrigen westlichen Länder sagen, sie

* Ellen Frankfort: Vaginal Politics. New York 1972.

fühlten sich behandelt wie US-Neger (»Wir sind die Neger der Nation«).

Während beim Tatsachen- und *Insider*-Bericht dramatisiert wird, gibt man sich bei der Methode der *halbierten Statistik* wissenschaftlich kühl. Sie besteht darin, den ersten Teil einer Untersuchung oder Enquete zu zitieren und den zweiten wie zufällig zu vergessen:

Man beschwert sich über den geringen Prozentsatz weiblicher Politiker, verschweigt jedoch, daß Frauen mit ihrer absoluten Stimmenmehrheit von einundfünfzig bis zweiundfünfzig Prozent jeden weiblichen Politiker nominieren und wählen könnten, den sie nominieren und wählen wollen.

Man feiert den hohen Prozentsatz berufstätiger Frauen, verschweigt jedoch, daß es sich bei den genannten Zahlen nur zur Hälfte um Ganztagsarbeit handelt, daß die wenigsten Frauen »Lebenslängliche« sind (es sind immer wieder andere, die in der Statistik erscheinen) und daß weibliche Berufstätigkeit mit männlicher statistisch überhaupt noch nicht vergleichbar ist, weil Frauen niemals Mann und Kinder ernähren.

Man verurteilt die Doppelbelastung berufstätiger Mütter, verschweigt jedoch, daß laut Statistik der berufstätige Vater die gleiche Zeit mit Nebenarbeiten zubringt wie seine berufstätige Frau – er erledigt Behördengänge, Steuererklärungen, Reparaturen im Haus, Autowartung, Gartenarbeit, Kinderbeaufsichtigung.

Man klagt die »Männergesellschaft« wegen der manchmal noch niedrigeren Löhne für Frauen an, verschweigt jedoch, daß Tarifverträge zwischen Gewerkschaften und Unternehmern ausgehandelt werden und daß nur ein Bruchteil der berufstätigen Frauen Gewerkschaften angehören, geschweige sich dort engagieren.

Man beweist, daß Frauen – als Putzfrauen, Toilettenfrauen – die unangenehmeren Arbeiten erledigen, verschweigt jedoch, daß alle wirklich unangenehmen Arbeiten von Männern erledigt werden – sie sind Bergarbeiter, Müllkutscher, Straßenkehrer, Kloakenreiniger, Totengräber, Leichenbeschauer, Metzger, Gerichtsmediziner, Fachärzte für Proktologie, Haut- und Geschlechtskrankheiten, pathologische Anatomie.

Man wirft Männern vor, ihre Gesetzgebung verhindere den Schwangerschaftsabbruch (»Mein Bauch gehört mir!«), verschweigt jedoch, daß laut Statistik mehr Männer als Frauen für die Legalisierung des Schwangerschaftsabbruchs sind und daß diese von den konservativen Parteien verhindert wird, deren Wähler in der Mehrzahl immer Frauen sind.

Man klagt Männer an, die Pille für die Frau statt für sich selbst erfunden zu haben, verschweigt jedoch, daß die internationale pharmazeutische Industrie in die Männerpille bisher erfolglos Summen investiert hat, die jene, die zur Erfindung der Frauenpille notwendig waren, um das Tausendfache übertreffen, und daß die Frauenpille den Mann außerdem in einseitige Abhängigkeit von Frauen bringt.

Man wertet die Tatsache, daß mehr Frauen als Männer sich einer Psychoanalyse unterziehen, als einen Beweis für weibliche Verzweiflung, verschweigt jedoch, daß mehr Männer als Frauen Selbstmord begehen und daß sie in den meisten Fällen die teueren Beichtstunden finanzieren.

Die *öffentlichen Kinder* wollen den »Vater« nicht abschaffen, im Gegenteil: indem sie den Mann für alles Unangenehme in ihrem Leben verantwortlich machen, machen sie ihn erst richtig zum Vater. Sie fordern nicht Selbstverantwortung, sondern antiautoritäre Erziehung: man ist die ewigen Puppenstuben leid und möchte endlich auch einmal mit »Messer, Gabel, Scher' und Licht« spielen, genau wie die kleinen Jungen.

Ihr eigenes Geschlecht machen die öffentlichen Kinder zu Kretins. Denn es ist ein Unterschied, ob man von jemand sagt, er wolle nicht anders, oder ob man von ihm sagt, er könne nicht anders.

Wenn Frauen nicht anders wollen, stellt man sie auf eine Stufe mit den Reichen: Ihre Dummheit ist eine Folge von Luxus, ihr Lebensstil eine Wahl, ihr Verzicht auf Ämter und Würden ein Beweis ihrer Souveränität. Um ihr Schicksal zu ändern, müßten sie nur den Wunsch dazu haben, alles hängt von ihnen selbst ab.

Wenn Frauen nicht anders können, stempelt man sie zu geborenen Idioten. Wenn sie nach Jahrzehnten Frauenwahlrecht, Stimmenmehrheit, materiellem Wohlstand, freier Studien- und Berufswahl trotz intensivster Bemühungen nicht weiterkommen, ist die einzige Erklärung angeborene psychische Inferiorität. Solche Menschen können ihr Schicksal nicht selbst ändern, sie sind auf das Mitleid und Verständnis ihrer Umwelt angewiesen, sie brauchen die Nächstenliebe der Männer.

Es ist jedoch kaum anzunehmen, daß Frauenrechtlerinnen wissen, was sie den Frauen anzutun versuchen. Sie sind Kinder, wenn auch öffentliche. Kinder – auch öffentliche – zieht man nicht zur Verantwortung.

Der Mann als Opfer seiner Polygamie

Der Polygame betrügt immer nur Männer

Männer sähen in ihnen nichts als Sexobjekte, klagen die Frauen. Wie schön, wenn es so wäre! Tatsächlich muß ein Mann schon ziemlich viel Phantasie aufbringen, um in seiner Partnerin ein Sexobjekt zu sehen. Die meisten Frauen wählen vorsätzlich Männer, denen sie sich unterlegen fühlen – »zu einem Mann muß ich aufblicken können«, lautet der Slogan. Ein Unterlegener ist kein Sexobjekt, sondern ein Schutzobjekt – ein Kind. Damit man jemand als Sexobjekt sehen kann, müßte er physisch gegensätzlich und geistig gleich stark sein. Frauen sind meist nur gegensätzlich zu ihrem Partner. Dummheit ist keine geschlechtsspezifische Eigenschaft: Sie ist nicht der Gegensatz zu *männlich*, sondern zu *intelligent*. Sie macht eine Frau daher nicht weiblicher, wie viele meinen, sondern kindischer.

Ein Unterlegener fordert statt des Sextriebs den Brutpflegetrieb seines Partners heraus und treibt ihn dadurch zur Polygamie: Da er das Bedürfnis hat, ihn zu schonen, bekommt er beim Sex ein schlechtes Gewissen. Er sucht sich einen zweiten, hat bei ihm, falls er ebenfalls unterlegen ist, wieder ein schlechtes Gewissen, geht deshalb zum nächsten usw. Homosexuelle Männer sind sicher oft nur Resignierte, die unter Frauen lange Zeit vergeblich nach einem erwachsenen Sexpartner gesucht haben. Sie nehmen in der Liebe noch eher die Gleichheit des Geschlechts in Kauf als einen kindischen Intellekt.

Obwohl der durchschnittliche Polygame eigentlich nicht seine Frau, sondern einen anderen Mann betrügt, ist er sich dessen selten bewußt: Eine Frau, die in ihrem Mann den Vater sieht, kann man in sexueller Hinsicht nicht betrügen. Für eine »Adoptierte« ist ihr Partner kein Liebhaber, sie ist daher auf die andere Frau nur dann eifersüchtig, wenn die Versorgung durch sie gefährdet ist. Natürlich wäre sie lieber das Einzelkind ihres Mannes, doch wenn die »Schwester« schon da ist, soll sie wenigstens nicht bevorzugt werden. Wenn alles gerecht verteilt wird und der Vater wohlhabend genug ist, mehrere Kinder zu ernähren, ist es im Grunde gleichgültig, was er mit den anderen macht.

Der polygame Mann müßte deshalb nicht den Frauen, sondern den Männern gegenüber ein schlechtes Gewissen haben. Da sich die männliche und die weibliche Bevölkerung zahlenmäßig annähernd die Waage hält, nimmt jeder Mann, der sich zwei Frauen genehmigt, einem anderen die Partnerin weg. Ein Scheich mit hundert »Sexobjekten« tut den Frauen nicht viel Böses an: In seinem Harem sind sie gut versorgt, die sexuelle »Ausbeutung« verteilt sich auf viele und ist deshalb minimal, sie müssen sich nicht von ihren Kindern trennen und haben immer Gesellschaft. Wirklich demütigend ist das nur für die ärmeren Männer: Der Scheich bringt neunundneunzig von ihnen um die Partnerin.

Auch bei der bereits erwähnten südamerikanischen Form der Bigamie ist nicht die Frau der Verlierer, sondern der Mann. Das wirkliche Opfer des Machismo ist immer ein anderer Macho, denn jeder Macho mit zwei Frauen stiehlt einem anderen seine einzige. Da der reiche Macho von allen seinen ausgehaltenen Frauen als einzige Gegenleistung Treue verlangt und da die jungen Mädchen durch Unberührtheit ihren Marktwert zu steigern suchen, hat der ärmere Macho auch kaum Aussicht auf gelegentlichen Gratissex. Die Folge davon ist ein Bordellwesen, das auf der Welt seinesgleichen sucht – die vielen Armen, denen man die Partnerin genommen hat, müssen sich die wenigen übriggebliebenen Frauen teilen. Doch der arme Macho merkt, dank der bereits beschriebenen Gehirnwäsche, so wenig wie der reiche, was gespielt wird. Auch er ist davon überzeugt, daß Männer Frauen unterdrücken, und wenn er soviel verdient hat, daß er sich für eine halbe Stunde einen Sexpartner mieten kann, fühlt er sich allen Frauen überlegen.

Man darf sicher sein, daß die ärmeren südamerikanischen Männer – vorausgesetzt, sie könnten aus ihrem Wahn erwachen – ihren vielgerühmten Machismo sofort vergessen würden. Doch die weibliche Moral – die Moral der vielen Frauen, die sich ein Leben lang aushalten lassen möchten – bietet dafür nicht die geringste Chance. Die Machos, die zu Huren gehen müssen, weil sie sonst keine Frau bekommen, repräsentieren bestimmt nicht die vielbesungene lateinamerikanische »Männergesellschaft«. Die sogenannten käuflichen Frauen sind nicht die Opfer der Männer, die zu ihnen kommen, sondern der Käuflichkeit der sogenannten anständigen Frauen, die sie ihnen in die Arme treibt.

Frauen wollen Nächstenliebe

Frauen haben die Wahl: Sie können Männer zu ihren Vätern oder zu ihren Liebhabern machen, sie können ihr Mitleid erregen oder ihr Begehren. Solange sie die Kinderrolle spielen, bevorzugen sie eindeutig das Mitleid. Solange sie in jeder Verbindung der Schwächere, Jüngere und Dümmere sein wollen – solange sie sich überlegene Männer nehmen –, entscheiden sie sich offen für die Nächstenliebe.

Frauen führen die Gefühle der Männer in die Irre: sie sehen aus wie Erwachsene und benehmen sich wie Kinder, sie fordern Leidenschaft und bleiben selbst kühl, sie reden von Zärtlichkeit und meinen Protektion. Frauen bringen beide Geschlechter um die Liebe – sie selbst verzichten freiwillig, der Mann muß sich mit dem begnügen, was sie als Liebe gelten lassen. »Wer wirklich liebt, denkt zuerst an das Glück seines Partners«, lautet die weibliche Liebesdefinition. Der Mann versucht sich daran zu halten. Aber immer, wenn er für eine Frau das empfindet, was sie von ihm erwartet – wenn er zuerst an *ihr* Glück denkt, –, ist er mit ihr nicht glücklich, und immer wenn er mit einer Frau glücklich ist, hat er zunächst an sich selbst gedacht.

Wir haben gesehen, daß es für Frauen eine Kleinigkeit ist, die männlichen Triebe zu manipulieren. Man muß nur etwas schwächer, etwas kälter und etwas dümmer sein als der andere, und schon wird man von ihm versorgt. Doch ist die Tatsache, daß etwas leicht geht, schon ein Grund, es auszuführen? Genügt der persönliche Vorteil schon als Rechtfertigung für eine Handlung?

Man muß nicht alles tun, nur weil man es tun kann. Zivilisierte Menschen zum Beispiel mißhandeln Tiere nicht, obwohl sie es könnten. Wann werden Frauen zivilisiert genug sein, Männer nicht mehr zu mißbrauchen? Wann werden sie damit aufhören, ihre Liebhaber zu Versorgern abzurichten, nur weil sie die Macht dazu haben? Wann schaffen die Frauen endlich die Barbarei in der Liebe ab?

Solange sie es nicht tun, bleibt Männern nur die Polygamie als Ausweg. Sie brauchen sich deshalb nicht mit Gewissensbissen zu plagen. Solange Frauen Kinder imitieren, solange sie sich grundlos protegieren lassen, haben Männer ein Recht auf mehrere Frauen. Sie haben ein Recht darauf, unter all den kleinen Mädchen, denen sie im Lauf ihres Lebens begegnen, so lange nach einer Frau zu suchen, bis sie eine finden. Die eigentlichen Opfer ihrer Polygamie sind, wie gesagt, ohnehin sie selbst. Ob sie sich selbst schädigen wollen, können sie schließlich allein entscheiden.

Das Ende der Dressur
Modell für eine neue Männlichkeit

männlich = bestraft

Der Mann – darum ging es in ›Der dressierte Mann‹ – kommt auf die Welt, um eingesperrt zu werden. Er empfindet das aber nicht als grausam: Da man ihn von Anfang an auf diese Lebensweise vorbereitet, erwartet er nichts anderes. Weil praktisch alle Männer eingesperrt werden, sieht er in seiner Haft sogar etwas Positives – sie bedeutet, daß er vollkommen normal ist – und nennt diese Art Dasein nicht ohne Stolz *männlich*. Überhaupt spricht er einen eigenen Jargon: Seine Wärter nennt er *Vorgesetzte*, den Strafvollzug *Pflichterfüllung*, die Anstaltsleitung *Direktion* und ein Lob wegen guter Führung *berufliche Anerkennung*. Nach einem solchen Lob fühlt er sich gleich viel wohler: Er sagt dann, daß ihm seine Arbeit *Spaß* macht.

Wie das in der zweiten Hälfte des zwanzigsten Jahrhunderts nicht anders sein kann, wurde auch hier der Strafvollzug humanisiert. Das Strafmaß ist jedoch das gleiche geblieben: Für einen Mann heißt das Urteil immer »lebenslänglich«. Denn anders als beim »echten« Strafvollzug ist das Kriterium hier nicht die Gefährlichkeit des Delinquenten für die Gesellschaft – für diejenigen also, die man nicht einsperrt –, sondern seine Nützlichkeit: Art und Dauer der Strafe werden daher auch nicht vom Vergehen, sondern von der Leistungsfähigkeit bestimmt. Und weil ein Mann leistungsfähiger ist, wenn er sich ausgeruht hat, schickt man ihn zwischendurch nach Hause und erlaubt ihm so, in genau festgelegten Intervallen am Leben derer teilzunehmen, für die er seine Strafe absitzt. Im übrigen ist er nur dann vom Strafvollzug befreit, wenn er ohnehin unrentabel wäre: bei physischer Unzulänglichkeit etwa oder nach psychischem Schock. Ein gesunder Mann, der mit der Verbüßung seiner Strafe vorübergehend aussetzen möchte – sein Verbrechen besteht darin, ein Mann zu sein –, muß daher entweder eine Krankheit oder den Tod eines geliebten Menschen vortäuschen. Falls er das aber zu häufig tut oder falls man ihm dabei auf die Schliche kommt, wird er degradiert und muß die niedrigsten Aufgaben übernehmen, die die Anstalt zu vergeben hat. Und auch seine

Besuche bei denen draußen werden dadurch immer unerfreulicher.

Sobald man feststellt, daß kurze Pausen zur Erhaltung der Leistungsfähigkeit eines bestimmten Delinquenten nicht mehr ausreichen – und das ist nach etwa einem Jahr der Fall –, schickt man ihn für mehrere Tage hintereinander in die Freiheit. Man rät ihm, diese Zeit in einem ungewohnten Milieu zu verleben, denn so erholt er sich besser und kann dank der neuen Eindrücke, die er dabei sammelt, die alten Eindrücke wieder leichter ertragen. Wenn sich danach von neuem die Tore hinter ihm schließen, ist er oft sogar froh. Wie schön, wieder drin zu sein, sagt er zu den anderen – ewige Ferien, nein, das wäre wirklich nichts.

Doch auch diese Freude ist ihm nicht vergönnt. Denn wenn dann so nach einem halben Jahrhundert Anstaltsleben seine Leistung immer unrentabler wird und die vorgeschriebenen Pausen zu seiner Regeneration beim besten Willen nicht mehr ausreichen, werden ihm diese ewigen Ferien wie eine letzte Strafe aufgezwungen. Man entläßt ihn in ein Haus, in dem es keinen Platz für ihn gibt, zu einer Familie, der er fremd geblieben ist, und in eine Freiheit, für die er sich nun viel zu müde fühlt. Zum Glück dauern diese ewigen Ferien nicht wirklich eine Ewigkeit, denn nach der Statistik hat in westlichen Industrieländern ein Mann bei einer Lebenserwartung von etwa neunundsechzig Jahren nach seiner Pensionierung gerade noch vier Jahre zu leben.

männlich = verkauft

Der Mann kommt auf die Welt, um seinen Körper und seinen Geist, seine Kraft und seine Gesinnung meistbietend zu verhökern. Doch auch darunter leidet er nicht. Da man ihn durch spezielle Erziehungsmethoden auf seine Prostitution einstimmt und da die anderen Männer sich ebenfalls prostituieren, empfindet er diese Lebensweise als adäquat. Auch hier fällt wieder die eigene Sprache auf: Das Bordell heißt *Firma,* der Zuhälter *Ehefrau* oder *Lebensgefährtin* und der Kunde *Chef, Aktionär, Aufsichtsrat* oder ganz einfach *Kunde.*

Dabei gilt folgender Ehrenkodex: Am meisten geachtet ist

immer der Mann, dem seine Prostitution am meisten einbringt. Männer, die sich mit wenig Eifer verkaufen, nennt dieser Mann *Arbeitsscheue*, solche, die sich ungeschickt verkaufen, *Versager*, solche, die sich nicht verkaufen müssen, *Playboys*, solche, die sich nicht verkaufen wollen, *Abenteurer*, und solche, die ohne Zuhälter arbeiten, *Impotente* oder *Homosexuelle*.

Frauen sieht der erfolgreiche männliche Prostituierte nur ungern in seinem Gewerbe. Da er Prostitution mit Männlichkeit gleichsetzt, nennt er erfolgreiche weibliche Prostituierte *Mannweiber*. Als Zuhälter hingegen kann er sich wiederum sein eigenes Geschlecht nicht vorstellen: Von einem Mann, der zu Hause bleibt und eine Frau für sich arbeiten läßt, sagt er entweder, er ließe sich *aushalten*, oder er nennt ihn ohne Umschweife einen *Zuhälter*. Eine Frau, die sich aushalten läßt, nennt er hingegen eine *Hausfrau*. Frauen, die den Kunden ihren Körper, nicht aber ihre Gesinnung verkaufen, bezeichnet er als *Prostituierte*.

Bei ihm selbst ist es jedoch mit der Vermarktung des Körpers allein nie getan. Von ihm will man alles. Und zwar nicht nur stundenweise über ein paar Jahre, sondern den ganzen Tag, ein Leben lang. Er muß nicht nur alles tun, was andere von ihm verlangen, sondern auch alles sagen; und damit er es glaubhaft sagen kann, muß er es auch denken. Und er muß »umdenken« können. Die Firma, deren Produkt er heute bekämpft, kann schon morgen sein neuer Auftraggeber sein. Der Verleger, dessen Meinung er heute lächerlich macht, kann ihn schon morgen in seiner eigenen Zeitung schreiben lassen. Die Partei, mit deren Zielen er sich heute solidarisiert, kann ihr politisches Konzept über Nacht ändern. Kein Wunder, daß den gewöhnlichen Huren die Art, wie der Mann sich prostituieren muß, noch unmenschlicher erscheint als ihre eigene. Wo man sie wählen läßt, bleiben sie daher auch lieber in ihrem Metier, als daß sie den Mann nachahmen und auf seine Weise »anständig« werden. Die einzig wirklich reizvolle Alternative haben sie sich durch ihr Gewerbe ein für allemal verbaut: Kein Mann würde eine Frau in der Rolle seines Zuhälters akzeptieren, wenn sie vorher eine »Prostituierte« war.

Diese weitverbreitete weibliche *Zuhälterei* unterscheidet sich von der wenig verbreiteten männlichen, von der hier der Begriff abgeleitet wurde, hauptsächlich dadurch, daß sie vom Gesetz nicht verboten, sondern gefördert wird und daß sich in diesem Fall der Zuhälter nicht einmal darum bemühen muß, seinem

Opfer die Kunden zu vermitteln, denn auch das macht es noch selbst. Im übrigen ist die Technik die gleiche: Damit das Opfer tut, was man von ihm verlangt, versetzt man es in den Zustand der Hörigkeit, und später veranlaßt man es dann durch Einschüchterung, Erpressung und Nötigung zum Weitermachen. Hörigkeit – die Männer nennen es hier *Liebe* – erreicht der weibliche Zuhälter auf die gleiche Weise wie sein männliches Pendant: durch gutes Aussehen, sexuelle Vergünstigungen und geschickt plazierte Komplimente. Sobald die Hörigkeit nicht mehr so stark ist, genügen zur Nötigung jedoch die inzwischen gezeugten Kinder.

Weil die Auswahl des späteren Opfers am zweckmäßigsten dort stattfindet, wo man seine Eignung zur Prostitution am besten beurteilen kann – wo man sieht, wie ein Mann auf Männer wirkt –, begeben sich künftige Zuhälter vorübergehend selbst in die Bordelle. Um ihnen diese Mühe zu ersparen, hat man auch die *Titel* eingeführt. (Wer es zu einem Titel bringt, hat sich so oft die Meinung anderer zu eigen gemacht, daß seine Bereitschaft zur Gesinnungsprostitution als gesichert gelten darf.) Doch Männer mit Titel sind selten, und deshalb läßt sich der Umweg über den Ort der Handlung vor allem für die Frauen nicht vermeiden, deren Väter nicht genug anschaffen. Hier können sie dann am besten erfahren, wie geeignet ein bestimmter Mann für ihre Zwecke sein wird. Und selbst wenn sie an diesem Ort nicht das richtige Opfer finden, wissen sie doch wenigstens, worauf es ankommt. Ausschlaggebend ist nicht der gute Wille, sondern das, was man daraus macht. Mit wieviel »Einsatz« man die Wünsche seiner Kunden befriedigt, wie glaubwürdig man Begeisterung heuchelt, wie echt man Schmeicheleien plaziert, wie geschickt man gegen Konkurrenten intrigiert, ob man auch tatsächlich immer die Stimmung und Gesinnung zeigen kann, die verlangt wird, und ob man auch wirklich alles tut, um jedem Kunden den Maximallohn zu entlocken. Und sie kann auch gleich beurteilen, ob ihr Opfer die kostbare Qualität besitzt, die man in den Bordellen dieser Welt als *Charakter* bezeichnet und die besser honoriert wird als alle anderen. Denn einen verwöhnten Kunden befriedigt man oft besser, wenn man nicht gleich alles tut, was er verlangt. Ein Mann, der genügend Intuition besitzt, um sich im richtigen Augenblick ein wenig zu verweigern – der sich sozusagen von seinem Kunden immer wieder neu erobern läßt –, wird es auf jeden Fall weiter bringen als die anderen.

Da jeder weiß, daß die Frau nur vorübergehend hier ist, überläßt man ihr nur die weniger wichtige Kundschaft. Bei ihr kommt es nur auf eines an: Sie muß erkennen, wann ihr ein zur Prostitution geeigneter Mann über den Weg läuft, und dann unverzüglich handeln. Denn wenn sie falsch wählt, kann es ihr passieren, daß sie später wieder zurück muß und daß die Kinder, mit denen sie eigentlich einen Mann zur Arbeit nötigen wollte, sie nun selber nötigen. Wenn sie zu wählerisch ist, kann es vorkommen, daß sie, der geborene Zuhälter, ein Leben lang zur Prostitution verdammt bleibt und sich von ihren männlichen Kollegen nur noch dadurch unterscheidet, daß sie in die eigene Tasche wirtschaftet.

An diesem streßsenkenden Unterschied und daran, daß sie in der Regel nur ein paar Jahre hintereinander und meist ohne jeden Ehrgeiz arbeitet, scheint es zu liegen, daß Frauen trotz steigender Berufstätigkeit immer länger leben. In der Hochburg der Männerbordelle, den USA, ist ihre Lebenserwartung in den letzten zwanzig Jahren im Vergleich zum Mann um mehr als sechs Jahre mehr gestiegen – während Frauen 1955 die Männer um durchschnittlich zweieinhalb Jahre überlebten, überleben sie sie nun bereits um neun Jahre. In den anderen westlichen Industrieländern ist die Entwicklung ähnlich. Wenn das eine Geschlecht auf den Strich geschickt wird und das andere den Lohn kassiert, kann es nicht anders sein.

männlich = kastriert

Noch vor zehn Jahren hätte ein Mann Vater werden können, wenn er nur genug Kraft besessen hätte, eine Frau zu bändigen, und genug Sperma, um sie zu befruchten. Diese Zeiten sind vorbei. Da es nicht im Interesse der Frauen liegen konnte, daß Männer über ihre Fortpflanzung selbst bestimmen, beauftragten sie die Männer, das zu ändern. Kinder sollten nur noch solche Männer haben, die die *Drei-Personen-Klausel* erfüllten. Das heißt Männer, die dank ihres Vermögens oder ihrer Position in der Lage waren, sich selbst, ein Kind und eine Mutter ausreichend zu versorgen. Bereits versorgten Frauen hingegen sollte es endlich möglich sein, die Gesellschaft eines Kindes zu genießen, ohne dabei von der Anwesenheit des Kindsvaters belästigt zu werden. Im einzelnen lautete die Weisung, wie folgt:

1. Nur Männer, die die Drei-Personen-Klausel erfüllen, sollen sich in Zukunft fortpflanzen.
2. Männer, die die biologischen Voraussetzungen für eine Fortpflanzung nicht besitzen (Alte, Kranke, Impotente), sollen sich, falls sie die Klausel erfüllen, in Zukunft trotzdem fortpflanzen.
3. Männer, die sowohl die Klausel als auch die biologischen Voraussetzungen erfüllen, ihre Fortpflanzung jedoch verweigern (gut situierte Junggesellen), sollen sich in Zukunft fortpflanzen müssen.
4. Männer, die die Klausel nicht erfüllen, vom biologischen Standpunkt aus jedoch für ihre Reproduktion optimal geeignet sind (gut aussehende Junggesellen), sollen sich in Zukunft nur dann fortpflanzen, wenn sie auf ihre Kinder verzichten.

Der Mann entsprach dieser Weisung und kastrierte sein Geschlecht so, daß es durch den Eingriff nicht zeugungsunfähig wurde. Im einzelnen tat er folgendes:

a) Er verhindert Schwangerschaften dort, wo sie von der Frau nicht erwünscht sind:
durch neue chemische Verhütungsmittel (»Pille«),
durch neue mechanische Verhütungsmittel (Intrauterin-Spirale),
durch Modernisierung des Schwangerschaftsabbruchs (»Pille danach«, Absaugmethode),
durch Legalisierung des Schwangerschaftsabbruchs.
b) Er ermöglicht Schwangerschaften dort, wo sie der Frau wünschenswert erscheinen:
Durch künstliche Befruchtung – wohlhabende, aber zeugungsunfähige Männer können nun trotzdem Kinder haben – ein ärmerer Mann spendet seinen Samen und erklärt sich bereit, nach dem Verbleib seiner Kinder keine Nachforschungen anzustellen. Wohlhabende Männer können jedoch auch ihren eigenen Samen konservieren lassen und so noch im Alter oder nach ihrem Tod Kinder zeugen.
Durch gezielte Befruchtung – alle vom Mann bereitgestellten Verhütungsmittel haben den Vorteil, daß sie von der Frau

auch gezielt zur Schwängerung verwendet werden können. Wenn sie zum Beispiel feststellt, daß ein bestimmter Mann die Drei-Personen-Klausel längst erfüllt, aber immer noch nur einen einzigen Menschen ernährt – sich selbst –, so kann sie sich dank männlicher Erfindungsgabe nun ohne Rückfrage von diesem Mann befruchten lassen. Denn ob sich eine Frau wirklich gegen eine Schwangerschaft schützt, kann niemand feststellen. Und auch wenn es dem Mann eines Tages gelingen sollte, für sein eigenes Geschlecht ebenso sichere und nebenwirkungsfreie Verhütungsmittel zu finden wie für das weibliche, so kann es doch für ihn niemals ein Recht auf Schwangerschaftsabbruch geben. Dank der Initiative seines eigenen Geschlechts muß er heute immer die Kinder bekommen, die man von ihm haben will, und kann umgekehrt nur jene behalten, die auch andere behalten möchten. Sein einzig wirklich sicheres Verhütungsmittel wären Armut oder Abstinenz.

Die zuletzt genannte Methode ermöglicht der Frau das zur Zeit wohl häufigste weibliche Sexualdelikt, die *passive Vergewaltigung* des Mannes. Die Opfer sind Junggesellen jenseits der Drei-Personen-Klausel, die man auf diesem Weg zur Heirat zwingt, verheiratete Männer, die man durch ein weiteres Kind zur Fortsetzung einer Ehe zwingt, und Männer mit überdurchschnittlichem Einkommen, denen man so die Gründung einer legalen oder illegalen Zweitfamilie nahelegt. Vom häufigsten Sexualvergehen des Mannes, der aktiven Vergewaltigung, unterscheidet sich das weibliche Delikt vor allem dadurch, daß hier das Opfer nicht zum Beischlaf gezwungen wird, sondern zu seinen Folgen, daß der Täter nicht im Affekt handelt, sondern vorsätzlich und aus niederen Beweggründen und daß das Delikt nicht verfolgt werden kann, weil eine Bestrafung des Täters immer auch ein kleines Kind träfe.

Doch noch ein weiteres, wenn auch weniger verbreitetes Sexualdelikt ist auf diesem Weg möglich: *der Mißbrauch des Mannes zu Zuchtzwecken.* Dieses Vergehen ist relativ neu und entspricht einer folgerichtigen Entwicklung: In einer Gesellschaft, in der Männer in erster Linie als Versorger betrachtet werden, hat eine bereits versorgte Frau vernünftigerweise keinen Grund, für längere Zeit mit einem Mann zusammenzuleben. Da sie aber andererseits auch nicht einsam sein will, macht sie von ihrem biologischen Privileg Gebrauch und gebiert sich ein Kind zur Gesellschaft. Es versteht sich von selbst, daß sie in diesem Fall eine natürliche Befruchtung der künstlichen vorzieht, denn einerseits kann sie sich ein Kind viel besser vorstellen, wenn sie seinen potentiellen Vater vor sich hat, und andererseits läßt sich für den Fall, daß die Rechnung dann doch nicht aufgeht, ein unfreiwilliger Samenspender auch noch nachträglich in einen unfreiwilligen Unterhaltszahler verwandeln.

Ausschlaggebend ist das aber nicht: Viel mehr als das Monatsgehalt eines Mannes zählt hier seine Augenfarbe, und höher als seine Ergebenheit wird seine Fähigkeit bewertet, im richtigen Augenblick die richtige Anzahl Spermien auf den Weg zu schicken. Aus diesen Ingredienzen wird dann frei nach den Mendelschen Gesetzen jenes Wunschkind improvisiert, das dem Willen seiner fortschrittlichen Mutter zufolge statt in einer destruktiven Kleinfamilie bei Dienstboten und in Kinderkrippen heranwachsen wird und das statt seines einzigen patriarchalischen Vaters viele freundliche Onkels kennenlernen darf.

Leider kann man bisher noch nicht das Geschlecht dieses glücklichen Menschen in seine Planung einbeziehen. Doch auch daran läßt man die Männer bereits arbeiten. Sie müssen nicht einmal befürchten, daß es nach dieser eigentlich längst fälligen Errungenschaft zu viele Frauen gäbe. Beim heutigen Stand der Technik braucht man noch immer für jeden Menschen, der nichts tun will, einen, der arbeitet. Wenn sich an der sozialen Struktur nichts ändert, werden Männer also genau in dem Tempo aussterben, wie sie ihre Arbeit rationalisieren. Ob sie als Geschlecht überleben oder als samenspendende Minderheit, liegt also ganz bei ihnen.

Doch während die Männer so die Zeugung aus der Hand gaben, verloren sie auch am Zeugungsakt selbst immer mehr die Freude. Denn um mit einer Frau zu schlafen, bedarf es ja außer der Gelegenheit auch der sexuellen Potenz. Ein Mann, der tagsüber dem Streß des Berufskampfs und abends dem des Großstadtverkehrs ausgesetzt ist, wird aber nachts kaum noch über größere Kraftreserven verfügen. Er hat sich also dank seines Arbeitseifers seiner sexuellen Potenz beraubt. Gerade jene Männer, die es – um den Frauen zu gefallen – in ihrem Beruf am weitesten gebracht haben und die deshalb nun zu Sex am häufigsten Gelegenheit hätten, verspüren dazu immer seltener den notwendigen Unternehmungsgeist. In der Regel beschränken sie ihre Aktivität auf das freie Wochenende.

Aber auch der Sex der weniger erschöpften Männer verlor durch die neue Entwicklung an Attraktivität. Denn seit der Ruf der Freizügigkeit einer Frau kaum noch schadet, können die Fähigkeiten eines bestimmten Mannes an der weiblichen Börse offiziell gehandelt werden. Dabei wird nicht nur seine Potenz benotet, sondern auch seine Geschicklichkeit beim Erzeugen des berühmten weiblichen Orgasmus. Je nachdem, wie weit er es hier bringt, steht er dann als guter oder schlechter Liebhaber in der auch von seinem Nachfolger einzusehenden Kartei.

Nun ist für einen Mann seine Potenz ohnehin ein schwer abschätzbares Risiko, doch wenn er dazu noch den Orgasmus seiner Partnerin zu verantworten hat – und wenn man außerdem berücksichtigt, daß beispielsweise fünfundsiebzig Prozent der US-Frauen nach eigenen Angaben hier unter Schwierigkeiten leiden –, so kann man sich ungefähr vorstellen, was für ein weites Aufgabenfeld damit einen »guten Liebhaber« erwartet. Es gibt zwar Männer, die sich gerade deshalb in den Wettbewerb stürzen und auch hier noch versuchen, die anderen zu übertrumpfen. Viele jedoch werden angesichts der verschärften Bedingungen von vornherein entmutigt.

Wie die Umfragen zeigen, wagen sich selbst die ganz jungen Männer heute nur noch nach eingehender Vorbereitung an die Praxis. Solange sie über die von der Frau bevorzugten Positionen, ihre erogenen Zonen und die Technik der Klitoriserregung nicht alles wissen, fangen sie erst gar nicht an. Kein Wunder, daß die jungen Mädchen ihre Sprache der neuen Realität angepaßt haben: Wo sie früher verschämt gestanden, daß dieser oder jener Junge ihr Liebhaber sei, sagen sie heute lapidar: »Das ist der Typ, der mir den Service macht.«

Die Männer jedoch kleben noch immer an ihrem überlieferten Jargon. Daß ihre Partnerinnen sich längst im Do-it-yourself-Verfahren schwängern und daß auch der Zeugungsakt selbst nur noch auf Antrag stattfindet, und dann stets so, wie es gefällig ist, hat in ihrer Sprache keine Spuren hinterlassen. Als sei nichts geschehen, reden sie noch immer davon, daß sie es einer Frau »gezeigt haben« oder »zeigen werden«. Und nach der Geburt ihrer Kinder gratulieren sie sich genau wie in alten Zeiten zu diesem Beweis ihrer Männlichkeit.

Weil keiner von uns dabei war, können wir heute nur schwer beurteilen, ob die Männer vielleicht früher einmal Macht über die Frauen hatten. Auch auf den Historiker ist hier kein Verlaß, denn unter Anleitung der Dame, der er seine Werke widmet, hält er Macht meist für die Fähigkeit, für einen anderen das tägliche Brot zu verdienen. Sicher ist nur eins: Was immer gewesen sein mag, es muß sich mit der Erfindung der Dampfmaschine grundlegend geändert haben. Denn weil Männer keine Kinder gebären und auch keine Kinder stillen mußten, wurden sie in die nun überall aus dem Boden sprießenden Fabriken gesteckt, und die Frauen blieben – nach der chaotischen Anfangsphase, in der man auch sie und die Kinder verpflichtet hatte – zu Hause. Und weil Männer wissen sollten, wie man mit einer Dampfmaschine umgeht und wie man andere, noch viel bessere Maschinen erfindet, wurden die kleinen Jungen in die überall entstehenden Schulen geschickt, während die kleinen Mädchen wiederum zu Hause blieben. Das war überaus sinnvoll: Wenn man die Frauen in die Fabriken gesteckt hätte, wäre die Menschheit zugrunde gegangen, und wenn man die kleinen Mädchen in die Schulen geschickt hätte, wäre das absolut überflüssig gewesen. Da es damals im Haus noch etwas zu tun gab, war dieses Abkommen sogar eine echte Arbeitsteilung.

Eines Tages war dann aber alles anders. Schwangerschaften ließen sich vorausberechnen, Kinder konnten (mit dem Muttermilchersatz) auch von ihren Vätern gestillt werden, die Hausarbeit wurde größtenteils von Automaten erledigt, in den Fabriken waren die Maschinen so verbessert, daß man zu ihrer Bedienung kaum noch Kraft brauchte, und die Schulen, an denen man lernt, wie man sie erfindet, standen seit geraumer Weile auch den kleinen Mädchen offen. Dank männlichen Fleißes und männlichen Forscherdrangs war es endlich soweit: Wie der Mann Frau und Kind ernährt, konnte nun die Frau auch Mann und Kind ernähren, denn die Rollen waren absolut vertauschbar geworden.

Es war soweit, aber es war auch schon zu spät. Denn daß der Mann die Frau mit immer größerem Komfort umgeben hatte, war nicht ohne Folgen geblieben. Da Frauen besser lebten als Männer, lebten sie auch länger, und da sie länger lebten, waren sie auch in der Überzahl. Als sie nun die neue Ära auf sich zukommen sahen, rechneten sie kurz nach und sahen ihre Chance: Was sie in dieser Situation brauchten, war nicht Arbeit, sondern Mitbestimmung. Wenn sie die erreichten, würde der Mann auch in Zukunft für sie arbeiten. Sie forderten die Gleichberechtigung ohne die Gleichverpflichtung und nannten das Ganze *Frauenwahlrecht.*

Wie stets, wenn es sich um weibliche Wünsche handelt, war der Mann auch hier außerstande, bis drei zu zählen. Obwohl der Zusammenhang zwischen Stimmenmehrheit und politischer Macht nicht zu übersehen war, gab er nach kurzem Zögern nach. Wenngleich es in der Zeitspanne zwischen dem Antrag auf Frauenwahlrecht und seiner Genehmigung weder Tote noch Verwundete gab, sondern nur Rednerinnen, spricht man gern von einem historischen Befreiungskampf. Und als dieser Kampf dann ausgekämpft war, hatten die Frauen ihr Frauenwahlrecht und wählten die Freiheit. Die Männer aber hatten wieder einmal eine neue Definition von Männlichkeit. Wenn es bis dahin männlich war, etwas zu tun, was Frauen nicht tun konnten, so war es nun männlich, etwas zu tun, was Frauen nicht tun wollten. Und genauso würde es nun immer bleiben: Indem sie einem Geschlecht, das ihnen zahlenmäßig überlegen war, die Mitbestimmung einräumten, waren die Männer selbst ein für allemal überstimmt.

Dank eines weiteren Manövers haben die meisten von ihnen das dann aber nicht einmal bemerkt: Obwohl die Frauen mit ihrer Mehrheit nun lauter Frauen in die Regierung hätten wählen können, blieben die Parlamente fast ausschließlich von Männern besetzt. Und als die Parteien begriffen hatten, daß sich nicht viel ändern würde, stellten sie die besten Männer und nicht die besten Frauen aus ihren Reihen als Kandidaten auf. Sie hätten selbstverständlich auch weibliche Politiker empfohlen, denn eine Frau aus ihrer eigenen Partei wäre ihnen als Wahlsieger immer noch lieber gewesen als ein Mann der Opposition. Doch wenn die Frauen sie nicht wählten? Sie konnten nicht ahnen, daß der größte Vorzug des Frauenwahlrechts gerade darin liegt, daß man damit Männer wählen kann.

Aus folgenden Gründen sind für die Zwecke der Frauen die Männer die besseren Politiker:

1. *Männliche Politiker sind vertrauenswürdiger:* Aus eigener Erfahrung und aus Meinungsumfragen wissen die Frauen, daß Männer sich mehr für Politik interessieren. Da sie ihre

Angelegenheiten lieber von Fachleuten als von Amateuren vertreten sehen, setzen sie auf das Geschlecht, das ihnen versierter zu sein scheint.

2. *Männliche Politiker sind serviler:* Männer werden von ihren Müttern zu Kavalieren erzogen, es fällt ihnen deshalb schwer, in einem weiblichen Privileg eine Ungerechtigkeit zu erkennen. Warum soll man nicht galant sein und den Damen lästige Pflichten abnehmen? Warum soll man nicht in einem Krieg sein Leben opfern, wenn man damit das einer Frau rettet?
3. *Männliche Politiker sind bestechlicher:* Da für einen Mann Männlichkeit und Berufserfolg identische Begriffe sind, ist eine politische Niederlage für den männlichen Kandidaten die größere Katastrophe. Er hat dann nicht nur als Politiker versagt, sondern auch als Mann. Er wird sich daher mehr anstrengen, um die weibliche Mehrheit zu gewinnen, und wird weibliche Interessen engagierter vertreten als eine Frau. Die Politikerin hingegen bleibt nach einer Degradierung noch immer eine vollwertige Privatperson. Da sie weniger zu verlieren hat, muß sie auch weniger um die Gunst der Frauen buhlen.
4. *Männliche Politiker sind unverdächtiger:* Eine weibliche Regierung, die Frauen maßgebliche Privilegien zuschanzt, wäre vielleicht doch suspekt. Wenn jedoch die hohen Herren ihr Geschlecht selbst in den Krieg schicken, wenn sie es selbst zum Militärdienst abkommandieren und es bei Verweigerung mit Ersatzdienst oder mit Gefängnis bestrafen, wenn sie Männer um Jahre später pensionieren lassen als Frauen, wenn sie die Ehescheidung entweder ganz verbieten oder Scheidungsgesetze immer nur zu ihrem eigenen Nachteil reformieren, wenn sie in der Praxis immer nur Männer zu Unterhaltszahlungen und zum Verzicht auf ihre Kinder verurteilen, dann ist das höhere Gewalt, der man sich als Frau zu fügen hat.

Damit das Schattenkabinett aber nicht auffällt, wählt man zuweilen auch eine Frau ins Parlament. Sie soll dort sagen, wie schwer es sei, sich als weiblicher Politiker in einer feindlichen Männerwelt durchzuboxen, und daß man nun endlich einmal etwas für die Frauen tun müsse. Die Auswahl an weiblichen Kandidaten ist verständlicherweise kleiner, denn Politik ist noch immer ein Fünfzehn-Stunden-Job ohne Wochenende, und nur wenige Frauen sehen ein, daß sie sich dermaßen anstrengen sollen, um vielleicht Jahrzehnte später vor einem Plenum eine ausgewogene Rede halten zu dürfen. Doch selbst wenn die Auswahl größer wäre, würden die Frauen nicht mehr Frauen wählen. Man möchte schließlich als das unterdrückte Geschlecht gelten, und das ließe sich mit einer weiblichen Regierungsmannschaft nicht gut beweisen.

Es ist deshalb durchaus möglich, daß weibliche Politiker auf dem Weg nach oben die größeren Schwierigkeiten haben. Doch nicht wegen ihrer männlichen Konkurrenten, sondern wegen der vielen Frauen, die sich ihre Politik lieber vom anderen Geschlecht machen lassen. Hohe Ämter erreichen sie daher am sichersten unter Umgehung des weiblichen Votums: Wenn ein politisches Amt während einer Legislaturperiode überraschend verwaist, besetzen die von den Scheinprotesten eingeschüchterten Männer es gern mit einem weiblichen Kandidaten. Das geschieht so häufig, daß man Frauen, die in der Politik Karriere machen, auch gern als »Sarghüpfer« bezeichnet. Sie wissen das, doch wenn sie es öffentlich zugeben würden, müßten sie ihr Amt sofort wieder abgeben. Die Parteien können schließlich nicht zulassen, daß sie von weiblichen Politikern um weibliche Wählerstimmen gebracht werden.

Das Frauenwahlrecht hat aber nicht nur den Vorteil, daß man Männer wählen kann – man kann auch wie die Männer wählen. Befürworter der Unterdrückungsthese werten die Tatsache, daß Frauen sich meist für die Partei ihres Mannes entscheiden, gern als Beweis für patriarchalische Bevormundung. Bei zweiundfünfzig bis fünfundfünfzig Prozent weiblichen und fünfundvierzig bis achtundvierzig Prozent männlichen Wählern beinhaltet ein solches Wahlverhalten für die Frauen jedoch nicht das geringste Risiko. Alle großen Parteien haben ein feministisches Grundprogramm, denn ohne der weiblichen Mehrheit ihre Privilegien zu garantieren, wären sie niemals groß geworden. Eigentlich geht es am Wahltag nur um die Zusatzprogramme, und bei der Entscheidung über die bessere Wirtschafts- oder Außenpolitik kann man seinem Mann gern freie Hand lassen, denn schließlich hat er jahrelang für zwei Personen die Leitartikel gelesen. Der Frau kann es egal sein, welche Mannschaft die Wahl gewinnt. Ausschlaggebend ist, daß die parlamentarische Demokratie erhalten bleibt, denn deren Ende wäre auch das Ende der politischen Macht ihres Geschlechts.

Doch gerade von dieser Macht hat der Mann noch immer

nichts begriffen. Obwohl seine politische Entmündigung nun schon Jahrzehnte zurückliegt, lebt er nach seiner Meinung in einem Patriarchat. Weil er alles tut, was man von ihm verlangt, nennt er diese Gesellschaft eine *Männergesellschaft*, und weil er alles denkt, was man ihm befiehlt, nennt er die von ihm formulierten Gesetze *Männergesetze.* Und er gibt diese Version an seine Nachkommen weiter: »Lern was«, rät er seinem Sohn, »Wissen ist Macht.« Doch das ist falsch: Mächtig ist nicht, wer viel weiß, sondern wer in Unwissenheit überlebt. Gerade die Unwissenheit der Frau ist ihr schlagendster Machtbeweis: Wenn sie damit irgendwelche Schwierigkeiten hätte, würde sie ja etwas lernen. Frauen können so dumm sein, wie sie wollen – sie haben die Macht, die Männer für sich denken zu lassen. Und selbst wenn ein Mann dank seines Wissens dann das höchste Amt erklimmt, das sie in ihrem Imperium zu vergeben haben, wird er dort nie mehr sein als ein Verwalter.

männlich = erpreßt

Wenn ein allgemein bekannter Sachverhalt in der Öffentlichkeit niemals erwähnt wird, handelt es sich um ein Tabu. Da sich allgemein Bekanntes aber nicht wirklich verschweigen läßt, kommen die Tabus einer Gesellschaft immer über Umwege zum Ausdruck: Es gibt keine Diktatur, unter der es nicht zu einer Blüte des politischen Witzes gekommen wäre. Heimlicher Rassismus entlarvt sich in diskriminierenden Anekdötchen, auf Priesterseminaren witzelt man über die göttliche Vorsehung, und Kinder aus prüdem Elternhaus entwickeln häufig eine Vorliebe für erotische Zweideutigkeiten. Das ist auch der Grund, weshalb in der westlichen Welt die Humoristen das Recht haben, den Mann als Pantoffelhelden zu porträtieren. Denn daß man ihn hier zum Nutzen der Frau einsperrt, entmannt und entmündigt, ist ein echtes Tabu – jeder kennt es, aber keiner erwähnt es. Den dressierten Mann gibt es entweder im täglichen Leben oder auf der Witzseite, als seriöses Thema aber steht er nicht zur Diskussion. Die unterdrückte Frau gibt es weder im Leben noch im Witz, und deshalb darf auch jeder über sie reden. Es muß sogar jeder über sie reden, denn in

Anbetracht dessen, was sich abspielt, ist das weibliche Image nur noch durch eine massive Gehirnwäsche zu korrigieren.

Diese obliegt den Massenmedien. Sie haben von der Frau den Auftrag, den Mann als das Gegenteil dessen darzustellen, was er ist – also nicht als Opfer, sondern als Henker –, und sie sind dieser Aufgabe stets nachgekommen. Die Zusammenarbeit funktioniert auf der Grundlage von Erpressung: In westlichen Industrieländern werden Zeitungen, Zeitschriften, Rundfunk- und Fernsehsendungen zum größten Teil durch Anzeigen und Werbespots für Konsumgüter finanziert. Da Frauen laut Statistik siebzig bis achtzig Prozent der Kaufentscheide treffen – der Mann entscheidet nur über seinen persönlichen Tabak- und Alkoholkonsum und hat ein Mitspracherecht bei der Auswahl seines Autos und seiner Kleidung –, wenden sich die Anzeigenkampagnen in erster Linie an Frauen. Damit beeinflussen diese automatisch auch den redaktionellen Teil des Meinungsträgers. Falls sie eine bestimmte Zeitung nicht mehr kaufen oder eine bestimmte Fernsehsendung nicht mehr einschalten, weil ihnen nicht gefällt, was dort über sie geschrieben oder geredet wird, entziehen die Firmen Inserate und Werbespots, und der Verleger oder Produzent verliert damit seine wirtschaftliche Basis. Er kennt diese Gefahr und umgeht sie durch Vorzensur: Er läßt nichts veröffentlichen, von dem er annimmt, daß es Frauen verstimmen könnte. Wo das Fernsehen durch Zuschauergebühren finanziert wird, ist die Sache noch einfacher, denn dort wachen die Politiker darüber, daß weibliche Interessen nicht verletzt werden. Lediglich bei Direktsendungen haben die Frauen die öffentliche Meinung nicht unter Kontrolle, hier können sie jedoch Nachzensur üben und die ganze Sendereihe absetzen lassen.

Wie sie ihre Politik nicht selbst machen, machen die Frauen natürlich auch ihr öffentliches Image nicht selbst. Das ist eine relativ neue Entwicklung: Früher, als es weder Massenpresse noch Fernsehen gab, mußten die Frauen ihren Feminismus noch persönlich vertreten und in öffentlichen Reden immer wieder darauf hinweisen, wie benachteiligt sie sich fühlten. Jetzt haben auch das die Männer übernommen. Denn sie sind die Meinungsmacher. Und in einer totalen Konsumgesellschaft kann der Hauptkonsument den Meinungsmacher dazu zwingen, jede von ihm gewünschte Meinung über ihn zu verbreiten. Man bezeichnet deshalb die heutige Art der öffentlichen Information über weibliche Benachteiligung zu Recht als *neuen* Feminismus. Die feministischen Ideologen waren zwar ohnehin niemals Frauen – die Mär von der Unterdrückten stammt nicht von den Suffragetten, sondern von Marx, Engels, Bebel und Freud –, doch jetzt haben die Männer endlich auch die Wiederholung und Verbreitung ihrer Diffamierung selbst in die Hand genommen. Das ist ein Glück, denn je besser es den Frauen geht, desto wichtiger wird es, dies vor der Masse der Männer fachmännisch zu verbergen. Wenn also zum Beispiel die US-Amerikanerin laut Statistik von allen Frauen den höchsten Lebensstandard hat, muß es in ihrem Land notwendigerweise auch den bestorganisierten »neuen Feminismus« geben. Genau das ist der Fall.

Was für männliche Politiker gilt, gilt ganz allgemein auch für männliche Imagepfleger: Sie sind vertrauenswürdiger, serviler, bestechlicher und unverdächtiger als ihre weiblichen Kollegen und werden daher besser als diese darüber wachen, daß die Zensurbestimmungen eingehalten werden. Der Mechanismus ist absolut zuverlässig: Firmenbosse und Werbefachleute überwachen Verleger und Fernsehproduzenten, diese wiederum überwachen Chefredakteure und Ressortleiter, und die überwachen dann Journalisten, Regisseure und Dramaturgen. Jeder dieser Männer weiß, daß es in der Öffentlichkeit zum Thema Frau nur zwei Grundhaltungen geben kann: Mitleid und Bewunderung, und daß Kritik in Witzen, Karikaturen und Kabarettnummern zu verstecken ist. Weil die Aussagen der Männer zuweilen von weiblichen Zeugen bestätigt werden müssen, kommt hier auch die Journalistin zu Wort. Statt Mitleid gibt es dann Selbstmitleid und statt Bewunderung Selbstbewunderung. Weibliche Selbstkritik kommt in der Öffentlichkeit nicht vor. Nicht etwa, weil es sie nicht gäbe, sondern weil sie nicht verbreitet werden kann. Gefährliche Gedanken werden höchstens dann veröffentlicht, wenn man eine allgemeine Debatte über »die Situation der Frau in der Gesellschaft« einleiten möchte, denn diese Art Zeitvertreib ist bei Frauen ganz besonders beliebt. Sie müssen dann aber zum Schluß auch immer recht behalten.

Doch wie dem auch sei, die Gehirnwäsche trägt Früchte. Ein Mann, der morgens regelmäßig eine Zeitung liest und sich abends regelmäßig vor dem Fernsehgerät entspannt, sieht die Welt so, wie er sie sehen soll. Nicht Männer werden eingesperrt, sondern Frauen: Verbannt man sie nicht mit ihren Kindern in sterile Neubauwohnungen und einsame Vorortbungalows, und raubt man ihnen nicht jede Chance, in einem Beruf die echte Erfüllung zu finden? Prostituieren muß sie sich ebenfalls, die Frau: Verdient nicht der Mann das Geld – muß sie ihm nicht zu Willen sein, damit er sie nicht verhungern läßt? Die Pille hat er selbstverständlich aus Berechnung für das andere Geschlecht erfunden: Sollen sich etwa die Männer ihre Gesundheit ruinieren, damit die Frauen keine Kinder bekommen? Und daß man in einer Männergesellschaft mit Männergesetzen lebt, beweist doch schon ein Blick in Parlamente und Gerichte: Wo ist denn da die weibliche Mehrheit vertreten?

»Aha«, sagt sich dieser Mann, wenn er erfährt, daß eine vorwiegend von weiblichen Arbeitern belegte Tarifgruppe bei einer Lohnerhöhung übersehen wurde, »da haben wir also schon wieder einen Fall von weiblicher Benachteiligung!« Daß es ein Wunder ist, wenn solche Frauengruppen überhaupt je Lohnzulagen erhalten, kommt ihm nicht in den Sinn. Denn er weiß zwar, daß Löhne von Gewerkschaften ausgehandelt werden, doch daß die Frauen sich auch hier wieder nur bedienen lassen – daß in westlichen Industrieländern berufstätige Frauen rund viermal seltener Gewerkschaften beitreten als ihre männlichen Kollegen und daß sie sich dort rund vierzigmal seltener engagieren –, das steht natürlich nicht in seiner Zeitung.

Dafür sagt man ihm aber auch wirklich alles über die schlechteren weiblichen Aufstiegschancen. Er kann das nur bestätigen: Sind nicht in seiner Firma alle Stenotypistinnen Frauen und alle Abteilungsleiter Männer? Daß es für die Wirtschaft rationeller ist, wenn Männer befördert werden, weil ein großer Teil der berufstätigen Frauen nur stundenweise arbeitet und nur wenige länger als zehn Jahre hintereinander, hat man ihm natürlich auch verschwiegen. Daß ein Arbeitgeber humaner handelt, wenn er einen Mann bevorzugt, weil Männer von ihrem Gehalt fast immer mehrere Menschen ernähren und Frauen in der Regel nur sich selbst, sagt man ihm ebenfalls nicht. Er kann sich daher des Verdachts nicht erwehren, daß man die armen Frauen wegen ihres Busens oder ihrer langen Haare langsamer befördert, und bedauert sie grenzenlos.

Auch über die Doppelbelastung der berufstätigen Ehefrau läßt man ihn nicht im unklaren. Und es könnte ihm zwar zur Not noch einleuchten, daß dieser Begriff eigentlich Unfug sein muß, weil die Hausarbeit heute ja weitgehend automatisiert ist und weil die Kinder, falls welche da sind, in diesem Fall ohnehin von anderen betreut werden. Doch daß er seiner Frau laut

Meinungsumfrage einen großen Teil der Arbeit, die die Automaten übriglassen, abnimmt, könnte er nur durch Zufall erfahren. Denn wenn er ein Auto wäscht, Reparaturen ausführt, Rasen mäht und die Familie zum Ausflug chauffiert, nennt man das Hobby oder Zeitvertreib. Wenn seine Frau ein Bad putzt, Automaten einschaltet, Zimmerpflanzen gießt und den Picknickkorb packt, nennt man das Hausarbeit.

Aber nicht nur für die Doppelbelastete, auch für die hauptamtliche Automateneinschalterin sähe er gern mehr Gerechtigkeit. Ist es nicht an der Zeit, daß der Staat – also der Mann im allgemeinen – ihr endlich ein Gehalt zahlt? Soll sie denn ihrer Familie ewig Gratisarbeit leisten? Daß Hausfrauen nicht umsonst arbeiten, wenn Männer den größten Teil ihres Lohns an sie weitergeben – laut Umfrage verwalten sie in den meisten Familien das Geld sogar selbständig –, kommt ihm nicht in den Sinn. Und auch daß es schon deshalb nicht so schlimm sein kann, weil jede Hausfrau sich freiwillig für etwas entscheidet, was sie vorher genau kannte – sie ist in einer Familie aufgewachsen –, fällt ihm nicht weiter auf. Denn Kinder, steht in seiner Zeitung, sind für Frauen immer eine ganz gemeine Falle.

Doch was passiert, wenn die Kinder groß sind und die Falle offensteht? Dann, sagt sich der Mann – denn auch das steht in seiner Zeitung –, ist es leider schon zu spät: Wenn das Leben eines Mannes erst so richtig anfängt, ist das einer Frau bereits vorüber. Er ist davon überzeugt, daß Männer für das andere Geschlecht länger attraktiv bleiben als Frauen. Denn wenn ein reifer Herr das Herz und die Hand seiner hübschen Sekretärin erobert, sagt man ja nicht, daß diese die Kahlköpfigkeit, Impotenz und Senilität ihres Partners offenbar weniger fürchtet als Mangel an Sozialprestige oder Mangel an Geld (und daß sie mit dieser realistischen Einstellung den reifen Damen ziemlich übel mitspielt). Es heißt dann, daß die Gesellschaft ältere Frauen unbarmherzig diskriminiert.

männlich = feige?

Zugegeben, die Frauen haben aus den Männern das gemacht, was sie jetzt sind. Sie haben ihre kleinen Söhne auf diese Rolle vorbereitet, haben sie ihnen als männliches Privileg angepriesen und haben ihnen eingeredet, daß sie so – und nur so – für das andere Geschlecht begehrenswert sein würden. Und letzten Endes haben auch die Frauen den Nutzen.

Doch konstruieren wir einmal den Fall, es gäbe Frauen – und es muß sie geben –, die keine abgerichteten Lebenslänglichen suchen. Was könnten diese begehrenswert finden an all den servilen, bestechlichen, geschundenen, gefälligen und selbstgefälligen Masochisten, die man ihnen im Lauf ihres Lebens als Männer vorstellt? Bliebe ihnen denn überhaupt etwas anderes übrig, als allein zu bleiben oder sich stillschweigend in die Reihen derer einzuordnen, die den Nutzen haben?

Werden solche Frauen vielleicht nur aus Mitleid dazu bewogen, ihren Partnern immer wieder zu bestätigen, wie stark und kompromißlos – wie *männlich* – sie sich verhalten, wenn sie genau das tun, was man von ihnen erwartet? Sehen sie sich vielleicht nur aus Menschlichkeit dazu verpflichtet, ihre Söhne genauso abzurichten, wie früher deren Väter von wieder anderen Frauen abgerichtet wurden, damit diese niemals ihre eigene Lächerlichkeit erkennen müssen? Werden sie vielleicht nur durch Resignation dazu getrieben, Männer als Maschinen zu mißbrauchen? Resignation darüber, daß es das, was sie eigentlich suchen – Männer, die sie lieben könnten –, so selten gibt?

Die Rolle des Mannes ist sinnlos geworden. Sie beschützen Menschen, die sich selbst beschützen könnten – sie beschützen *nichts.* Sie opfern sich für Leute, die keine Opfer nötig haben – sie opfern sich für *nichts.* Sie sind stolz auf Erfolge, die sie dem mangelnden Ehrgeiz anderer verdanken – sie sind stolz auf *nichts.* Warum suchen sie sich dann aber keine andere Rolle? Sie müßten doch längst bemerkt haben, daß ihre Vorstellungen auf subventionierten Bühnen stattfinden und daß sie den Beifall nur noch der Bequemlichkeit, dem Opportunismus, der Korruptheit und dem Mitgefühl ihres Publikums verdanken? Macht ihnen das nichts aus? Sind sie damit zufrieden? Oder spielen sie aus Angst das erprobte Renommierstück *Männlichkeit* immer weiter? Sind die Männer zu feige, um sich endlich an ein neues Stück zu wagen?

Daß sie zumindest von einem anderen Leben träumen, läßt sich leicht beweisen: Als Krimi- und Westernhelden riskieren sie Kopf und Kragen für eine Überzeugung. In Abenteuerserien und Zukunftsromanen entdecken sie die Welt, die man ihnen täglich vorenthält. In Sportübertragungen lassen sie andere Männer stellvertretend ihre Kräfte messen. In Sexfilmen unterwerfen sie sich den Teil der Gesellschaft, der sie unterworfen hat. In seiner bevorzugten Unterhaltung bewältigt der Mann seine Hafterlebnisse – beleidigt seine Wärter, verprügelt seine Kontrolleure, quittiert Kränkungen mit Fausthieben und nimmt die Frauen so, wie es ihm selbst gefällt. Soll man nun daraus schließen, daß er sich nach diesem Phantasieleben sehnt, oder – da er ja am nächsten Morgen wieder in seine Anstalt zurückkehrt –, daß ihm gutgemachte Illusionen allemal lieber sind? Sind die Träume der Männer Selbstzweck, oder muß man in ihnen unterdrückte Bedürfnisse sehen?

Es ist leider unmöglich, diese Fragen zum jetzigen Zeitpunkt zu beantworten. Es heißt zwar, daß die Männer im Grunde gar nicht frei sein möchten, doch eigentlich gibt es dafür keinen Beweis. Denn im Gegensatz zu den Frauen können sie ja ihre Lebensweise nicht selbst bestimmen. Die Vorbereitung auf ihre Rolle beginnt mit der Geburt, und später ist diese dann durch ein System aus Lob, Tadel, Bestechung und Erpressung dermaßen abgesichert, daß es für einen einzelnen Mann beinahe unmöglich ist, sich zu entziehen. Und selbst wenn es ihm gelingt, macht es ihn nicht unbedingt glücklich. Männer, die anders leben, als Frauen es wünschen, bleiben in der Regel allein. Die meisten versuchen es daher gleich gar nicht. Sie beteiligen sich lieber an dem Terror, mit dem solche Außenseiter verfolgt werden, und akzeptieren sie erst dann in ihren Reihen, wenn sie sich ebenfalls in Demutstellung begeben. Erst dann sind sie »richtige« Männer – solche, die den Frauen mit dem gleichen Eifer dienen wie sie selbst.

Mit anderen Worten: Auch wenn der Mann sich mehr Unabhängigkeit wünschte, könnte er diese aus eigener Kraft niemals erlangen. Seine Freiheit könnte er nur von einem bekommen – von dem, der sie ihm genommen hat: von der Frau. Und erst wenn ihm diese Freiheit angeboten ist und er sie zurückweist, könnte man behaupten, daß er sich im Grunde gar kein anderes Leben wünscht. Erst dann könnte man sagen, daß er sich gern einsperren läßt, daß er sich auch freiwillig verkaufen würde, daß ihm seine Kastration willkommen ist, daß ihn seine wirtschaftliche und politische Entmündigung nicht stört und daß er gegen eine Manipulation der öffentlichen Meinung sowieso nichts einzuwenden hat. Man dürfte dann sagen, daß man den Männern einen Gefallen tut, wenn man sie zur Arbeit abrichtet, weil sie für alles andere sowieso nicht zu gebrauchen sind. Und man dürfte sagen, daß die heutige Art Männlichkeit genau dem männlichen Niveau entspricht und daß die Männer im großen und ganzen das Leben führen, das sie sich wünschen. Es handelt sich also darum, die Männer auf die Probe zu stellen. Es wäre an der Zeit, ihnen endlich ihre Freiheit anzubieten. Erst dann könnte man entscheiden, ob man resignieren soll.

Ein Mann ist männlich, wenn er sich zur Liebe eignet

Liebe – darum ging es in ›Das polygame Geschlecht‹ – ist von Natur aus immer zweckgebunden. Auch wenn es manchmal so aussieht, als verliebten wir uns zum Vergnügen, so sollen wir letzten Endes durch diese Emotion doch immer nur Lust auf die Erhaltung unserer Art bekommen. Das ist auch der Grund, weshalb sich normalerweise Männer in Frauen und Frauen in Männer verlieben: Sie sind auf Fortpflanzung programmiert, und mit dem eigenen Geschlecht könnten sie sich nicht fortpflanzen. Und da sich auch künftige Generationen reproduzieren sollen und deshalb die zur Erzeugung und Ernährung neuer Menschen notwendigen Organe besonders sorgfältig vererbt werden müssen, verlieben sich Männer vorzugsweise in Frauen, die großzügig mit weiblichen Geschlechtsmerkmalen ausgestattet sind, während sich Frauen für die Liebe gern virile Männer suchen. Wer diese Voraussetzung nicht erfüllt – wer auf seine Umgebung wenig männlich oder weiblich wirkt –, hat wenig Aussicht, geliebt zu werden. Wer sie zu ignorieren sucht und sich für jemand entscheidet, der ihm in biologischer Hinsicht gleichgültig ist, hat wenig Aussicht zu lieben.

Da Frauen die Männer, mit denen sie schlafen, nicht begehren müssen – der weibliche Orgasmus spielt bei der Fortpflanzung keine Rolle –, versteht es sich von selbst, daß nur sie in der Lage sind, ihre Partner nach nichtsexuellen Gesichtspunkten zu wählen. Männer müssen sich zumindest bis zu einem gewissen Grad nach ihrem Instinkt richten. Und weil sie das wissen, tun Frauen alles, um ihre sexuelle Unterschiedlichkeit herauszustellen. Je gegensätzlicher – je weiblicher – sie den Männern erscheinen, desto häufiger werden sie von ihnen gewählt und desto größer wird für sie selbst die Auswahl.

Doch gerade das Kriterium, nach dem diese »Gegenwahl« dann stattfindet, verhindert letztendlich, daß auch Männer sexuell begehrenswert werden. Denn da sie sehen, wie attraktive Frauen in der Regel nicht den männlichsten Mann nehmen, sondern den erfolgreichsten, eifern sie natürlich nicht dem Virilen nach, sondern dem Karrieristen. Und weil der Berufserfolg eines Mannes nur dann möglich ist, wenn er sich entmannt, bieten Männer mit Karriere die geringsten Aussichten auf erotische Ausstrahlung. Um wie ein Mann zu leben – um zu machen, was er eigentlich will –, fehlt es ihm an Zeit. Um sich wie ein Mann zu benehmen – um zu sagen, was er will –, fehlt es ihm an Unabhängigkeit. Um wie ein Mann zu handeln – um sich sexuell zu betätigen –, fehlt es ihm an Kraft. Da er sich aber dank seiner attraktiven Partnerin jederzeit wie ein Mann fühlen darf, hat er davon keine Ahnung und kann sich auch nicht ändern. Und da die anderen Männer glauben, daß man so der weiblichen Idealvorstellung von einem Mann entspricht, bemühen sie sich, es ihm gleichzutun.

Dadurch werden sie vielleicht hochbezahlte Arbeitskräfte, begehrenswerte Liebhaber aber werden sie nicht. Der Eindruck physischer Stärke, den Männer durch ihre Konstitution signalisieren und der einen großen Teil ihrer erotischen Anziehung ausmacht, müßte ja durch eine entsprechende intellektuelle Haltung ergänzt werden. Damit die männliche Robustheit glaubhaft wirkt, müßten auch noch Integrität, Originalität und geistige Unabhängigkeit dazukommen. Das ist, wie wir später sehen werden, sogar so wichtig, daß ein Mangel an körperlicher Robustheit durch ein hohes Maß an intellektueller Haltung vollkommen ausgeglichen werden kann.

Aber ausgerechnet diese Eigenschaft fehlt häufig, und deshalb hinterlassen auch wenig Männer einen Eindruck von Virilität. Unabhängigkeit des Urteils, integres Verhalten und originelle Gedanken sind einer Berufskarriere im Grunde nur abträglich. Letzten Endes entscheidet ja die Zufriedenheit von Vorgesetzten und Kunden darüber, ob ein bestimmter Mann eine bestimmte Stufe der sozialen Leiter erklimmt. Und diese Leute werden nur dann zu seinen Gunsten stimmen, wenn er ihre Wünsche weitgehend berücksichtigt und mehr für sie tut als all die anderen Männer, die sich ebenfalls um die Position bemühen. Die Eigenschaft, die man braucht, um in seinem Beruf Karriere zu machen, wird daher zu Unrecht als Aggressivität bezeichnet. Eine Haltung, die dazu dient, anderen die Kundschaft wegzulocken und sich bei seiner Firmenleitung lieb Kind zu machen, hat mit Draufgängertum nicht das mindeste zu tun. Es handelt sich hier nicht um Aggressivität, sondern um besonders große Anpassungsfähigkeit. Nicht Charakterstärke ist gefragt, sondern die richtige Art Schwäche.

Wer sich übermäßig stark um beruflichen Erfolg bemüht, vermittelt deshalb trotz seiner Siege den Eindruck einer permanenten Niederlage. Und wie ein Mann in Frauenkleidern auf Frauen nicht erotisch wirkt, kann einer, der alle seine Energie auf Karriere und Sozialprestige verschwendet, keine erotische Ausstrahlung haben. Wer so offensichtlich den Beifall anderer Leute braucht – wer für einen Titel oder eine Beförderung jede Strapaze auf sich nimmt, sich nach einer öffentlichen Erwähnung für bedeutend und einer öffentlichen Niederlage für unbedeutend hält –, der wirkt auf seine Umgebung nicht stark, sondern schwach. Selbst wenn ein solcher Mann für Erotik noch Zeit, Kraft und Interesse hätte, wäre er für Frauen im eigentlichen Sinn kaum begehrenswert.

Die körperliche Stärke des Mannes wird daher durch sein Verhalten nicht nur neutralisiert, sondern auch ad absurdum geführt. Denn es ist ja nicht nur so, daß Männer anders sind, als sie sich geben – sie halten sich auch noch für das, was sie gerne wären. Es ist nicht nur so, daß sie ihre eigentliche Bestimmung verfehlen – sie machen sich auch noch vor, sie hätten sie erreicht. Und auch wenn all das letzten Endes weiblicher Manipulation zu verdanken ist, so wirkt es doch auf die wenigen Frauen, denen es ausschließlich auf die Liebe ankommt, mehr als ernüchternd. Denn die Diskrepanz zwischen dem, was Männer zu sein vorgeben – aggressiv, kompromißlos, eigenwillig und selbstherrlich –, und dem, was sie dann wirklich sind – nachgiebig, selbstgefällig, streberhaft und servil –, ist so enorm, daß sie sie beim besten Willen nicht übersehen können. Daß ein Mann seiner Umwelt etwas vorspielt, ist noch einigermaßen verständlich, denn dies entspringt schließlich seinem Willen zu überleben. Doch daß er sich auch noch selbst belügt, daß er sich nicht nur während der Geschäftszeit von seinem Chef, sondern auch noch nach Feierabend von seinen Freundinnen loben läßt, verdirbt auch der gutwilligsten Frau die Freude an seiner Gesellschaft. Wenn sie einem Mann erst sagen muß, wie männlich er ist, damit er sich wie ein Mann benimmt – wenn sie sich den Menschen, mit dem sie schlafen möchte, immer erst vorher machen muß –, dann steht der Aufwand in keinem vernünftigen Verhältnis zum Vergnügen.

Mit anderen Worten: Die vielen Frauen, die sich bei der Partnerwahl nach nichtsexuellen Maßstäben entscheiden und damit die Verwertbarkeit eines Mannes unmißverständlich über die Erotik stellen, haben die wenigen anderen ihrer sexuellen Möglichkeiten beraubt. Denn da die Männer den Frauen gefallen wollen, kam es als Folge dieses weiblichen Auslesekriteriums zu einem Überschuß an nützlichen und einem Defizit an männlichen Männern – und deshalb gibt es nun eine große Anzahl Männer, die sich hervorragend zur Arbeit eignen, doch solche, die auch zur Liebe taugen, finden sich nur dann und wann.

Frauen, die Männer für die Liebe suchen, tun sich daher schwer. Möglichkeiten zu lieben – und hier ist nun endlich einmal ein echtes männliches Privileg – haben heute bestenfalls Männer. Es ist wohl kein Zufall, daß immer mehr Frauen Schwierigkeiten mit ihrer Libido haben. Denn von diesem »starken« Geschlecht, das sie sich da herangezüchtet haben, können sie sich vielleicht begehren lassen – wenn sie es auch selbst begehrten, wäre das ein Wunder.

Revolution durch Unterwanderung

Nehmen wir nun einmal an, es gäbe Frauen, die sich mit diesem Zustand nicht abfinden können. Stellen wir uns vor – und eigentlich ist diese Vorstellung gar nicht so absurd –, es gäbe Frauen, denen es schwerfällt, auf die Liebe zu verzichten, und die deshalb ein ganz konkretes Interesse daran haben, daß der Mann sich ändert. Könnten solche Frauen – angenommen, es gäbe sie – irgendwie dazu beitragen, daß Männer auf eine etwas männlichere Art männlich werden? Könnten sie verhindern, daß man Männlichkeit bis in alle Ewigkeit mit Nützlichkeit gleichsetzt und daß auch künftige Frauengenerationen ihre Partner zu Versorgern degradieren?

Eines ist klar: Wer in unserer westlichen Industriegesellschaft ein Modell für eine neue Männlichkeit einführen wollte, dürfte auf die Unterstützung der Betroffenen selbst nicht rechnen. Denn erstens wissen die Männer nicht, was man aus ihnen gemacht hat, und zweitens könnten sie auch dann, wenn sie es wüßten, nichts ändern. Man hat sie gelehrt, Forderungen immer nur an Männer zu stellen – sich um ihr eigenes Geschlecht zu kümmern empfänden sie als unmännlich, und sich gegen Frauen aufzulehnen erschiene ihnen absurd, denn man sagt ihnen ja, daß sie diese unterdrücken. Man kann deshalb bei Männern gegen die Vergünstigungen einer Klasse, Rasse oder Nation agitieren, aber nicht gegen die der Frauen. Man darf erwarten, daß sie gegen weibliche Benachteiligungen kämpfen, aber nicht gegen ihre eigenen. Denn Männer empfinden sich nicht als Gruppe, und ihr einziges gemeinsames Interesse – Frauen – ist wie zufällig auch das der Frauen. Man kann die Folgen einer jahrzehntelangen Gehirnwäsche nicht einfach durch eine Aufklärungskampagne aus der Welt schaffen: Falls man den Männern ihre Freiheit nicht gibt, werden sie bis ans Ende aller Zeiten die treuen Diener ihrer Sklavinnen bleiben und sich immer nur dann so richtig männlich fühlen, wenn sie einer Frau so richtig von Nutzen sind.

Wer also wollte, daß Männer auf eine neue Art männlich werden, müßte sich demnach an die Frauen halten, denn nur sie wissen, was gespielt wird. Wenn das weibliche Prinzip der Partnerwahl daran schuld ist, daß Männer so werden, wie sie heute sind, dann liegt die einzige Möglichkeit einer Änderung darin, daß man dieses Kriterium grundlegend revolutioniert. Denn erst wenn die Frauen virile Männer wollen, wird es sie auch geben, und erst wenn der Versorger nicht mehr gefragt ist, wird er aus dem täglichen Leben verschwinden. Mit anderen Worten: Erst wenn die Frauen sich selbst versorgen, werden die Männer sich zur Liebe eignen.

Doch wie könnte man erreichen, daß die Frauen sich versorgen? Gesetzgeberische Mittel, soviel haben wir gesehen, scheiden aus. Die Frauen haben zuviel Macht, als daß man sie durch Gesetze zwingen könnte, ihre Pflichten wahrzunehmen. Man konnte auf legalem Weg die weibliche Gleichberechtigung einführen, an einer Gleichverpflichtung müßte man scheitern. Freiwilliger Verzicht kommt ebenfalls nicht in Frage: Es gibt in der Geschichte kein einziges Beispiel dafür, daß eine herrschende Kaste ohne Zwang und Gegenleistung auf Privilegien verzichtet hat. Wer an das Mitgefühl oder an die Ehre der Frauen appellieren wollte, verschwendete nur seine Zeit. Wenn die Frauen dazu imstande wären, den Männern etwas zu schenken, hätten sie es getan, und dann wäre deren jetzige Situation von vornherein nicht möglich gewesen. Wenn es so etwas wie eine weibliche Ehre überhaupt gäbe, würde man sich nicht mit soviel Bravour von Männern aushalten lassen.

Wo Zwang oder Einsicht ausscheiden, bleibt nur der Verhandlungsweg. Wenn sich gesellschaftliche Veränderungen nur dadurch erreichen lassen, daß Frauen sie sich wünschen, und wenn Frauen nur etwas wünschen, was ihnen Vorteile bringt, dann kommt nur ein Tauschgeschäft in Frage. Wenn Männer nur dadurch frei werden, daß Frauen auf die Verwertung ihrer Arbeitskraft verzichten, und wenn dies nur dann der Fall ist, wenn diese aus einem solchen Verzicht profitieren, dann muß man die Männer bei den Frauen freikaufen.

Doch was könnte man als Gegenleistung bieten? Was fehlt der Frau zu ihrem Glück? Durch welchen Köder könnte man erreichen, daß sie ihre Privilegien aufgibt? Gibt es etwas, wovon sie sich überzeugen ließe, daß sie »als Frau« ein Anrecht darauf habe, »denn alle Menschen sind ja gleich«? Auf diesen Punkt konzentriert sich zunächst das ganze Problem. Wer den Männern etwas geben wollte, müßte zunächst einmal feststellen, ob den Frauen etwas fehlt. Er müßte herausfinden, ob es irgendwo ein unbefriedigtes weibliches Bedürfnis gibt oder ob sich gegebenenfalls ein solches wecken ließe. Denn nur unter dieser Voraussetzung könnte man versuchen, die weibliche Vormachtstellung zu unterwandern. Erst wenn man einen weiblichen Wunsch entdeckte und auch wüßte, wie man ihn befriedigen könnte, dürfte man daran denken, mit den Frauen über eine neue Männlichkeit zu verhandeln.

Die Hausfrau langweilt sich

Die Voraussetzungen für solche zwischengeschlechtlichen Verhandlungen sind günstiger als je zuvor, denn der begehrteste Frauenberuf – Hausfrau – hat in den letzten Jahrzehnten zusehends an Attraktivität verloren. Durch die jüngsten Entwicklungen auf wirtschaftlichem und sozialem Sektor hat in westlichen Industrieländern der Hausfrauenstatus neuerdings folgende Nachteile:

Langeweile: Hausarbeit, sofern man die wirklich notwendigen Verrichtungen dazu zählt und nicht Amüsements wie Kuchenbacken, Handarbeiten oder gar die Unterhaltung mit den eigenen Kindern, erledigt sich heute in einem Bruchteil der Zeit, die man noch vor dreißig Jahren dazu brauchte. Wenn man bedenkt, daß die Durchschnittsfamilie damals doppelt so viele Kinder hatte wie heute, daß man Wäsche mit der Hand wusch, daß man Brennmaterial von weit heranschleppte und mühsam ein Herdfeuer in Gang setzte, daß man kehrte und putzte, während man jetzt einen Staubsauger nimmt, daß man vor der Kühlschrankära täglich einkaufen ging, vor der Kantinenzeit doppelt so viele Mahlzeiten kochte und vor der billigen Massenkonfektion Kleidung häufig selber nähte – dann kann man sich ungefähr vorstellen, wieviel Zeit die heutige Hausfrau übrig hat.

Einsamkeit: Der Mann ist einschließlich Mittagspause und Arbeitsweg zehn Stunden von zu Hause fort, mit Überstunden und geschäftlichen Verpflichtungen oft sogar noch länger. Die Kinder kommen mit fünf Jahren zur Schule, und in den meisten Ländern sind sie täglich bis zum späten Nachmittag dort. Die Kontakte zu den Nachbarn nehmen in dem Maß ab, wie man durch steigenden Komfort – größere Wohnungen, größere Gärten – die Entfernung zu ihnen wachsen läßt.

Schuldgefühle: Eine einigermaßen sensible Hausfrau müßte wenigstens theoretisch Männern gegenüber ein schlechtes Gewissen haben. Denn der Mann an ihrer Seite kämpft für den Lebensunterhalt einer ganzen Familie, und der Mann im allgemeinen – der Steuerzahler –, der sie unter großem Kostenaufwand auf den gleichen Kampf vorbereiten ließ, hat umsonst in ihre Ausbildung investiert. Selbst Abiturientinnen haben oft von ihrer teuren Erziehung nicht einmal so viel behalten, daß sie ihren Kindern bei den Schularbeiten helfen könnten. Mit der Lösung schwieriger Mathematikaufgaben müssen sie nicht selten auf die Rückkehr des Vaters warten.

Unehrlichkeit: Um ihre Untätigkeit zu kaschieren, muß die Hausfrau ihre mehr oder weniger banalen Aktivitäten vor den anderen zu einer anstrengenden Ganztagsbeschäftigung dramatisieren. Durch die Existenz der »berufstätigen Hausfrau« wird sie jedoch immer wieder überführt. Wenn Hausarbeit den ganzen Tag dauern würde, könnte es diese gar nicht geben, denn es gibt ja auch keine »berufstätige Verkäuferin«.

Geistige Frustration: Der Hausfrau fehlt es an Anregung. Da sie niemand zum Denken zwingt, denkt sie nicht. Ihren Freundinnen geht es nicht besser, sie können ihr daher nicht weiterhelfen.

Sexuelle Frustration: Einem Mann, der den ganzen Tag dem Berufsstreß ausgeliefert ist, bleibt nicht viel Energie für sexuelle Aktivitäten. Eine Hausfrau kann daher in dieser Beziehung nur dann glücklich sein, wenn sie bis zu einem gewissen Grad frigide ist.

Ökonomische Abhängigkeit: Frauen westlicher Länder sind zwar nicht unmittelbar abhängig, denn laut Statistik verwalten sie selbständig den größeren Teil der Gehälter ihrer Partner, doch im Fall einer Scheidung wäre ihr Lebensstandard empfindlich getroffen. Da Frauen häufig »Vernunftehen« eingehen und den Partner nicht nach seiner Eignung als Liebhaber, sondern als Versorger wählen, müssen sie später oft mit Männern leben, für die sie im Grunde wenig empfinden. Eine Trennung von diesen Männern würde jedoch eine drastische Beschränkung ihres Komforts mit sich bringen.

Gesellschaftliche Abhängigkeit: Daß in der Presse Artikel über den Wert des Hausfrauenstatus immer mehr Platz einnehmen, ist der beste Beweis dafür, daß das Prestige dieses einst wichtigen Berufs in dem Maß schwindet, wie die Anforderungen geringer werden, die man an ihn stellt. Die heutige Hausfrau hat das Sozialprestige ihres Mannes, ohne ihn ist sie nichts. Denn sie muß in ihrem Job eigentlich nichts können, was ein zehnjähriges Kind nicht in vier Wochen lernen könnte.

Hausfrauenneurose: Einerseits weiß die Hausfrau aus eigener Beobachtung, daß es ihr hundertmal besser geht als ihrem Mann. Andererseits sagt man ihr, dies sei eine Täuschung: Ihm ginge es gut, nicht ihr. Der Mann propagiert diese Meinung, um sein Sklavendasein zu rechtfertigen. Die über Werbung finanzierten Massenmedien propagieren sie, um ihr als Konsumentin zu schmeicheln. Die Politiker propagieren sie, um von ihr gewählt zu werden. Wenn sie dieses Spiel nicht durchschaut, kann sie den wirklichen Sachverhalt nicht mehr unter einen Hut bringen mit der Interpretation dieses Sachverhalts durch die anderen. Sie wird neurotisch.

Die Berufstätige fühlt sich diskriminiert

Um den Nachteilen des Hausfrauenlebens zu entgehen, verfallen manche Frauen auf einen Ausweg, der zunächst absolut vernünftig erscheint: Sie suchen sich Arbeit außerhalb des Hauses. Weil sie jedoch unter ganz anderen Voraussetzungen antreten als Männer – *sie müssen nicht arbeiten* –, kommen damit nur neue Nachteile auf sie zu:

Diskriminierung: Da die wenigsten Frauen bereit sind, ein ganzes Leben lang einen gesunden Mann und seine Kinder zu ernähren, und da laut Statistik die wenigsten verheirateten Frauen mehrere Jahre hintereinander ganztags arbeiten, werden Arbeitgeber bei gleicher Qualifikation immer den männlichen Bewerber bevorzugen:

a) Aus Gründen der Rentabilität: Männer sind zuverlässiger als Frauen, weil sie zuverlässiger sein müssen. Die wenigsten Männer könnten es sich leisten, ihren Beruf aufzugeben, um sich »nur noch der Familie zu widmen«, denn die wenigsten Frauen würden es ihnen erlauben.
b) Aus Gründen der Humanität: Berufstätige Männer ernähren im allgemeinen mit ihrem Gehalt mehrere Personen, berufstätige Frauen in der Regel nur sich selbst. Nach dem Gesetz der Wahrscheinlichkeit trifft ein Arbeitgeber die humanere Entscheidung, wenn er einen Job einem Mann zukommen läßt.
c) Aus Gründen der sexuellen Rivalität: Solange der Mann Männlichkeit mit Berufserfolg identifiziert, bringt jeder erfolgreiche weibliche Kollege sein Selbstbewußtsein in Gefahr. Ein Mann, der etwas tut, was auch Frauen können, ist nach dem heutigen Männlichkeitskriterium automatisch unmännlich. Je weniger er Frauen fördert, desto besser schützt er sich und seine Kollegen vor einem Verlust an »Männlichkeit«.

Streß: Mit Mittagspause und Arbeitsweg bedeutet der Acht-Stunden-Tag eine Abwesenheit von zehn bis elf Stunden. Außerdem bedeutet er für die Frau mit Familie – und für deren Mann, doch darum handelt es sich hier nicht – zusätzliche Arbeit nach Feierabend.

Schlechtes Gewissen: Ganztags berufstätige Frauen, die ihre Männer nicht ernähren wollen oder deren Männer sich nicht ernähren lassen wollen und die dennoch nicht auf Kinder verzichten, sind gezwungen, diese Kinder zehn bis elf Stunden am Tag Fremden zu überlassen oder in geschlossene Anstalten zu stecken. Sie haben daher zu Recht ihren Kindern gegenüber ein schlechtes Gewissen. Die Frau, die zu Hause bleibt, tut ein übriges, die Berufstätige als Mutter zu diffamieren. Nur-Hausfrau und berufstätige Hausfrau sind erbitterte Feinde: Die Berufstätige beweist der Nur-Hausfrau, wie wenig im Haus zu tun ist, während letztere gerade dadurch, daß sie sich so beschäftigt gibt, der Berufstätigen die Vernachlässigung wichtiger Pflichten suggeriert. So treiben sie sich gegenseitig in die Enge.

Weil sie nicht wirklich arbeiten muß, gibt die berufstätige Hausfrau wegen all dieser Schwierigkeiten ihren Job meist wieder auf. Und gerade dadurch verstärkt sie dann die Vorurteile gegen weibliche Arbeitnehmer. Jede Frau, die durch eine Kündigung ihrer eigenen Diskriminierung aus dem Weg geht, verschärft die Diskriminierung gegen jene, die bleiben, weil sie sie durch ihre Kapitulation noch mehr in den Ruf der Unzuverlässigkeit bringt. So befinden sie sich allesamt in einem Teufelskreis.

Die Teilzeitbeschäftigte diskriminiert sich selbst

Angesichts der Nachteile der Ganztagsarbeit glauben viele, daß gelangweilte Hausfrauen ihr Heil in einer Teilzeitbeschäftigung suchen sollten. Hier müßten sie weder Haushalt noch Kinder vernachlässigen und hätten doch genug Abwechslung. Aber diese Rechnung geht nicht auf, denn Teilzeitarbeit hat zwar nicht die Nachteile der Ganztagsbeschäftigung, aber dafür hat sie andere. Teilzeitarbeit ist:

a) schwer zu finden: In unserer westlichen Welt, die nach den Gesetzen der freien Marktwirtschaft funktioniert, werden Arbeitgeber, falls sie nicht absichtlich karitativ handeln wollen, Teilzeitjobs nur in Zeiten von Überbeschäftigung zur Verfügung stellen. Das heißt, wenn niemand zu finden ist, der eine Vierzig- oder Fünfundvierzig-Stunden-Woche akzeptiert. In der Praxis bedeutet dies, daß der Ganztags-Arbeitnehmer immer eine Vorauswahl unter den offenen Stellen trifft und daß er dabei selbstverständlich den besser bezahlten und interessanteren Arbeiten den Vorzug gibt. Der Teilzeitarbeiter muß das nehmen, was die anderen für ihn übriglassen, und sich mit den schlecht bezahlten und monotonen Jobs zufriedengeben.

b) schwer zu halten: Eine Firma, die nach dem Prinzip der Gewinnmaximierung arbeitet, wird in Krisenzeiten selbstverständlich zunächst Teilzeit- und Saisonkräfte entlassen. Zum einen kann sie am leichtesten auf sie verzichten, und zum anderen darf sie es sich am ehesten mit ihnen verderben, weil bei einer Neubelebung der Konjunktur für sie am schnellsten Ersatz zu finden ist. Da gerade die monotonsten Arbeiten am leichtesten von Maschinen erledigt werden können, sind Teilzeitjobs außerdem immer die ersten, die einer Automation zum Opfer fallen.

c) *schwer auszubauen:* Teilzeitbeschäftigte haben logischerweise innerhalb der Firmenhierarchie die geringsten Aufstiegschancen. Da man für wichtige Arbeiten Leute bevorzugt, die während der gesamten Arbeitszeit zur Verfügung stehen, sind Teilzeitjobs kaum ausbaufähig. Halbtagskräfte werden in ihrem Beruf niemals Karriere machen.

Obwohl alle diese Nachteile der Teilzeit- und Saisonarbeiter in der Öffentlichkeit ebenfalls unter dem Schlagwort »weibliche Diskriminierung« diskutiert werden, handelt es sich hier um etwas anderes. Teilzeitbeschäftigte, seien es Männer oder Frauen, sind immer am schlechtesten bezahlt, müssen die langweiligsten Arbeiten übernehmen, haben die geringsten Aufstiegschancen und werden in Krisenzeiten als erste entlassen. Nur weil so wenig Männer und so viele Frauen Teilzeitbeschäftigungen suchen – weil eben Frauen niemals Hauptnährer sein müssen –, lassen sich hier Folgen der freien Marktwirtschaft als Diskriminierung eines Geschlechts auslegen.

Doch wie dem auch sei: Was sich Frauen von einer Teilzeitbeschäftigung erhoffen – Abwechslung, Unabhängigkeit, Bestätigung, Sozialprestige –, finden sie meist gerade nicht. Auch die Teilzeitbeschäftigte gibt daher früher oder später wieder auf. Sofern sie das Geld nicht wirklich braucht – in Westdeutschland arbeiteten zum Beispiel 1974 nur achtunddreißig Prozent der verheirateten Frauen wegen des Verdienstes –, findet sie es angenehmer, sich zu Hause zu langweilen, als anderswo stumpfsinnige und schlecht bezahlte Arbeiten zu erledigen. Im Gegensatz zur Ganztagsbeschäftigten schadet sie mit ihrer Kündigung jedoch den anderen Frauen nicht. Da erwachsene Männer immer soviel Arbeit wie möglich suchen, ist der Markt für Teilzeitarbeit ohnehin eine Domäne von Frauen und Studenten.

Zusammenfassend läßt sich also sagen, daß weder Hausfrauen noch berufstätige Frauen vollkommen zufrieden sind. Beide Möglichkeiten lassen Wünsche offen, und die meisten Frauen sind nun einmal der Ansicht, daß sie ein Recht darauf haben, wunschlos glücklich zu sein. Um dem abzuhelfen, hat man ihnen bisher folgende Vorschläge unterbreitet: *Abschaffung der Ehe, Kinderlosigkeit, Kindergefängnisse, Rollentausch, Partnerehe.* Alle diese Modelle haben jedoch zwei wichtige Nachteile: Sie gefallen den Frauen nicht, und – obwohl es darauf nicht wirklich ankommt – sie gefallen auch den Männern nicht.

Mit Abschaffung der Ehe kann man niemand reizen

Jede Eheschließung ist eine öffentliche Verzichterklärung und somit ein wichtiges Moment der Liebe. Die Welt ist ja voll von Menschen, in die man sich verlieben könnte – die Tatsache, daß man sich nach einer unglücklichen Liebe fast immer mit einem anderen Partner tröstet, ist dafür Beweis genug. Daß man unter allen seinen potentiellen Liebhabern einen ganz bestimmten wählt und durch diese Entscheidung auf alle anderen verzichtet, ist daher für den, den es betrifft, eine echte Sensation. Und weil man Sensationelles nicht für sich behalten kann, haben Liebespaare, die sich einig sind, immer ein enormes Mitteilungsbedürfnis. Zunächst gehen sie mit ihrer Neuigkeit nur zu Freunden und Verwandten, doch bald ist ihnen das nicht mehr genug. Sie geben Zeitungsinserate auf, in denen sie ihren Verzicht auf alle anderen Partner proklamieren, verschicken vorgedruckte Informationen über ihre Intimsphäre an Leute, die sie kaum kennen, schwören sich in der Gegenwart von Zeugen Loyalität, Einigkeit und Treue, organisieren kleinere und größere öffentliche Versammlungen, zu denen alle in aufwendiger Kostümierung erscheinen müssen, usw.

Alle diese Zeremonien sind absolut unumgänglich, und sie sind für Liebende eines bestimmten sozialen Milieus immer konstant. Wenn die Liebe eines Paares vor seiner Umwelt nicht auf genau die gleiche Art als Liebe deklariert ist wie die der anderen, empfindet es diese früher oder später als minderwertig. In einem sizilianischen Dorf kann man nicht in »wilder Ehe« hausen – damit die eigene Liebe soviel wert ist wie die der anderen Dorfbewohner, muß man vor den Altar. Fortschrittliche Paare anderer Regionen gehen aufs Standesamt und verschicken anschließend saloppe Mitteilungen, denn genauso haben es vor ihnen ihre fortschrittlichen Freunde getan. Wer in linksorientierten Intellektuellenzirkeln oder im Popmilieu verkehrt, wird eher zur »Ehe ohne Trauschein« tendieren, denn eine Liebe, die vom Establishment sanktioniert ist, wäre hier keine »richtige« Liebe. Das bürgerliche Hochzeitszeremoniell wird dabei zur Antizeremonie umfunktioniert: Während der Spießer seinen Bekannten pauschal mitteilt, daß er seine große Liebe gefunden hat, wird sein unbürgerlicher Gegenspieler jedem einzeln sagen, daß seine Liebe zu dem Partner, mit dem er »einfach so« zusammenlebt, überwältigend genug ist, um auch ohne »das Papier« zu überdauern.

Um das Überdauern geht es aber auf jeden Fall. Wer liebt, will für alle Ewigkeit lieben. Er will schwören dürfen, daß er seinen Entschluß niemals ändern wird. Gerade weil eine Liebe immer etwas mehr oder weniger Zufälliges ist – gerade weil man weiß, daß unter den vier Milliarden Erdbewohnern zumindest ein paar Hunderttausend wären, in die man sich mit ähnlicher Intensität verlieben könnte –, muß man sie zu etwas Einmaligem erklären. Die anderen müssen bestätigen, daß man wirklich zusammengehört. Und weil sie das nur können, wenn sie wissen, daß man zusammengehören will, muß man es ihnen sagen. Wer ohne solche Erklärungen auskommt – wer seinen Geliebten nicht nach den Regeln seines Milieus heiratet oder »nicht heiratet« –, ist entweder schon mit einem anderen verheiratet oder trotz allen Anscheins nicht verliebt.

Eine Liebe braucht aber nicht nur Zeremonien, sondern auch Symbole. Die Welt muß nicht nur erfahren, daß man ein Paar geworden ist, sie muß auch immer wieder daran erinnert werden. Deshalb schmücken sich Liebespaare mit »Zusammengehörigkeits-Abzeichen«, schreiben ihren gemeinsamen Namen an die gemeinsame Wohnungstür, zeugen gemeinsam Kinder. Der Entschluß muß so unwiderruflich wie nur möglich wirken, denn da es zu jeder Liebe Alternativen gibt, fürchtet der Liebende nicht die Bindung, die seine Liebe mit sich bringt, sondern die Freiheit, die sie ihm noch immer läßt. Um diese Angst zu überwinden, gibt es kein geeigneteres Mittel als ein Kind. Erst ein Kind macht die Gemeinschaft von zwei beliebigen Personen wirklich einmalig. Man ist jetzt Vater und Mutter eines bestimmten Menschen, man wird von einem bestimmten Menschen gebraucht, man gehört zusammen. Kein anderes Liebessymbol ist daher so begehrt wie das Kind. Es bewirkt mehr als

Ringe, Namensschilder und Ausweise, denn es gibt dem Zusammenleben eines Mannes und einer Frau, von denen jeder ebensogut mit einem anderen zusammenleben könnte, das, was ihm bisher fehlte: einen wirklichen Sinn.

Mit anderen Worten: Wer die Ehe abschaffen will, muß auch die Liebe abschaffen wollen, und wer Kinderlosigkeit propagiert, sollte zunächst Einsamkeit propagieren. Erfolg hätte er damit nicht. Es wird wohl immer Leute geben, die für ihre Freiheit gern mit Einsamkeit bezahlen, doch bei der Mehrzahl käme diese Propaganda nicht an. Das Verlangen nach institutionalisierten Zweiergemeinschaften ist durch so viele biologische und psychologische Mechanismen abgesichert, daß jedes Reformbestreben auf diesem Terrain scheitern muß. Wer liebt, will im allgemeinen auch heiraten, und wer heiratet, will im allgemeinen auch Kinder. Ob das richtig ist oder falsch, ist eine überflüssige Frage, und daran etwas ändern zu wollen, wäre verlorene Mühe.

Das Makabre an der Liebe sind daher nicht ihre Symbole, sondern der Mißbrauch, der damit getrieben wird. Man kann anstelle des Gefühls, für das ein Symbol steht, gleich das Symbol selbst nehmen und einen anderen zum Beispiel durch ein Kind in eine schwer lösbare Gemeinschaft locken. Der Mißbrauch mit Symbolen ist sowohl das populärste als auch das ungefährlichste aller Vergehen, denn kriminelle Handlungen dieser Art sind leicht zu organisieren und kaum zu beweisen. Kriege zum Zweck der Eroberung gelten als brutal, im Namen des Kreuzes werden sie entschuldigt, gewöhnliche Mörder werden geächtet, politische Überzeugungstäter oft sogar gefeiert, Erpresser kommen hinter Schloß und Riegel, kriminelle Ehepartner – sie betreiben zweifachen Menschenhandel: mit dem Leben eines Erwachsenen und dem eines Kindes – laufen frei herum und werden vom Gesetz noch protegiert.

Da eine Heirat im Normalfall zur Folge hat, daß der Mann die Frau versorgt, ist es verständlich, daß vor allem Frauen in Versuchung geraten, die Liebessymbole zu mißbrauchen, und daß vor allem Männer sich vor der Ehe fürchten müssen. Frauen, die materieller Vorteile wegen Ehen eingehen und dann zur Absicherung dieser Vorteile auch noch Kinder gebären, sind wie Kriegsschiffe, die sich als Lazarette tarnen, oder wie Soldaten, die die weiße Flagge hissen, bevor sie ihren Gegner in den Rücken schießen. Welches der vielen jungen Mädchen, die sich einem heiratsfähigen Mann anbieten, hat nun wirklich kapituliert, und welches benutzt die weiße Fahne nur als Köder? Daß Männer dennoch heiraten, spricht nicht für die Frauen, sondern für die Unverwüstlichkeit der Institution. Denn ein verliebter Mann braucht die Ehe genauso dringend wie eine verliebte Frau. Mit einer Abschaffung der Ehe könnte man also weder die Männer noch die Frauen reizen. Der Mann braucht die Ehe als Ventil für seine Liebe, die Frau braucht sie doppelt: Sowohl wenn sie liebt, als auch wenn sie nicht liebt. Im Interesse der Frauen braucht man also die Ehe nicht abzuschaffen, denn sie können ja auf jeden Fall nur profitieren. Und weil das so ist, kann man sie im Interesse der Männer nicht abschaffen wollen.

Die Institution Ehe aufheben, damit die Frauen sich selbst versorgen, hieße also das Pferd vom Schwanz her aufzäumen. Die Ehe ließe sich in ihrer jetzigen Form erst dann aufheben, wenn Frauen sich selbst versorgen – und dann wäre es auch schon nicht mehr notwendig. Wenn Frauen in der Ehe keine Vorteile mehr suchen, werden sie sie auch nicht länger zweckentfremden – sie werden entweder gar nicht heiraten oder aus dem gleichen Grund wie Männer: aus Liebe.

Natürlich sollte man ein Symbol wieder entfernen dürfen, sobald es nichts mehr symbolisiert. Auch wenn man sich bei der Hochzeit schwört, daß man nun bis in alle Ewigkeit auf jede andere Liebe verzichten wird, so muß man diesen Entschluß später doch revidieren können. Wer einem anderen mit zwanzig Jahren ewige Treue verspricht, handelt so eindeutig im Zustand verminderter Zurechnungsfähigkeit, daß es unfair wäre, ihn länger beim Wort zu nehmen, als er das selber wünscht. Die Umwelt muß daher eine Verzichterklärung nicht nur wohlwollend zur Kenntnis nehmen, sie muß sie auch wohlwollend vergessen können. Gegebenenfalls muß man immer wieder von neuem schwören dürfen, daß man bis in alle Ewigkeit auf jede andere Liebe verzichten wird, und zwar immer wieder zugunsten eines anderen.

Die berufstätige Frau braucht Gefängnisse für ihre Kinder

Es gibt auch in den hochindustrialisierten Ländern des Westens noch Familien, die so arm sind, daß Mann und Frau nach der Geburt ihrer Kinder außerhalb des Hauses arbeiten müssen. Von diesen ist hier nicht die Rede. In der Regel kann in solchen Ländern ein Erwachsener mit seinem Gehalt seine im Durchschnitt nur noch aus drei bis vier Personen bestehende Familie ernähren, wenn diese bereit ist, ihren Konsum vorübergehend einzuschränken. Meist hört daher auch nach der Geburt des ersten Kindes die Frau auf zu arbeiten, und meist sogar, ohne daß die Familie deshalb auf einen gewissen Komfort – Auto, Kühlschrank, Waschmaschine, Fernsehgerät – verzichten müßte.

Unter all den eintönigen, ermüdenden und demütigenden Arbeiten, die heutzutage angeboten werden, sind jedoch auch einige wenige, die Freude machen. Vor allem, wenn der andere Partner die Verantwortung für das Existenzminimum übernommen hat, kann eine bezahlte Beschäftigung durchaus zum Hobby werden: Die Sache ist unterhaltsam, bringt Prestige, man wird nicht dazu gezwungen und könnte bei eventuellen Schwierigkeiten ohne weiteres kündigen. Frauen, die sich in ihrem Beruf amüsieren, werden ihn daher selten ihrer Kinder wegen aufgeben. Sie werden auch nicht von ihrem Partner fordern, daß er bei den Kindern bleibt – das wäre das Ende des Amüsements –, oder gar auf Kinder verzichten. Kinder wollen sie schon, nur soll man sie ihnen um Himmels willen vom Leibe halten. Manche geben sie zu Müttern und Schwiegermüttern, Hausmädchen und Gouvernanten. Doch da ein Kind sich wenig um Verwandtschaftsgrade kümmert und immer den mag, der es umsorgt, wird die Mutter in solchen Fällen eifersüchtig: Obwohl sie ihr Kind nicht eigentlich um sich haben will, möchte sie doch als einzige Frau von ihm geliebt werden. Für die Aufzucht ihres Nachwuchses haben sich emanzipierte Frauen daher etwas ganz Besonderes einfallen lassen: Sie stecken ihre Kinder in geschlossene Anstalten. Dort lieben sie keine andere Frau und werden auch von keiner anderen geliebt.

Denn Kinderkrippen, Kinderhorte, Ganztagsschulen – all diese hochgepriesenen Institute, in denen Minderjährige ihre Zeit verbringen müssen – sind im Grunde nichts anderes als Gefängnisse. Ein Kind, das im Morgengrauen dort abgeliefert und erst abends wieder entlassen wird, ist seiner Freiheit beraubt. Ein Erwachsener, der seinem Kind ohne zwingenden Grund ein solches Leben zumutet, betreibt brutalen Machtmißbrauch an jemand, der ihm vertraut und der noch zu jung ist, um seine Rechte selbst wahrzunehmen. Doch da auch dieses Delikt in keinem Gesetzbuch aufgeführt wird, hat man sich darauf geeinigt, es als absolut harmlos anzusehen.

Wo größere Menschenmengen auf kleinem Raum zusammenleben, kommt es automatisch zu Hierarchien, das heißt, es entstehen Machtstrukturen, denen sich keiner entziehen kann. Auch in den vorbildlichsten Einrichtungen für Kinderaufbewahrung, etwa den skandinavischen, kommt es zu Leistungszwang, Rivalität, Unterdrückung individueller Eigenschaften, Vergewaltigung der Intimsphäre und Terrorisierung von Außenseitern. Es ist notwendig, diese Mechanismen frühzeitig kennenzulernen und von klein an eine gewisse Anpassung zu üben, denn die Beziehung zu anderen ist ein wichtiger Teil des Lebens. Doch sie ist nicht alles. Das Leben besteht nicht nur aus Abhängigkeiten, sondern auch aus Unabhängigkeit. Wie man die Anpassung an Gruppen lernen muß, muß man auch die Möglichkeit haben, den Umgang mit seiner eigenen Freiheit zu üben und diese zu genießen. Ein Mensch, der gezwungen wird, von früh bis spät mit vielen anderen auf begrenztem Raum zu leben, lernt Selbstbeherrschung und Machtausübung, Gehorchen und Befehlen, doch den Umgang mit seiner Freiheit, seiner Sensibilität, seiner Individualität – den Umgang mit sich selbst –, den lernt er dabei nicht.

Daß viele Kinder den Eindruck erwecken, als würden sie sich »nach einer Übergangsphase«, wie es die Pädagogen nennen, in ihren Gefängnissen durchaus wohl fühlen, beweist leider gar nichts. Es kann zum einen bedeuten, daß ihr Zuhause noch trostloser ist als die Anstalt, und zum andern, daß sie sich abgefunden haben. Wie man weiß, gewöhnen Kinder sich an alles, auch an Krieg, Mißhandlung und Terror. Gerade diese Unschuld, diese grenzenlose Anpassungsfähigkeit selbst an das unmenschlichste Milieu, ist es wohl, was in bezug auf Kinder am meisten berührt. Daß Frauen Männer zwingen, ihr Leben in Anstalten zu verbringen, sind wir bereits gewöhnt – daß viele jetzt auch noch das gleiche Schicksal für ihre Kinder fordern, ist ein relativ junger Beweis weiblicher Kaltblütigkeit.

Die Forderung ist vielerorts teilweise schon erfüllt. In den meisten westlichen Industrieländern gibt es zwar noch immer weniger Kinderkrippen, als Frauen verlangen, doch der Beginn der Schulzeit kommt dort bereits einer Einweisung in Haftanstalten gleich: Der Unterricht dauert durchschnittlich von acht Uhr morgens bis vier, fünf oder gar sechs Uhr abends. Obwohl zumindest in einigen dieser Länder – etwa in Spanien, Italien und in den Niederlanden – Mütter selten berufstätig sind, fällt es diesen nicht im Traum ein, gegen die Inhaftierung ihrer Schützlinge in die meist trostlosen Schulkasernen zu intervenieren. Obgleich sie sich selbst niemals in so drastischer Weise ihrer Freiheit berauben ließen, finden sie für ihre Kinder ein solches Schicksal durchaus gerechtfertigt.

In England werden Kinder oft sogar völlig von ihren Eltern getrennt und in die mit Internat umschriebenen geschlossenen Anstalten eingewiesen, die sie nur hie und da am Wochenende und während der Ferienzeit verlassen dürfen. Die Konsequenzen sind katastrophal. Das sprichwörtliche Understatement der englischen Oberschicht, deren Mitglieder besonders häufig in solchen Anstalten erzogen werden, ist wohl in den wenigsten Fällen auf eine besondere Charakterstärke zurückzuführen: Vermutlich handelt es sich hier ganz schlicht um die Auswirkung von Heimschäden. Wie man weiß, werden Kinder, die viele Jahre in Heimen verbringen müssen, abgestumpft, gleichgültig und unfähig, emotional zu reagieren. Sie könnten sich nicht mehr aufregen, selbst wenn sie es wollten, Geduld und diszipliniertes Verhalten sind ihnen durch die lange Inhaftierung zur zweiten Natur geworden.

An einem Hausmann ist nichts erotisch

Aus allen diesen Gründen sind Paare, denen es um das Wohl ihres Nachwuchses geht, absolute Gegner von Kinderkrippen und Ganztagsschulen. Sie finden es selbstverständlich, daß in einer Familie mit Kindern einer der Erwachsenen zu Hause bleibt, und sie finden es manchmal sogar selbstverständlich, daß dieser Erwachsene der Mann ist.

Weshalb ist dann der Rollentausch trotzdem so selten? Warum werden die wenigen Männer, die sich darauf einlassen, von Journalisten bestürmt und von Fotografen und Fernsehteams bei ihren ganz einfachen Aktivitäten belauert, als handle es sich um gewagte wissenschaftliche Experimente? Warum werden die wenigen Paare, die den Rollentausch – zumindest vorübergehend – mit allen Konsequenzen praktizieren, mit der gleichen Neugier verfolgt wie Transvestiten, Filmstars oder Massenmörder? Dafür zwei Gründe:

a) Derjenige, der bei den Kindern bleibt, hat meist das leichtere Leben. Es ist daher kurios, wenn eine Frau – die ja die Macht hat zu wählen – freiwillig den schwereren Part übernimmt.
b) Männer, die sich und ihre Kinder von ihren Frauen ernähren lassen, sind Menschen, die sich wenig um anderer Leute Meinung kümmern. Soviel Unabhängigkeit beeindruckt wieder jene, die ständig um ihr Image besorgt sind und sich nur dann »männlich« oder »weiblich« fühlen, wenn sie sich so verhalten, wie es die Norm – die von Frauen gemachte Norm – befiehlt.

Doch genügen diese Gründe schon, um die extreme Seltenheit des echten Rollentausches – echt ist ein Tausch, wenn ein *gesunder* Mann *ein Leben lang* so lebt wie eine Hausfrau und seine Frau den Unterhalt verdienen läßt – hinreichend zu erklären? Spielen da nicht noch andere Motive mit? Ist der Rollentausch wirklich wünschenswert, und brächte er der Gesellschaft wirklich Vorteile?

Eigentlich sind alle diese Fragen überflüssig. Wegen der immensen weiblichen Macht ist die Prämisse absurd. Der Rollentausch ist nicht praktikabel, weil die große Mehrheit der Frauen niemals freiwillig dazu bereit wäre, über Jahrzehnte hinweg allein für den Unterhalt von Mann und Kindern aufzukommen. Doch da dieses Schema in der Öffentlichkeit immer wieder diskutiert wird, lohnt es sich vielleicht, von der weiblichen Vormachtstellung einmal abzusehen und so zu tun, als sei der Vorschlag wirklich durchführbar. Es kämen dann zwei Tauschvarianten in Frage:

1. Der totale Tausch – alle Frauen übernehmen die Rollen aller Männer und umgekehrt.
2. Der partielle Tausch – ein Teil der Frauen übernimmt die Rolle eines Teils der Männer und umgekehrt.

Welche Vor- und Nachteile hätte jedes dieser beiden Modelle?

Der *totale Rollentausch* brächte überhaupt keine Vorteile. Die Situation wäre genau wie jetzt, nur spiegelverkehrt: Die Lebenslänglichen wären nicht mehr Männer, sondern Frauen, die Vermarkteten wären nicht mehr Männer, sondern Frauen, die Mißbrauchten, Gedemütigten, Erpreßten und Entmündigten wären nicht mehr Männer, sondern Frauen. Wegen der dann höheren Lebenserwartung der Männer würde die Politik nicht mehr von der weiblichen, sondern von der männlichen Mehrheit bestimmt. Der Mann, und nicht die Frau, hätte als Großkonsument die Macht über Wirtschaft und Meinungsbildung. Der Mann, und nicht die Frau, würde die nachfolgenden Generationen nach seinen Maßstäben erziehen und sein eigenes Geschlecht auf die Parasitenrolle vorbereiten. Der Mann, und nicht die Frau, würde wegen fehlenden intellektuellen Wettbewerbs verdummen und wäre innerhalb weniger Jahrzehnte dort, wo jetzt seine Partnerin ist: Er würde sich nicht mehr für politische und wirtschaftliche Zusammenhänge interessieren, er wüßte nicht mehr, wie ein Auto funktioniert, und würde mit der Montage einer Steckdose oder einem Brief an die Hausverwaltung auf die Rückkehr des »Familienoberhauptes« warten.

Mit anderen Worten: Totaler Rollentausch, selbst wenn er im Bereich des Möglichen läge, wäre vollkommen sinnlos. Denn ob nun Männer oder Frauen die Macht haben, ist im Grunde gleichgültig: Die Situation wäre so unfair wie heute, nur einem anderen Geschlecht gegenüber. Man würde die Frau und nicht den Mann nach ihrer Verwertbarkeit beurteilen: Schöne junge Männer würden leidenschaftliche Liebe zu gutverdienenden älteren Damen heucheln, würden Champagner auf Eis legen, um deren Gehaltserhöhungen zu feiern, würden sich abends bei ihren abgespannten Gefährtinnen über die Eintönigkeit der Hausarbeit, die Aufsässigkeit der Kinder und die Einfältigkeit ihrer Freunde beklagen ... Kurz und gut: Beim totalen Rollentausch wäre wieder einer ausgenutzt, wenn auch ein anderer, und das Ziel, um das es hier geht – ein besseres Leben für alle –, wäre wieder nicht erreicht.

Weit interessanter sind die Perspektiven des *partiellen Rollentausches:* Eine Welt, in der ein Teil der Frauen die Aufgaben eines Teils der Männer übernähme. Ein solcher Tausch hätte folgende Vorteile:

1. Kinder würden nicht mehr nur von einem Geschlecht erzogen. In der einen Familie wäre der Erzieher eine Frau, in der anderen ein Mann. Die gesellschaftlichen Normen würden damit nicht mehr ausschließlich von Frauen diktiert.
2. Nicht mehr nur Männer müßten ihr Leben in Anstalten verbringen. In der einen Familie wäre der Inhaftierte ein Mann, in der anderen eine Frau.
3. Die politische Macht wäre gerechter verteilt. Da – wie neuere Untersuchungen zeigen – *unter Streß arbeitende Frauen* so früh sterben wie unter Streß arbeitende Männer, hielte sich einige Jahrzehnte nach der Reform die männliche und weibliche Bevölkerung annähernd die Waage.
4. Die öffentliche Meinung wäre nicht mehr vom weiblichen Großkonsumenten bestimmt. Da der Haupteinkäufer einer Familie männlich oder weiblich wäre, müßten Anzeigenkampagnen für Konsumgüter an beide Geschlechter adressiert werden. Dadurch würde sich automatisch der weibliche Einfluß auf die durch Werbung finanzierten Massenmedien verringern.
5. Wissen und Unwissenheit wären nicht mehr Kennzeichen eines bestimmten Geschlechts. Jeweils der Partner, der dem Wettbewerb ausgesetzt ist, wäre gezwungen, seine geistigen Fähigkeiten zu kultivieren, und der, dem dieser Wettbewerb erspart bleibt – in einem Fall die Frau, im anderen der Mann –, könnte sich den Luxus der Dummheit leisten.

Ein partieller Rollentausch hätte also viele Vorteile. Weshalb erscheint er dann den meisten Leuten trotzdem nicht verlockend? Weshalb möchten auch faire Frauen (solche, die nicht einsehen, warum immer nur der Mann das Geld verdienen soll), privilegierte Frauen (reiche Töchter, reiche Geschiedene, reiche Witwen) und Frauen, die sich in ihrem Beruf amüsieren (Künstlerinnen, Journalistinnen, Stewardessen, Fotomodelle, Boutiquenbesitzerinnen usw.), lieber gar keinen Mann, als einen, der auf ihre Kosten zu Hause bleibt?

Der Grund liegt in den Bedingungen für das Entstehen sexuellen Verlangens. Ein Mann, der mit allen Konsequenzen die Rolle der Hausfrau spielt, wäre solchen Frauen einfach nicht geschlechtstypisch genug, das heißt, er würde nicht mehr erotisch auf sie wirken. Denn mit der Rolle der Hausfrau würde er ja nicht nur deren Aktivitäten, sondern auch ihr Verhalten übernehmen. Zunächst würde er sich zwar bei allem noch etwas ungeschickt anstellen – anders als eine Frau – und gerade dadurch maskulin wirken. Ein Mann, der nur zuweilen sein Baby füttert, Geschirr spült, Staub saugt, Mahlzeiten kocht, kann gerade dadurch, daß er es ganz anders macht, für seine Partnerin anziehend sein. Doch als Hausmann hätte er spätestens nach einem Jahr bei all dem eine Routine entwickelt, die auf die meisten Frauen nicht mehr als besonders männlich, sondern als besonders weiblich und daher als besonders unerotisch wirken würde. Jedes Problem bedingt ja von sich aus eine optimale Lösung, und jede manuelle Tätigkeit bedingt bestimmte Bewegungen, die dieser optimalen Lösung entsprechen. Es gibt nur eine Art, einen Säugling richtig zu füttern, Wäsche richtig aufzuhängen, einen Kochlöffel richtig zu halten, Staub richtig zu saugen oder Geschirr richtig zu spülen. Die Art nämlich, wie die Sache am schnellsten und reibungslosesten erledigt wird – im Fall der Hausarbeit ist es die Art, wie geübte Hausfrauen es praktizieren.

Früher oder später würde also jeder Hausmann damit anfangen, nicht nur die Arbeit, sondern auch das Benehmen und die Gebärden einer Hausfrau zu übernehmen. Es würde beim Auftragen einer Mahlzeit triumphierend lächeln (die Mahlzeit wäre ja seine Leistung), mit Sorge beobachten, wenn jemand mit schmutzigem Schuhwerk über den Teppich geht (er wäre ja für die Sauberkeit verantwortlich), Fenster aufreißen, wenn zuviel geraucht wird (die frische Luft im Haus wäre sein Ressort), sich bei bestimmten Tätigkeiten eine Schürze umbinden und bei bestimmten anderen fröhlich vor sich hinträllern. Das heißt, er würde Frauen nicht nur nachahmen, er würde auch wie eine Frau werden. Er würde wie eine Frau lächeln, wie eine Frau reagieren und sich nur noch für Themen interessieren, die heutzutage Frauen vorbehalten sind. Käme ein Paar mit traditioneller Rollenverteilung zu Besuch, so würde der Hausmann nach dem Essen dem weiblichen Gast Küche und Kinderzimmer zeigen, während seine berufstätige Frau mit deren Ehemann im Wohnzimmer die Tagespolitik diskutieren würde.

Aus all diesen Gründen ist auch der Hausmann keine brauchbare Lösung. An ihm ist, jedenfalls im Augenblick, nichts erotisch. Man fragt sich immer wieder, weshalb viele berufstätige Frauen sich bestimmte Tätigkeiten von ihren Männern partout nicht abnehmen lassen. Wenn die Frau so viel Macht hat, wie kommt es dann, daß meist sie es ist, die nach einem langen Arbeitstag das Abendessen bereitet, und daß sie, die berufstätige Mutter, und nicht der berufstätige Vater die Kinder zu Bett bringt? Die Erklärung ist einfach: Frauen, die auf Sex Wert legen, werden sich immer instinktiv gegen die Verweiblichung ihrer Partner schützen wollen und sie deshalb von wirklich geschlechtstypischer Tätigkeit fernzuhalten suchen. Sie wollen mit dem Mann, mit dem sie schlafen, nicht allzu häufig über Kochrezepte reden, und sie möchten auch nicht, daß er beim Wickeln eines Säuglings die gleiche Routine entwickelt wie ihre Freundinnen. Mag sein, daß sie sich daran gewöhnen könnten und daß sie später, wenn sich ihr Konzept von den geschlechtsspezifischen Eigenschaften gewandelt hätte, einen Hausmann sogar besonders viril finden könnten. Doch noch ist es nicht soweit, und die Übergangszeit wäre für alle Teile dermaßen frustrierend, daß man sie sich unbedingt ersparen sollte.

Die Gefahr ist sowieso nur hypothetisch. Die meisten Frauen würden dem Rollentausch schon aus praktischen Erwägungen nicht zustimmen. Und auch ihre zu Versorgern abgerichteten Ehemänner wären nur unter ganz bestimmten Voraussetzungen zu einem solchen Kompromiß bereit: Wenn sie gleichzeitig ein Studium absolvieren können, mit dem sie später viel Geld verdienen werden, wenn sie an einem Buch schreiben, mit dem sie die Literatur revolutionieren wollen, oder wenn sie an einer Erfindung basteln, die die ganze Familie reich machen soll. Die wenigen »echten« Hausmänner, die Pioniere, sind derzeit noch so sehr mit Presseinterviews und Fernsehdiskussionen ausgelastet, daß man ihren Status nur mit sehr viel gutem Willen mit dem der Hausfrauen vergleichen kann.

Zuviel Partnerschaft ist tödlich

Manche Leute machen nun angesichts aller dieser Schwierigkeiten einen letzten Vorschlag: die Partnerehe. Hier lebt die Familie von einem einzigen Gehalt, das jedoch von zwei Personen verdient wird – das heißt, jeder Partner arbeitet außerhalb des Hauses, aber nur die Hälfte der üblichen Stundenzahl. Er tut dies entweder bei *Teilzeitarbeit* – jeder übernimmt eine Halbtagsbeschäftigung oder arbeitet nur an zwei bis drei

Wochentagen – oder bei *Saisonarbeit* – über eine gewisse Zeitspanne arbeitet nur der eine, dann wieder nur der andere Partner.

Ein solches Modell der Partnerehe hat anderen gegenüber zwei Vorteile:

a) Beide Erwachsene arbeiten gleich viel – sie haben demzufolge gleich viel Verantwortung, gleich viel intellektuelles Training und gleich viel Unabhängigkeit.
b) Die Kinder des Paares werden weder in Anstalten inhaftiert, noch einseitig nach weiblichen Maßstäben erzogen: Entweder ist der Vater oder die Mutter bei ihnen und paßt auf sie auf.

Doch vorausgesetzt, das Modell wäre überhaupt zu verwirklichen – vorausgesetzt, es gäbe genug Paare, die dazu bereit wären –, so hätte es doch noch immer zu viele Nachteile, als daß es sich ernsthaft vertreten ließe. Denn diese Form des Zusammenlebens bedeutet für die Beteiligten wirtschaftliche Misere, Außenseiterstatus und unabsehbare Schwierigkeiten in der persönlichen Beziehung.

Da Teilzeit- und Saisonarbeiten, wie bereits an anderer Stelle ausgeführt, schwer zu finden, schwer zu halten und schwer auszubauen sind, werden folgende Schwierigkeiten auf ein Partner-Ehepaar zukommen:

1. Es muß nicht nur von einem einzigen Gehalt leben, sondern auch noch von einem besonders geringen, denn Teilzeitarbeit wird überall am schlechtesten bezahlt.
2. Es hängt mehr als andere Arbeitnehmer vom Wohlwollen der Bosse ab, denn es kann nicht so leicht anderswo ähnliche Beschäftigungen finden.
3. Es muß sich mehr als andere Arbeitnehmer vor Wirtschaftskrisen und Rationalisierungsmaßnahmen fürchten, denn Teilzeitarbeiter werden am frühesten entlassen und – wegen ihrer meist einfachen Tätigkeiten – am leichtesten durch Maschinen ersetzt.
4. Es muß damit rechnen, daß sich im Laufe der Jahre wohl seine Familie vergrößern wird, nicht aber sein Einkommen. Da man für wichtige Arbeiten Leute bevorzugt, die den ganzen Tag zur Verfügung stehen, sind Teilzeitjobs nicht ausbaufähig, und ein beruflicher Aufstieg ist ausgeschlossen.

Doch das Partnerschaftsmodell bedeutet für ein Paar nicht nur eine wirtschaftliche, sondern auch eine moralische Zerreißprobe. Der Teilzeitbeschäftigte wird innerhalb seiner Firma zum Außenseiter abgestempelt: Seine Kollegen werden ihn zwar einerseits um seine größere Freiheit beneiden, andererseits werden sie ihn jedoch als Versager betrachten, weil er nicht weiterkommt. Da Frauen von der Gesellschaft nicht nach ihrer beruflichen Leistung beurteilt werden – man wundert sich schon, wenn sie überhaupt etwas tun –, wird der weibliche Partner unter dieser psychischen Belastung weniger leiden als der männliche. Ein Mann, der in beruflicher Hinsicht zu absolutem Stillstand verurteilt ist, braucht sehr viel mehr Selbstbewußtsein als eine Frau in der gleichen Lage.

Die größte Gefahr des Partnerschaftsmodells liegt jedoch vermutlich in seiner Auswirkung auf die Liebe. Denn die Partner werden notgedrungen zu siamesischen Zwillingen: Ihr Lebensstil ist nur dann durchführbar, wenn sie eisern zusammenhalten. Doch sie sind nicht nur in Äußerlichkeiten abhängiger voneinander als andere Paare, sondern auch in bezug auf ihr Selbstwertgefühl, denn sie leben ja in einer Gesellschaft, in der die meisten Menschen andere Maßstäbe haben. Dies ist wieder für den Mann schwerer zu ertragen. Denn nur für seine eigene Frau ist er eine positive Figur – ein Mann, der den Sinn seines Daseins nicht allein in der Arbeit sieht. Für die anderen Frauen – für all die, die Männer mit Karriere wollen – ist er kein Mann, sondern ein arbeitsscheues Individuum ohne Status und Ambition, für das man sich nicht weiter interessiert.

So viel Abhängigkeit vom Wohlwollen des Liebespartners muß auf die Dauer Angstgefühle und Aggressionen auslösen, denen auch die größte Leidenschaft nicht standhält. Denn nur solange man vom anderen geliebt wird, ist man in Sicherheit – mit dem Verlust seiner Liebe verliert man nicht nur den Partner, sondern auch seinen Platz in der Gesellschaft. Andererseits ist man praktisch auch selbst dazu verpflichtet, den anderen immer zu lieben, denn er hat ja sein ganzes Leben auf dieser Liebe aufgebaut. Was als Partnerschaft geplant war, wird daher noch leichter als in anderen Beziehungen zwischen Mann und Frau irgendwann als Zwangsgemeinschaft empfunden. Unter Zwang kann niemand lieben. Liebe gewährt man freiwillig oder gar nicht.

Alle bisher beschriebenen Lösungsmodelle sind somit wenig geeignet, einen erotischen Maßstab für Männlichkeit zu setzen.

Da man Frauen mit keinem dieser Angebote dazu verlocken könnte, sich selbst zu versorgen, könnte man auch mit keinem erreichen, daß sie ihr Partnerwahlverfahren ändern und Männer nach ihrer Eignung als Liebhaber beurteilen.

Wie könnte daher eine echte Lösung des Problems aussehen? Wodurch könnte man wirklich erreichen, daß Männer auf eine neue Art männlich werden?

Voraussetzungen für eine neue Männlichkeit

Der Mann muß nutzlos werden

Solange man Männlichkeit mit Nützlichkeit gleichsetzt, werden »richtige« Männer immer solche sein, die sich nützlich machen. Die Einführung eines neuen Bewertungssystems für Männlichkeit würde daher voraussetzen, daß Männer für Frauen nicht nützlicher sind, als es umgekehrt der Fall ist. Erst wenn Ehe etwas anderes bedeutet, als daß der Mann für die Frau fast alles macht und die Frau für den Mann fast gar nichts, könnten Männer auf eine neue Art männlich werden. Auf eine Art, die mit ihrem Geschlecht und nicht wie bisher mit ihrer Verwertbarkeit zu tun hat. Wer also Männern eine weniger blamable Existenz oder sich selbst andere Männer wünschte, müßte am bisherigen sozialen Gefüge etwas ändern. Wie bereits gesagt, sollte man solche Änderungen weder gegen den Willen der Mächtigen noch gegen die Bedürfnisse der menschlichen Psyche durchsetzen wollen. Man müßte also bei der Suche nach einer brauchbaren Alternative zum einen berücksichtigen, daß unsere westliche Industriegesellschaft ein Matriarchat ist, und zum anderen, daß Paare in Gemeinschaften leben und Kinder zeugen wollen. Reformbestrebungen, die weder die weibliche Macht noch das menschliche Bedürfnis nach dauerhaften Bindungen – Ehe, Familie – berücksichtigen, sind von vornherein zum Scheitern verurteilt.

Eine Lösung des bisher beschriebenen Problems müßte daher folgende Vorzüge haben:

1. Sie müßte den Mann als ökonomischen Faktor für die Frau uninteressant machen (ohne jedoch das Wirtschaftsgefüge zu gefährden).
2. Es müßte sich um eine kollektive Maßnahme handeln. (Männer, die ihre Situation in Einzelaktionen verändern wollen, vereinsamen rasch und machen sich daher bald wieder nützlich.)
3. Sie müßte nicht nur die Interessen der Männer, sondern auch die der Kinder und der älteren Menschen gegen die Frauen

verteidigen. (Man kann die Situation eines Schwachen nicht auf dem Rücken anderer Schwacher lösen.)

4. Sie müßte die Beibehaltung geschlechtstypischer Verhaltensweisen garantieren. (Ohne männliches und weibliches Rollenverhalten wäre den meisten Menschen die Welt zu langweilig.)
5. Sie müßte den Frauen gefallen. (Der für sie vorgesehene Status müßte ihnen zumindest gleichwertig erscheinen.)

Eine Lösung, die diese Voraussetzungen erfüllen würde, wäre *eine allgemeine Arbeitszeitkürzung auf fünf Stunden täglich* (Einführung der Fünfundzwanzig-Stunden-Woche), begleitet von folgenden Maßnahmen:

a) Gehaltskürzung, die der Kürzung der Arbeitszeit entspricht.
b) Erhöhung der Sozialabgaben.
c) Schülergehalt, das unabhängig vom Einkommen der Eltern und Verwandten alle materiellen Grundbedürfnisse derer deckt, die sich auf einen Beruf vorbereiten. (Davon betroffen wären Kleinkinder, Schüler, Studenten, Lehrlinge und alle, die ihren Beruf wechseln wollen.)
d) Einjähriger Urlaub für Mutter oder Vater nach der Geburt eines Kindes, Sonderurlaub bei Erkrankung eines Kindes.
e) Abschaffung von Kinderkrippen, Horten und Ganztagsschulen zugunsten von Fünf-Stunden-Kindergärten für Kinder ab einem Jahr und Fünf-Stunden-Unterricht in sämtlichen Schulen und Universitäten.
f) Abschaffung des Pensionierungszwangs zugunsten selbstgewählter Pensionsgrenzen.
g) Abschaffung des Rechts auf gleichwertige Arbeit zugunsten eines Rechts auf Umschulung.
h) Verbot von Überstunden.

Durch dieses Modell wäre die wichtigste Voraussetzung für eine neue Männlichkeit gegeben, denn wie wir noch sehen werden, würden nach einer solchen Reform auch die Frauen arbeiten. Und sobald sie das täten, würden sie ihre Partner nach ganz anderen Gesichtspunkten auswählen als heute. Sie würden sie nicht mehr nach ihrer Nützlichkeit beurteilen, sondern nach ihrer Eignung für die Liebe.

Doch prüfen wir zunächst die wirtschaftliche Realisierbarkeit all dieser Vorschläge, denn davon hängt alles weitere ab.

Voraussetzung für jede Arbeitszeitkürzung ist die Sicherung der wirtschaftlichen Stabilität. Alle historischen Arbeitszeitkürzungen waren daher stets mehr die Folge ökonomischen Kalküls als humanitärer Überlegungen. Ein Faktor blieb dabei praktisch konstant: das Arbeitskräftepotential. Denn man konnte eigentlich nur mit der einen Hälfte der erwachsenen Bevölkerung rechnen, den Männern. Die Frauen waren häufig schwanger, mußten lange stillen, hatten viele Kinder und mußten einen komplizierten Haushalt versorgen. Arbeitszeitkürzungen waren daher entweder durch den Einsatz von Maschinen oder durch die Verbesserung der Leistungsfähigkeit der zur Verfügung stehenden Arbeitskräfte erreichbar. Wenn man Männer, wo immer möglich, durch Automaten ersetzte und ihnen außerdem längere Erholungspausen einräumte, verbrauchten sie sich langsamer. Ihre Gesamtleistung blieb dabei jedoch konstant oder konnte sogar gesteigert werden, das Wirtschaftsgefüge blieb intakt.

Seit der Erfindung der künstlichen Muttermilch, seit der Geburtenregelung durch Pille und Schwangerschaftsabbruch und seit der Teilautomatisierung der Hausarbeit befinden wir uns jedoch in einem neuen Zeitalter: Es gibt doppelt soviel Arbeitskräfte wie früher, denn auch Frauen können jetzt arbeiten. Dadurch ergeben sich für die Volkswirtschaft drei neue Möglichkeiten:

a) Man kann Frauen anstelle von Männern arbeiten lassen.
b) Man kann einen Teil der Frauen arbeiten lassen und dadurch die allgemeine Arbeitszeit etwas kürzen.
c) Man kann beide Geschlechter gleich viel arbeiten lassen und dadurch die allgemeine Arbeitszeit erheblich kürzen.

Weshalb die erste Alternative utopisch ist, wurde bereits erörtert. Die zweite ist bereits verwirklicht, ihr und der Automatisierung verdanken wir die Vierzig- beziehungsweise Fünfundvierzig-Stunden-Woche und die Verlängerung des Jahresurlaubs. Die dritte und wirklich sensationelle Möglichkeit jedoch – drastische Arbeitszeitkürzung durch paritätische Beteiligung beider Geschlechter am Arbeitsprozeß – wird bisher nicht einmal ernsthaft diskutiert. Dabei wäre sie in hochindustrialisierten Ländern seit mindestens zehn Jahren zu verwirklichen. Doch offenbar wagt niemand, aus der Verdoppelung des Arbeitskräftepotentials – der wohl größten sozialen Veränderung unserer Geschichte – die praktischen Konsequenzen zu ziehen.

Das Fünf-Stunden-Modell ist realistisch

Gehen wir bei unseren Berechnungen einfachheitshalber davon aus, daß die westlichen Industrieländer mit ihrer wirtschaftlichen Leistung zufrieden sind. Gehen wir weiter davon aus, daß in diesen Ländern Vollbeschäftigung herrscht, daß also die Gesamtzahl der geleisteten Arbeitsstunden den Bedarf der Wirtschaft deckt und daß die Zahl der Arbeitslosen zu den offenen Stellen in der gewünschten Relation steht. Das entspricht natürlich nicht der Wirklichkeit, denn in jedem Land gibt es Rezession und Hochkonjunktur, Phasen der Arbeitslosigkeit und der Überbeschäftigung. Doch für unsere Kalkulation sind diese volkswirtschaftlichen Aspekte zumindest im Augenblick nicht von Belang.

Bedingung für die hier vorgeschlagene Reform wäre die Erhaltung des wirtschaftlichen Status quo des Landes, in dem sie durchgeführt wird. Denn obwohl es sich um eine Arbeitszeitkürzung aus humanitären Überlegungen handelt, darf das Funktionieren der Wirtschaft nicht zur Diskussion stehen. Reformen, die die Erhaltung beziehungsweise Steigerung der wirtschaftlichen Leistung eines Landes nicht als eine ihrer wichtigsten Grundbedingungen ansehen, gehen letzten Endes immer zu Lasten jener, deren Lage sie ursprünglich verbessern sollten. Die Frage lautet daher: Um wieviel ließe sich die Arbeitszeit in Industriestaaten reduzieren beziehungsweise wie ließen sich die Lebensbedingungen ihrer Bewohner humanisieren, ohne daß durch eine solche Maßnahme die Wirtschaft gefährdet würde?

Stützen wir uns bei unserer Kalkulation auf Daten aus jenen westlichen Industrieländern – USA, Kanada, Australien, Westdeutschland, Frankreich, Großbritannien, Belgien, Schweden, Dänemark, Finnland, Norwegen, Österreich, Schweiz –, in denen die Vierzig-Stunden-Woche mehr oder weniger verwirklicht ist und in denen etwa jede zweite erwerbsfähige Frau bereits einen Beruf ausübt. Wenn nun in diesen Ländern statt jeder zweiten alle erwerbsfähigen Frauen arbeiten würden – und damit nicht nur ein Drittel, sondern die Hälfte der aktiven Erwerbspersonen weiblichen Geschlechts wären –, so würde sich die Gesamtzahl der aktiven Arbeitskräfte um ein Drittel erhöhen und in der Folge die Gesamtzahl der vom einzelnen Arbeitnehmer zu leistenden Arbeitsstunden um ein Viertel reduzieren. Wenn man in diesen Ländern also heute acht Stunden am Tag arbeiten muß, so müßte man nach einer optimalen Ausschöpfung des weiblichen Arbeitskräftepotentials nur noch sechs Stunden am Tag arbeiten.

Diese Zahl ist natürlich ungenau und außerdem zu optimistisch: Sie berücksichtigt nicht, daß in den angeführten Ländern von den berufstätigen Frauen etwa ein Drittel nur stundenweise arbeitet, sie berücksichtigt nicht, daß in den meisten dieser Länder Frauen durchschnittlich zwei bis fünf Jahre früher pensioniert werden als Männer, sie berücksichtigt nicht die ein bis drei Jahre, die Männer wegen ihres Wehrdienstes als Arbeitskräfte ausfallen, sie berücksichtigt nicht die Branchen, in denen die Vierzig-Stunden-Woche noch in den Bereich der Utopie gehört (Freiberufliche, Landwirte), sie berücksichtigt nicht die Überstunden und die »Schwarzarbeit« der Männer, sie berücksichtigt nicht die Dunkelziffer der nur aus steuerlichen Gründen in Familienbetrieben als erwerbstätig deklarierten Frauen und nicht die der aus den gleichen Gründen in Privathaushalten nicht deklarierten »Zugehfrauen«. Wenn man alle diese Daten, soweit sie in den Statistiken der diversen Länder in Erscheinung treten, in die Kalkulation einbezieht, so kommt man auf eine durchschnittliche tägliche Arbeitszeit, die über sechs Stunden liegt.

Zur Debatte steht hier jedoch nicht der Sechs- oder Sieben-, sondern der Fünf-Stunden-Tag. Dieser wäre möglich, weil eine drastische Herabsetzung des täglichen Arbeitspensums Auswirkungen auf Quantität und Qualität der Leistung hätte, die mit Sicherheit weitere Arbeitszeitkürzungen erlauben würden.

1. Steigerung der Quantität der Arbeitsleistung:

a) *Weniger Arbeitsausfall durch Krankheit:* Sowohl die echten als auch die vorgetäuschten Erkrankungen würden zurückgehen. Durch längere Erholungspausen blieben Arbeitnehmer gesünder, durch eine Verkürzung der Arbeitszeit würden sie eventuell sogar lieber arbeiten und sich daher seltener krank melden.

b) *Weniger Arbeitsausfall durch Pensionierung:* Der Acht-Stunden-Tag ist für die meisten älteren Menschen zu anstrengend. Bei fünf Stunden Arbeitszeit würden viele von ihnen praktisch bis an ihr Lebensende arbeiten wollen, denn sie würden sich dadurch als vollwertige Mitglieder der Gesellschaft fühlen. Die vorgeschlagene Reform würde also nicht nur das weibliche Arbeitskräftepotential mobilisieren, sondern auch die Rentner. (Welche positiven Folgen eine Einführung selbstgewählter Pensionsgrenzen für die Altenfürsorge hätte, wird in einem späteren Kapitel erläutert.)

c) *Weniger Arbeitsausfall durch frühzeitigen Tod:* Durch eine Verminderung des Leistungsdrucks käme es bei Männern zu einer Erhöhung der Lebenserwartung, die sich früher oder später der weiblichen anpassen würde, die sich ihrerseits nur leicht oder gar nicht verringern würde.

2. Steigerung der Qualität der Arbeitsleistung:

a) Da die Qualität der Arbeit bei ausgeruhten Menschen entsprechend größer ist, würde sich durch größere Erholungspausen die Effektivität der Arbeit, das Arbeitsangebot (= Angebot von Arbeitsstunden pro Zeiteinheit) erheblich verbessern. Gerade das war ja stets das wichtigste Argument für die bisherigen Arbeitszeitkürzungen. Das Leistungstief nach der Mittagspause würde ebenso entfallen wie das der letzten Stunden.

b) Die Qualität der weiblichen Arbeitsleistung würde sich der männlichen anpassen, denn Frauen würden ehrgeiziger werden und sich stärker als bisher am Wettbewerb beteiligen. Da sie ihr Leben lang arbeiten müßten, würde sich ein beruflicher Aufstieg für Frauen genauso lohnen wie für Männer. Diese Erhöhung des weiblichen Arbeitsangebots käme wiederum der Gesamtwirtschaft zugute.

Nur in Zusammenarbeit mit Volkswirtschaftlern, Rationalisierungstechnikern, Soziologen und Verhaltensforschern ließe sich exakt berechnen, wie stark sich die genannten Faktoren auf die Arbeitsleistung auswirken würden und wieviel Arbeitszeit sich dadurch zusätzlich einsparen ließe. Bereits nach einer ersten vorläufigen Kalkulation darf man aber sagen, daß der Fünf-Stunden-Arbeitstag im Bereich des Möglichen liegt und daß die Voraussetzungen für die hier vorgeschlagene Reform durchaus realistisch sind.

Noch günstiger sieht die Situation aus, wenn man der Berechnung nicht die Arbeitszeit, sondern die Zeit der Abwesenheit von zu Hause zugrunde legt. Die meisten Berufstätigen haben eine Mittagspause von ein bis zwei Stunden, sind also, wenn man von einer Stunde Arbeitsweg ausgeht, durchschnittlich zehn bis elf Stunden von ihren Familien getrennt. Bei dem vorgeschlagenen Modell entfiele die Mittagspause. Erholungspausen von fünfzehn bis dreißig Minuten würden bei einer fünfstündigen Arbeitszeit genügen, bei leichteren Tätigkeiten könnte man eventuell ganz darauf verzichten.

Der Arbeitnehmer wäre also, mit Pausen und Arbeitsweg, durchschnittlich nur sechs bis sechseinhalb statt zehn bis elf Stunden von zu Hause fort. Das heißt, er gewänne durch den Fünf-Stunden-Rhythmus praktisch einen halben Tag. Ein anderer als der Fünf-Stunden-Rhythmus, zum Beispiel ein Wochen-, Monats- oder Jahresrhythmus (drei Tage Arbeit, vier Tage Freizeit, sieben Monate Arbeit, fünf Monate Freizeit etc.), wäre – mit Ausnahme jener Berufe, die eine größere Entfernung vom Wohnort mit sich bringen (Flug-, Schiffahrt- und Bahnpersonal, Fernfahrer, Vertreter) – aus folgenden Gründen nicht empfehlenswert.

1. Alle eben erwähnten Vorteile, die die Arbeitszeit von sechs auf fünf Stunden schrumpfen ließen, müßten dadurch entfallen.
2. Und weil dann keiner allein für eine bestimmte Aufgabe verantwortlich wäre, entstünde ein wirtschaftliches Chaos, denn der für eine florierende Wirtschaft unerläßliche Wettbewerb zwischen den Arbeitnehmern wäre gestört.
3. Kinder wären etwa drei Tage in Anstalten, vier Tage bei ihren Eltern beziehungsweise sieben Monate in Anstalten und fünf Monate bei ihren Eltern ... Erwiesenermaßen brauchen Kinder jedoch eine gewisse Regelmäßigkeit und Kontinuität hinsichtlich der Bezugsperson, wenn sie sich optimal entwickeln sollen. Zudem wären Horte und Schulen, die für ganztägige Kinderbetreuung eingerichtet sein müßten, obwohl sie nur zeitweise gebraucht würden, wirtschaftlich nicht rentabel.
4. Praktisch alle erwachsenen Männer werden von ihren Müttern und ihrer Religion zu Masochisten erzogen. Sie müssen

erst etwas leisten, bevor sie sich vergnügen können. Sie wollen sich Genüsse verdienen, und sie wollen dafür büßen dürfen.

Man kann Reformen nicht gegen die Bedürfnisse der menschlichen Psyche durchführen: Männer brauchen den Rhythmus von Leistung und Entspannung. Lange Erholungspausen an einem Stück führen bei ihnen zu emotionalen Störungen, wie man in Zeiten von Arbeitslosigkeit sehen kann. Mag sein, daß sich diese Erziehungsschäden eines Tages überwinden ließen. Bis es soweit wäre, müßte man sie bei eventuellen Reformen berücksichtigen.

Ganz ohne Schichtarbeit geht es nicht

Die wichtigste Voraussetzung für jede soziale Reform, wurde gesagt, sei die Erhaltung beziehungsweise Steigerung der wirtschaftlichen Leistung des Landes, in dem sie durchgeführt werden soll. Das stellt uns vor folgendes Problem: Der Fünf-Stunden-Tag ist zwar möglich, unmöglich ist jedoch, daß alle Arbeitnehmer ihr Fünf-Stunden-Pensum im gleichen Zeitraum absolvieren. Denn ohne ein gewisses Maß an Schichtarbeit wären die wirtschaftlichen Folgen einer drastischen Arbeitszeitkürzung katastrophal. Die Gründe sind folgende:

1. Um Schichtarbeit zu vermeiden, müßte man bei Erhöhung der Zahl der Arbeitnehmer auch die Zahl der Arbeitsplätze erhöhen. Dies ist jedoch nur bei relativ billigen Arbeitsplätzen möglich, etwa in Büros. Teure Arbeitsplätze kann man nicht ohne weiteres beliebig vermehren. Hier ist es eher ratsam, die absolute Zahl zu verringern und mehr Arbeitnehmer an einem Arbeitsplatz zu beschäftigen. In den Fabriken, im Transportwesen, in den Rechenzentren usw. geht es also nicht ohne Schichtarbeit.
2. Was produziert wird, dient letzten Endes immer dem Konsum. Wenn teure Arbeitsplätze Schichtarbeit bedingen, sind Konsumenten auch nur in Schichten konsumbereit. Das und die Tatsache, daß ja jeder nur in seiner Freizeit einkaufen kann und sich in ihr vergnügen können muß, hat zur Folge,

daß auch an Arbeitsplätzen, die der Konsumförderung dienen – Einzelhandel, Unterhaltung, Hotel- und Gaststättengewerbe –, Schichtarbeit notwendig ist, obwohl es sich hier meist um billige Arbeitsplätze handelt.

3. Sowohl menschliche als auch sachliche Produktionsfaktoren können durch Abnützung oder äußere Einwirkung in ihrer Funktionsfähigkeit beeinträchtigt werden. Wartung und Schutz von Produktionsfaktoren bedingen ebenfalls Schichtarbeit (Hospitäler, Polizei, technische Bereitschaftsdienste).

Mit anderen Worten: Nach der Einführung des Fünf-Stunden-Rhythmus gäbe es mehr doppelt, dreifach und vierfach belegte Arbeitsplätze als bisher. Doch dort, wo die negativen Folgen zu groß wären, wenn eine Aufgabe in der Hand mehrerer Personen läge, weil dann das Element der persönlichen Verantwortung unter Umständen ausgeschaltet ist, könnten Arbeitsplätze nach wie vor einfach belegt werden. Denn diese Aufgaben werden zum Glück an den billigsten Arbeitsplätzen erledigt: Das Produktivkapital ist dabei hauptsächlich das menschliche Gehirn.

An den teuren Arbeitsplätzen hingegen wird der Arbeitsrhythmus weitgehend durch das vorgegeben, was sie verteuert, das heißt, durch die Maschinen. Eigeninitiative ist hier also relativ unwichtig. Durch mehr Schichtarbeit könnte das Leistungspotential teurer Maschinen noch besser als bisher ausgeschöpft werden. Und da es sich dabei um Fünf-Stunden-Schichten handeln würde, wäre die Situation der neuen Schichtarbeiter mit der der jetzigen überhaupt nicht zu vergleichen.

Es gäbe also nach der vorgeschlagenen Reform einfach und mehrfach belegte Arbeitsplätze, und es gäbe nach wie vor eine gewisse Zahl von Arbeitsplätzen mit unregelmäßiger oder selbstgewählter Arbeitszeit. Befassen wir uns kurz mit den wichtigsten Kriterien dieses Schemas.

1. Einfach belegte Arbeitsplätze: Büros

Wirtschaft bedeutet Planung, Herstellung und Vertrieb von Konsumgütern. Sie funktioniert dank des Einsatzes von Arbeitskräften, Rohstoffen, Maschinen und Kapital. Der Einsatz dieser Faktoren muß auf jeder Ebene organisiert, kalkuliert, koordiniert und verwaltet werden, und diese Arbeit geschieht in Büros.

Büroarbeitsplätze sind billig, denn man benötigt für sie nur ein

Minimum an technischem Aufwand. Meist genügen Telefon, Schreib- oder Rechenmaschine. Diese Tatsache – daß man Büroarbeitsplätze ohne Gefahr für die Wirtschaft neunzehn Stunden am Tag ungenützt lassen könnte – bildet eine der wichtigsten Voraussetzungen für eine Herabsetzung der Arbeitszeit.

Denn Büroarbeitsplätze können nicht nur, sie müssen auch einfach belegt werden, wenn die Wirtschaft funktionieren soll. Büroarbeit besteht aus der Erstellung und Übermittlung von Daten, aus Denken und Gedankenaustausch, aus Reflexion und Kommunikation. Würde man Schreibtischplätze doppelt belegen und zum Beispiel die eine Hälfte der Angestellten vormittags und die andere nachmittags arbeiten lassen, so wäre zwar die Erstellung von Daten noch möglich, nicht aber deren Übermittlung. Der Kollege in der anderen Abteilung, in der anderen Firma, im zuständigen Amt oder Ministerium, dem man eine Information geben will oder von dem man sie erwartet, wäre in vielen Fällen nicht direkt erreichbar. Planung, Herstellung und Vertrieb von Konsumgütern könnten so nur mit viel Zeitaufwand und hohen Kosten koordiniert werden, es käme zu Organisationsmängeln und letzten Endes zum Chaos. Die Wirtschaft eines Landes funktioniert deshalb nur dann optimal, wenn alle Personen, die an der Erstellung und Verwaltung von Daten beteiligt sind, immer füreinander erreichbar sind, das heißt, wenn organisatorische Aufgaben innerhalb des gleichen Zeitraums erledigt werden. Die Umstellung auf den Fünf-Stunden-Rhythmus würde somit die Einführung einer gemeinsamen Arbeitszeit für alle Büroangestellten voraussetzen.

Doch das ist nur eine Bedingung. Eine weitere wäre die Erhöhung der Zahl der Arbeitskräfte. Wenn Büroangestellte in Zukunft nur fünf statt bisher acht Stunden arbeiten sollen, muß man ihre Zahl um etwa ein Drittel erhöhen.

Nun braucht aber ein Büroangestellter, auch wenn sein Arbeitsplatz noch so billig ist, zumindest einen Schreibtisch und ein paar Quadratmeter Raum – falls sich also die Zahl der Büroangestellten um ein Drittel erhöhte, müßten sich auch die Kosten für Büroräume um ein Drittel erhöhen. Doch diese Kalkulation ist nicht ganz exakt, denn es werden dabei Kosteneinsparungen übersehen, die sich in folgenden Bereichen ergeben würden:

Kantinen: Bei einem Fünf-Stunden-Tag wären weder Kantinen noch Küchen, noch Aufenthaltsräume für das Personal notwendig, denn man würde nicht mehr »in der Firma leben«.

Ebenfalls könnte Küchen- und Kantinenpersonal eingespart werden sowie die in vielen Firmen üblichen Zuschüsse zum Kantinenessen.

Bürofläche: Man könnte mehr als bisher in den bedeutend wirtschaftlicheren Großraumbüros arbeiten.

Produktionskosten: In Betrieben, die Verwaltung und Produktion umfassen – in den meisten also –, könnten Mehrkosten in der Verwaltung bis zu einem gewissen Grad durch die Senkung der Produktionskosten aufgefangen werden, die sich aus der besseren Ausschöpfung der sachlichen Produktionsmittel ergäbe (zum Beispiel durch zweimal fünf statt einmal acht Stunden Nutzungszeit bei kostspieligen Maschinen).

Rationalisierung: Nach Meinung von Rationalisierungsfachleuten wird die Leistungsfähigkeit der Büroangestellten nur zu etwa sechzig Prozent ausgenutzt. Vor allem in der Sparte Textverarbeitung könnte durch Einsparung von Vorzimmern zugunsten zentraler Schreib- und Basisdienste erheblich rationalisiert werden.

Mit anderen Worten: Weder die Einführung einer Fixarbeitszeit für Büroangestellte noch eine Erhöhung der Schreibtischplätze wären ein wirkliches Hindernis für eine drastische Arbeitszeitkürzung in der Verwaltung. Damit wäre die Grundbedingung für alle weiteren Arbeitszeitkürzungen erfüllt.

2. *Mehrfach belegte Arbeitsplätze: Fabriken, Läden, Dienstleistungsbetriebe*

Schichtarbeit ist überall dort möglich, wo Arbeiten erledigt werden müssen, bei denen wenig oder keine Verständigung zwischen den Personen notwendig ist, die sich einen Arbeitsplatz teilen. Es handelt sich dabei um Arbeiten, die entweder die Herstellung oder den Vertrieb von Konsumgütern betreffen – um Fabriken und Läden also – oder um Dienstleistungen. Wieviel Schichten an einem bestimmten Arbeitsplatz notwendig sind, hängt in Fabriken von den Rohstoffen und Maschinen ab, mit denen gearbeitet wird, und in Läden und Dienstleistungsbetrieben von den Bedürfnissen der Kunden.

Die neue Schichtarbeit wäre jedoch mit der heutigen nicht zu vergleichen. Die Acht-Stunden-Schicht bedingt mit Erholungspausen und Arbeitsweg eine zehn- bis elfstündige Abwesenheit von zu Hause. Sie ist als Nachtschicht auf die Dauer gesundheitsschädlich und macht daher periodische Umstellungen notwendig. Sie drängt den Schichtarbeiter in die Rolle des gesellschaftlichen Außenseiters – eines Menschen, der schläft, wenn die anderen wach sind –, ohne ihn deshalb, wie etwa den Künstler, mit der Gloriole des Individualisten zu umgeben. Bei einer Fünf-Stunden-Schicht müßte es keine Nachtarbeiter mehr geben, sondern nur noch Leute, die sehr spät ins Bett kommen, und andere, die sehr früh aufstehen. Da solche Schichten nicht gesundheitsschädlich wären, wären periodische Umstellungen hier überflüssig, denn man könnte einen Rhythmus so lange beibehalten, wie man wollte. Und da die Abwesenheit vom Wohnort entsprechend kürzer wäre, müßte man auch bei relativ ungünstig gelegenen Schichten nicht an Verwandten und Bekannten vorbeileben.

Die häufigsten Schichten wären jedoch beim Fünf-Stunden-Modell ohnehin Tagesschichten: »Doppelschichten«, bei denen der eine Arbeitnehmer vormittags und der andere nachmittags am gleichen Arbeitsplatz die gleiche Arbeit verrichtet. Es wäre jedoch unvermeidlich, manche Arbeitsplätze mit drei oder sogar vier Schichten zu belegen. Um die Kontinuität zu gewährleisten, wäre auch eine kleine Anzahl von Leuten notwendig, die ihre Arbeitszeit teils in der vorhergehenden und teils in der folgenden Schicht absolvieren, um etwa bei technischen Problemen oder Personalfragen zu beraten. Und es gäbe an stark mechanisierten Arbeitsplätzen nach wie vor den »Springer«, der seinen Kollegen während der Erholungspausen ersetzt.

Doppelschichten wären in verschiedenen Bereichen notwendig:

In *Fabriken:* Wenn eine Maschine länger als fünf, jedoch nicht länger als zehn Stunden ausgenutzt werden soll oder wenn Rohstoffe von begrenzter Haltbarkeit verarbeitet werden.

In *Läden:* Hier bräuchte man eine Vormittagsschicht für Nachmittagsarbeiter und eine Nachmittagsschicht für Vormittagsarbeiter. Da auf diese Weise jeder genug Zeit zum Einkaufen hätte, wäre auch die leidige Debatte um Ladenöffnungszeiten beigelegt. Im Prinzip könnten Läden am Wochenende geschlossen bleiben. Es wäre jedoch ratsam, eine der Nachmittagsschichten zugunsten einer Samstagsschicht ausfallen zu lassen, damit Leute, die in verschiedenen Schichten arbeiten, einmal in der Woche Gelegenheit zum gemeinsamen Einkauf hätten. Inhaber von Kleinstläden könnten sich auf Wunsch für Öffnung am Vormittag oder Nachmittag entscheiden.

In *Banken:* Die Hauptarbeit könnte vormittags erledigt werden, nachmittags wäre nur ein begrenzter Schalterdienst für Privatkonten notwendig (in vielen Ländern haben Banken ohnehin nur halbtags geöffnet).

In *Universitäten:* Wo Studienplätze zu teuer sind, um sie einen halben Tag ungenutzt stehen zu lassen, oder wo bei Studienplatzmangel eine Erweiterung der Kapazitäten gewünscht wird, könnten auch Universitäten Doppelschichten fahren. Der jeweilige Lehrstuhlinhaber bekäme dann einen »Zwilling«.

In der *Post:* Schalterdienste müßten in Doppelschichten arbeiten. Der reguläre Zustelldienst in einfachen Schichten, die übrigen je nach Funktion in Doppel-, Dreier- oder Viererschichten.

Doppelschichten wären außerdem notwendig in *Werkstätten, Restaurants, Bibliotheken, Kinos* usw.

Bei Dienstleistungen, die man normalerweise selten in Anspruch nimmt, wäre es ökonomischer, statt der Doppelschicht beim einfach belegten Arbeitsplatz zu bleiben und Berufstätigen etwa für den Gang zur Behörde wie bisher die notwendige Freizeit zur Verfügung zu stellen.

Dreierschichten wären notwendig in *Fabriken:* bei teuren Maschinen, verderblicher Ware, in der Hochkonjunktur, und im *Personen- und Güternahverkehr* sowie in *Hotel- und Gaststättenbetrieben* usw.

Viererschichten wären notwendig in *Fabriken:* Wenn es rentabler ist, eine Maschine vierundzwanzig Stunden arbeiten zu lassen oder wenn ein Arbeitsprozeß nicht unterbrochen werden darf, wie etwa in der chemischen Industrie oder in der Eisen- und Stahlerzeugung. Ebenso in *Krankenhäusern,* bei *Sicherheits-* und *Bereitschaftsdiensten* usw.

Da der Tag vierundzwanzig Stunden hat, müßten Viererschichten Sechs-Stunden-Schichten mit einer Stunde Erholungspause sein, die durch »Springer« überbrückt wird. Es wären jedoch auch Fünferschichten denkbar. Die unbeliebteste Schicht könnte dann bei gleicher Bezahlung eine Stunde weniger dauern.

3. Arbeitsplätze mit unregelmäßiger Arbeitszeit: Wanderjobs, Saisonarbeiter

Tätigkeiten, die eine größere Entfernung vom Wohnort mit sich bringen, könnten dem Fünf-Stunden-Modell nicht angepaßt werden. Dazu gehört zum Beispiel die Arbeit von Flugzeug-, Schiffs- und Zugbesatzungen, die des Fernfahrers, Vertreters usw. Ebensowenig läßt sich die Arbeitszeit von stark saisonbestimmten Berufszweigen, wie etwa die des Landarbeiters, in ein Fünf-Stunden-Schema zwängen. Hier läßt sich Arbeitszeitkürzung nur über den Umweg Urlaubsverlängerung verwirklichen.

4. Arbeitsplätze mit selbstgewählter Arbeitszeit: Selbständige

Anwälte und Ärzte mit eigener Praxis, Landwirte mit eigenem Hof, Politiker, freischaffende Künstler usw. sind in der Lage, ihre Arbeitszeit weitgehend selbst zu bestimmen. Wenn sie finanzielle Einbußen in Kauf nähmen, könnten die meisten von ihnen die Stunden ihrer Berufstätigkeit selbständig reduzieren. Schwierig ist dies lediglich beim praktischen Arzt, beim Bauern und beim Politiker, denn hier wird der Arbeitsrhythmus weitgehend von unvorhersehbaren Faktoren wie Unfällen, Krankheiten, Wetter, Ernte oder Tagesereignissen bestimmt. Für sie gäbe es nur die Möglichkeit, entweder auf die eigene Freiheit zu verzichten und sich gemeinsam mit anderen Freien in Abhängigkeit zu begeben (Gemeinschaftspraxen, Genossenschaften, eventuell Berufswechsel) oder sie beizubehalten und mehr zu arbeiten als die anderen. Da es sich um »freie« Menschen handelt, könnte ihnen diese Entscheidung niemand abnehmen.

Nun wird man hier einwenden, daß viele der Freiberuflichen – etwa Schriftsteller, Dichter, Maler, Bildhauer, Komponisten – selbst bei einer Arbeitszeit von sechzehn Stunden oft nicht das Existenzminimum verdienen und daß es zynisch sei, in diesem Zusammenhang von freiwilliger Arbeitszeitreduzierung zu sprechen. Dem wäre entgegenzuhalten, daß die Tätigkeit aller dieser Leute im Grunde überhaupt keine Arbeit ist, sondern eine mehr oder weniger eigenwillige Art, sich zu amüsieren. In der jetzigen Situation bleibt einem Künstler jedoch meist nur die Wahl, entweder für seine Amüsements zu hungern oder auf sie zu verzichten, das heißt, zu arbeiten und nicht mehr zu hungern. Dieses System ist unzumutbar, denn viele Menschen haben tatsächlich einen starken Drang, sich auf eine ganz bestimmte Weise zu beschäftigen. Ein lebenslanger Verzicht führt bei ihnen zu schweren psychischen Störungen.

Beim Fünf-Stunden-Modell würde es weder arme noch frustrierte Künstler geben: Jeder Mensch könnte arbeiten und hätte dennoch genug Zeit, das zu tun, womit er sich am besten unterhält – zum Beispiel schreiben, malen, musizieren, schauspielern. Sobald seine Amüsements auch andere so sehr amüsieren, daß sie ihn dafür bezahlen, kann er die eigentliche Arbeit an den Nagel hängen und sich nur noch seinen Vergnügungen widmen. Man müßte Künstler weder subventionieren, noch müßte man sie bemitleiden. Und man hätte endlich das, was viele sich so sehr wünschen: einen »objektiven« Maßstab für Kunst. Denn »Kunst« wäre mehr als nur das Produkt der Phantasie eines Menschen immer dann, wenn sie einen anderen so stark interessiert, daß er dafür bezahlt. Je mehr Leute für ein Phantasieprodukt bezahlen oder je größer die Summen sind, die sie dafür anlegen, desto »wertvoller« wäre die Kunst und desto »größer« der Künstler. Da beim Fünf-Stunden-Modell nicht nur eine Elite, sondern alle Menschen Gelegenheit zum Konsum und zur Produktion von Kunst hätten, wäre die Konkurrenz enorm, das Publikum sachverständig und das künstlerische Angebot so vielfältig, wie man es sich nur wünschen kann.

Kindergefängnisse überflüssig

Einer der größten Vorteile des Fünf-Stunden-Rhythmus läge zweifellos darin, daß man mit den Vätern auch die Kinder aus der Haft entlassen könnte – vorausgesetzt natürlich, die Mütter wären damit einverstanden. In vielen westlichen und östlichen Staaten sind selbst schon die Kleinsten täglich acht bis neun Stunden in der Schule. Und in den wenigen Ländern, in denen Kinder noch einigermaßen frei herumlaufen, fordern Frauenrechtler immer energischer die Ganztagsschule und den Kinderhort, damit die Mütter sich »verwirklichen« können.

Sobald Erwachsene nicht länger als fünf Stunden in ihren Büros und Fabriken sein müßten, gäbe es jedoch keinen Grund mehr, Kinder länger als fünf Stunden in ihre Kindergärten und Schulen zu sperren. Aus folgender Überlegung heraus sollte dies am besten vormittags geschehen: Die meisten Menschen geben an, lieber vormittags als nachmittags zu arbeiten und morgens am liebsten gegen sieben Uhr aufzustehen. Es liegt nahe, bei einer Neuregelung der Arbeitszeit diese Bedürfnisse zu respektieren und möglichst vielen Leuten Gelegenheit zu geben, ihrem biologischen Rhythmus zu folgen. Es würde sich daher empfehlen, für die Mehrheit der Arbeitnehmer – das heißt für praktisch alle Büroangestellten sowie für fünfzig Prozent der in Doppelschichten, dreiunddreißig Prozent der in Dreierschichten und fünfundzwanzig Prozent der in Viererschichten Beschäftigten – den Vormittag als Arbeitszeit zu wählen, und zwar etwa die Stunden zwischen acht und dreizehn Uhr. Damit es in Ballungszentren nicht zum Verkehrschaos kommt, wären hier Zeitverschiebungen empfehlenswert. Daraus ergäbe sich als logische Folge der Vormittagsturnus für Schulen. Wenn die meisten Erwachsenen zwischen acht und dreizehn Uhr arbeiten, ist es empfehlenswert, für den Aufenthalt in Kindergärten und Schulen den gleichen Zeitraum vorzusehen. Auf diese Weise wären Kinder entweder unter der Obhut ihrer Lehrer oder ihrer Eltern, das heißt, sie wären immer behütet, ohne deshalb allzulang eingesperrt zu sein. Auch Lehrkräfte hätten demnach eine Arbeitszeit von acht bis 13 Uhr, was das Heer der vormittags Beschäftigten weiter vergrößern würde. Für Kindergärtner ergäben sich notwendigerweise Turnusverschiebungen: Manche müßten früher anfangen, andere später aufhören, denn Eltern sollten Gelegenheit haben, ihre Kleinkinder vor Beginn und nach Beendigung ihrer eigenen Arbeit in die Kindergärten zu bringen beziehungsweise dort abzuholen. Dies wäre leicht zu verwirklichen, denn falls Kindergärtner selbst Kleinkinder zu versorgen haben, sind diese ja während der Arbeitszeit bei ihnen.

Aus all dem ergibt sich, daß man Müttern und Vätern minderjähriger Kinder ein *Arbeitszeitwahlrecht* vor anderen Arbeitnehmern einräumen müßte, das heißt, man müßte ihnen die Möglichkeit geben, auf Wunsch dann zu arbeiten, wenn ihre Kinder in der Schule sind. Dies würde nicht nur bedeuten, daß Kinder immer beschützt wären – daß es keine »Schlüsselkinder« mehr gäbe –, sondern auch, daß Familien ihre Freizeit weitgehend gemeinsam verbringen könnten. Wo dies nicht erwünscht ist, weil zum Beispiel Ehepartner sich lieber aus dem

Weg gehen, oder wo es nicht möglich ist, weil etwa einer der Erwachsenen einen Beruf mit unregelmäßiger Arbeitszeit ausübt, wäre zumindest ein Elternteil zu Hause. Arbeitszeitwahlrecht für Eltern würde demnach bedeuten, daß an mehrfach belegten Arbeitsplätzen – in Fabriken, Läden und Dienstleistungsbetrieben – vormittags hauptsächlich Arbeitnehmer mit jüngeren Kindern und nachmittags hauptsächlich Kinderlose oder Leute mit erwachsenen Kindern anzutreffen wären. Vormittags Beschäftigte wären also, sofern sie nicht in Büros oder an Arbeitsplätzen mit selbstgewählter oder unregelmäßiger Arbeitszeit tätig sind, häufig zwischen fünfundzwanzig und fünfundvierzig Jahre alt, nachmittags Beschäftigte häufig unter fünfundzwanzig oder über fünfundvierzig. Falls sich durch das Arbeitszeitwahlrecht bei der Belegung einzelner Schichten Schwierigkeiten ergäben, würde man unpopuläre Schichten, wie auch bisher schon, durch finanziellen Anreiz populär machen. Bei Spät- und Frühschichten wäre dies ohnehin unumgänglich.

Dieses Schichtensystem hätte zur Folge, daß Menschen gleicher sozialer Interessen sich nicht nur in der Freizeit, sondern auch in ihrem Beruf begegnen könnten. Arbeitnehmer mit Familie würden sich vormittags treffen, Alleinstehende und ältere Menschen hätten, soweit es sich nicht um Büroangestellte handelte, durch die Nachmittagsschicht Gelegenheit, die Bekanntschaft anderer Einsamer zu machen, ohne daß die Kontaktsuche für sie peinlich wäre. Daß aus den Vormittags- und Nachmittagsschichten ein Zweiklassensystem entstehen könnte, ist nicht zu befürchten. Wer vormittags zur Arbeit geht, könnte in den Augen seiner Nachbarn prinzipiell alles sein: Beinahe alle Berufe würden auch vormittags ausgeübt werden. Wer nachmittags arbeitet, könnte alles sein außer Büroangestellter oder Kindergärtner, denn alle anderen Betriebe würden auch am Nachmittag arbeiten. Weder das Prestige einer Bürokraft noch das eines Kindergärtners ist jedoch so enorm, daß es als Makel gelten könnte, mit Sicherheit nicht diesen beiden Berufsständen anzugehören.

Selbstverständlich dürfte es nach Einführung des Fünf-Stunden-Modells nur noch weiterführende Schulen geben, und selbstverständlich müßte der Besuch dieser Schulen immer unentgeltlich sein. Ohne ein Schulsystem, bei dem alle Kinder die gleichen Bildungschancen haben, kann es niemals auch nur ein Mindestmaß an sozialer Gerechtigkeit geben. Doch ebensowenig wie man einen wißbegierigen Schüler dazu zwingen darf, seine Schulbildung vorzeitig abzubrechen, wie dies heute geschieht, dürfte man dann einen weniger wißbegierigen dazu zwingen, sie zu beenden. Das heißt, es müßte innerhalb der einheitlichen Bildungschancen individuelle Schulabschlußgrenzen geben. Der Schüler müßte seine Schule auf Wunsch auch schon mit fünfzehn oder sechzehn Jahren verlassen können, um eine Spezialausbildung zu beginnen oder einen Beruf auszuüben.

Natürlich müßten mit dieser Schulreform auch die vielerorts noch immer üblichen Hausaufgaben entfallen. Wenn Erwachsene nur fünf Stunden arbeiten, dürfte man auch von Kindern keine Überstunden verlangen. Die prompte Erledigung von Hausaufgaben ist ohnehin eher ein Indiz für das Engagement der Eltern als für das der Schüler. Da auch der Bildungsgrad der Eltern sehr unterschiedlich ist, akzentuieren Hausaufgaben lediglich die sozialen Unterschiede unter den Schülern. Daß diese durch Hausaufgaben nichts dazulernen, ist experimentell hinlänglich nachgewiesen. Hausaufgaben fördern auch nicht die Selbstdisziplin. Ein Schüler macht Hausaufgaben, weil er sich vor seinen Lehrern oder seinen Eltern fürchtet; gerade Selbstdisziplin kann er wegen dieses Zwangs nicht lernen. Zur Übung selbständigen Arbeitens könnte ein Teil der Schulstunden verwendet werden. Nach Ende des Unterrichts müßte ein Schüler jedoch genauso frei sein wie seine Eltern.

Damit soll nichts gegen Lernzwang und Benotung gesagt sein. Da vermutlich mit einem Appell an den guten Willen nur bei wenigen Schülern etwas zu erreichen wäre und da nur wenige Lehrer geniale Pädagogen sind, wird Lernzwang ein Bestandteil jedes Schulunterrichts sein müssen. Der Sinn der Schule besteht ja nicht darin, eine wißbegierige Elite heranzuzüchten, sondern möglichst vielen Menschen in möglichst kurzer Zeit möglichst viel beizubringen. Dies ist weniger eine soziale Idee als eine Frage des Überlebens. Wie man weiß, steht sowohl der Lebensstandard als auch das demokratische Verhalten der Bewohner eines Landes in direkter Beziehung zu deren Bildungsstand. Die Bildung der Massen liegt also aus ganz eigennützigen Gründen im Interesse jedes einzelnen. Hierzu ist es jedoch nicht notwendig, Kinder den ganzen Tag in Schulen zu stecken. Eine drastische Kürzung der Anzahl der Unterrichtsstunden muß keineswegs zu einem niedrigeren Bildungsniveau und zu einer Herabsetzung der beruflichen Leistung führen.

Obwohl beispielsweise die Bundesrepublik Deutschland das westliche Industrieland mit den wenigsten Unterrichtsstunden ist, zählt sie zu den führenden Wirtschaftsmächten. Das Bildungsniveau westdeutscher Abiturienten genießt im Ausland einen beinahe legendären Ruf.

Der Fehler bei den herkömmlichen Schulsystemen – auch bei dem westdeutschen – liegt darin, daß man den Lernzwang auch auf die Freizeit ausdehnt und daß davon auch Fächer betroffen werden, für die man sich normalerweise freiwillig interessieren würde oder bei denen ein allgemeines Desinteresse keine wirtschaftlichen und sozialen Folgen hätte. Indem die Schule das Unlustgefühl, das man etwa mit einer Mathematikaufgabe oder einem Schulaufsatz verbindet, durch ein unerbittliches Benotungssystem auch auf Fächer wie Zeichnen, Handarbeiten, Sport oder Musik überträgt, verdirbt sie einem die Freude an diesen Dingen häufig für alle Zeit. Menschen, die nicht gern malen, werken, singen oder Sport treiben, gibt es eigentlich kaum, sie werden in den Schulen erst gezüchtet. In den Schulunterricht gehören daher prinzipiell nur solche Fächer, die man im späteren Leben braucht, jedoch ohne Zwang nur unvollkommen oder gar nicht lernen würde, das heißt Schreiben, Lesen, Rechnen, Fremdsprachen, Grundkenntnisse in Biologie, Erdkunde, Sozialkunde, Geschichte, Physik, Chemie, Politologie usw.

Was man sowieso können möchte oder sowieso nicht können muß, sollte nicht mehr vormittags zwangsweise, sondern nachmittags freiwillig erlernt werden. In Frage kämen dabei Fächer wie Sport, Werken, Handarbeiten, Kochen, Zeichnen, Fotografieren, Musik, Tanz, Schauspielerei usw. Der Unterricht in diesen Fächern würde ebenfalls im Schulgebäude stattfinden, es gäbe jedoch weder Noten noch Leistungszwang oder Anwesenheitspflicht. Es wäre wie in einem Klub, den man betreten und verlassen könnte, wie es einem paßt. Die wichtigste Funktion dieser *Schulklubs* wäre es jedoch, Kindern, die zu Hause nicht recht glücklich sind – etwa weil sie in zu beengten Wohnverhältnissen leben müssen, keine Geschwister haben oder sich von ihren Eltern schlecht behandelt fühlen –, während ihrer Freizeit eine Zuflucht zu bieten.

Da Schulklubs kaum Mehrkosten verursachen würden – die Räume sind bereits vorhanden und stünden anderenfalls leer, die Pädagogen sind größtenteils engagiert und müßten lediglich außerhalb des regulären Schulbetriebs unterrichten –, gäbe es auch keine unüberwindbaren finanziellen Schwierigkeiten. Selbstverständlich müßten Schulklubs, ebenso wie Kindergärten, auch und gerade während der Schulferien den Betrieb aufrechterhalten. Doch auch das wäre keine finanzielle Belastung, denn die Gehälter der Schulklubpädagogen müßten ja ohnehin weiterbezahlt werden. (Logischerweise hätten diese dann nicht die enorm langen Ferien anderer Lehrkräfte, doch da ihre Arbeitsweise angenehmer wäre, wären sie dafür indirekt entschädigt.) Während der Schulferien müßten Schulklubs allerdings vormittags statt nachmittags geöffnet sein, damit Kinder während der Arbeitszeit ihrer Eltern nicht allein sein müßten. An *Universitäten* könnte man, wie bereits erwähnt, durch Doppelschichten und eine drastische Verkürzung der Semesterferien die Ausbildung von Wissenschaftlern erheblich verbilligen. Es gibt keinen Grund, weshalb Studenten, Dozenten und Professoren fünfmal so lange »Ferien« haben sollen wie Industriearbeiter. Diese Privilegien kommen aus einem nicht mehr zeitgemäßen Standesdenken und belasten auf ungebührliche Weise den Staatshaushalt. Durch eine Kürzung der Hochschulferien von durchschnittlich zwanzig auf vier Wochen könnte man die heutigen Studienzeiten trotz des Fünf-Stunden-Rhythmus ohne weiteres einhalten. Durch eine doppelte Nutzung der vorhandenen räumlichen Kapazitäten und der teuren Laborplätze könnte man die Zahl der Studenten ohne weiteres verdoppeln. Universitätsprofessoren und Dozenten, die wissenschaftlich arbeiten wollten, könnten bei ihren vorgesetzten Behörden nach wie vor um Sonderbeurlaubung oder Reduktion der Pflichtstundenzahl einkommen.

Man verdient die Hälfte und lebt trotzdem besser

Arbeit ist eine Leistung, für die man sich bezahlen läßt. Unbezahlte Leistungen erbringt man unter Zwang, aus Masochismus, aus Geltungsbedürfnis, aus Dummheit, aus persönlicher Zuneigung oder aus Vergnügungssucht. In der Regel wird jeder Mensch, der etwas macht, was andere brauchen können, auch dafür honoriert, und in der Regel gibt es niemand, der etwas Brauchbares umsonst machen würde. Auch Hausfrauen beziehen Gehälter, nur werden sie eher unbürokratisch von ihren Ehemännern ausgehändigt. Welchen Manipulationen sie ihre Überbezahlung verdanken, wurde bereits an anderer Stelle beschrieben.

Die Tatsache, daß man Geld braucht und daß man normalerweise nur für Geld arbeitet, ermöglicht der Gesellschaft über Löhne und Gehälter eine weitgehende Kontrolle der Lebensbedingungen des Individuums – sie beeinflußt damit seine Sicherheit, seinen Komfort und seine Freiheit. Doch da die Gesellschaft ja aus lauter Individuen besteht, ist dies in demokratisch regierten Ländern ungefährlich. Wenn die Mehrheit von einer bestimmten Maßnahme unangenehm betroffen wäre, wird sie diese von vornherein nicht akzeptieren. Die Allgemeinheit kann daher durch allgemeine Maßnahmen – durch Gesetze – die soziale Situation der Individuen verbessern, verschlechtern kann sie sie nicht.

Eine der Möglichkeiten für soziale Verbesserungen bietet die Unterschiedlichkeit von Löhnen und Gehältern. Denn im allgemeinen wird man Quantität und Qualität seiner Arbeitsleistung nur dann steigern, wenn eine Lohnerhöhung winkt, und sich nur dann der Mühe eines längeren Studiums unterziehen, wenn man dadurch von Anfang an in eine bessere Gehaltsstufe kommt. Lobreden und sonstige Auszeichnungen sind als Anreiz für dauerhafte Leistungssteigerungen ohne Wirkung. Da Leute, die sich umsonst anstrengen, von den meisten anderen für dumm gehalten werden, können immaterielle Belohnungen dem Ansehen eines Arbeitnehmers im Grunde nur schaden. Zu wirtschaftlichem Fortschritt kommt es in einem Land nur dann, wenn jeder einzelne sich bei seiner Arbeit maximal engagiert. Ein solches persönliches Engagement erreicht man aber nur durch persönliche Vergünstigungen.

Man müßte also, selbst wenn alle Arbeiten gleich wären, im Interesse aller gleiche Arbeit ungleich bezahlen. Doch Arbeiten sind nicht gleich, und sie erfordern außerdem unterschiedlich viel Wissen. Die Allgemeinheit hat demnach ein doppeltes Interesse an ungleicher Bezahlung. Nur wenn man schwierige, gefährliche, strapaziöse, langweilige oder abstoßende Arbeiten besser honoriert als andere, steht immer eine ausreichende Zahl von Dienstleistungen zur Verfügung, und nur wenn man Herstellern und Vertretern von Markenartikeln als Belohnung für ihre Bemühungen mehr zugesteht als eine platonische Freude an der Umsatzsteigerung, ist das Angebot von Gebrauchs- und Luxusgütern stets etwas größer als die Nachfrage.

Außerdem kann man nur durch »ungerechte« Bezahlung Bürgern ein gewisses Maß an Freiheit garantieren. Da angenehme Arbeiten selten sind und sich bei Einheitslöhnen natürlich alle auf die angenehmen stürzen würden, müßte in diesem Fall die Mehrheit von einer Minderheit dazu gezwungen werden, die ebenfalls notwendigen unangenehmen Pflichten zu übernehmen. Abgesehen vom Verlust an dynamischer Wirtschaftspotenz, den dies zur Folge hätte, würde es de facto die Abschaffung der Meinungsfreiheit bedeuten. Denn wenn man die Mehrheit zwingt, etwas zu machen, was sie nicht will, dann muß man früher oder später auch verhindern, daß sie dagegen agitieren kann.

Mit anderen Worten: Ungleiche Bezahlung ist ungerecht, denn Menschen sind verschieden begabt und haben für ihr Leben unterschiedlich günstige Ausgangspositionen, doch gleiche Bezahlung wäre es noch mehr. Denn da bei ungleicher Bezahlung die Wirtschaft besser funktioniert, kann man auf dieser Grundlage nach und nach jedem wenigstens zu etwas mehr Zeit, Freiheit und Wohlstand verhelfen. Bei gleicher Bezahlung hätte man weder ein Recht auf die eigene Zeit noch auf die eigene Meinung – und Geld hätte man zwar genausoviel wie alle anderen, aber eben doch weniger als so. Wenn sozial ist, was den weniger privilegierten Bevölkerungsschichten nützt, dann ist es sozial, Arbeitnehmer unterschiedlich zu bezahlen.

Doch kehren wir zurück zur Arbeitszeitkürzung. Eine solche Reform müßte natürlich durch ein entsprechendes Gesetz abgesichert werden. Nur Leistungen, die innerhalb der fünfstündigen Arbeitszeit erbracht werden, dürften von Arbeitgebern honoriert werden. Da man ohne Lohn nicht arbeitet, würde man sich an diese Regelung halten und wäre für den Rest des Tages frei.

Neue Gesetze werden jedoch, wie gesagt, in Demokratien nur dann akzeptiert, wenn sie der Mehrheit der Bevölkerung einen Vorteil garantieren. Eine Kürzung der Arbeitszeit brächte aber nicht nur den Vorteil, daß die Freizeit für jeden fast doppelt so lang ist, sondern sie hätte auch den Nachteil, daß die Gehälter fast auf die Hälfte gekürzt werden. Wenn also zum Beispiel jemand in acht Stunden achtzig Dollar verdient, könnte er nach einer Arbeitszeitkürzung auf fünf Stunden nur noch fünfzig Dollar verdienen, andernfalls wäre die Sache wirtschaftlich nicht tragbar. Und hier liegt die größte Schwierigkeit der Reform: Ohne entsprechende Vorbereitung wären Arbeitnehmer mit einer Kürzung ihres Einkommens nicht einverstanden. Sie würden die hier vorgeschlagene Herabsetzung der Arbeitszeit mit *Kurzarbeit* verwechseln – einer in Krisenzeiten von einzelnen Unternehmen praktizierten Maßnahme zur Lohneinsparung – und das Projekt zurückweisen.

Der erste Schritt zu einer gesetzlichen Neuregelung wäre daher eine Aufklärungskampagne auf breitester Ebene. Berufstätige müßten begreifen, daß sie durch die Reform zwar mehr Zeit, aber trotz der notwendigen Gehaltskürzung nicht weniger Geld hätten. Denn in der jetzigen Situation darf man seinen Lohn ja nicht behalten. Im allgemeinen finanziert man damit nicht nur sein eigenes Leben, sondern auch das der sogenannten »abhängigen« Personen. Nach der Reform wäre jeder in der Lage, sich finanziell selbst zu versorgen. Keiner müßte sein Geld länger mit Hausfrauen, Kindern und anderen Bedürftigen teilen, denn solche Bedürftigen gäbe es nicht mehr. Erst wenn dies allen klar wäre, könnte man sich an die Formulierung eines Gesetzes wagen.

Das moralische Prinzip der hier vorgeschlagenen Lohnreform wäre folgendes: Menschliche Gemeinschaften werden zum Schutz gegen eine feindliche Umwelt errichtet und funktionieren auf der Grundlage von Arbeitsteilung. Wer freiwillig in der Gesellschaft anderer lebt, hat daher nicht nur einen Anspruch auf Schutz durch sie, sondern auch die Pflicht, sie seinerseits zu beschützen – er ist vom gesellschaftlichen Standpunkt nicht nur Rechtsträger, sondern auch Arbeitskraft. Wer nur von seinen Rechten Gebrauch macht, den Pflichten jedoch auszuweichen sucht, lebt auf Kosten anderer und ist für eine Gemeinschaft ein Parasit. Wie bereits gesagt, wird dieses Parasitentum in westlichen Gesellschaften am erfolgreichsten von Frauen und am spektakulärsten von Kriminellen praktiziert. Beide drücken sich vor ihren Verpflichtungen und bürden sie dadurch indirekt anderen auf. Durch die Reform könnte man weibliches Parasitentum weitgehend unmöglich machen. Und da Arbeit, sobald Frauen soviel arbeiten würden wie Männer, viel von ihrem Schrecken verlieren würde – weil das Pensum und die Verantwortung des einzelnen ja erheblich geringer wären –, gäbe es als Folge weiblicher Gleichverpflichtung auch weniger Kriminalität. Denn in der heutigen Situation bleibt für einen Mann, der auf Frauen nicht verzichten will, Verbrechen oft die einzige Möglichkeit, dem deprimierenden Schicksal seines Geschlechts zu entgehen (und nur deshalb sind Straffällige in westlichen

Industrieländern auch zu achtzig Prozent männlich). Nach Humanisierung der Arbeitszeit und nach Aufhebung der Preisbindung für die Benutzung der weiblichen Vagina wäre manchem das Risiko einer kriminellen Handlung zu groß. Im Augenblick ist es ziemlich gleichgültig, ob ein Mann eine Familie gründet oder ob er sich ohne diesen Umweg hinter seine Mauern begibt. Nach der Reform aber wäre draußen ein Stück Freiheit, und die Gesellschaft von Frauen wäre einerseits preiswerter und andererseits interessanter als jetzt.

Lernen wird honorarpflichtig

Die Reform müßte also davon ausgehen, daß wir alle gleichberechtigt und gleichverpflichtet sind, doch sie müßte auch berücksichtigen, daß wir nicht alle gleich sind: Der eine braucht Hilfe, der andere kann sich selber helfen, der eine kann seinen Verpflichtungen nachkommen, der andere tut sich damit schwer. Vom gesellschaftlichen Standpunkt sind wir wohl alle Arbeitskräfte, doch vom biologischen sind wir es nicht, denn wir können aufgrund unserer körperlichen Verfassung vorübergehend oder ständig arbeitsunfähig sein. Wer zu jung, zu alt oder zu krank ist, wer sich auf einen Beruf vorbereitet, wer ein Kind zur Welt bringt oder einen Säugling zu versorgen hat, der kann nicht arbeiten. Er ist eine *potentielle Arbeitskraft:* Da er seiner Gemeinschaft mit seiner Leistung zu einem späteren Zeitpunkt nützen wird oder ihr früher einmal genützt hat, ist er, genau wie die aktiven Arbeitskräfte, zum Empfang eines regelmäßigen Einkommens berechtigt. Alte Menschen, Kranke, Frauen, vor und nach der Entbindung, beziehen in fortschrittlichen Ländern bereits Gehälter. Damit die hier vorgeschlagene Reform wirklich praktikabel wird, müßte jedoch außerdem das Gehalt für Menschen in Berufsausbildung und das Gehalt für Säuglingspfleger eingeführt werden.

Das *Schülergehalt* wäre all denen zuzugestehen, die sich auf einen Beruf vorbereiten. Dazu gehören auch Kinder, denn daß sie sich von Geburt an in einem ständigen Lernprozeß auf ihre späteren Aufgaben in der Gesellschaft einstellen, nützt schließlich nicht nur ihnen selbst, sondern auch den anderen. Aus diesem Grund zwingen wir sie ja auch zur Ausbildung: Es herrscht Schulpflicht. Es wäre daher nur gerecht, sie für ihre Bemühungen zu honorieren. Wir sehr wir von einer solchen Maßnahme alle profitieren würden, wird in einem anderen Teil dieses Buches beschrieben werden. Im Gegensatz zu anderen Gehältern müßte das Schülergehalt ein Einheitsgehalt sein. Nicht der Leistungsgedanke wäre hier ausschlaggebend, sondern das Prinzip der Chancengleichheit, das Begabungsreserven mobilisieren und dadurch spätere Maximalleistungen erst ermöglichen würde. Das Gehalt wäre daher für alle Schüler eines bestimmten Alters gleich. Es würde mit der Geburt fällig werden und so lange gezahlt werden, bis man einen Beruf ergreift. Für diese Zeit müßten dadurch alle Mindestbedürfnisse (Nahrung, Kleidung, Wohnraum) gedeckt werden können, Schulbesuch und Studium wären, wie bereits erwähnt, ohnehin kostenlos. Das Schülergehalt würde sich an den allgemeinen Lebenshaltungskosten orientieren. Auszuzahlen wäre es bis zu einer bestimmten Altersgrenze an die Eltern, von deren Einkommen es jedoch unabhängig wäre (die Gerechtigkeit wäre dabei durch die Steuergesetzgebung garantiert), und später an den Schüler selbst.

Daß wegen des Schülergehalts zu viele Menschen zu lange studieren würden, ist nicht zu befürchten. Da der Betrag lediglich die Mindestbedürfnisse decken würde, wäre jemand, der mit fünfzehn oder sechzehn eine Lehre begonnen hat, mit zwanzig auf jeden Fall finanziell besser gestellt als ein Student. Heutzutage studieren viele nicht aus Wissensdurst, sondern weil sie ein Universitätsstudium für ein Statussymbol halten oder weil sie sich die Mühen einer regulären Arbeitnehmerexistenz wenigstens für ein paar Jahre ersparen wollen. Wenn wirklich jeder in der Lage wäre zu studieren, wenn die Arbeitszeit nur noch fünf Stunden betragen würde und wenn Studenten nicht mehr viermal so lang Ferien hätten wie andere Menschen ihres Alters, hätten wir eine völlig neue Situation.

Natürlich müßten sich auch Erwachsene, die mit ihrem Beruf unzufrieden sind, vorübergehend auf das Schüler- beziehungsweise Studentengehalt zurückversetzen lassen können und Gelegenheit erhalten, einen Beruf zu erlernen, der ihnen mehr zusagt. Es liegt im allgemeinen Interesse, daß sich jeder an seinem Arbeitsplatz einigermaßen wohl fühlt, denn davon hängt zum großen Teil seine Leistung ab. Ebenfalls im allgemeinen Interesse liegt es, daß ein Arbeitskräftemangel in einer bestimmten Sparte möglichst rasch ausgeglichen wird, denn nur so steht uns immer eine ausreichende Zahl von Konsumgütern und Dienstleistungen zur Verfügung. Falls sich für einen bestimmten Mangelberuf zu wenig Anwärter anböten, würde man das betreffende Studium durch finanzielle Anreize attraktiver machen und so indirekt die Umschulung fördern.

Jedem Kind sein Kindermädchen

Das *Säuglingspflegergehalt* ist gedacht für jene, die ein Kind unter einem Jahr betreuen. Nach Auffassung von Fachleuten ist das Maß an Zuwendung, das einem Menschen während seines ersten Lebensjahres zuteil wird, ausschlaggebend für seine ganze spätere Entwicklung. Da es also im allgemeinen Interesse liegt, Kleinstkinder optimal zu betreuen – denn abgesehen von der ethischen Perspektive sind geistig zurückgebliebene Menschen ja auch eine allgemeine finanzielle Belastung –, ist es empfehlenswert, jedem Kind unter einem Jahr eine eigene Pflegeperson zur Verfügung zu stellen. Der Weg dazu wäre die vom Staat finanzierte Lohnfortzahlung für Betreuer von Kleinstkindern für die Dauer eines ganzen Jahres.

Dabei wäre es nebensächlich, in welchem Verhältnis der Betreuer zu dem Kind steht. Es könnte die Mutter sein, der Vater, ein Verwandter oder auch ein (von den Eltern gewählter) Fremder. Denn falls weder Mutter noch Vater Lust zeigte, bei dem Neugeborenen zu bleiben, wäre es im Interesse des Kindes wenig sinnvoll, sie dazu zu verpflichten: Wer die Pflege seines Kindes als Belästigung empfindet, ist für diese Aufgabe mit Sicherheit nicht geeignet.

Selbstverständlich hätten kranke Kinder auch nach dem ersten Lebensjahr ein Recht auf einen eigenen Pfleger. Die Betreuung durch Mutter oder Vater würde nicht nur die Genesungschancen erhöhen, sie wäre auch billiger als ein Krankenhaus- oder Heimaufenthalt. Um einem Mißbrauch vorzubeugen, müßte die Erkrankung allerdings von einem Vertrauensarzt bestätigt werden. Auch dürften die finanziellen Lasten nicht dem Arbeitgeber, sondern müßten dem Staat aufgebürdet werden.

Normal entwickelten, gesunden Kindern aber könnte man nach Vollendung des ersten Lebensjahres ohne weiteres einen fünfstündigen Kindergartenaufenthalt zumuten. Der regelmäßige Kontakt mit Gleichaltrigen wäre von da an sogar unbedingt notwendig.

Das Pflegergehalt entspräche jeweils dem letzten Monatsgehalt des Betreuers. Denn falls es niedriger wäre – oder wie beim Schülergehalt ein Fixum –, würde in einer Familie immer derjenige zu Hause bleiben, bei dem die Kürzung den geringsten finanziellen Verlust brächte. Da die Frauen sich zunächst nach allgemeinen Wettbewerbsbedingungen in die Berufswelt einfügen müßten, hätten sie während einer gewissen Übergangszeit im Durchschnitt meist kleinere Gehälter als ihre Partner, die aufgrund ihrer langjährigen Berufstätigkeit – und nicht zuletzt aufgrund der Kriterien, nach denen sie von ihren Frauen zur Heirat ausgewählt wurden – natürlich in höheren Gehaltsstufen wären. Dies würde bedeuten, daß nach wie vor Frauen das Privileg hätten, bei ihren Kindern zu bleiben, und daß zumindest für das erste Lebensjahr das weibliche Erziehungsmonopol weiterhin intakt bliebe. Und es würde auch bedeuten, daß Frauen in ihrer beruflichen Laufbahn um so viele Jahre zurückgeworfen wären, wie sie Kinder bekämen, und daß das Gejammer von der Diskriminierung niemals aufhören würde. Daß in der Praxis – aus ganz anderen Gründen, auf die wir später noch eingehen werden – wahrscheinlich trotzdem meist die Mütter und nicht die Väter bei ihren Kindern blieben, braucht uns bei der Formulierung einer allgemeinen Regelung nicht zu interessieren. Es handelt sich hier darum, Männern und Frauen – unter Berücksichtigung der jeweiligen biologischen Gegebenheiten – endlich gleiche Möglichkeiten einzuräumen. Was sie dann auf dieser neuen Grundlage miteinander machen – wer von ihnen kochen, chauffieren, Windeln wechseln oder Rasen mähen würde –, wäre im juristischen Sinn eine private Vereinbarung, die die Öffentlichkeit nichts angeht.

Natürlich gäbe es in Familien, in denen keiner der beiden Elternteile nach der Geburt eines Kindes mit der Berufstätigkeit aussetzen möchte und auch kein Fremder als Betreuer engagiert werden soll, noch die Möglichkeit einer Turnusverschiebung. So könnte immer ein Elternteil bei dem Säugling sein, Vater und Mutter müßten nur in verschiedenen Schichten arbeiten.

Wie dem auch sei, die Sozialausgaben würden steigen. Denn zusätzlich zu Alters-, Kranken- und Schwangerenrenten wäre der Staatshaushalt nun auch noch mit Schüler- und Säuglingspflegerrenten belastet. Doch auch das wäre kein unlösbares Problem, denn diese Gelder könnten zum einen durch Einsparungen aufgebracht werden, die sich aus der Reform selbst ergäben, und zum andern durch eine allgemeine Erhöhung der Sozialabgaben.

Zu Einsparungen käme es auf folgenden Gebieten:

1. In der Frauenfürsorge

Die Ausbildung des weiblichen Teils der Bevölkerung ist in der jetzigen Situation vom wirtschaftlichen Standpunkt für jeden Staat eine gigantische Fehlinvestition. Denn einerseits sind Männer und Frauen zwar gleich und haben auch den gleichen moralischen Anspruch auf eine optimale Berufsausbildung, doch andererseits sind sie auch verschieden: Da Frauen Kinder bekommen, kann man nicht von ihnen verlangen, daß sie eine auf Kosten der Allgemeinheit genossene Berufsausbildung später so anwenden, daß sie für diese Allgemeinheit rentabel wäre. Eine Rückzahlung der vergeblich investierten Ausbildungsgelder liegt außerhalb des Möglichen. Die Belastung träfe ja einen Mann, der ohnehin bereits seine nichterwerbstätige Partnerin und Kinder zu versorgen hat. Wenn man bedenkt, wie viele Frauen in westlichen Industrieländern eine Berufsausbildung erhalten und wie wenige von ihnen diese später voll auswerten, kann man sich ungefähr vorstellen, welche Summen der Allgemeinheit jedes Jahr durch die Chancengleichheit entgehen. Selbstverständlich soll hier nicht die moralische Berechtigung dieser Chancengleichheit zur Debatte stehen, und die politische schon gleich gar nicht. Eine Regierung, die Frauen nicht subventioniert, könnte nicht überleben. Zur Debatte steht lediglich, wie man den Riesenetat für Frauenfürsorge – wenn man jemand etwas gibt, von dem man eigentlich nichts erwarten darf, handelt es sich immer um Fürsorge – endlich in eine sinnvolle Investition umwandeln könnte.

Nach der hier vorgeschlagenen Reform wäre die Berufsausbildung der Frauen genauso rentabel wie die der Männer, weil die Frauen genauso arbeiten würden wie die Männer. Frauen würden weder in Stundenjobs dahinvegetieren noch hätten sie Gelegenheit, in oft jahrzehntelangen Ruhepausen ihre kostspielig erworbenen Kenntnisse wieder zu vergessen. Vor allem in akademischen Berufen, in denen Chancengleichheit besonders viel kostet – jeder dritte Student in westlichen Industrieländern ist weiblich, ein Studienplatz an öffentlichen Universitäten verschlingt in Frankreich und Westdeutschland die Steuergelder von fünf Familien –, würde sich dies bezahlt machen. Eine weitere indirekte Einnahmequelle ergäbe sich aus der Einsparung der Umschulungsgehälter für geschiedene Frauen – eine immer populärer werdende Form staatlicher Alimentenzahlung bis zur nächsten Eheschließung – und der Einsparung der Witwenrenten. Nach der Reform wäre Witwe wieder die Bezeichnung für einen Menschen, der trauert, und nicht für eine bestimmte Art von Gehaltsempfängern.

2. In der Altenfürsorge

Bei einer täglichen Arbeitszeit von fünf Stunden wäre Arbeit meist keine so große Strapaze, die heutigen Pensionsgrenzen wären damit überholt. Selbstverständlich wäre es deshalb nicht opportun, sie abzuschaffen, denn es soll ja alles besser werden und nicht schlechter. Das Recht auf Pensionierung bliebe bestehen, nicht aber die Verpflichtung, sich in einem Alter zur Ruhe zu setzen, in dem sich die meisten Menschen normalerweise noch jung und leistungsfähig fühlen. Pensionierung wäre als eine Art Krankmeldung zu verstehen, wobei der Patient ab sechzig oder fünfundsechzig seine Erkrankung nicht mehr nachweisen müßte. Daß er zu seiner Arbeit keine Lust mehr hat, würde als Rechtfertigung genügen. Falls er es wünschte, könnte er jedoch bis an sein Lebensende berufstätig bleiben. Daß ihm dies schmackhaft gemacht würde, wäre eine wichtige Aufgabe der Allgemeinheit. Denn erstens ist die lange Berufserfahrung reifer Menschen ein Kapital, auf das man nicht verzichten sollte, und zweitens würde man, indem man Bürger solange wie möglich als Arbeitskräfte erhält, immense Geldbeträge sparen: zum einen direkt bei den Altersrenten und zum andern indirekt bei der Altenfürsorge. Denn in Maßen aktive Menschen bleiben nachweislich länger gesund.

Diese neue Situation würde indirekt auch das Budget des Arbeitnehmers vergrößern: Er würde von seinem Verdienst weniger für private Versicherungen zurücklegen müssen als bisher. Heutzutage sind einerseits die staatlichen Altersrenten zu niedrig, um ein wirklich komfortables Alter zu garantieren, andererseits sind die Arbeitszeiten zu inhuman, als daß man sich wünschen könnte, nach Erreichung der Pensionsgrenze weiterzuarbeiten. Der Arbeitnehmer sichert sich daher durch zusätzliche private Altersrenten ab. Da seine Familie nach seinem Tod versorgt wäre, würde er natürlich auch seltener private Lebensversicherungen abschließen. Je nach Stand der Sozialleistungen seines Staates bezahlt ein männlicher Arbeitnehmer in westlichen Industrieländern heute im Monat durchschnittlich fünfzig bis hundert Dollar für private Versicherungen aller Art. Zumindest ein Teil dieser Summe stünde ihm nach der Reform zusätzlich zur Verfügung.

3. In der Krankenfürsorge

Bei einer Arbeitszeit von fünf Stunden würden Arbeitnehmer seltener krank werden – der mit ihrer Tätigkeit verbundene Streß wäre viel geringer – und sich auch seltener krank stellen. Im Augenblick ist eine vorgetäuschte Erkrankung für einen Berufstätigen die einzige Möglichkeit, sich außer der Reihe ein paar Stunden Freiheit zu verschaffen. Nach der Reform wäre dieses Motiv hinfällig. Der Posten für Krankenfürsorge wäre damit erheblich kleiner als bisher.

4. In der Kinderfürsorge

Nach der Reform bräuchte man zwar mehr Kindergärten, denn Kinder würden ja bereits nach Vollendung des ersten Lebensjahres den Kindergarten besuchen, doch diese müßten nur noch auf einen Fünf-Stunden-Betrieb eingestellt sein und wären daher entsprechend billiger. Die kostspieligen Ganztagsschul- und Ganztagskinderhortprojekte, die in einigen Ländern nur diskutiert, in anderen bereits verwirklicht werden, wären damit hinfällig. Der Bedarf an staatlichen Kinderheimen würde enorm zurückgehen, denn alleinstehende Mütter und Väter müßten ihre Kinder weder aus finanzieller Not noch aus Zeitmangel in

Heime geben. Dort wären in der Regel nur noch Vollwaisen und milieugefährdete Kinder. Da von ihren Eltern ausreichend behütete Kinder nachweislich seltener kriminell werden als andere, würde auch die Jugendkriminalität zurückgehen – hieraus ergäben sich dann wiederum Einsparungen im Strafvollzug und in der Resozialisierung. Steuervergünstigungen für verheiratete Paare würden mit der Reform ebenfalls überflüssig. Die staatliche Subventionierung der Ehe wäre zum Schutz der Kinder nicht mehr notwendig, denn durch das Schülergehalt wären Kinder und Schüler in materieller Hinsicht immer hinreichend gesichert. Liebe wäre endlich das einzige Motiv für Eheschließung und Mangel an Liebe das einzige für Scheidung. Dies wäre auch die beste Garantie für das emotionale Wohlbefinden der Kinder.

Höhere Sozialabgaben zunächst unvermeidlich

Da alle diese Einsparungen jedoch nicht zu einer Deckung der hohen Sozialleistungen (zumindest während der ersten Jahrzehnte nach der Umstellung) ausreichen würden, müßte man das Defizit durch Steuererhöhungen ausgleichen. Das heißt, man müßte Gehälter nicht nur proportional zur Arbeitszeitkürzung reduzieren, sondern sie darüber hinaus auch noch mit höheren Sozialabgaben belasten. Wenn also jemand vor der Reform bei acht Stunden Arbeitszeit achtzig Dollar verdient hat, würde er danach bei fünf Stunden Arbeitszeit nicht fünfzig, sondern fünfundvierzig oder gar nur vierzig Dollar beziehen. Selbstverständlich könnte man nicht alle Gehälter so drastisch kürzen. Denn auch wenn man damit nur noch sich selbst ernähren müßte, lägen viele Arbeitnehmer so bereits unterhalb des Existenzminimums. Es müßten also *Mindestlöhne* festgesetzt werden, deren Höhe etwa dem Vollstipendium eines Studenten entspräche.

Die Progression der Gehälter bliebe nach wie vor dem freien Spiel der Kräfte überlassen. Denn es läge im allgemeinen Interesse, Gehälter nach unten hin festzusetzen – Armut führt zu sozialen Unruhen und schadet daher allen –, doch nach oben hin dürften sie, ebenfalls im allgemeinen Interesse, niemals begrenzt werden. Die Maximalleistung der Cleveren ist lebenswichtig für das Wohlergehen der weniger Raffinierten: Wer den Elan der Spitzenverdiener bremst, handelt unsozial, so sehr er moralisch auch im Recht sein mag. Der Unterschied zur heutigen Situation läge also vor allem darin, daß nach der Reform jeder nur noch etwas mehr als die Hälfte seines heutigen Nettogehalts mit nach Hause brächte. Ein Ingenieur zum Beispiel, der jetzt mit einem Jahresgehalt von zwanzigtausend Dollar in eine Firma eintritt und dieses Gehalt nach zehn Jahren auf vierzigtausend Dollar steigert, würde dann mit zehntausend anfangen und nach zehn Jahren auf zwanzigtausend kommen. Doch das wäre für ihn nicht schmerzlich, denn falls er inzwischen geheiratet hätte – und laut Statistik wäre dies beinahe immer der Fall –, würde ja auch seine Frau verdienen, und seine Kinder wären ohnehin durch ihr eigenes Einkommen gesichert.

Der Lebensstandard der Familie wäre also – vorausgesetzt, die Ehefrau läge mit ihrem Gehalt etwa in der gleichen Gruppe – sogar etwas höher. Im Gegensatz zu heute könnte dieser Ingenieur jedoch nicht mehr bis an die Grenze seiner physischen und psychischen Belastbarkeit von seiner Firma ausgebeutet werden, während seine Frau jammernd oder gelangweilt in ihrem Vorortbungalow säße. Und im Gegensatz zu heute gäbe es nach der Reform weder zwischen Mann und Frau noch zwischen Kindern und Eltern materielle Abhängigkeitsverhältnisse. Eine Trennung würde für keines der Familienmitglieder den finanziellen Ruin bedeuten: Nach einer Wiederverheiratung wäre der Mann weder mit Alimenten für die Erstfamilie belastet, noch müßte ihn seine Frau mit Zahlungsforderungen verfolgen. Die Kinder könnten bei dem Elternteil bleiben, bei dem sie sich am wohlsten fühlten – Zeit für sie hätten beide.

Ähnlich günstig sähe es auf der untersten Stufe der sozialen Leiter aus. Denn die finanzielle Situation eines Hilfsarbeiters wäre zwar nicht so glänzend wie die eines Ingenieurs, doch auch er würde ein Leben führen, von dem er jetzt nicht einmal träumen kann. Er hätte dann doppelt soviel Zeit, und sein Beruf wäre keine Folge von Diskriminierung, sondern seine eigene Entscheidung – und es gibt eine Menge respektabler Gründe, aus denen man sich für einen Fünf-Stunden-Job ohne Verantwortung entscheiden kann. Und angenommen, er bezöge nur das gesetzlich garantierte Mindestgehalt und würde so bescheiden wie heute ein staatlich subventionierter Student in einem möblierten Zimmer leben, so könnte er doch noch immer eine

Familie gründen. Denn seine Frau hätte im schlimmsten Fall ja auch ein Mindestgehalt zur Verfügung – man könnte sich also anstatt zweier möblierter Zimmer gemeinsam ein Einzimmerappartement leisten. Mit der Geburt des ersten Kindes, das vom ersten Tag an gehaltsberechtigt wäre, würde sich das Familienbudget wiederum vergrößern. Man könnte sich bereits eine bescheidene Zweizimmerwohnung leisten, und für den Mindestbedarf an Essen und Kleidung wäre ebenfalls gesorgt.

Trotzdem könnte dieses Familienleben weder für den Hilfsarbeiter noch für seine Frau jemals zu einer Zwangsjacke werden. Bei einer Trennung ließe sich das Verhältnis ohne weiteres entwirren. Was heute für einen Armen, der sich bei der Wahl seines Lebenspartners geirrt hat, in den Bereich der Utopie gehört – eine neue Liebe und die Gründung einer Zweitfamilie –, wäre dann auch für ihn realisierbar. Und für seine Kinder, die jetzt nach einer solchen Tragödie meist in Heimen oder bei den Großeltern landen, hätte die Trennung der Eltern nur noch emotionale Bedeutung.

Jeder für sich und alle für jeden, hieße der gemeinsame Nenner der wirtschaftlichen Seite der Reform. Man dürfte so egoistisch sein, wie man wollte, und könnte doch niemand schaden. Es müssen in einem Staat ohnehin alle Bürger versorgt werden: Weshalb – da es doch offenbar möglich ist – es dann nicht gleich so einrichten, daß daraus keine persönlichen Abhängigkeitsverhältnisse entstehen können? Es ist schwer genug, glückliche Beziehungen zu anderen Menschen über längere Zeit aufrechtzuerhalten. Wenn dazu noch materielle Interessen kommen, wie das heute in beinahe jedem Verhältnis zwischen Mann und Frau oder Eltern und Kind der Fall ist, wird es unmöglich. Zumindest diese eine Schwierigkeit wäre durch die neue Lohnpolitik ein für allemal aus der Welt geschafft.

Das Modell in wirtschaftlichen Ausnahmesituationen

Der Einfachheit halber wurde bisher bei allen Überlegungen der Zustand der Vollbeschäftigung vorausgesetzt. Dieses Ideal wird jedoch in der Praxis nicht oft erreicht. Die Wirtschaft eines Landes ist niemals ganz im Gleichgewicht. Es gibt Rezession und Hochkonjunktur, und die Folgen davon sind Arbeitslosigkeit oder Überbeschäftigung. Damit das Fünf-Stunden-Modell sich auch in solchen Situationen bewähren kann, müßte es durch zweierlei Maßnahmen gestützt werden:

a) Abschaffung des Rechts auf gleichwertige Arbeit zugunsten des Rechts auf Umschulung.
b) Verbot von Überstunden.

Auf dem kapitalistischen Arbeitsmarkt bestimmt die Nachfrage das Angebot: Der einzelne offeriert eine Leistung, und die anderen entscheiden, ob sie damit etwas anfangen können. Falls sie sie nicht brauchen, stellt er sich um und bietet ihnen etwas anderes an. Ausschlaggebend ist immer der Bedarf: Was den anderen nichts nützt, müssen sie auch nicht bezahlen.

In diesen unerbittlichen, aber zuverlässigen Mechanismus hat sich nun in einigen westlichen Industrieländern ein unberechenbarer Faktor eingeschlichen: das Recht auf »zumutbare« oder »gleichwertige« Arbeit. Der Arbeitnehmer hat sich auf seine politische Macht besonnen und sich den Anspruch auf sein spezielles Leistungsangebot der Allgemeinheit gegenüber schützen lassen. Es kommt nicht mehr in erster Linie darauf an, was gefragt ist, sondern darauf, was geboten wird. Jeder hat jetzt Recht auf *seine* Arbeit – etwas prinzipiell anderes zu machen als das, was er gelernt hat, eine bedeutend weitere Entfernung zum Arbeitsplatz oder eine geringere Bezahlung in Kauf zu nehmen, ist ihm nicht zuzumuten. Ein stellungsloser Architekt kann also nicht gezwungen werden, als Lastwagenfahrer zu arbeiten, selbst wenn alle Transportunternehmen seines Landes sich wegen Arbeitskräftemangels in wirtschaftlichen Schwierigkeiten befinden oder zu diesem Zweck ausländische Arbeitskräfte angefordert werden müssen. Wenn er will, kann er ein ganzes Jahr lang bei nur mäßig reduziertem Einkommen auf eine freie Stelle warten. Hat er auch dann noch nichts gefunden, erhält er Sozialhilfe.

Es wurde also in den Mechanismus von Angebot und Nachfrage ein dirigistisches Element eingeführt. Denn in der Praxis bedeutet die Klausel von der Zumutbarkeit einer Tätigkeit nichts anderes als Zwangsbewirtschaftung des Arbeitsmarkts durch den Arbeitnehmer. Bei Hochkonjunktur ist das unwichtig, denn es gibt ohnehin Arbeitskräftemangel in allen Branchen, und niemand hat Schwierigkeiten, in seinem Beruf eine

Anstellung zu finden. Doch sobald die Konjunktur abflaut, hat das Quantum Unfreiheit, mit dem man die freie Marktwirtschaft in den fetten Jahren unterwandert hat, für alle dramatische Folgen.

Denn wenn es nun in einer bestimmten Branche – etwa wegen Automatisierung des Produktionsvorgangs, Verteuerung der Rohstoffe oder ausländischer Konkurrenz – zu Entlassungen kommt, besinnen sich die Betroffenen auf ihren Anspruch auf »gleichwertige« Arbeit und machen, statt sich sofort nach einer anderen Beschäftigung umzusehen, zunächst einmal Urlaub. Das wäre nicht tragisch, denn es handelt sich ja schlimmstenfalls um einige tausend Menschen, deren Arbeitslosengehälter von einer gesunden Wirtschaft ohne weiteres verkraftet werden. Doch da die politische Opposition diese »Arbeitslosen« sofort als erste Opfer einer drohenden Wirtschaftskrise serviert – das ist ihre Chance und zugleich ihre Pflicht –, wird die Bevölkerung beunruhigt.

Vom Gespenst einer Massenarbeitslosigkeit geschreckt, schraubt jeder seinen privaten Verbrauch zurück und spart für schlechte Zeiten. Dieser Konsumverzicht führt zum Rückgang der Konsumgüterproduktion (die in westlichen Industrieländern immerhin zweiundfünfzig bis sechsundfünfzig Prozent der Gesamtproduktion ausmacht) und, wenn eine nationale Flaute zwangsläufig auch auf die Handelspartner übergreift, von denen man ja nun weniger kauft, auch zum Rückgang des Exports. Statt in einer hat man nun in allen Branchen Schwierigkeiten, und statt Tausender Arbeitsloser gibt es nun Hunderttausende. Und obwohl die Zahl der offenen Stellen sich kaum verringert, wird die finanzielle Belastung durch jene, die zunächst einmal auf »zumutbare« Tätigkeiten warten und die »unzumutbaren« nach wie vor den Ausländern überlassen, von Tag zu Tag größer und das konsumfeindliche Verhalten der noch »zumutbar« Beschäftigten immer ausgeprägter. Außerdem wird die Zahl der Arbeitslosen noch dadurch erhöht, daß sich in Krisenzeiten viele Hausfrauen ihrer früheren Berufstätigkeit entsinnen und sich pro forma auf Arbeitssuche begeben. Sie erhalten dann die finanzielle Unterstützung der Arbeitslosen, während die Gefahr, daß sie in ihrem früheren Job wirklich Arbeit finden, relativ gering ist. Dieses opportunistische Verhalten der Frauen erhöht wiederum die Panik der anderen, die ja nichts über die Motive der Arbeitslosen erfahren, da lediglich die offiziellen Zahlen mitgeteilt werden.

Um die Gefahr zu verringern, daß ein solcher Teufelskreis überhaupt entstehen kann, müßte man daher bei einer Einführung des Fünf-Stunden-Modells das Recht auf »gleichwertige« Arbeit streichen. Es ist klar, daß in der jetzigen Situation Arbeitnehmer auf diese Schutzklausel den allergrößten Wert legen müssen, denn solange Arbeit und Leben für einen Berufstätigen dasselbe sind, ist das Recht auf *seine* Arbeit für ihn die einzige Möglichkeit, sein Leben zu vermenschlichen. Er akzeptiert zwar die Tatsache, daß er die meiste Zeit an seinem Arbeitsplatz verbringen muß, will sich aber wenigstens ungefähr aussuchen können, was er dort tut – und dank seiner Macht als Wähler konnte er sich diesen Anspruch auch verbriefen lassen.

Durch das Fünf-Stunden-Modell nähme das Berufsleben eines Menschen nur noch einen kleinen Teil seines Lebens ein, und der Schutz einer bestimmten Tätigkeit wäre daher nicht mehr so wichtig wie bisher. Man hätte zwar nach wie vor das Recht auf freie Berufswahl, nicht jedoch das Recht auf Ausübung dieses frei gewählten Berufs. Dieses ginge auf Kosten der wirtschaftlichen Stabilität und damit letzten Endes auf Kosten aller. Solange durch individuellen Anspruch auf die »eigene« Arbeit Wirtschaftskrisen heraufbeschworen oder auch nur verschlimmert werden können, kann sich die Allgemeinheit den Luxus solcher Schutzklauseln nicht leisten. Die meisten notwendigen Arbeiten sind nun einmal nicht so, daß sie einem Vergnügen machen: Gerade aus diesem Grund müßte ja jeder genug Zeit für etwas anderes haben. Unter den heutigen Umständen wäre es fatal, einen Architekten als Lastwagenfahrer zu verpflichten, denn man würde ihm damit auf unabsehbare Zeit jede Möglichkeit zur Verwirklichung seines Lebenstraumes nehmen. Bei einem Arbeitspensum von fünf Stunden hingegen bliebe ihm nach Feierabend noch genug Zeit, sich neuartige Konstruktionen auszudenken – selbst wenn er in seinem Traumberuf niemals eine Anstellung fände, bliebe sein Lebenstraum nicht ganz unerfüllt. Jeder Bürger wäre in gewisser Hinsicht ein kleiner Unternehmer mit einem kleinen unternehmerischen Risiko – dem Risiko der Berufswahl.

Natürlich müßte eine gut funktionierende Arbeitsmarktforschung dafür sorgen, daß man sich einigermaßen über die Zukunftsaussichten des gewählten Berufs im klaren sein kann. Ergreift man jedoch trotz aller Warnungen einen bestimmten Beruf, so ist man für die Folgen – schlechte Bezahlung wegen eines Überangebots an Arbeitskräften, geringes Sozialprestige, zeitraubende Umschulung – selbst verantwortlich. Ein »Akademikerproletariat« wäre als Opfer seiner eigenen Prestigesucht zu betrachten und alles andere als subventionswürdig.

Ohne die Klausel von der Zumutbarkeit einer Arbeit könnte man also Wirtschaftsflauten entschieden besser bekämpfen als bisher. Wenn man Arbeitslosen auch Tätigkeiten zumuten dürfte, die ihren Wünschen nicht entsprechen, ließe sich bei den ersten Anzeichen einer Krise durch Ausnutzung aller Mittel – Besetzung der offenen Stellen, Schaffung neuer Arbeitsplätze durch öffentliche Projekte, Drosselung des Imports ausländischer Arbeitskräfte – bei der Bevölkerung jene durch Arbeitslosigkeit ausgelöste Panik vermeiden, die, da sie sofort zu Konsumeinschränkungen führt, von vielen Wirtschaftsexperten immer wieder als die eigentliche Ursache von Konjunkturflauten bezeichnet wird.

Vor allem das Problem der Entlassungen wegen *Automatisierung* des Produktionsvorgangs ließe sich im Fünf-Stunden-Modell auf elegante Weise lösen. Da man solche Entwicklungen gut vorausberechnen kann, würde man hier nach Abschaffung der Schutzklausel durch rechtzeitige Umschulung der maschinell ersetzbaren Arbeitskräfte ernste Schwierigkeiten vermeiden. Anders als bei freiwilliger Umschulung, mit der man ja nur eine früher getroffene falsche Berufsentscheidung revidieren will, für die man selbst verantwortlich ist, müßte hier das Umschulungsgehalt nicht dem Schülergehalt entsprechen, sondern dem letzten Gehalt des jeweiligen Arbeitnehmers. Andernfalls würden in Branchen, in denen Entlassungen zu befürchten sind, Arbeitnehmer immer ihren Konsum einschränken, was wiederum die bereits erläuterten wirtschaftlichen Nachteile zur Folge hätte.

Falls dann zu einem bestimmten Zeitpunkt dennoch alle freien Kapazitäten ausgeschöpft und alle offenen Stellen belegt wären, könnte man durch weitere allgemeine Arbeitszeitkürzungen wieder neue Arbeitsplätze schaffen und so parallel zum technischen Fortschritt allen Bürgern mehr Freizeit verschaffen. Dies wäre der einzig humane, sozial gerechte und wirtschaftlich sinnvolle Ausweg aus dem Dilemma der Automation. Eine Verteidigung des Arbeitsplatzes gegen Maschinen, wie sie die Gewerkschaften vorschlagen, ist absurd. Nur wirklich monotone Arbeiten können ja maschinell erledigt werden. Man sollte daher froh sein über jeden Arbeitsplatz, der der Automation zum Opfer fällt. Die Herabsetzung der Arbeitszeit dürfte dann jedoch nicht mit Gehaltskürzungen verbunden sein: Die Arbeit der Maschinen sollte nicht in erster Linie dem Unternehmer, sondern dem Arbeitnehmer zugute kommen. Eine allgemeine Herabsetzung des Rentenalters, wie man sie zur Behebung der Arbeitslosigkeit diskutiert, würde nicht nur die sozialen Schwierigkeiten der älteren Menschen, sondern, da die Renten ja nicht sehr hoch sein könnten, auch das Problem des Altenproletariats vergrößern. Die »Gewöhnung« an extrem hohe Arbeitslosenquoten, die mancherorts als Lösung angeboten wird, hätte ewige Angst um den Arbeitsplatz und damit andauernde wirtschaftliche und soziale Unruhen zur Folge.

Wenn es dann aber dennoch einmal zu Arbeitslosigkeit käme, hätte das Fünf-Stunden-Modell noch immer einen Vorteil: Da mehr Leute berufstätig wären, gäbe es dann zwar auch relativ mehr Arbeitslose, doch die Wahrscheinlichkeit, daß in einer Familie alle Erwachsenen gleichzeitig ihre Stellung verlören, wäre gering. In der Regel wären ja Mann und Frau weder in der gleichen Firma noch in der gleichen Branche beschäftigt. Da heutzutage meist nur der Mann verdient, muß bei Arbeitslosigkeit oft eine ganze Familie von einem reduzierten Einkommen leben. Nach der Reform hätte sicherlich einer in der Familie nach wie vor sein volles Gehalt, und die Kinder wären durch ihre Schülerrente ohnehin gegen Krisen gesichert.

Es geht also nicht darum, den Kündigungsschutz zu verstärken, sondern den Schutz des Gekündigten. Es geht nicht darum, das Recht auf Arbeit zu fördern, sondern das Recht auf Freizeit, auf materielle Sicherheit und auf Umschulung. Denn dieses Recht auf Arbeit geht wohl auf Kosten der Unternehmer, doch zu allererst geht es auf Kosten derer, die es schützen soll.

Keine Überstunden

Eine weitere Maßnahme, die bei Einführung des Fünf-Stunden-Modells nicht übersehen werden dürfte, wäre ein striktes Überstundenverbot. Dies wäre vor allem dann notwendig, wenn es darum ginge, negative Folgen einer Hochkonjunktur zu vermeiden. Zu Hochkonjunktur kommt es durch Überschuß an Produktionsaufträgen, ihre Auswirkungen auf den Arbeitsmarkt sind Überbeschäftigung und Arbeitskräftemangel. In dieser Lage gerieten viele Arbeitnehmer in die Versuchung, Überstunden zu machen und vielleicht sogar doppelt oder dreimal solange zu arbeiten, als sie müssen. Denn Arbeitszeiten von zehn oder fünfzehn Stunden sind immerhin noch möglich, und man würde dadurch ja auch zwei- oder dreimal soviel verdienen. Damit wäre man nicht nur wieder bei der Ausgangssituation, sondern man hätte sie noch verschlechtert. Denn natürlich wären es wieder die Männer, die, vom Applaus ihrer Frauen angefeuert, ihre Leistung steigern würden. Der Mann mit dem größten Verdienst bekäme in der Regel wieder die attraktivste Partnerin, und statt die weibliche Moral endlich verbessert zu haben, wären Frauen womöglich noch korrupter als heute.

Es dürfte also nach der Reform keine Möglichkeit für Überstunden geben – es sei denn, es handelte sich wirklich um ganz kurzfristige Engpässe und echte Ausnahmesituationen, deren Grenzen jedoch vom Gesetzgeber genau abgesteckt werden müßten. Zur Bewältigung größerer momentaner Auftragsschwemmen müßten Unternehmer Sondervollmachten bekommen. Bei anhaltendem Auftragszuwachs müßten jedoch stets neue Arbeitskräfte herangezogen und in ein festes Arbeitsverhältnis aufgenommen werden (was jedoch wegen des geringeren Kündigungsschutzes für Unternehmer dann nicht mehr so riskant wäre).

Von den beiden sich anbietenden Lösungen – den Überschuß durch Einsatz ausländischer Arbeitskräfte im eigenen Land zu bewältigen oder die Produktion in Länder mit Arbeitslosigkeit zu verlegen – wäre die letztere nicht nur humaner, weil sie Menschen in ihrem Milieu beläßt, sondern auch wirtschaftlich opportuner. Bei Arbeitskräftemangel steigen in einem Land immer die Löhne, dies verteuert die Produkte und gefährdet die internationale Konkurrenzfähigkeit, womit die Gefahr gegeben ist, daß eine Hochkonjunktur ihre eigene Flaute nach sich zieht. Wenn man hingegen im Ausland und womöglich gleich auf dem Absatzmarkt produziert, kann man nicht nur diese Lohn-Preis-Entwicklung abschwächen, sondern ist darüber hinaus bei späteren Wirtschaftskrisen auch unabhängiger vom Export. Außerdem schafft die Erledigung »unzumutbarer« Arbeiten durch Ausländer internationale Ressentiments, deren politische Folgen schwer zu berechnen sind.

Eine wirtschaftliche Ausnahmesituation besonderer Art wäre die mit der Reform verbundene Eingliederung der heutigen Hausfrau in die Berufswelt. Wir werden uns damit im vorletzten Teil dieses Buches befassen.

Freiwillige Gleichverpflichtung

Gehaltskürzung plus Arbeitszeitkürzung wäre die ideale Technik zur Unterwanderung der weiblichen Vormachtstellung, denn nach einer solchen Maßnahme würden die Frauen arbeiten müssen und wollen.

Daß Frauen durch massive Gehaltskürzungen zur Arbeit gezwungen wären, liegt auf der Hand. Es ist ein ökonomisches Gesetz, daß bei Senkung des Lohnniveaus automatisch das weibliche Arbeitskräftepotential mobilisiert wird: In den wenigsten Familien würde der Verdienst eines Erwachsenen ausreichen, um damit zwei, drei oder mehr Menschen zu ernähren. Doch man kann, wie gesagt, Frauen in einer demokratischen Gesellschaft zu nichts zwingen. Gegen den Willen der Frauen ließe sich keine allgemeine Gehaltskürzung durchsetzen. Da sie indirekt die politische Macht ausüben, wäre eine Regierung, die durch eine solche Maßnahme den weiblichen Teil der Bevölkerung zu Berufstätigkeit zwingen wollte, in wenigen Tagen abgesetzt. Natürlich würden die Männer für den Umsturz sorgen. Frauen machen keine Revolutionen, es genügt, daß sie sie wünschen. Die Frauen müssen also arbeiten wollen. Da man sie nicht zur Gleichverpflichtung zwingen kann, muß man sie dazu verlokken. Für eine Verlockung jedoch böte das Fünf-Stunden-Modell die optimalen Voraussetzungen, denn es ließen sich damit sowohl die Nachteile des Hausfrauenstatus als auch die der Ganztags- und Teilzeitbeschäftigung beheben. Da ein Fünf-Stunden-Tag keinen unerträglichen Streß darstellt und zugleich ihre anderen Probleme lösen würde – Langeweile, Einsamkeit, ökonomische und gesellschaftliche Abhängigkeit, sexuelle und geistige Frustration –, würden Hausfrauen nach der hier vorgeschlagenen Reform nicht ungern arbeiten. Die noch übrigblieben, weil ihre arrivierten Männer auch in weniger Arbeitsstunden noch genug verdienten, würde man bestaunen wie Fossilien, das heißt, sie wären in Außenseiterrollen gedrängt und würden sich früher oder später anpassen wollen. Junge Mädchen würden sich von vornherein nicht mehr für diesen »Beruf« entscheiden.

In den echten Berufen gäbe es jedoch weder Ganztags- noch Teilzeitarbeit mit »weiblicher Diskriminierung«, sondern nur noch Fünf-Stunden-Arbeit, bei der kein Geschlecht bevorzugt oder benachteiligt wäre. Denn wenn männliche und weibliche Arbeitnehmer im großen und ganzen gleich zuverlässig wären, würde man jeweils den Bewerber mit der besseren Qualifikation bevorzugen – eine andere Haltung könnte man sich in einer freien Wirtschaft gar nicht leisten. Die drei Nachteile der Halbtagsarbeit – daß sie schwer zu finden, schwer zu halten und schwer auszubauen ist – wären dadurch, daß es nur noch solche Arbeit gäbe, aus der Welt geschafft. Übrig blieben die allgemein anerkannten Vorteile einer Teilzeitbeschäftigung.

Daß Frauen unter veränderten Bedingungen auch wirklich arbeiten würden, läßt sich bereits jetzt beweisen. In allen westlichen Industrieländern ist die überwiegende Zahl der Lehrkräfte weiblich – an Grundschulen sogar bis zu neunzig Prozent –, obwohl der Beruf des Lehrers doch eine längere Ausbildungszeit und eine gewisse intellektuelle Neigung voraussetzt. Doch Lehrer haben einen Sonderstatus: Ihre Freizeit – wenn man Schulferien mitrechnet – ist mindestens doppelt so lang wie die der anderen Berufstätigen. Je nach Land und Schultyp absolvieren Lehrer westlicher Industrieländer wöchentlich achtzehn bis zweiunddreißig Unterrichtsstunden à fünfundvierzig Minuten, das heißt dreizehneinhalb bis vierundzwanzig Stunden. Die Zeit, die sie sonst noch in ihren Beruf investieren, hängt weitgehend von ihrem guten Willen und ihrer Routine ab. Die meisten Lehrerinnen lassen sich daher weder durch ihre Kinder noch durch ihren Haushalt von der Berufsausübung abhalten, von allen Frauenberufen gibt es hier die geringste Personalfluktuation. Und da dies so ist, gibt es auch keine »weibliche Diskriminierung«, weder an staatlichen noch an Privatschulen werden männliche Lehrkräfte bevorzugt. Daß dann die Schuldirektoren meist wieder männlich sind, ist darauf zurückzuführen, daß auf dieser Stufe ein zeitliches Engagement verlangt wird, zu dem nur wenige Lehrerinnen bereit sind.

Männer, »die Gesetzgeber«, könnten es sich daher ohne Gefahr leisten, eine generelle, gesetzlich verankerte Arbeitszeitkürzung einzuführen – die Mehrheit der Frauen hätte wohl nichts dagegen einzuwenden. Nach einer entsprechenden Aufklärungskampagne könnten sie die Reform in Einzelheiten vorbereiten.

Doch vielleicht käme der Widerstand von einer anderen Seite? Vielleicht käme er von den Männern?

Nach der Reform wären diese so unabhängig, wie das unter den heutigen Umständen möglich ist, denn außerhalb ihrer kurzen Arbeitszeit wären sie völlig frei und könnten tun und sagen, was sie wollten. Auch am Arbeitsplatz selbst könnten sie mehr riskieren. Denn da von ihrer Unterwürfigkeit nicht mehr die wirtschaftliche und soziale Stellung einer ganzen Familie abhinge, müßten sie sich im Berufsleben auch weniger demütigen lassen. Damit wären berufstätige Männer in dieser Beziehung endlich berufstätigen Frauen gleichgestellt und könnten ihren Vorgesetzten gegenüber genauso selbstbewußt auftreten wie ihre Kolleginnen.

Doch obwohl diese Unabhängigkeit ihre Situation eindeutig verbessern würde, wäre sie nicht von vornherein allen Männern willkommen. Sie sind ja durch ihre Erziehung abgerichtet, ihre ganze Zeit an die Arbeit zu hängen und ihr ganzes Geld an ihre Familie. Plötzlich würde man nun von ihnen verlangen, daß sie beides behalten und daß sie für sich leben sollten statt für andere. Man kann sich vorstellen, daß vor allem die besonders fachkundig manipulierten Männer durch die Aussicht auf soviel Unabhängigkeit in Panik geraten würden. Nach der Gehirnwäsche, der man sie von frühester Kindheit an unterzogen hat, sind sie nur noch dann mit sich zufrieden, wenn sie sich nützlich machen. Zeit für sich selbst zu haben und ökonomisch unabhängig zu sein ist das einzige, was sie wirklich fürchten.

Der größere Widerstand gegen die hier unterbreiteten Vorschläge ist daher weniger von Frauen zu erwarten als vom Produkt ihrer Erziehung, dem dressierten Mann. Jenem Mann, der stets dafür plädiert, daß die Frau unbedingt »Frau bleiben« muß, und damit sagen will, daß sie unbedingt weiterhin das Kind spielen soll, weil er selbst unbedingt weiterhin den Vater bei ihr spielen möchte. Denn für diese Rolle wurde er abgerichtet, sie ist der Sinn seiner Existenz.

Nun gibt es wohl niemand, der ganz ohne Programm existieren kann – irgendeinen »Sinn« für das, was man so tut, wird man sich immer suchen. Glückliche Menschen sind niemals freie Menschen. Wer glücklich ist, ist immer auch an eine fixe Idee gebunden, das heißt, er handelt nach einer politischen, moralischen, ästhetischen, religiösen oder sonstigen Wertskala oder befindet sich zumindest durch Liebe in Abhängigkeit von fremden Maßstäben. Menschen, die wir als »frei« bezeichnen, unterscheiden sich von uns anderen nur dadurch, daß sie sich an ein konträres System klammern. Alle Bindungen, die wir eingehen, wird der »Freie« *systematisch* vermeiden. Wir bestimmen also durch unser Verhalten indirekt auch das seine. Ein »freier« Mann wird eher auf seine Geliebte verzichten, als daß er sie heiratet, und obwohl er damit genau das Gegenteil dessen tut, was er sich im Augenblick wünscht, wird das Befolgen seiner religiösen Grundsätze – er glaubt an die Freiheit – ihn zufriedener machen, als wenn er seiner Sehnsucht nachgibt. Wirklich *frei* wäre er, wenn er keine Ideologie fände, der er sich *freiwillig* beugen möchte. Wenn er an nichts glauben könnte, nicht einmal an die persönliche Freiheit.

Es wäre daher unklug, Männern Freiheit zu versprechen. Erstens könnte man dieses Versprechen nicht einlösen, und zweitens würde man sie mit einem solchen Slogan nur erschrecken. Wenn in diesem Buch von Freiheit die Rede ist, ist daher immer nur die Möglichkeit gemeint, sich dort zu binden, wo man möchte: Der größte Vorteil der Veränderung würde gerade darin bestehen, daß Männer sich enger, häufiger und dauerhafter kompromittieren könnten als bisher, denn ihre unfreiwilligen und meist nur noch materiell bedingten Bindungen – etwa an ungeliebte Ehefrauen, unversorgte Kinder, ausbeuterische Arbeitgeber – wären dann sehr viel seltener als heute.

Natürlich würden sich Männer, wenn sie mehr Zeit und finanzielle Selbständigkeit hätten, noch mehr in Abhängigkeit begeben. Sie würden noch überzeugter ihren politischen Zielen nachjagen, sich noch engagierter vermeintlichen Lebensaufgaben widmen, noch kompromißloser gegeneinander in Wettbewerb treten, und sie würden sich natürlich auch noch leidenschaftlicher verlieben als bisher. Doch im Unterschied zu jetzt wären diese Abhängigkeiten frei gewählt und jederzeit kündbar. Im Unterschied zu jetzt wären sie nur noch so lange Gefangene einer »Aufgabe« oder eines Menschen, wie sie es selbst wünschten. Und in diesem Unterschied – in der Freiheit, einen Glauben aufgeben zu können, sobald man nicht mehr an ihn glaubt – besteht die ganze oft zitierte Menschenwürde. Genau hier verläuft die Grenze zwischen Glück und Unglück.

In seiner heutigen Situation kann der Mann nur einmal entscheiden, wem er seine Freiheit schenken will, und selbst das ist keine wirklich »freie« Wahl. Der Beruf, zu dem er sich aufgrund seiner Erziehung und seines Milieus mit fünfzehn entschließt, und die Frau, die er aufgrund dieses Entschlusses zehn Jahre später zugeteilt bekommt – die sich dann von ihm »erobern« läßt –, bestimmen sein ganzes Leben. Wie sehr er sich im Lauf der Jahre auch verändern mag – egal welcher Beruf und welche Frau ihm mit vierzig, fünfzig oder sechzig gefallen mögen –, sein Schicksal ist besiegelt. Nur die erfolgreichsten Männer können sich aus diesem System retten und erhalten wenigstens bei der Wahl der Partnerin eine zweite Chance.

Doch meist haben sie sich im Kampf um eben diese Chance bereits dermaßen verbraucht, daß es sich eigentlich schon gar nicht mehr lohnt. Und auch Männern, die sich immer wieder für die gleiche Frau entscheiden würden, ist in der heutigen Lage die Freude vergällt. Da sie ohnehin bleiben müßten, nimmt man ihnen jede Möglichkeit, ihr Bleiben zu einem Symbol ihrer Zuneigung zu machen. Nach außen hin leben sie genauso wie die anderen in einer Zwangsgemeinschaft. Daß sie freiwillig bleiben, können eigentlich nur wohlhabende Männer beweisen. Der Mann mit Durchschnittseinkommen kann seine Geliebte durch seine Anwesenheit im Haus nicht ehren, denn er könnte ja ohnehin nicht weg.

Und trotzdem würden sich viele Männer gegen die Reform sträuben. Die neue Unabhängigkeit würde vor allem jene ängstigen, die durch ihre Erziehung besonders gründlich auf die Rolle des Befehlsempfängers vorbereitet wurden oder schon so lange daran gewöhnt sind, daß sie sich etwas anderes gar nicht mehr vorstellen können. Sie wissen, daß es dann niemand mehr gäbe, der ihnen Tag für Tag und Stunde um Stunde vorschreibt, was sie aus ihrem Leben machen sollen. Nicht nur für den kleinen Angestellten, sondern auch und vor allem für den Manager mit dem vollen Terminkalender wäre die Aussicht auf mehr Zeit – Zeit für sich selbst – ein echtes Schreckgespenst. Er kann aufgrund seiner Stellung wohl über andere entscheiden, doch über ihn selbst wird allzeit disponiert. Zumindest während einer Übergangsphase würde sich ein solcher Mann »herrenlos« und darum absolut verloren fühlen.

Es ist daher ratsam zu überlegen, auf welche Weise sich das psychische Trauma mildern ließe, das die Reform wohl oder übel für die meisten Männer mit sich brächte. Die Sache wäre ja irreversibel: Wenn sich die Gefängnistore einmal geöffnet hätten, gäbe es kein Zurück in die Geborgenheit des heutigen Lebensstils. Nur der Reiche hätte das Privileg, die neue Freiheit auszuprobieren und gegebenenfalls zu seiner alten Rolle zurückzukehren: Da hier die Rendite besonders hoch ist, fände sich immer eine Frau, die seine Sklaverei bewundert und wieder das Kindchen für ihn spielt. Die übrigen Männer würden sich wohl oder übel in ihrer Unabhängigkeit einrichten müssen. Ihre Frauen würden sie nicht lange fragen, wie sie mit der neuen Situation zurechtkommen. Wenn sie sie nicht mehr brauchen, werden sie ihnen all die Freiheiten, die sie ihnen im Lauf eines ganzen Lebens mit den subtilsten Methoden abgenommen haben, an einem einzigen Tag zurückgeben.

Denn eines ist sicher: Wenn Frauen für den dressierten Mann keine Verwendung mehr haben, werden sie die Dressur unverzüglich einstellen. Und damit würden die heutigen Maßstäbe für Männlichkeit von selbst hinfällig: Gutmütigen Ehemännern würde nicht mehr erzählt, wie brutal sie ihre Partnerinnen unterdrücken. Strebsamen Heiratskandidaten würde nicht mehr bescheinigt, wie erotisch sie auf Frauen wirken. Wohlsituierte ältere Herren würden nicht mehr erfahren, wie geborgen sich ein junges Mädchen in ihren Armen fühlt. An durchschnittlichen Liebhabern würden nicht mehr überdurchschnittliche Fähigkeiten festgestellt und überdurchschnittlichen würde nicht mehr sexueller Mißbrauch vorgeworfen. All das war notwendig, um Männer zu immer besseren Leistungen zu animieren, ihnen immer neue Zugeständnisse zu entlocken und sie sich ansonsten so gut wie möglich vom Leib zu halten. Nach der Reform würde nicht einmal mehr die hinterwäldlerischste Zeitung schreiben, daß Frauen versklavt in einer »Männergesellschaft« leben und daß Sex die Vergewaltigung eines Schwächeren sei. Denn mit der Einschüchterung der Männer wäre ab sofort niemandem mehr gedient, und deshalb fände sie auch nicht mehr statt.

Zu den schmerzlichen Symptomen des Dressurentzugs – Unsicherheit und Lebensangst – käme daher noch ein weiteres Trauma, und dieses wäre wohl für den Mann am schwersten zu ertragen: die Erkenntnis einer unendlichen Blamage. Denn das ganze Ausmaß der Manipulation, der er heute ausgeliefert ist, wird ihm wohl erst dann bewußt werden, wenn diese einmal ausbleibt. Erst dann wird er wirklich wissen, wie komisch er in seiner Paraderolle wirkte, mit wieviel Souveränität man die Fäden hielt, an denen er seine Kunststückchen vollbrachte, mit wieviel Zynismus seine Partnerin applaudierte, mit wieviel schauspielerischem Können sie die Rolle der Hilflosen spielte. Und er wird wissen, daß er selbst – ähnlich dem Stier, den man in die Arena treibt – von der Stunde seiner Geburt an niemals auch nur die geringste Chance gehabt hatte. Auch wenn es vorübergehend einmal schien, als sei er Sieger – auch wenn bisweilen ein Torero auf der Strecke blieb –, tauchte dann immer wieder ein anderer auf, der das rote Tuch vor ihm schwenkte und ihm zum Schluß unter dem Beifall des Publikums den Gnadenstoß versetzte.

Nach der Reform würde der Dressierte sich eingestehen müssen, daß alle seine bisherigen Anstrengungen umsonst waren. Zum Beispiel hatte er geglaubt, er habe sich mit seinem Fleiß ein Heim geschaffen, doch wenn er nun endlich Zeit hätte, dort zu leben, müßte er feststellen, daß er in diesem Heim nur stört – daß eigentlich kein Platz für ihn vorgesehen ist, da Heime für ihre Bewohner eingerichtet werden, er selbst jedoch als Besucher gilt. Auch hatte er geglaubt, es gäbe Menschen, die zu ihm gehören, doch wenn er nun endlich bei ihnen wäre, müßte er sich damit abfinden, daß zumindest seine Kinder mit ihren Gefühlen längst mit ihrer Mutter verwachsen sind und daß die Auswahl der gemeinsamen Freunde seit einer Ewigkeit von anderen getroffen wurde. Vor allem aber hatte er geglaubt, er sei durch alle seine Mühen wenigstens ein Mann geworden, doch auch das würde sich als Illusion erweisen, weil alles, was einmal als männlich galt, nun nicht mehr männlich wäre, und weil man jetzt ganz offensichtlich etwas anderes von ihm erwarten würde.

Doch was würde man erwarten? Zumindest in diesem Punkt – bei der Suche nach einer neuen Rolle – wären die Frauen den Männern behilflich.

Das zweite Geschlecht

Der weibliche Zuhälter wäre also aus dem täglichen Leben verschwunden. Denn einerseits würden Frauen ohne allzu große Anstrengung ihr eigenes Geld verdienen, und andererseits wären die Gehälter der Männer zu niedrig, als daß es sich noch lohnte, sie abzurichten. Die männliche Hure – der Mann, der seine ganze Kraft und seine ganze Gesinnung zum Nutzen einer Frau dem meistbietenden Firmeninhaber zur Verfügung stellt – käme damit schnell aus der Mode. Denn wenn man ihn nicht mehr zum Geldverdienen bräuchte, würde man endlich daran denken, den Mann seiner eigentlichen Bestimmung zuzuführen und ihn für die Liebe zu entdecken. Und da er im Augenblick für diesen Zweck nur ausnahmsweise geeignet ist, würde er sich selbstverständlich ändern.

Doch in welcher Richtung? Erinnern wir uns, daß Liebe normalerweise nur unter der Voraussetzung intellektueller Ähnlichkeit und äußerlicher Gegensätzlichkeit gedeihen kann, das heißt zwischen Partnern, die sich verstehen, jedoch in Erscheinung und Verhalten möglichst verschieden sind. Das erste Problem – das des intellektuellen Niveaus – könnte nur von den Frauen bewältigt werden. Da man eine geistige Entwicklung nicht willkürlich zurücknehmen kann und sich Einsichten nicht einfach annullieren lassen, könnten die Männer, selbst wenn sie es wünschten, nicht auf Kommando dümmer werden. Frauen jedoch könnten auf Kommando etwas dazulernen, und dank des echten Wettbewerbs, zu dem es dann erstmals auch für sie käme, müßten sie genau das tun. Wenn Frauen sich ihre Dummheit nicht mehr leisten könnten, wären sie früher oder später geistig so flexibel wie ihre Partner, und damit wäre automatisch eine der beiden Voraussetzungen für Liebe geschaffen. Bei der zweiten, weit wichtigeren Voraussetzung käme es jedoch ausschließlich auf die Männer an. Denn bisher sind nur Frauen in ihrem Äußeren – in Kleidung, Mimik und Gebärden – so gegensätzlich wie nur möglich. Nur sie tun alles und oft sogar zuviel, um sich vom virilen Prototyp auf jede erdenkliche Art zu unterscheiden: Da gegensätzlich – weiblich – wirkende Frauen von Männern eindeutig bevorzugt werden, garantiert das eine größere Auswahl. Wenn Frauen ihre Partner nicht mehr wegen ihrer Nützlichkeit, sondern ebenfalls ihrer Gegensätzlichkeit wegen wählten, würden auch Männer so gegensätzlich – so männlich – wie nur möglich werden. Denn wenn Frauen den Streber nicht mehr bräuchten, wenn sie entweder virile Männer nähmen oder keine, würden Männer, die nicht allein bleiben wollen, sich dieser Bedingung anpassen und so werden, daß sie gefallen. Das heißt, daß sich dank des neuen weiblichen Ausleseprinzips beide Partner dann erstmals aus dem gleichen Grund füreinander entscheiden würden: Weil sie sich wegen ihrer Gegensätzlichkeit zueinander hingezogen fühlten – weil sie sich *gegenseitig* begehrten. Wie wir noch sehen werden, würde dies nicht nur die Beziehungen zwischen Mann und Frau, sondern die ganze Sozialstruktur revolutionieren.

Doch worin würden nun diese Eigenschaften bestehen, die Männer für Frauen begehrenswert machen? Es gibt ein paar angeborene Männlichkeitsmerkmale, deren Attraktivität nicht zu leugnen ist: Männer mit breiten Schultern, kräftigen Armen, tiefer Stimme, starkem Bartwuchs werden ihren Geschlechtsgenossen gegenüber immer einen gewissen Vorteil haben, denn sie wirken schon von vornherein ziemlich gegensätzlich zu Frauen. Doch viel wichtiger als die angeborenen sind die erworbenen Eigenschaften. Ein Mann, der den Mann gut spielt – ein gut *gemachter* Mann –, kann einen *geborenen* leicht übertrumpfen. Denn da es sehr wenig wirklich perfekte Männer und Frauen gibt, hat das Heer der Unvollkommenen sich zur Wehr gesetzt und eine Anzahl von Gesetzen für »typisch männliches« und »typisch weibliches« Aussehen und Verhalten erlassen, deren Befolgung das Fehlen angeborener Gegensätze – Mangel an Schönheit – wettmachen kann. Diese Regeln sind inzwischen so sehr Teil unserer Begriffe Männlichkeit und Weiblichkeit geworden, daß ein »Geborener« seine ganze Virilität zerstören kann, wenn er sie nicht beachtet. Ein Lächeln zuviel oder ein falsch gewähltes Kleidungsstück kann ihn so »unmännlich« erscheinen lassen, daß er neben seinem schmächtigen Konkurrenten, der die Regeln beherrscht, nicht die geringste Chance hat. Eine »kalte Schönheit« – eine Frau, die sich keine weiblichen Eigenschaften zulegen mußte, weil sie durch ihr Aussehen ohnehin die Aufmerksamkeit der Männer auf sich zog – hat vor einer weniger schönen, aber »weiblichen« Rivalin – einer gut *gemachten* Frau – bestenfalls einen Vorsprung von zwei Tagen.

Daß Menschen die Fähigkeit besitzen, bestimmte Eigenschaften zu erwerben, bedeutet jedoch auch, daß bis zu einem gewissen Grad jeder jede beliebige Eigenschaft erwerben kann und daß jede erlernbare geschlechtstypische Attitüde nicht nur von Männern, sondern auch von Frauen erlernt werden könnte. Natürlich wird sich eines der beiden Geschlechter aufgrund seiner Konstitution oder seines Hormonhaushalts beim Erlernen einer bestimmten Gangart oder Mimik immer leichter tun als das andere. Doch mit etwas Geduld könnte auch dieses andere Geschlecht sich die Gangart oder Mimik aneignen. Das heißt, man könnte alle Eigenschaften, die wir heute als typisch männlich oder als typisch weiblich bezeichnen, willkürlich über die Geschlechter verteilen, so daß – wäre es erwünscht – ein robuster Mann zart wie ein weiblicher Teenager und dieser draufgängerisch wie ein Raudi wirken könnte.

Nach allem, was man heute weiß, sind Männer – abgesehen von den biologischen Unterschieden – nicht »von Natur aus« so und Frauen »von Natur aus« anders. Selbst Eigenschaften, die noch bis vor kurzem als unbestritten angeboren galten – wie etwa die größere weibliche Sprachbegabung –, werden inzwischen von einigen Forschern als erworben angesehen. So haben Kagan und Levy beobachtet, daß Mütter sich mit ihren kleinen Töchtern ausgiebiger unterhalten als mit ihren kleinen Söhnen und diesen somit unbewußt zu einem Vorsprung verhelfen, der schwer wieder aufzuholen ist. Das bessere räumliche Denkvermögen des Mannes, Bedingung für besseres technisches Verständnis, könnte wiederum auf bestimmte Spiele zurückzuführen sein, die man bei Jungen fördert. Es entwickelt sich nach Beobachtungen von E. Bing auch bei kleinen Mädchen, wenn ihre Mütter sie im gleichen Maß wie ihre kleinen Söhne sich selbst überlassen. Lediglich die größere männliche Aggressivität gilt heute als hormonell bedingt und somit als angeboren. Aus der Sanftheit der Männer, die bestimmten Kulturkreisen oder Sekten angehören, darf man jedoch schließen, daß Aggressivität sich durch ein entsprechendes Training ohne weiteres in Grenzen halten läßt.

Wenn geschlechtstypische Eigenschaften erwerbbar sind, sollte man sie dann mit der Reform nicht gleich auch neu verteilen? Sollte man dann nicht versuchen, nicht nur für Männlichkeit, sondern auch für Weiblichkeit neue Maßstäbe zu setzen, damit keiner je wieder übervorteilt werden kann? Und wenn ja, welchem Geschlecht sollte man dann das eine und welchem das andere der beiden Extreme zuweisen? Sollte man die Männer aggressiv sein lassen oder die Frauen? Sollten die Männer zart und sensibel wirken oder die Frauen? Sollten sich Männer oder Frauen schminken? Sollten sich Männer oder Frauen beim Gehen in den Hüften wiegen? Sollten Männer oder Frauen weinen?

Zum Glück können sich all diese Fragen niemals stellen. Denn auch in diesem Punkt wären wir ja bei der Reform auf den guten Willen der Frauen angewiesen, und diese würden einer Neuverteilung der geschlechtstypischen Qualitäten niemals zustimmen. Was weiblich ist, wissen die Frauen ganz genau. Weiblich ist immer diejenige der beiden extremen Eigenschaften, die sich am leichtesten erwerben läßt und die später die größeren Vorteile bringt.

So ist es zum Beispiel weiblich, wenn man seine Gefühle zeigt – wenn man weint, lacht, schwatzt, kichert, kreischt, wann immer einem danach zumute ist. Selbstbeherrschung macht Mühe, Unbeherrschtheit nicht – und deshalb ist Selbstbeherrschung die männliche Eigenschaft. Nur Künstler dürfen sich wie Frauen gehen lassen – sie sollen es sogar –, denn anders als bei den übrigen Männern werden bei ihnen Emotionen honoriert.

Weiblich ist auch, wenn man sich schminkt, schmückt und extravagant kleidet. Wer sein Aussehen nicht korrigieren kann, ist im Nachteil, und deshalb gelten Ungeschminktheit, Schmucklosigkeit, Einheitsfrisuren und Uniformität der Kleidung als männlich. Frauen können sich schminken oder nicht, sich mit Schmuck behängen oder nicht, ihre Haare lang, kurz, glatt, gelockt, blond oder brünett tragen, mit verschiedenen Absatzhöhen ihre Größe variieren, Hosen oder Röcke tragen, zurückhaltende oder schrille Farben wählen, durchsichtige Stoffe oder Tweed, schlichte Schnitte oder Schleifen und Volants. Ein Mann, der auch nur eine dieser Verwandlungsmöglichkeiten für sich in Anspruch nimmt und zum Beispiel seine Haare färbt oder mit Plateausohlen seine Größe korrigiert, gilt bereits als dermaßen unmännlich, daß er nur dann eine Frau findet, wenn er sie hervorragend versorgen kann.

Auch wer durch Kleidung und Gebärden den Geschlechtstrieb seines Gegenpols mobilisieren darf, ist weiblich. Denn wer begehrt wird, ist im Vorteil, und wer kalt bleibt, bleibt souverän. Auch wenn es sich hier eindeutig um die Betonung ihrer Virilität handelte, wären Männer, die etwa durch ärmellose Kleidung auf eine gut entwickelte Bizepsmuskulatur aufmerksam machen wollten oder durch Schaumstoffeinlagen ein voluminöses Glied vorzutäuschen suchten, in den Augen der Frauen absolut unviril. Herausfordern darf immer nur ein Geschlecht, und dieses ist dann automatisch weiblich. Nur Homosexuelle können es sich leisten, dieses Gesetz zu umgehen. Sie suchen ja keine Frauen, sondern Männer.

Und da man sich passive Qualitäten leichter aneignet als aktive, ist man auch immer dann am weiblichsten, wenn man sich am passivsten gibt. Wenn man sanft, zart, nachgiebig, beeinflußbar und verletzbar wirkt. Denn Aggressivität, Draufgängertum, Konsequenz, Integrität und Selbstsicherheit machen als Charaktereigenschaften die weitaus größeren Schwierigkeiten und bleiben daher den Männern vorbehalten.

Mit anderen Worten: Das bequemere, einträglichere und sympathischere der beiden Extreme ist bereits in festen Händen. Denn während der Mann bei der Arbeit war, hat die Frau die geschlechtstypischen Eigenschaften aufgeteilt und dabei ein für allemal bestimmt, welche ihr selbst gehören. Der neue Mann könnte also nicht so werden, wie er wollte, sondern nur so, wie Frauen nicht sind. Das heißt, er müßte mit jenen Eigenschaften vorliebnehmen, die Frauen für ihn übrigließen, und *männlich* werden, indem er *unweiblich* wird. Denn da die Frau als erste wählen durfte, entschied sie sich natürlich für das vorteilhaftere Extrem. Sie wählte Emotionalität statt Selbstbeherrschung, Vielfalt statt Uniformität, Zurschaustellung statt Verschleierung, Passivität statt Aktivität. Der Mann kann jetzt nur noch ihr Gegenteil werden: das *zweite*, das *andere* Geschlecht.

Frauen würden also nach der Reform in allem, was ihr geschlechtstypisches Verhalten betrifft, zunächst einmal so bleiben, wie sie heute sind. Männer jedoch würden so werden, wie sie heute zu sein glauben. Denn mit einer kräftigen Muskulatur wäre es dann in der Regel nicht mehr getan. Damit ein Mann auf Frauen wirklich männlich wirkte, müßte er sich auch wie ein Mann verhalten. Denn während man bei seinem Versorger tolerant ist und Gesinnungsprostitution lobt, Verrat bestärkt, Indiskretion fördert, Eitelkeit duldet, Selbstgefälligkeit unterstützt, Rührseligkeit ignoriert und weibische Kleidung oder weibisches Gehabe stillschweigend übersieht, würde man seinem Liebhaber solche Qualitäten nicht verzeihen. Männlichkeit bedeutete dann nicht mehr die steile Berufskarriere, sondern physische und psychische Stärke, die durch ein entsprechendes Aussehen und Verhalten ständig neu bewiesen werden müßte. Sobald der Verdacht bestünde, daß Titel oder Beförderung durch Schwäche – übergroße Nachgiebigkeit, Folgsamkeit oder Verrat der eigenen Meinung – eingehandelt worden wären, würden diese Siege sich automatisch gegen den Sieger wenden.

Natürlich könnte der Mann aus dieser Rolle ausbrechen und weiterhin die Qualitäten des Strebers kultivieren, doch falls ihm diese Attitüde nicht sehr viel einbrächte, bliebe er dabei höchstwahrscheinlich mit sich allein. Und selbstverständlich könnten sich Männer nach der Reform auch wie Frauen benehmen – sie könnten ihre Emotionen zeigen, sich schminken und verkleiden –, nur würden sie dann eben keine Frauen finden. Auch wenn es dann vielleicht seltener hieße, »ein richtiger Junge weint nicht«, würde ein »richtiger« Junge immer noch nicht weinen. Ein Mann, der nach jedem Vorwurf in Tränen ausbricht, wäre den meisten Frauen einfach nicht verschieden, nicht unweiblich genug. Heulen dürfte auch nach der Reform nur ein Geschlecht. Welches das sein würde, ist bereits jetzt entschieden.

Dann wären wir also wieder soweit? Dann würden die Frauen die neue Männlichkeit genauso bestimmen, wie sie die alte bestimmt haben? Dann wären die Eigenschaften des freien Mannes genauso von Frauen manipuliert wie die des dressierten? Wo läge hier ein Fortschritt? Wäre das nicht wie in jenen Geschichten des Marquis de Sade, in der der Peiniger sein Opfer nur entkommen läßt, um es eine Weile später an einem anderen Ort genüßlich wieder einzufangen? Genauso ist es. Und dennoch würde es sich lohnen. Denn anders als in den Geschichten des Marquis käme es hier trotzdem zum Happy-End.

Sex zu Dumpingpreisen

Denn dadurch, daß sie sich den Frauen ein letztes Mal auslieferten, hätten die Männer dann zum ersten Mal auch die Frauen in der Hand. Nur der Versorger läßt sich kaltblütig manipulieren: Keine seiner Eigenschaften könnte eine Frau um ihren Schlaf bringen. Ihrem Geliebten gegenüber wären jedoch auch Frauen machtlos. Wenn Männer sich nach der Reform etwas besser zur Liebe eigneten, würden sie auch Leidenschaften erwecken, und wenn sie begehrenswerter wären, würde man sie auch tatsächlich begehren. Das heißt, die Frauen würden ihre Liebe nicht mehr spielen, sie würden sie empfinden. Auf diese Weise wäre dann erstmals die Macht gleichmäßig verteilt. Männer wären zwar nach wie vor den Frauen verfallen, aber diese endlich auch den Männern.

Eine erste praktische Auswirkung dieser neuen Situation wäre die Aufhebung der Preisbindung für die Benutzung der weiblichen Vagina. Denn wenn Männer und Frauen sich *gegen-*

seitig begehrten, gäbe es keinen Grund mehr dafür, daß ein Geschlecht für Sex bezahlt und das andere sich bezahlen läßt. Wenn die Mehrzahl der Frauen sich nur noch mit Männern einließe, die sie liebte, wäre Sexualität, die ja ein Teil der Liebe ist, in der Regel gratis. Wenn sich nach der Reform Frauen genauso freizügig zur Verfügung stellten, wie dies heute Männer tun, und wenn diese dank des geringeren Berufsstreß dann auch Zeit und Energie hätten, um sich ihren Leidenschaften zu widmen, so hätte das auf gesellschaftlicher Ebene folgende Konsequenzen:

a) *Rückgang des Bordellwesens:* Durch das veränderte Sexualverhalten der sogenannten anständigen Frauen wären die sogenannten unanständigen früher oder später arbeitslos. Dies wäre die einzige Möglichkeit, das blühende Bordellwesen westlicher Industrieländer gewaltlos zu beseitigen. Das Trauma, das hier durch die geschäftstüchtige Zurückhaltung der bürgerlichen Frauen sowohl einer weiblichen Minderheit als auch der männlichen Mehrheit entsteht, wäre damit aus der Welt geschafft. Dies würde auch den bürgerlichen Frauen Vorteile bringen. Denn auch wenn er dies hinter einer draufgängerischen Attitüde verbirgt, weiß doch jeder Mann, der ein Bordell aufsucht, daß Frauen ihn entweder so uninteressant oder so abstoßend finden, daß er dafür bezahlen muß, um eine von ihnen berühren zu dürfen. Der Gang zur Prostituierten ist daher immer mit einer Demütigung verbunden, für die der Mann sich früher oder später an anderen Frauen rächen wird.
b) *Rückgang der »ehelichen Verfehlungen«:* Frauen, die mit Männern verheiratet sind, die sie nicht begehren, revanchieren sich für den Verlust an sexueller Befriedigung durch Märtyrergehabe, Herrschsucht oder Untreue. Frauen, deren Männer als Folge beruflicher Überlastung weder Zeit noch Kraft für Sexualität aufbringen, werden ebenfalls früher oder später ihr Glück bei einem andern suchen. Männer, die von ihren Frauen nicht begehrt werden, müssen sich logischerweise nach einem neuen Sexpartner umsehen. Da nach der Reform Ehepartner sich gegenseitig begehren würden, wären sie sich auch treuer als bisher.
c) *Rückgang der Sexualdelikte:* Daß durch eine neue weibliche Freizügigkeit Männer seltener als bisher in Versuchung kämen, sich sexuelle Kontakte mit Gewalt zu verschaffen, liegt

auf der Hand. Vor allem das häufige Delikt der »ehelichen Vergewaltigung« würde mit der Reform zurückgehen. Hierzu kommt es, weil ein Mann, der Nacht für Nacht neben einer Frau schlafen muß, die sich ihm verweigert, beinahe zwangsweise irgendwann die Beherrschung verliert. *Er* hat sie ja geheiratet, weil er sie begehrte. Durch gegenseitiges Verlangen wäre die Ursache des Delikts beseitigt. Die Frau selbst würde auf die naheliegende Idee kommen, mit dem Mann zu schlafen, der bei ihr im Bett ist.

d) *Senkung der weiblichen Frigiditätsquote:* Alle Untersuchungsergebnisse deuten darauf hin, daß bei Partnern, die sich gegenseitig begehren, der sexuelle Appetit gleich groß ist. Eine frigide Frau ist daher entweder sexuell abnormal veranlagt, oder sie hat den falschen Partner: Sie hat aus Opportunismus einen Beschützer geheiratet – einen »Vater« – oder aus Mitleid einen Schützling – ein »Kind«. Es ist keine Krankheit, wenn sie mit keinem dieser Wahlverwandten schlafen will. Eine Frau mit Orgasmusschwierigkeiten braucht daher auch keine Psychoanalyse, sondern einen Mann. Durch ein neues Partnerwahlprinzip bekäme sie ihn.

c) *Sex ohne Service:* Entgegen den Befürchtungen der Männer würde sich trotz des verstärkten weiblichen Begehrens in der Regel bei der Frau kein aggressives Sexualverhalten entwikkeln. Da die Lust beider Partner davon abhängt, ob es der Frau gelingt, den Mann zu provozieren, würden sich sexuell interessierte Frauen stets so verhalten, daß sie ihrem Ziel möglichst nahe kämen. Dies könnte im einen Fall durch Aggressivität, im andern durch Passivität geschehen und hinge stets von den Präferenzen des männlichen Partners ab. Sex würde also aus biologischen Gründen im großen und ganzen jeweils so stattfinden müssen, wie es dem Mann gefällt. Der Nahkampf um den weiblichen Orgasmus, mit dem sich heutzutage Männer bei Frauen, die es gratis tun, eine Wiederholung des seltenen Vergnügens zu sichern suchen, dürfte damit der Vergangenheit angehören. Der für den Mann so demütigende Service nach Gebrauchsanweisung käme endgültig aus der Mode.

f) *Aufhebung der Trennung von Sex und Liebe:* Die besondere Nomenklatur, die eine sexuelle Leidenschaft heute zu etwas Minderwertigem abzustempeln sucht – zu »nur Sex« –, würde ebenfalls verschwinden. Sie ist nur notwendig, solange die Ehefrau als Schutzobjekt gesehen wird, das wegen einer neuen Liebe nicht im Stich gelassen werden kann. Nach der Reform wäre der Mensch, mit dem man am liebsten schläft, immer auch der, den man am meisten liebt. Mit einer großen neuen Leidenschaft wäre auch jeweils eine neue Gemeinschaft möglich. Denn da es zwischen Mann und Frau keine materiellen Abhängigkeiten mehr gäbe, müßte man auch nicht mehr aus Mitleid oder Pflichtbewußtsein bleiben. Zumindest in der Mittel- und Unterschicht wäre Liebe der einzige Heiratsgrund, und das Ende einer Liebe wäre der einzige Grund zur Scheidung. Soweit es nicht aus biologischer Unzulänglichkeit oder aus Altersgründen erfolgte, wäre das Ende der tätigen Liebe immer auch das Ende der Liebe selbst.

g) *Blondinen werden teurer:* Die Tatsache, daß man Liebe nicht mehr kaufen muß, würde auch bedeuten, daß man sie nicht mehr kaufen kann. Für den Mann »in den besten Jahren« hätte dies unangenehme Folgen. Wenn er nicht sehr viel verdiente, könnte er sich eine bedeutend jüngere Frau oder Freundin nicht mehr leisten. Denn wenn diese ohne allzu großen Streß auch anderweitig zu Geld käme, würde sie selbstverständlich lieber mit Männern ihres Alters schlafen. Damit würde man sich endgültig von der Vorstellung trennen, daß ein Mann durch seine sexuelle Erfahrung für Frauen attraktiver wird. Er wird durch sein Gehalt oder seinen Status attraktiv, und diese sind in der Regel kurz vor der Pensionierung am höchsten.

Weiblichkeit wird weiblicher

Während die Frauen die Männer auf ein neues Rollenverhalten festlegten, wären aber auch sie selbst immer mehr auf ihre weibliche Rolle fixiert. Denn sie würden ja den Männern, die sie sich nach ihrem Wunschbild geschaffen haben, auch ihrerseits zu gefallen suchen – sie würden nicht nur lieben, sondern auch wiedergeliebt sein wollen. Auch Frauen würden also immer mehr so werden, wie sie beim andern Geschlecht die größeren Chancen haben: Eine Vermännlichung des Mannes würde eine Verweiblichung der Frau bedingen. Dank einer Erotisierung der zwischenmenschlichen Beziehungen, die es in diesem Maßstab wohl noch nie gegeben hat, wären die Regeln für geschlechtstypisches Verhalten absoluter und zuverlässiger als je zuvor. Was ein »richtiger« Mann und eine »richtige« Frau ist, wüßte man wieder ganz genau.

Das klingt zunächst beängstigend, denn alle Bemühungen laufen ja derzeit darauf hinaus, Rollenzwänge abzubauen und der Individualität einen möglichst großen Spielraum zu geben. Diese Forderung geht jedoch an der Wirklichkeit vorbei, denn sie berücksichtigt nicht, daß eine Gesellschaft ohne solche Zwänge überhaupt nicht existieren kann. Wer genau hinsieht, wird beobachten, daß sich überall dort, wo man für Entfaltung von Individualität sorgt, sofort wieder neue Verhaltensmuster bilden – wo man zunächst ein Maximum an Toleranz vermutet, findet man schließlich nichts weiter als neue Stereotypen. Im Studentenmilieu westlicher Großstädte gilt ein Mädchen heutzutage bereits als hinterwäldlerisch, wenn es nicht zumindest mit sporadischen lesbischen Erfahrungen prahlen kann, und ein orthodoxer Heterosexueller, der in der künstlerischen Avantgarde Fuß fassen wollte, müßte seine altmodische Vorliebe für Frauen zumindest so lange verheimlichen, bis dort die sexuelle Nostalgie in Mode kommt. Daß auch im bürgerlichen Milieu Frauen sich heute zuweilen wie Männer und Männer wie Frauen geben, liegt nicht an einem Abbau der Rollen, sondern am Abbau der Gesetze, die außenseiterisches Benehmen unter Strafe stellen. Doch solche Personen werden vom Geschlecht, das sie kopieren, immer als gleichgeschlechtlich betrachtet. Man hat an ihnen nicht das geringste erotische Interesse.

Rollenzwänge können daher zwar verändert, aber nicht aufgehoben werden. Man könnte wohl auf andere Weise männlich oder weiblich sein, ein Angleichen der Geschlechterrollen liegt jedoch absolut außerhalb des Möglichen. Eine Gesellschaft ohne allgemein anerkannte Verhaltensnormen wäre schon deshalb nicht denkbar, weil es ohne solche Normen weder Gruppen- noch Selbstbewußtsein gäbe, weil man dann weder ein Gefühl von Geborgenheit noch ein Gefühl von Individualität haben könnte. Man muß wissen, wie es die Allgemeinheit macht, damit man es entweder genauso oder anders machen kann. Dies ist nicht nur aus psychologischen Gründen notwendig: Durch das Einhalten allgemeiner Verhaltensnormen beschützt man die Art, und durch das Abweichen von diesen Normen beschützt man sich selbst. Ohne das Bewußtsein, in einigen Punkten anders zu sein oder zu handeln als die Masse – ohne Selbstbewußtsein –, hätte man auch keine Lust, für sich zu sorgen. Man wüßte gar nicht, daß es einen gibt.

Rollenzwänge zerstören also nicht die Individualität, sondern ermöglichen sie erst. Zur Persönlichkeit wird man nicht, indem man tut, was man gerade will, sondern indem man alles auf eine ganz bestimmte Art und Weise tut, indem man alles anders macht. Vor allem Menschen mit besonders großem Geltungsbedürfnis – mit besonders geringem Selbstbewußtsein – brauchen gesellschaftliche Zwänge, denn erst der Verstoß gegen die Normen der andern oder deren Übererfüllung ermöglicht es ihnen, sich von der Allgemeinheit abzusetzen und etwas Besonderes zu werden: Sünder, Verbrecher, Revolutionär, Heiliger, Genie. Doch auch die weniger Ehrgeizigen könnten ohne Regeln nicht leben. Leute, die sich nicht um die Meinung der Leute kümmern, gibt es nicht. Wer erlebt, daß sein Verhalten weder Lob noch Tadel provoziert und seine Handlungen ohne Echo bleiben, erlebt seinen eigenen Tod. Die vorübergehende Liberalisierung gesellschaftlicher Verhaltensregeln ist daher stets durch ein Ansteigen der Selbstmordrate gekennzeichnet, denn dieser Schritt ist hier manchmal die letzte Möglichkeit, einer allzu toleranten Umwelt ein Urteil abzuringen. Selbstmord ist der Versuch, durch eine spektakuläre Tat noch einmal lebendig zu werden.

Der Individualismus ist daher nicht durch Rollenzwänge bedroht, sondern überall dort, wo Außenseiter mit Gewalt dazu gebracht werden, sich der Masse anzugleichen. Wer eindeutige Verhaltensnormen begrüßt, muß daher gleichzeitig dafür sorgen, daß anders Denkende und anders Handelnde nicht verfolgt werden können. Starre Geschlechterrollen sind erst dann unmoralisch, wenn sie dazu benutzt werden, dem eigenen Geschlecht Privilegien zuzuschanzen. Wer für eine Erotisierung der Mann-Weib-Beziehungen eintritt, muß deshalb auch darauf achten, daß kein Geschlecht durch sein geschlechtstypisches Verhalten übervorteilt werden kann. Gegen ein Rollenverhalten, mit dem keiner dem anderen schadet, ist jedoch nichts einzuwenden. Wenn Frauen durch ein kindliches Gehabe keine materiellen Vorteile mehr hätten, könnte man sie so kindlich sein lassen, wie sie wollten. Wenn sie durch ihre Tränen wohl den männlichen Beschützertrieb mobilisieren könnten, dies jedoch im täglichen Leben keinerlei Konsequenzen hätte – denn wovor sollte ein Mann eine erwachsene, berufstätige Frau in unserer westlichen Welt beschützen können: vor Kriegen, vor Wirtschaftskrisen? –, könnte man sie ruhig heulen lassen.

Sie würden ohnehin bald wieder aufhören. Da Mitleid den Sextrieb ihrer Partner lahmlegt, würden Frauen nur noch so lange weinen, wie man sie nicht allzusehr bedauert. Sobald ihre Emotionen nicht mehr den Eindruck von Weiblichkeit, sondern den von Kindlichkeit vermitteln, würden sie sich von selbst bremsen. Denn im Unterschied zu heute würden sie dann ja nicht mehr die Töchter, sondern die Frauen ihrer Männer sein wollen – sie würden nicht mehr Väter suchen, sondern Liebhaber. Sie würden also hauptsächlich auf die sexuelle Liebe der Männer spekulieren und deren Nächstenliebe so gut wie möglich auf Kinder, Alte, Kranke und andere Hilfsbedürftige ablenken.

Und so wie mehr Weiblichkeit eine Zensur der Emotionalität bedeuten würde, könnte auch bei anderen weiblichen Eigenschaften das Mehr von nun an in einem Weniger bestehen. Daß Frauen nach der Reform immer femininer würden, hieße zum Beispiel nicht, daß sie sich dann noch mehr maskieren würden – also noch abenteuerlicher kleiden, noch auffälliger schminken, noch penetranter parfümieren und noch mehr mit Schmuck behängen würden als heute. Im Gegenteil: Eine Akzentuierung der Geschlechterrollen könnte sich hier gerade in Zurückhaltung ausdrücken. Mehr Weiblichkeit könnte auch in der Rückkehr zu einer gewissen Art von »Natürlichkeit« bestehen.

Dadurch, daß man seinem Mann heute nach der Geburt der Kinder eigentlich nicht mehr gefallen muß – und da kein erotisches Interesse vorhanden ist, auch nicht will –, konnte die weibliche Rolle vor allem bei Frauen gutverdienender Männer immer mehr »entarten«. Diese Auswüchse einer scheinbaren Rollenerfüllung wären durch die Reform beschnitten. All die einsamen Maskenbälle, die Frauen heutzutage für Frauen inszenieren und die ihre Ehemänner wie höhere Gewalt ertragen, wären in einer Welt, in der Frauen sich für ihre Männer und nicht für ihre Freundinnen zurechtmachten, überflüssig. Man würde sich nur noch so weit verkleiden wollen, daß man von seinem Mann auch bei unverhofften Begegnungen wiedererkannt wird, und sich nur noch so schminken, daß er sich bei seinen Umarmungen – an denen man ja nun interessiert wäre – nicht allzusehr beschmiert. Natürlich würde man weiterhin zuweilen Männerkleidung tragen. Doch nur, um den Unterschied zwischen einem Mann und einer Frau durch die Ähnlichkeit der Kluft herauszustellen, und nicht, um ihn zu verbergen.

Und auch das andere Extrem, die Frau des »Versagers«, die sich wie zur Strafe für dessen beruflichen Mißerfolg im Lauf der Jahre immer mehr gehenläßt, wäre nach der Reform nicht mehr möglich – die Schlampe käme genauso aus der Mode wie die Maskierte. Durch eine totale ökonomische Unabhängigkeit von Mann und Frau wäre die Leibeigenschaft aufgehoben: Jeder könnte jedem jederzeit davonlaufen. Wer den anderen zum Bleiben veranlassen wollte, müßte vor allem dafür sorgen, daß er von ihm geliebt wird: Er müßte sich so männlich oder so weiblich wie nur möglich gebärden.

Männerberufe – Frauenberufe

Eine der interessantesten Folgen der Betonung der Geschlechterrollen wäre jedoch deren Auswirkung auf die Berufstätigkeit von Mann und Frau. Denn der vor allem vom Mann gefürchtete berufliche Konkurrenzkampf bliebe gerade durch eine Reform, nach der die Geschlechter gleichmäßig am Erwerbsleben teilnähmen, aus. Berufe bieten hervorragend Gelegenheit, das geschlechtstypische Rollenverhalten noch weiter auszubauen – noch männlicher oder noch weiblicher zu werden –, und es wäre seltsam, wenn man sich diese entgehen ließe.

Daß der Beruf den Menschen prägt, ist allgemein bekannt. Richter, Politiker, Lehrer, Vertreter oder Schneider nehmen überall auf der Erde die gleiche, durch die Art ihrer Aufgabe bestimmte Haltung an und ähneln sich daher in ihrem Auftreten so sehr, daß man den Beruf eines Fremden oft schon an Äußerlichkeiten erraten kann. Obwohl zum Beispiel zwischen Frankreich und Brasilien geographisch und intellektuell gesehen ganze Welten liegen, wird man in einem französischen Film einen Fernfahrer oder eine Kindergärtnerin auf die gleiche Weise charakterisiert finden wie in einem brasilianischen. Selbst wenn sich bei stark reduzierter Arbeitszeit die berufstypische Haltung weniger ausprägte als heute, blieben doch noch genügend Anhaltspunkte, um einen Menschen zumindest teilweise durch seinen Beruf zu porträtieren.

Dies setzt weitere Akzente im männlichen und weiblichen Rollenverhalten. Denn, wie bereits gesagt, geschlechtstypische

Eigenschaften sind weitgehend willkürlich. Als Mann oder Frau wird man nicht geboren, sondern programmiert. Indem man auch die berufstypischen Eigenschaften zu geschlechtstypischen umfunktioniert, kann man Männlichkeit und Weiblichkeit noch mehr nuancieren. Denn wenn ein Beruf in der Regel vom männlichen und ein anderer in der Regel vom weiblichen Geschlecht ausgeübt wird, dann kann man durch die Wahl der einen oder anderen Tätigkeit auch seine erotische Anziehungskraft steigern. Wenn fast alle Fernfahrer Männer und fast alle Kindergärtner Frauen sind, dann wird einem ein Mann, der mit dem Beruf des Fernfahrers nach und nach auch dessen Attitüde übernimmt, noch viriler erscheinen, und eine Frau, die als Kindergärtnerin arbeitet, noch femininer. Umgekehrt jedoch wird jemand, der in einem geschlechtsfremden Beruf arbeitet und damit in gewisser Weise eine »unmännliche« oder »unweibliche« Haltung auf sich überträgt, an erotischer Anziehung einbüßen.

Über solche Konventionen kann man sich hinwegsetzen: Homoerotische und geschlechtsneutrale Menschen, oder solche von besonderer Begabung für ein bestimmtes Metier, könnten und würden gerade in nichtgeschlechtsspezifischen Berufen reüssieren. Wer den Drang verspürte, sich auf eine ganz bestimmte Art zu betätigen, oder einen geschlechtsfremden Beruf gerade dazu benutzen wollte, das erotische Interesse seines eigenen Geschlechts zu mobilisieren, könnte dies in einer Gesellschaft, in der alle Berufe beiden Geschlechtern offenständen, auch tun. Es ist sogar anzunehmen, daß in jeder Branche einige der Spitzenpositionen von Mitgliedern des konträren Geschlechts besetzt wären. Personen, bei denen der Drang und das Talent zu diesem Beruf so groß waren, daß ihnen jedes Rollenverhalten gleichgültig wurde, und die eben wegen dieser besonderen Begabung auch leicht aufstiegen. Freilich müßten diese Personen auf eine erotische Ausstrahlung weitgehend verzichten. Wenn zum Beispiel Landesverteidigung ein männliches Spezialgebiet bliebe, dann könnte eine Frau in der Regel nicht als Wehrexperte *und* als Frau Karriere machen. Wenn Mode ganz in weibliche Regie überginge, dann könnte ein Mann nicht zugleich als Couturier *und* als Mann erfolgreich sein. Das wäre jedoch nicht tragisch, denn nach ihrer eigenen Wertskala – falls sie die der Mehrheit hätten, würden sie sich ja anders entscheiden – werden diese Außenseiter dafür durch ihre Tätigkeit entschädigt. Homoerotiker wären ohnehin auf den Applaus des anderen Geschlechts nicht angewiesen.

Diese Aufteilung in Männer- und Frauenberufe wäre übrigens kein Novum, sondern lediglich eine Verdeutlichung der jetzigen Zustände. Denn die Berufstätigen heute haben bereits eindeutige Zeichen gesetzt, welche Berufe sie als männlich und weiblich gelten lassen. Es gibt zwar in jeder Branche ein paar Außenseiter – es gibt weibliche Bauarbeiter und Piloten, männliche Hebammen und Kindergärtner –, doch diese sollen durch ihr Beispiel eigentlich nur beweisen, daß jeder alles kann. Auf die »Eroberung« des geschlechtsfremden Berufes wird man freiwillig verzichten. Gerade in den Jahren, in denen er seine Berufswahl trifft – während der Pubertät –, ist das erotische Interesse eines Menschen am größten. Er wird daher auf die sexuelle Valenz, die er sich mit einer geschlechtstypischen Tätigkeit verschaffen kann, noch weniger verzichten wollen als zu jedem anderen Zeitpunkt. Ob das nun für ihn gut ist oder nicht, ist eine überflüssige Frage – wo immer sich im Leben eine Gelegenheit bietet, das Gegensätzliche an Mann und Frau noch stärker herauszustellen, wird die Mehrheit sie sich zunutze machen. Mit Aufklärung ist da wenig auszurichten, denn sobald dieses Gesellschaftsspiel einen bestimmten Sektor erfaßt hat, ist es für jede Gegenmaßnahme zu spät: Wer geliebt werden will – also jeder –, spielt es mit. Die Alternative, falls es überhaupt eine gäbe, wäre eine Welt ohne Erotik. Eine Welt, in der Liebe Freundschaft oder Nächstenliebe wäre und das, was zwischen Mann und Frau geschieht, eine sexuelle Perversion. Man muß nicht lange überlegen, um zu entscheiden, welcher der beiden Welten man den Vorzug gibt, zumal sich auch in einem Milieu mit ausgeprägtem Rollenverhalten noch immer genug Gelegenheit für Sympathie und Altruismus bietet.

Falls als Folge der Verdeutlichung der Geschlechterrollen nicht ohnehin eine Trennung der Berufe einträte, müßte man die Tätigkeiten von Mann und Frau im Interesse der Chancengleichheit voneinander trennen. Um in einem Metier aufsteigen zu können, muß man die Möglichkeit haben, sein geschlechtstypisches Verhalten vorübergehend auf Eis zu legen. Das heißt Frauen müssen sich zum Beispiel »unweiblich« aggressiv, Männer »unmännlich« nachgiebig zeigen können. In Gegenwart des anderen Geschlechts ist dies oft schwierig. Statt aggressiv zu reagieren, wie es für ihr berufliches Fortkommen nötig wäre, wird sich eine Frau, die »Frau bleiben« will, ihren männlichen Kollegen gegenüber häufig unangebracht passiv und sanft geben. Statt einen Befehl seines weiblichen Vorgesetzten ordnungsgemäß auszuführen, wird ein Mann, der durch weibliche Bevormundung seine Virilität gefährdet sieht, sich unter Umständen seinem Auftrag grundlos widersetzen. Die wenigen Außenseiter, die nach der Reform in geschlechtsfremden Berufen anzutreffen wären, müßte man in diesem Sinn nicht fürchten. Da sie häufig entweder geschlechtsneutral oder homoerotisch wären, könnte man sich in ihrer Gegenwart ohne Hemmung seiner geschlechtstypischen Attitüde entledigen. Das Verhältnis zwischen Vorgesetzten und Untergebenen wäre so frei von Erotik wie das Milieu einer Herren- oder Damensauna.

Aber nicht nur im Interesse der Chancengleichheit der Geschlechter bräuchte man eine solche Aufteilung der Berufe, sondern auch im Interesse gleicher Aufstiegschancen innerhalb der Geschlechter selbst. Erotik kann ja im Beruf nicht nur Nachteile, sondern auch Vorteile bringen. All jene besonders attraktiven Frauen, die man heute in den Betrieben kaum antrifft, weil sie von Männern so besonders gerne ausgehalten werden, wären dann ja ebenfalls am Erwerbsleben beteiligt und würden in einer geschlechtlich heterogenen Berufswelt natürlich von ihren männlichen Vorgesetzten unverhältnismäßig gefördert werden. Auffallend virile Männer wiederum würden ihre weiblichen Chefs – vielleicht die gleichen, die vorher von männlichen Leidenschaften in diese Position katapultiert wurden – ebenfalls zu emotional motivierten Beförderungen verleiten. Da zum Wohl der Wirtschaft oben jedoch nicht die Schönsten, sondern die Besten sein sollten, wäre dies nicht nur ungerecht, sondern auch unrentabel.

Mit anderen Worten: Männer und Frauen würden die Trennung der Berufe nicht nur wollen, sondern sogar brauchen. In bezug auf die geschlechtstypische Verteilung selbst wären jedoch nach der Reform keine großen Überraschungen zu erwarten. Dadurch, daß in westlichen Industrieländern heute bereits etwa vierzig Prozent der Frauen arbeiten – wenn auch ein großer Teil nur stundenweise –, sind die sexuellen Fronten ziemlich genau abgesteckt. Berufe, in denen es schon heute eine weibliche Mehrheit gibt, würden mit Ausnahme einiger Positionen total weiblich werden, und solche, in denen während der letzten Jahre ein deutliches Vordringen der Frauen zu beobachten war, würden nach und nach ebenfalls in weibliche Regie übergehen.

Dieser Wandel käme jedoch ganz ohne Gewaltmaßnahmen. Da Männer – zu Recht – befürchten würden, wegen ihres Berufs für »unmännlich« gehalten zu werden, sobald dort zu viele

Frauen auftauchten, würden sie diesen verlassen wie Ratten ein sinkendes Schiff. Diese »Flucht« würde jedoch nicht durch eine plötzlich einsetzende Kündigungswelle vor sich gehen, sondern ganz einfach durch Ausbleiben männlicher Nachwuchskräfte. Während die in dem Zweig bereits etablierten Männer aufgrund ihres Dienstalters oder ihrer Kenntnisse meist in höhere Stellungen avancierten – Vorgesetzter in einem Frauenberuf zu sein, wäre in dieser Übergangsphase noch nicht »unmännlich« –, würde der Unterbau immer mehr von Frauen erobert, bis diese nach »Herauswachsen« der männlichen Arbeitskräfte den ganzen Beruf oder die ganze Branche okkupierten. Dies war auch in der Vergangenheit nicht anders: Alle heutigen Frauenberufe waren ja zu irgendeiner Zeit einmal Männerberufe. So gab es zum Beispiel in keinem Kontor weibliche Angestellte und an keiner Schule weibliche Lehrer, während heute in westlichen Industrieländern bereits siebzig bis achtzig Prozent der Büroangestellten und Lehrer Frauen sind. Irgendwann wäre diese Verdrängung der Männer abgeschlossen, denn mehr als die Hälfte aller Berufe könnten die Frauen ja nicht beanspruchen. Spätestens zu diesem Zeitpunkt wären Männer- und Frauenberufe dann eindeutig definiert.

Welche Berufe oder Branchen nach der Reform vorwiegend männlich oder weiblich wären, läßt sich bereits jetzt voraussagen. Denn die Frauen, die ja die Macht haben und deshalb auch hier wieder bestimmen würden, was männlich und weiblich ist, würden sich für ihren Beruf nach folgenden Kriterien entscheiden:

1. Weiblich wäre der weniger anstrengende Beruf

Bei den ungelernten Tätigkeiten würden Frauen noch weiter in jene Sparten vordringen, in denen man sich körperlich weniger verausgabt. Bei leichterer Fabrikarbeit – vorwiegend am Fließband also –, bei der Gebäudereinigung, beim Verkaufspersonal träfe man fast ausschließlich Frauen, während die körperlich schwereren Arbeiten in den Fabriken, an Hochöfen, in Gießereien, auf Baustellen, in der Landwirtschaft, bei Transportunternehmen, Müllabfuhr und Straßenreinigung eine Domäne der Männer blieben.

2. Weiblich wäre der weniger gefährliche Beruf

Risikoreiche Berufe blieben auch nach der Reform Männersache: Polizisten, Bergarbeiter, Ärzte in Nervenheilanstalten, Mitglieder von Rettungsmannschaften und Notdiensten wären im allgemeinen Männer.

3. Weiblich wäre der weniger unsympathische Beruf

Tätigkeiten, durch die man sich ein allzu brutales oder kaltblütiges Image geben könnte, würden von Frauen gemieden: Schlächter, Jäger, Pelztierzüchter, Bestattungsunternehmer, Staatsanwälte und Gerichtsvollzieher wären Männer. Und obwohl Frauen gerade für den Beruf des Chirurgen durch Nähen und Handarbeit frühzeitig trainieren, bliebe auch dieses zum Frauenberuf prädestinierte Metier eine hauptsächlich männliche Angelegenheit.

4. Weiblich wäre der weniger abstoßende Beruf

Tätigkeiten, die die Mehrheit als unappetitlich oder ekelerregend empfindet, blieben auch nach der Reform Männerreservate: Leichenbeschauer, Angestellte der Morddezernate, Müllverwerter, Kloakenreiniger, Fachärzte für Proktologie, Haut- und Geschlechtskrankheiten, pathologische Anatomie und Gerichtsmedizin wären auch nach der Reform Männer. Da Frauen hier nicht zu ersetzen sind, wäre die einzige weibliche Tätigkeit dieser Art nach wie vor die der Toilettenfrau.

5. Weiblich wäre der weniger mobile Beruf

Handelsvertreter, Fernfahrer, Schiffs-, Flugzeug- und Bahnpersonal wären hauptsächlich männlich. In der Personenbeförderung fände man im Nahverkehr meist Frauen, im Fernverkehr meist Männer. Wo Taxifahrer gefährdet sind, wären sie männlich, andernorts weiblich. Da der Glamour der Flughosteß in dem Maß verblaßt, wie der Massentourismus zunimmt, wären auch hier bald immer mehr Männer.

6. Weiblich wäre der weniger zeitraubende Beruf

Während bei zeitlich schwer regulierbaren, sogenannten selbständigen Tätigkeiten weiterhin Männer dominierten, gäbe es bei Beamten und Angestellten immer mehr Frauen. Büros, Banken, Behörden, staatliche und private Institute hätten also, sofern man für ein Ressort nicht »typisch männliche« Kenntnisse bräuchte, vorwiegend weibliches Personal und auch eine vorwiegend weibliche Personalleitung. In Gerichtssälen und Krankenhäusern würden auch in höchsten Ämtern Frauen überwiegen, während sich unter frei praktizierenden Juristen und Ärzten nach wie vor mehr Männer befänden. Auch Parteipolitiker wären aus diesem Grund überwiegend Männer, während bei zeitlich regulierbaren politischen Tätigkeiten – soweit für sie nicht »typisch männliche« Kenntnisse erforderlich wären – die Frauen in der Mehrheit wären. In allen Ämtern, in denen man auf Erfolgs- oder Provisionsbasis arbeitet, gäbe es also mehr Männer, und überall dort, wo man mit zwar niedrigeren, aber regelmäßigen Einkünften und festen Stundenplänen rechnen kann, mehr Frauen.

7. Weiblich wäre der weniger einsame Beruf

Da Tätigkeiten, in denen man viel menschlichen Kontakt hat, im allgemeinen begehrter sind, würden Frauen sich unter Berufen, die eine längere Ausbildung voraussetzen, jene reservieren, in denen man unmittelbar mit oder an Menschen arbeitet, ohne daß die Tätigkeit besonders gefährlich, unappetitlich, unsympathisch oder zeitraubend wäre. Erziehungs- und Sprachwissenschaften, Journalismus, Medizin, Pharmakologie, Jura, Psychologie, Sozialfürsorge, Theologie wären also eher weibliche Tätigkeiten, während Wirtschaftswissenschaften, Technik, Mathematik, Architektur, Biologie, Physik, Chemie, Philosophie, Geschichtsforschung usw. hauptsächlich den Männern überlassen blieben.

Im *Erziehungswesen* etwa läge der Unterricht in Kindergärten und an Grundschulen fast ganz in weiblicher Hand, während an höheren Schulen die einzelnen Fächer je nach Disziplin entweder von Männern oder Frauen gelehrt würden. Ein Teil dieser »Männerfächer« würde allerdings noch an jene Frauen gehen, die sich zunächst durch ein Studium auf einen geschlechtsfremden Beruf – etwa Mathematik – vorbereiten, später jedoch durch Ausübung eines Lehramts weibliche Valenzen zurückerobern wollen. Schuldirektoren wären an Grundschulen in der Regel weiblich, an höheren Schulen männlich oder weiblich, während bei den Schulbehörden – wo es ja wieder mehr um allgemeine Erziehungsfragen geht – das weibliche Personal überwiegen würde. Diese Dominanz der Frauen im Erziehungswesen würde sich bis in die entsprechenden Ministerien fortsetzen. Da Kinder dann jedoch Gelegenheit hätten, auch im Alltag Männer kennenzulernen – sie würden zu Hause von Müttern *und* Vätern erzogen –, wäre ein weibliches Monopol auf diesem Sektor nicht mehr so gefährlich. Heute erzieht zu Hause die Mutter und in der Schule die Lehrerin. Bis ein junger Mensch einen Mann genauer kennenlernt, muß er nicht selten seinen Eintritt in die Berufswelt abwarten.

Bei den *Sprachwissenschaften* würden die Frauen dort dominieren, wo es Gelegenheit zu Kontakten gibt – sie wären also Dolmetscher und Sprachlehrer –, und dort verzichten, wo Sprache mit Einsamkeit verbunden ist: Freie Übersetzer, Sprachforscher wären meist Männer.

Im *Journalismus* träfe man vor allem in den Redaktionen, sofern für ein Ressort nicht »typisch männliche« Spezialkenntnisse erforderlich sind, immer mehr Frauen. Freie Journalisten, Sonderkorrespondenten, Berichterstatter aus Kriegs- und Katastrophengebieten wären hingegen in der Regel Männer, denn hier müßte man auf Erfolgsbasis arbeiten, unregelmäßige Arbeitszeit oder große Gefahren in Kauf nehmen. Wo politische Ämter von männlichen Politikern besetzt blieben, wäre auch die politische Berichterstattung in der Regel männlichen Journalisten überlassen, und das gleiche würde umgekehrt für die weiblichen Politressorts gelten. Der Konsument des Produkts, auf den es ja schließlich ankommt – der Leser, Hörer oder Fernsehzuschauer –, würde hier einen Geschlechtsfremden in der Regel nicht akzeptieren. Dies gälte auch für die Sportberichterstattung.

In der *Medizin* blieben – mit Ausnahme der bereits erwähnten gefährlichen, unerquicklichen oder zeitraubenden Fachrichtungen – lediglich Forschung, Strahlenheilkunde und die kompliziertere technische Diagnostik in Männerhand. Das Schicksal der Gynäkologen müßte durch tiefenpsychologische Untersuchungen geklärt werden. Daß hier in westlichen Ländern der Anteil der Ärztinnen auch heute viel geringer ist als auf anderen

Fachgebieten, scheint darauf hinzudeuten, daß bei weiblichen Medizinern eine psychische Sperre gegen die medizinische Betreuung ihres eigenen Geschlechts vorliegt.

In der *Zahnmedizin,* wo das Berufsimage dank der weitgehend schmerzfreien Behandlungsmethoden immer positiver wird, gäbe es immer mehr Frauen.

Pharmakologie wäre, soweit sie auf den Verkauf von Arzneimitteln vorbereitet, selbstverständlich eine weitgehend weibliche Domäne.

Auch die *Justiz* wäre, solange sie sich im Gericht abspielt oder bei geregelter Arbeitszeit, als Frauenberuf zu verstehen: Man befaßt sich mit dem im weitesten Sinn unterhaltsamen Aspekt eines Vergehens, während der gefährliche den – männlichen – Polizisten überlassen bleibt. Auch wäre das, was in den Augen der Bevölkerung bei öffentlichen Verhandlungen als »das Böse« gilt – die Anklage –, meist von Männern vertreten, während »das Gute« – die Verteidigung – in der Regel Frauen obläge. Sowohl im Zivil- als auch im Strafrecht bliebe jedoch die Beschäftigung mit Disziplinen, die »typisch männliche« Kenntnisse voraussetzen (beispielsweise Wirtschaftsdelikte), Sache der Männer.

Psychotherapie wäre, wie schon heute die schnell wachsende Zahl weiblicher Psychologiestudenten beweist, der akademische Frauenberuf par excellence: Neurotiker sind selten gefährlich und so unterhaltsam wie sonst kaum jemand. Männer hätten allenfalls bei der Ausarbeitung neuer Behandlungsmethoden eine Chance.

Die neue Disziplin *Sozialfürsorge* mit ihren verschiedenen Bereichen, wo sich ja abgesehen von der Möglichkeit, sich als »gut« zu definieren, ein Maximum an interessanten menschlichen Kontakten ergibt, wäre natürlich ebenfalls vorwiegend weiblich besetzt.

In der *Theologie* – letzten Endes einer Art konfessionell gebundener Psychotherapie und Sozialfürsorge – käme es nach der Reform zu einem Erdrutsch. Da man wegen der weiblichen Selbstversorgung die Autorität des Priesters nicht länger zur Einschüchterung der Männer mißbrauchen müßte, wären bald – wenn auch einstweilen nur dort, wo es die Glaubensgrundsätze erlauben – die meisten klerikalen Ämter von Frauen besetzt. Da es sich hier um überschaubare Aktivitäten mit großer Kontaktmöglichkeit handelt, wären Frauen in hohem Maß an der Eroberung des Pfarramts interessiert.

Die Wissenschaft ist sich heute darüber einig, daß bei Männern technisches Verständnis und Aggressivität weit stärker entwikkelt sind als bei Frauen und daß diese wiederum in allen Disziplinen, die mit sprachlicher Gewandtheit zu tun haben – also mit Kommunikation im weitesten Sinn –, den Männern überlegen sind. Frauen träfen demzufolge nicht nur eine auf Privilegien bedachte, sondern auch eine »natürliche« Berufswahl. Dieses Kriterium würde sich mit den weiter oben genannten überschneiden: Die weniger anstrengenden, weniger gefährlichen, weniger unsympathischen, weniger abstoßenden, weniger mobilen, weniger zeitraubenden oder weniger einsamen Berufe würden von Frauen nicht nur aus Opportunismus gemieden werden, sondern zum Teil auch deshalb, weil sie nicht talentiert dazu sind (weil sie nicht dafür erzogen werden) oder weil die physischen Anforderungen des Metiers die Körperkräfte einer Frau tatsächlich übersteigen. Umgekehrt würden solche Berufe von Männern aus eben diesen Gründen bevorzugt werden.

Frauenberufe wären nach diesem Prinzip: Kinderpflege (Erziehungswesen), Krankenpflege (Gesundheitswesen), Nahrungsmittelherstellung (zum Direktkonsum, Nahrungsmittelindustrie), Kontaktpflege (Hotel- und Gaststättengewerbe, Fremdenverkehr, Public Relations, Handel), Sprachpflege (Journalismus, Verlagswesen, Übersetzung), Raumpflege (Gebäudereinigung), Dekoration (Innenarchitektur), Mode (Schneiderateliers, Bekleidungs- und Accessoiresindustrie), Schönheitspflege (Kosmetikindustrie, Verschönerungs- und Fitneßinstitute). In allen diesen Branchen wären Frauen weitgehend souverän und müßten nur noch in einigen atypischen Ressorts entweder von atypisch ausgebildeten Frauen oder von Männern vertreten werden. Im Handel würde man Männer nur noch dort antreffen, wo für den Kauf oder Verkauf einer Ware spezifisch männliche Kenntnisse oder weite Reisen erforderlich wären.

Männerberufe wären hingegen weiterhin Landwirtschaft, Rohstofförderung und die Mehrzahl der Handwerke samt ihrer industriellen Ausweitung: holz- und metallverarbeitende Industrie, Baugewerbe, Mechanikerwerkstätten, Elektroindustrie usw. In allen diesen Bereichen wäre nur das Büropersonal weiblich, und nur leichtere körperliche Tätigkeiten würden von Frauen ausgeführt werden.

Die Frage, ob es angeborene Begabungen gibt, wird zur Zeit ebenso heftig diskutiert wie die nach der Angeborenheit männlicher und weiblicher Eigenschaften: Manches spricht dafür, anderes dagegen. Tatsache ist, daß das, was später als das besondere Talent eines Menschen in Erscheinung tritt, sich bei näherer Untersuchung eigentlich immer als das Ergebnis bevorzugter Förderung entpuppt. Dabei kommt es nicht so sehr auf die fachkundige Anleitung an als auf den frühzeitig und großzügig gespendeten Applaus. Die Mutter eines späteren Violinvirtuosen oder Komikers muß nicht in erster Linie musikalisch oder witzig sein – wichtig ist, daß sie ihrem Kind von klein an sagt, wie musikalisch es selbst sei, oder daß sie über dessen Witze ausgiebig lacht. Auch »typisch männliche« und »typisch weibliche« Berufsbegabungen sind somit aller Wahrscheinlichkeit nach auf bewußte oder unbewußte Förderung von Anlagen zurückzuführen, die bei beiden Geschlechtern vorhanden sind, wenn auch vielleicht bei einem mehr als beim andern.

Doch gerade wenn das zutrifft, dann ist es kein Drama, wenn bei Männern und Frauen gegensätzliche Talente gefördert werden und die Geschlechter in der Folge zu ganz verschiedenen Berufen tendieren. Die nicht angewandte spezielle Fähigkeit – also die »unmännliche« oder »unweibliche« – kann ja unter ihrer Verdrängung durch die angewandte in der Regel nicht leiden. Sie ist, da sie nicht entwickelt wurde, gar nicht vorhanden. Für das Wohl der Allgemeinheit ist es jedoch sinnvoller, wenn man die Polarisierung der Talente frühzeitig in die Wege leitet. Da man in einem größeren Zeitraum entsprechend mehr Erfahrung speichert, wird die spätere Leistung um so größer sein, je früher man sich auf seine geschlechtstypischen Aufgaben spezialisiert. Das heißt, es ist für uns alle besser, wenn der Gesellschaft gründlich männlich oder weiblich ausgebildete Facharbeiter zur Verfügung stehen, als in beiden Richtungen oberflächlich ausgebildete Hilfsarbeiter. Und falls die Vertreter der biologistischen Auffassung Recht hätten und Männer und Frauen tatsächlich von Natur aus enorm verschieden wären, dann wäre eine frühzeitige Förderung der typisch männlichen und weiblichen Talente ohnehin das beste, was uns passieren könnte.

Man könnte es natürlich auch anders machen. Man könnte mit dem Geburtenregister in der Hand von Haus zu Haus gehen und sagen, im Jahre soundso werden voraussichtlich soundsoviel technisch- und soundsoviel kontaktbegabte Menschen notwendig sein, also wird dieses Kind »männlich« und jenes »weiblich« erzogen. Doch der natürliche Weg – die geschlechtsspezifische Erziehung – ist ganz eindeutig rationeller. Er ist zwar nicht absolut gerecht, aber gerechter als diese Alternative. Außerdem verhütet er auch individuelles Unglück. Da wir nun einmal trotz aller Aufklärung immer einen erotisch attraktiven Partner jedem andern vorziehen werden, ist in unserer Gesellschaft ein von progressiven Eltern zu geschlechtsuntypischem Verhalten erzogener Mensch nicht selten zur Einsamkeit verurteilt. Und diese ist für die meisten Leute schwerer zu ertragen als ein brachliegendes Talent.

Wirklich ungerecht und diskriminierend kann eine geschlechtsspezifische Berufsausbildung nur dann sein, wenn die Geschlechter nicht paritätisch am Erwerbsleben teilnehmen. Wenn also heute in den meisten Familien die Männer arbeiten und die Frauen nicht, dann muß man einen Teil der Männer indirekt dazu zwingen, Aufgaben zu übernehmen, für die sie nicht ausgebildet wurden und die sie außerdem als »unmännlich« und demütigend empfinden. So werden etwa Männer, bei denen ja von Kind an »typisch männliche« Begabungen und Aggressivität gefördert wurden, laufend als Kellner, Köche, Damenfriseure, Damenschneider oder Kosmetikvertreter zweckentfremdet, ohne daß sich jemand etwas dabei dächte. Erst wenn man sich vorstellt, wie es wäre, wenn man Hausfrauen en masse zum Straßenbau abkommandierte oder Säuglingsschwestern für die Arbeit in Schlachthäusern verpflichtete, kann man ungefähr ermessen, was das für diese Männer bedeutet. Nur dadurch, daß die Frauen außer der sinnvollen Polarisierung noch eine künstliche eingeführt haben und es für männlich erklärten, wenn man andere ernährt, und für weiblich, wenn man sich ernähren läßt, werden diese Tätigkeiten für Männer einigermaßen erträglich.

Sozial gefährlich, wie manche glauben, könnte eine geschlechtstypische Berufsausbildung nur dann sein, wenn man etwa die eine Art mehr brauchte als die andere. Das Geschlecht, dessen Tätigkeit lebensnotwendig ist, könnte dann theoretisch durch gezielte Streiks das andere erpressen. Doch männliche und weibliche Talente sind im Leben absolut gleichrangig: Alle Berufe, die es gibt, sind notwendige Berufe. Bei gleich starker Erwerbstätigkeit der Geschlechter könnte eine grobe Unterscheidung in Männer- und Frauenberufe daher niemals bedrohlich werden. Einem Streik der Metallarbeiter – einem Männerstreik – könnte man einen Streik des Gesundheitswesens – einen Frauenstreik – entgegensetzen. Und falls etwa die – vorwiegend männliche – Polizei ihr eigenes Geschlecht unverhältnismäßig protegierte, könnte man sie durch die – vorwiegend weibliche – Justiz zur Raison bringen.

Es ist natürlich kein Zufall, daß die Summe der männlichen und weiblichen Berufe genau die Aktivitäten ergibt, die die heutige Gesellschaft zum Überleben braucht. Wer in der geschlechtstypischen Erziehung eine erotische Raffinesse sieht, erkennt nur die Spitze des Eisbergs. Im Grunde erziehen wir die Geschlechter nur deshalb unterschiedlich, weil dies die einfachste Methode ist, die zur Erhaltung der Gruppe notwendigen Spezialisten auszubilden. Daß sich dabei das erziehende Geschlecht den besseren Part aussuchen kann, steht auf einem anderen Blatt. Und auch daß dieses dank seiner Macht seine eigenen Pflichten später anderen aufhalsen kann, spielt in diesem Zusammenhang keine Rolle.

Wenn man die Sache unter diesem Aspekt betrachtet, dann ist es auch kein Zufall, daß die Geschlechterrollen sich im Lauf der Zeit wandeln. Denn in dem Maß, wie die Umwelt sich ändert, ändern sich auch die Ansprüche, die wir an geschlechtstypisches Aussehen oder Verhalten stellen. Erotisch ist eine Eigenschaft immer nur so lange, wie sie zur Erhaltung der Art gebraucht wird. So ist es zum Beispiel der Existenz von Maschinen zu verdanken, daß man es sich heute leisten kann, auch körperlich weniger robuste Männer schön zu finden, und der Erfindung des Muttermilchersatzes, daß auch kleinbusige Frauen mit Begeisterung geheiratet werden. Wir wissen instinktiv, daß wir starke Muskeln und üppige Milcherzeugungsorgane zur Arterhaltung nicht mehr brauchen und können es uns daher leisten, unsere Ansprüche auf diesem Gebiet herabzuschrauben. Auf der anderen Seite brauchen wir heute zum Überleben in unserer hochtechnisierten Welt die Fähigkeit zur Abstraktion und – um die durch die Technik und den wachsenden Komfort entstehende Entfremdung und Isolierung wieder auszugleichen – ein Maximum an Kontaktfähigkeit. Männer mit »kühlem« Verstand und emotionale, warmherzige Frauen finden sich daher gegenseitig ungemein anziehend.

Diese Polarisierung wäre, wie bereits erwähnt, natürlich auch in entgegengesetzter Richtung denkbar, doch ohne sie kämen wir nicht aus. Da abstrahierendes und konkretisierendes Denken, technisches und sprachliches Begreifen, Beherrschtheit und Emotionalität sich offensichtlich schwer in ein und demselben Menschen vereinen lassen, werden wir als Erzieher das eine Geschlecht immer stärker auf technischen Fortschritt programmieren und das andere immer stärker auf Erhaltung der psychischen Harmonie. Das Spezialistentum, das man heute im Berufsleben immer mehr konstatiert, bedingt also auch eine immer tiefergehende Differenzierung der Geschlechter. Da es nur zwei davon gibt, muß es sich dabei zwangsweise um eine Polarisierung handeln: Alles, was Männer können, müssen Frauen nicht können, und umgekehrt. Bei technischem oder menschlichem Versagen holt man sich den Fachmann jeweils aus dem Geschlecht, das dazu erzogen wurde, solche Pannen zu beheben.

Politik, Militär, Gewerkschaften

Politik ist ein Metier, das ohne weiteres von Frauen beherrscht werden könnte. Die Fachkenntnisse, die hier verlangt werden, halten sich in Grenzen, die Entscheidungen, die zu fällen sind, werden mehr oder weniger von den Ereignissen vorgezeichnet, und wie man aus den Memoiren der Staatsmänner ersieht, sind die diplomatischen Manöver meist sehr viel einfallsloser, als sie dem Laien erscheinen. Und diejenigen Fähigkeiten, auf die es für einen politischen Erfolg am meisten ankommt – Redegabe, Formulierungskunst, Kontaktfähigkeit –, sind bei Frauen erwiesenermaßen stärker vorhanden als bei Männern, sei es nun aufgrund von Veranlagung oder aufgrund geschlechtstypischer Erziehung.

Doch obwohl Frauen damit eigentlich zum Berufspolitiker prädestiniert wären, blieben hier auch nach der Reform die wichtigeren Ämter von Männern besetzt. Denn um ein erfolgreicher Politiker zu werden oder zu bleiben, muß man sowohl die Sieben-Tage-Woche als auch den Fünfzehn-Stunden-Tag akzeptieren. Und wenn Frauen das schon heute nicht tun, dann wären sie noch weniger dazu bereit, wenn alle anderen Leute nur noch fünf Stunden arbeiteten. Außerdem müssen Spitzenpolitiker auf Kinder verzichten. Wer sich trotzdem fortpflanzt, bleibt zum Alimentenzahler degradiert, denn er sieht seine Kinder unter der Woche meist überhaupt nicht und am Wochenende bestenfalls für ein paar Stunden und im Beisein anderer. Auch zu diesem Verzicht wären Frauen nur selten bereit, sei es aus Veranlagung, Rollenbewußtsein oder Egoismus.

Man bliebe also voraussichtlich auch nach der Reform bei der Gewohnheit, reifere Damen guten Willens in Repräsentationsämter und traditionelle Frauenministerien zu katapultieren und alles übrige den Männern zu überlassen. Zwar tauchte dann vielleicht etwas häufiger als heute eine Margaret Thatcher oder Golda Meir auf, die dieses schöne Ungleichgewicht ins Wanken brächte, doch letzten Endes würde dies am männlichen Übergewicht nicht viel ändern. Wie schon an anderer Stelle erörtert, wäre all dies jedoch kein Grund zur Aufregung. Da demokratische Politiker ihre Politik heute weitgehend an den Ergebnissen der Meinungsumfragen orientieren und genau das zu tun versuchen, was die Wähler für richtig halten, könnte hier ein männliches Übergewicht den Frauen niemals gefährlich werden. Wo die Meinungen gemacht werden, nach denen die Politiker dann handeln – in der Schule, im Elternhaus, im Freundeskreis, unter Arbeitskollegen –, wären Frauen ja mindestens gleich stark vertreten, das heißt, im Erziehungswesen würden sie sogar eindeutig dominieren. Allerdings würden sie nach und nach bei den Wahlen ihre absolute Mehrheit verlieren: Wenn Frauen gleich stark belastet wären, würden sie Männer nicht mehr um durchschnittlich neun Jahre (USA) oder sechseinhalb Jahre (EG) überleben. Einige Jahrzehnte nach der Reform hielten sich männliche und weibliche Wählerstimmen annähernd die Waage.

Auch beim *Militär* könnte nach der Reform die Frau eine nicht unbedeutende Rolle spielen. Daß Männer früher zur Verteidigung ihrer Sippe oder ihres Landes besser geeignet waren als Frauen, steht außer Zweifel: Sie sind stärker, aggressiver, werden nicht schwanger und waren vor der Einführung des Frauenwahlrechts auch nominell für solche Konflikte verantwortlich. Diese Situation hat sich inzwischen aber grundlegend verändert: Bei der heutigen Art der Kriegführung kommt es nicht mehr auf Körperstärke und Aggressivität an, sondern auf physische und psychische Widerstandskraft. Und wenn Frauen auch nicht widerstandsfähiger sind als Männer – ihre höhere Lebenserwartung und niedrigere Selbstmordquote sind ihrem sorgloseren Lebensstil zuzuschreiben –, so besteht doch kein Grund zur Annahme, sie seien es weniger. Da man auch das Problem unerwünschter Schwangerschaften inzwischen gelöst hat, gibt es also kein einleuchtendes Motiv mehr dafür, Frauen den Militärdienst zu erlassen und ihnen die Grauen der Kriegsschauplätze zu ersparen. Denn seit sie das Wahlrecht haben, sind sie ja für jede Politik, die zum Krieg führt, ebenso verantwortlich wie Männer.

Der ausschlaggebende Grund für eine Befürwortung weiblicher Gleichverpflichtung bei Verteidigungsaufgaben wäre jedoch, daß diese dazu beitragen könnte, das politische Interesse der Frauen zu mobilisieren und das Kriegsrisiko zu senken. Denn es ist ein Unterschied, ob man für eine falsche politische Entscheidung eventuell selbst mit dem Leben bezahlen muß oder ob das ein anderer für einen tut. Wenn auch weibliche Wähler damit rechnen müßten, für eine aggressive Politik ihrer Regierung in den Krieg geschickt zu werden, so hätte dies insofern eine positive Wirkung, als dann bei Wahlen die Partei mit dem pazifistischeren Programm auf jeden Fall die größeren Chancen hätte. Nicht weil Frauen pazifistischer wären als Männer, sondern weil es dann in jedem Land doppelt soviel Leute gäbe, die Angst um ihr Leben hätten.

Doch wenn es schon bisher Grund genug gab, für weibliche Gleichverpflichtung beim Wehrdienst einzutreten, so würde dieses Problem durch die Reform noch aktueller. Denn das Geschlecht, das Militärdienst ableisten muß, gerät ja mit seiner Berufsausbildung um Jahre ins Hintertreffen. Die Frauenrechtler meinen zwar, daß diese Benachteiligung der Männer durch die weibliche Gebärtätigkeit ausgeglichen wird, doch dieser Vergleich ist nicht stichhaltig. Soweit er den Zeitverlust betrifft: Nach der Reform könnten Eltern ja wählen, wer von beiden nach der Geburt eines Kindes seine Berufstätigkeit – bei vollem Gehalt – für ein Jahr unterbricht. Bisher ist es aber so, daß eine Frau sich durch das Gebären lebenslange Freiheit verschaffen kann, während der Mann gerade durch die Geburt seiner Kinder endgültig angebunden wird: Er muß also seinen Militärdienst ableisten und zusätzlich bis zur Pensionsgrenze noch seinen »Arbeitsdienst«.

Außerdem müßte man, sollte der Vergleich der Frauenrechtler zutreffen, Frauen zum Gebären verpflichten können, wie man Soldaten zum Kämpfen verpflichtet. Das heißt, man müßte Gebärverweigerung ebenso mit Gefängnis bestrafen können wie Wehrdienstverweigerung oder Desertion. Schon hieran wird erkennbar, wie absurd es ist, eine biologische Funktion einer politischen Verantwortung gleichzusetzen. Zudem haben ja auch Männer biologische Funktionen – sie sind zum Beispiel Samenspender –, die dann ebenfalls honoriert werden müßten. In den USA werden neunzig Prozent der kleinen Jungen einer Vorhautbeschneidung unterzogen. Müßte man sie für diesen Eingriff, der mit tagelangen Schmerzen verbunden ist, nun nicht dadurch entschädigen, daß man ihnen einen Teil der Schulzeit erläßt? Sollte man ihre Klassenkameradinnen verpflichten, ihnen zum Ausgleich den Schulranzen zu tragen?

Doch selbst wenn Wehrpflicht mit Gebärpflicht aufzuwiegen wäre, dann wäre damit das Eigentliche am Wehrdienst noch immer nicht abgegolten. Denn das Eigentliche ist ja nicht Strammstehen- und Schießenlernen, sondern Töten und Sterben. Nur für Menschen in Staaten, die noch nie oder schon lange keine Kriege hatten, ist dies ein theoretisches Problem – und selbst hier könnten Soldaten von einem Tag zum andern in Bürgerkriege oder UN-Aktivitäten verwickelt werden. In den meisten Ländern ist jedoch die Erinnerung an vergangene Kriege noch überaus lebendig. Vietnam, Korea, Indochina, Algerien liegen noch nicht allzu lange zurück. Die Gefallenen sind noch nicht vergessen, und die Verletzten trifft man überall. In Deutschland wird man schwer einen Mann über fünfundvierzig finden, der nicht irgendein körperliches Handikap aus dem letzten Weltkrieg hat. Hier gibt es auch den wohl gespenstischsten Literaturpreis der Welt: den Hörspielpreis der Kriegsblinden. Diese Blinden – Männer – sind nun schon seit dreißig Jahren blind. Die abenteuerliche Geschichte ihrer Verletzung will aber niemand von ihnen hören, denn da sie auf der falschen Seite kämpften, sind sie heute nicht einmal Helden. Die Frauen, die diese »falsche Seite« seinerzeit durch ihre Stimmenmehrheit mit heraufbeschworen hatten, sind weitgehend unversehrt.

Alle diese Argumente sollte man aber bei der Diskussion um die Reform am besten vollkommen vergessen. Die Unlust der Frauen, sich hier ihrer Verantwortung zu stellen, ist dermaßen ausgeprägt, daß der ganze Plan an diesem einen Punkt scheitern könnte. Es handelt sich darum, das Mögliche zu erreichen. Eine freiwillige Gleichverpflichtung der Frauen bei Verteidigungsaufgaben ist jedoch unmöglich, und eine Gleichverpflichtung gegen ihren Willen wäre es ebenfalls. Daß die Männer aufbegehrten, ist gerade hier ausgeschlossen: Die meisten von ihnen könnten den Anblick bewaffneter Frauen nur schwer ertragen. Dabei wäre gerade diese Einstellung dem Frieden förderlich. Wenn es nämlich weibliche Soldaten gäbe, würden Männer noch mehr darauf achten, ihr eigenes Wahlrecht so zu handhaben, daß diese niemals schießen müßten.

Gegen eine Streitmacht aus Berufssoldaten, die vielen als Ausweg aus diesem Dilemma erscheint, sprechen die gleichen Argumente, die für die weibliche Wehrpflicht sprechen. Wenn bei Wahlen nur noch ein Bruchteil der Bevölkerung den Kriegsschauplatz fürchten muß, wird das Risiko kriegerischer Auseinandersetzungen noch größer. Vor allem für Länder wie die USA, wo Konflikte bisher immer weit von der Heimat ausgetragen wurden, könnte die Abschaffung der Wehrpflicht zugunsten eines Berufsheeres die falsche Lösung sein. Der Wähler kann hier in Zukunft unliebsame Konsequenzen seiner politischen Entscheidungen einer gutbezahlten Söldnertruppe überlassen, deren ferne Aktivitäten er in größter persönlicher Sicherheit auf dem Fernsehschirm verfolgt. Hier würde nicht nur das Kriegsrisiko steigen, es würden auch eindeutig die Grenzen unserer Dienstleistungsgesellschaft überschritten. Denn auch wenn Berufssoldaten sich freiwillig verpflichten, so hat doch kein Volk das Recht, sich das Leben und die Gesundheit einer meist armen Minderheit mit Steuergeldern zu kaufen.

Mit anderen Worten: Trotz der Reform würde die Militäruniform weiterhin die Livree des Dieners bleiben – des Dieners ihrer Majestät, der Frau. Die kurzgeschorenen Rekruten hätten auch in Zukunft den Stellenwert von Schlachtvieh: Man könnte sie jederzeit stellvertretend in den Tod schicken. Alle Maßnahmen werden sich hier darauf beschränken müssen, die Wehrpflicht selbst zu humanisieren, das heißt, Ausbildungszeitverkürzung und Anerkennung der Wehrdienstverweigerung aus Gewissensgründen. Da es ein Land für Leute, die keine Waffe in die Hand nehmen wollen, nicht gibt – es wäre längst erobert –, muß man jedem das Recht einräumen, in dem Land, in dem er gerade lebt, nach seiner eigenen Moral zu handeln.

Das einzige Terrain, wo man nach der Reform wirklich auf einer weiblichen Gleichverpflichtung bestehen müßte, wären die *Gewerkschaften.* Frauen dürften sich überall gehen lassen, nur hier nicht. Wenn sie nicht wollten, daß ihre Dienste schlechter bezahlt würden als die der Männer, müßten sie sich in gleicher Zahl wie diese aktiv an der Gewerkschaftsarbeit und an den Tarifverhandlungen beteiligen. Wie gefährlich hier weibliche Nachlässigkeit sein kann, hat die Vergangenheit bewiesen. Da berufstätige Frauen in westlichen Industrieländern höchstens ein viertelmal so häufig Gewerkschaften beitreten wie berufstätige Männer, sich dort dann aber so gut wie nie aktiv an der Arbeit beteiligen, konnten die berüchtigten Frauenlohngruppen entstehen; das heißt, Tätigkeiten, mit denen überwiegend Frauen beschäftigt sind, werden im Vergleich zu Arbeiten, mit denen überwiegend Männer beschäftigt sind, zuweilen zu schlecht bezahlt. Hier hatten sich die Frauen einmal zuviel auf ihre Kavaliere verlassen: Statt für ihre Kolleginnen mitzukämpfen, dachten die Männer zunächst einmal an Lohnzulagen für ihre eigenen Bereiche. Die zwangsläufige Folge dieses weiblichen Leichtsinns waren die »Leichtlohngruppen«, die uns die Frauenrechtler als Beweis männlicher Unterdrückungstaktik präsentieren wollen. Um sie für immer abzuschaffen, muß man jedoch nicht auf die Barrikaden steigen, sondern in die Gewerkschaften eintreten, auch wenn das weniger unterhaltsam und weniger aufsehenerregend ist. Da nach der Reform männliche und weibliche Tätigkeitsbereiche noch mehr voneinander getrennt wären als heute, könnten sonst – bei ungenügendem gewerkschaftlichem Engagement der Frauen – alle »Frauenberufe« zu Berufen mit schlechterer Bezahlung werden, und das Gejammer ginge von vorne los.

Hausarbeit ist nicht teilbar

Da nach der Reform beide Ehepartner nur fünf Stunden am Tag berufstätig wären, hätten auch beide Zeit genug, sich um Haushalt und Kinder zu kümmern. Die Pflichtenverteilung innerhalb der Familie wäre damit eine rein private Abmachung, die mit juristischen Mitteln nicht beeinflußt werden könnte. Diese Pflichten wären jedoch angenehmer als heute, denn die Hausarbeit wäre noch mehr automatisiert, und dank weiblicher Selbstversorgung, die eine Erpressung mit Geiseln überflüssig machte, kämen in der Regel nur noch Kinder zur Welt, die auch vom Mann gewünscht wären.

Bei der Verteilung dieser innerfamiliären Pflichten würde sich jedoch am heutigen Rollenschema nicht viel ändern. Die mehr weibliche Familienarbeit – Kochen, Waschen, Putzen – würde nach wie vor meist von Frauen erledigt werden, und die eher männliche – Chauffieren, Reparieren, Gärtnern – von Männern.

Nicht etwa, weil das eine Geschlecht vom andern dazu gezwungen würde, sondern weil beide es so wollten. Wenn die Frauen schon heute einen Mann, der sich zuviel im Haushalt umtut, nicht als »richtigen« Mann betrachten, wieviel weniger später, wo doch die Partnerschaft auf erotischer Basis aufgebaut sein wird. Hausarbeit wäre also nach der Reform noch weniger teilbar als heute, weil Männer und Frauen eine solche Teilung noch weniger wünschen würden als heute. Alle Tätigkeiten für die Familie, die man mit diesem Wort bezeichnet, blieben der Hausfrau überlassen, und alles, was man Zeitvertreib oder Stekkenpferd nennt, im Grunde jedoch ebenfalls im Interesse der Familie geschieht, bliebe für den Mann.

Es ist deshalb zu befürchten, daß Frauen trotz der Reform nicht aufhören würden, über ihre Rolle zu klagen. Denn auch wenn sie keinesfalls mit ihren Partnern tauschen wollten, würden sie doch weiterhin mit Hilfe der Hausarbeit Schuldgefühle in ihnen zu züchten suchen. Wer daran gewöhnt ist, seine Familie durch eine Opferlamm-Attitüde zu terrorisieren, oder die Anwendung dieser Technik im Augenblick bei seiner Mutter noch erlernt, wird auf diesen Machtfaktor nicht ohne weiteres verzichten wollen. Es ist daher unumgänglich, den weiblichen Aufgabenbereich innerhalb der Familie – Hausarbeit – eindeutig zu definieren und genau festzustellen, wieviel Zeit man dafür braucht.

Man muß zu diesem Zweck keine großen soziologischen Untersuchungen anstellen, denn diese sind teuer, zeitraubend und bringen auf diesem Gebiet immer falsche Ergebnisse. Alle populär gewordenen Statistiken über die Tätigkeit der Hausfrau beruhen auf dem gleichen Prinzip: Ein paar hundert oder tausend Frauen verschiedener sozialer Schichten dürfen nach eigenem Ermessen festlegen, welche ihrer Aktivitäten sie Arbeit nennen und wieviel Zeit sie dafür brauchen. Auf dieser Grundlage wird dann das Arbeitspensum der einzelnen Hausfrau berechnet. Die Ergebnisse sind entsprechend deprimierend: Die Rechercheure kommen auf sechzig, achtzig und manchmal sogar hundert Stunden, die die Hausfrau wöchentlich an »Gratisarbeit« leistet. Da die kostspieligen Recherchen meist von mächtigen Hausfrauenverbänden oder auflagenstarken Frauenzeitschriften finanziert werden, bleibt natürlich niemand von diesen Horrormeldungen verschont. Um die Öffentlichkeit zu schockieren, werden sie ja eigens angefertigt.

Doch auch wenn die beauftragten Rechercheure durchwegs

Akademiker sind, die sich streng an die Regeln der Statistik halten, haben diese Untersuchungen mit Wissenschaftlichkeit nichts zu tun. Hausfrauen sind insgesamt gesehen ein Interessenverband, dessen Mitglieder selbstverständlich auch bei getrennten Befragungen und ohne Absprache ihre Leistungen entsprechend hoch ansetzen. Falls man diese Methode auf die Industrie übertragen würde und vergleichbare Gruppen – unkündbare Gehaltsempfänger, falls es sie gäbe – ihr Arbeitspensum pro Zeiteinheit selbst bestimmen ließe, müßte man die Arbeitsplätze verzehnfachen.

Bei der Hausarbeit wird die Sache aber noch dadurch kompliziert, daß hier der Übergang von Pflicht zu Vergnügen so fließend ist, daß eine Trennung auch für wahrheitsliebende Menschen kaum möglich ist. Die Arbeitszeit der Nur-Hausfrau läßt sich durch Befragung genausowenig ermitteln wie die von Profisportlern oder Künstlern, denn sie alle haben das, was sie ohnehin gern tun, zu ihrem Beruf gemacht. Die laut Umfrage liebste Freizeitbeschäftigung der Frau – Nähen, Handarbeiten, Dekorieren der Wohnung – kann sowohl als Arbeit als auch als Vergnügen bewertet werden. Dies gilt auch für viele andere Aktivitäten. Kochen, Braten und Kuchenbacken sind nur für manche Leute eine Plage. Andere – darunter viele Männer – können sich nichts Schöneres vorstellen, als in stundenlanger »Arbeit« eine exquisite Mahlzeit herzuzaubern. Anders als in der Industrie ist man hier ja zugleich Fabrikant und Konsument seines Produkts, und anders als bei regulären Erwerbstätigkeiten, wo man mitunter jahrelang auf ein Lob der Vorgesetzten warten muß, kann man hier bei akzeptabler Leistung jeden Tag aufs neue ein »Erfolgserlebnis« haben.

Außerdem müßte man bei solchen »Hausfrauenreports« auch noch eindeutig zwischen Arbeit und Anwesenheit unterscheiden, was ebenfalls nicht ganz einfach ist. Es gibt Frauen, die sogar das Spielen mit ihrem Baby als Arbeitszeit ansehen, obwohl sie es doch, wenn die Zeugung nicht versehentlich geschah, eigens zu diesem Zweck haben wollten.

Schließlich, so argumentieren sie nicht ohne Logik, wird ja auch eine Kinderschwester dafür bezahlt. Auch die Überwachung von Schulaufgaben wird häufig als Arbeitszeit bezeichnet, obwohl sich die Beteiligung der Mütter hier schon aus pädagogischen Gründen darauf beschränken muß, zuweilen ein Zwischenergebnis zu kontrollieren, und obwohl die Mehrheit der Frauen bekennt, daß sie beispielsweise bei Mathematikaufgaben überhaupt nicht helfen kann. Daß alle diese fleißigen Mütter nach mehrmaligem Durchlaufen des Lehrplans wenigstens eine Fremdsprache gelernt haben müßten, fällt ohnehin niemand auf.

Und wer sich zu seinem eigenen Vergnügen – Männer sind an so etwas nur ausnahmsweise interessiert – in seiner Wohnung Zimmerpflanzen, Nippes oder Hochglanzpolitur leistet, betrachtet selbstverständlich auch das Gießen, Abstauben und Polieren noch als Arbeit, für die er zu bedauern ist. Das ist zwar etwa so, als würde man von der Öffentlichkeit verlangen, daß sie die Skiläufer wegen des Schleppliftfahrens bemitleidet, doch da es sich um Auftragsarbeit handelt, sind die »Meinungsforscher« auch hier wieder großzügig. Die Zeit ist wohl nicht fern, in der uns die Frauen und ihre Hofsoziologen auch den Tratsch mit der Nachbarin als honorarpflichtige Public-Relations-Aktivität präsentieren und die Massenmedien für den Beischlaf mit dem Ehemann Sondervergütungen fordern werden. Denn schließlich gibt es Frauen, die auch dafür bezahlt werden – weshalb also sollte ausgerechnet die Hausfrau hier wieder einmal Gratisarbeit leisten?

Wer wirklich wissen wollte, wie lange Hausfrauen arbeiten, dürfte also keinesfalls Hausfrauen befragen. Man müßte genau umgekehrt vorgehen. Nicht die unkontrollierten Angaben vieler Frauen würden für die Arbeitszeit einzelner stehen, sondern die kontrollierte Arbeitszeit einzelner würde zum Modell erhoben, an dem man die Arbeitszeit der übrigen kontrollieren kann. Hausfrauen, die dieses Zeitbudget überschritten, wüßten dann eindeutig, daß in ihren Aktivitäten ein gewisser Prozentsatz versteckter Vergnügungen enthalten ist, oder sie könnten sich die Überschreitung mit mangelnder Selbstdisziplin erklären.

Eine solche Haltung wäre nicht nur wissenschaftlicher, sondern auch fairer als das, was die Wissenschaft, wenn auch in allerbester Absicht, heute mit ihren Studienobjekten macht. Viele Nur-Hausfrauen sind ausgesprochene Lebenskünstler: Außerhalb ihrer kurzen Arbeitszeit, in der sie ohnehin nur ihren eigenen Anweisungen folgen, tun sie mehr oder weniger das, was sie gern tun. Doch auch der lebenslustigsten Frau vergeht der Spaß an ihren täglichen Freuden, wenn man ihr in ihrer Frauenzeitschrift und auf ihrer Frauenseite immer wieder vorrechnet, daß das alles in Wahrheit Arbeit sei. Denn auch wenn diese Rechnungen letzten Endes nur dazu präsentiert werden,

den berufstätigen Teil der Bevölkerung einzuschüchtern und ihr selbst Privilegien zu garantieren, so muß man doch berücksichtigen, daß es auch Frauen gibt, die hier nicht zwischen den Zeilen lesen können. Wenn man einer solchen Hausfrau immer wieder suggeriert, daß man sie wie einen Dienstboten behandelt und sie durch das Leben, das sie zu Hause führt, ein anderes, viel schöneres versäumt, kann man sie mit der Zeit tatsächlich gegen ihre Familie aufhetzen. Anstatt sich bei ihrem Mann dafür zu bedanken, daß er ihr Kinder schenkt, von denen er selbst kaum etwas hat, ihr materielle Sicherheit bietet und ein Leben in Freiheit und Souveränität ermöglicht, während er selbst die Befehle seiner Vorgesetzten befolgen und seinen Kunden schmeicheln muß, wirft sie ihm dann vor, daß er ihr Leben ruiniert, und fordert Dank von ihm. Und auch dieser Mann, der im Glück seiner Frau wenigstens eine gewisse Rechtfertigung für sein eigenes Unglück finden könnte und durch ihre Zufriedenheit wenigstens auf Umwegen auch selbst zufrieden werden könnte, wird so mit Hilfe der Wissenschaft zum zweiten Mal betrogen.

Nach der Veröffentlichung des Buchs ›Der dressierte Mann‹, das die Behauptung enthielt, die Arbeit eines Vier-Personen-Haushalts sei mehr oder weniger in zwei Stunden am Tag zu bewältigen, wurde diese These in mehreren Ländern im Auftrag von Tageszeitungen überprüft (in Deutschland beispielsweise von der ›Abendzeitung‹, München) und jedesmal bestätigt. Die durchwegs positiv eingestellten freiwilligen Versuchspersonen überschritten in keinem Fall die angegebene Stundenzahl. Gegenproben sind auch dort möglich, wo Frauen im eigenen Interesse den Zeitaufwand für ihre Arbeit abschätzen wollen: Wenn »Zugehfrauen« beschäftigt werden, müssen diese oft in vier Vormittagsstunden den Hausputz einer ganzen Woche erledigen. Die Aktivität der eigentlichen Hausfrau beschränkt sich dann auf Kochen, Einkaufen und das Ein- und Ausräumen von Schränken und Automaten.

Diese hier ausdrücklich noch einmal vertretene Norm für den Zeitaufwand in einem Vier-Personen-Haushalt (zwei Erwachsene, zwei Kinder, achtzig bis einhundertzwanzig Quadratmeter Wohnfläche) setzt sich aus folgenden Einzelwerten zusammen:

Kochen	
Frühstück	10 Minuten pro Tag
kalte Mahlzeit	10 Minuten pro Tag
warme Mahlzeit (reine Arbeitszeit, nicht Kochzeit)	30 Minuten pro Tag
Tischdecken (für 4 Personen, dreimal täglich 5 Minuten)	15 Minuten pro Tag
Geschirrspülen (85 Einzelteile, kein Abtrocknen)	30 Minuten pro Tag
Staubsaugen (bzw. Kehren oder Wischen)	15 Minuten pro Tag
Betten machen (4 Stück)	10 Minuten pro Tag
Aufräumen (einschließlich Müllentleeren)	10 Minuten pro Tag
Küche putzen	20 Minuten pro Woche
Bad und Toilette putzen	20 Minuten pro Woche
Waschen (3 Trommeln, einschließlich Wäscheaufhängen und Wechseln der Bettwäsche)	40 Minuten pro Woche
Wäschepflege (einschließlich Bügeln der nicht bügelfreien Stücke, Bettwäsche gilt als bügelfrei)	60 Minuten pro Woche
Einkaufen (wöchentlicher Großeinkauf oder mehrere Kleineinkäufe)	120 Minuten pro Woche
Fensterputzen (20 qm Fläche bei Verwendung selbsttrocknender Mittel)	60 Minuten pro Monat

Insgesamt ergibt das einen monatlichen Zeitaufwand von dreiundachtzig Stunden und zwanzig Minuten – auf die Woche umgerechnet zwanzig Stunden und fünfzig Minuten, auf den Tag umgerechnet zwei Stunden und sechsundvierzig Minuten.

Dieses Zeitbudget gilt für einigermaßen routinierte Hausfrauen, die in bezug auf Reinlichkeit hohe Ansprüche stellen. Es kann daher durch Intensivierung der Anstrengung – Akkordarbeit – oder lässige Haushaltsführung – Schlamperei – noch erheblich reduziert werden, ohne daß die Hausfrau selbst oder gar das Familienleben darunter leiden müßte. Übrig blieben etwa zwei Stunden konzentrierter Arbeit – die Zeit, die ein Mann morgens und abends damit verbringt, sein Auto durch den Berufsverkehr zu steuern.

Doch gehen wir von den kontrollierbaren zwei Stunden und sechsundvierzig Minuten aus. Dieses Pensum gilt für alle Haushalte mit bis zu zwei Kindern, in denen wenigstens eine Waschmaschine vorhanden ist. Das heißt, es gilt in westlichen Industrieländern für praktisch alle Haushalte dieser Größe, und in Ländern auf dem Weg zur Industrialisierung – also etwa Spanien, Italien, Portugal und die lateinamerikanischen Länder – für die Haushalte der Mittelschicht und der oberen Mittelschicht, soweit sie nicht mehr als vier Personen umfassen. Dieser Zeitaufwand wird jedoch bei größerem Maschineneinsatz noch erheblich verringert. Durch eine Geschirrspülmaschine, die diesen Arbeitsvorgang von einer halben Stunde auf die zehn Minuten verkürzt, die man für das Ein- und Ausräumen des Automaten benötigt, reduziert sich die tägliche Arbeitszeit der Hausfrau. Wenn sie außerdem noch einen Wäschetrockner anschafft, durch den das Aufhängen und Abnehmen von etwa neunzig Wäschestücken entfällt, wird sich ihr wöchentlicher »Waschtag« von vierzig auf zwanzig Minuten verkürzen, und ihre tägliche Arbeitszeit schrumpft damit auf zwei Stunden vierundzwanzig Minuten.

Es muß hier betont werden, daß die Automatisierung der Hausarbeit nicht nur ein finanzielles Problem ist. So gibt es zum Beispiel in US-Haushalten sechsmal so häufig Geschirrspülmaschinen wie in Westdeutschland. Da es sich um Länder mit vergleichbarem Pro-Kopf-Einkommen und ähnlichen Anschaffungspreisen handelt, darf man annehmen, daß für den Kauf solcher Geräte nicht nur das Gehalt des Familienoberhauptes ausschlaggebend ist, sondern auch das Ausmaß seiner Manipuliertheit. US-Ehemänner sind durch die Massenmedien – vor allem durch die Werbespots, in denen der überlasteten Hausfrau alle sieben Minuten Arbeitserleichterungen angeboten werden – so hervorragend abgerichtet, daß sie ihre Frauen auch dann noch für Sklavinnen halten würden, wenn diese nicht einmal mehr die tägliche Mahlzeit aufwärmen müßten und wenn die Kinder nicht erst um vier Uhr nachmittags aus der Schule zurückkämen, sondern ganz dort blieben.

Bei deutschen Ehemännern wird diese Gehirnwäsche zur Zeit noch etwas amateurhafter betrieben. Solange sie bei der Rückkehr Wäsche auf der Leine flattern sehen und nach dem Abendessen aus der Küche Geschirr klappern hören, werden sie ihre Frauen eher für ausgelastet halten, als wenn sie Tasten drücken. Es handelt sich daher bei mangelhafter Mechanisierung der Hausarbeit oft auch um bewußte Sabotage. So behaupten viele westdeutsche Hausfrauen, daß maschinell getrocknete Wäsche nicht gut rieche und maschinell gespültes Geschirr nicht richtig sauber werde. Ihr jährliches Budget für Neuanschaffungen – etwa tausend Dollar in der Grundschicht, fünfzehnhundert Dollar in der Mittelschicht – legen sie daher lieber in Gegenständen an, die ihnen Arbeit machen, als in solchen, die ihnen Arbeit sparen.

Der deutsche Durchschnittshaushalt gibt zum Beispiel allein für neue Gardinen und Tapeten alle zwei Jahre soviel aus, wie eine Geschirrspülmaschine kosten würde. Da nach der Reform Hausfrauen auch allesamt berufstätig wären, müßten sie sich dann nicht mehr auf so umständliche Weise ihre Existenzberechtigung verschaffen. Dort, wo es möglich wäre, könnten sie sich reinen Gewissens von Robotern bedienen lassen.

Man kann jedoch, abgesehen vom Automatisieren, den Zeitaufwand für Hausarbeit auch noch durch Delegieren verkürzen. So wird man eine ganze Stunde sparen, wenn man zweimal in der Woche andere kochen läßt – wenn man beispielsweise, wie in vielen Familien üblich, einmal ein Restaurant aufsucht und einmal ein Fertiggericht verwendet. Auch an größere Kinder werden häufig Aufgaben delegiert: Wenn sie nur sechsmal in der Woche den Tisch decken und zweimal staubsaugen, verringert sich die wöchentliche Arbeitszeit der Hausfrau um eine weitere Stunde.

Schließlich eignet sich auch der Ehemann in gewisser Weise zum Delegieren von Hausarbeiten und läßt sich weibliche Familienpflichten übertragen. Solange man das, worum man ihn bittet, nicht eindeutig als Hausarbeit bezeichnet, wird er es seiner Frau bei Berufstätigkeit beider Partner abnehmen. Ein solcher Vorgang ist zum Beispiel das Einkaufen: In Familien, die nur ein Auto besitzen, betrachtet der Mann es als sinnvoll, wenn er zumindest einen Teil des Einkaufs erledigt – womit sich die Arbeitszeit der Hausfrau weiter reduziert. Auch gibt es

Männer, die gern kochen und die nach der Reform auch Zeit dazu hätten – da Feinschmeckerköche und Barbecuefans dafür eine Tradition geschaffen haben, fühlen sie sich beim Kochen heute nicht mehr »unmännlich«. Damit hier aber auch der Frau keine Illusionen geraubt würden, müßte sich das Engagement des Mannes in Grenzen halten. Nur solange er selten kocht – solange er jeden Handgriff überlegen und jeden Gegenstand suchen muß –, wirkt ein Mann in der Küche deplaciert und gerade dadurch viril. Da für Familienmenüs das gleiche gilt wie für Industrieprodukte – je größer das Monopol des Fabrikanten, desto schlechter die Qualität seines Produkts –, wäre hier eine gewisse Wettbewerbssituation zwischen Mann und Frau jedoch für alle von Nutzen.

Bei allem, was sonst noch anfällt, könnte man jedoch auf den Mann kaum rechnen. Wer seinen Partner um Hilfe bei der Hausarbeit bitten wollte, müßte den betreffenden Arbeitsgang vorher »virilisieren«. Das heißt, er müßte beispielsweise besonders schwere Mülleimer verwenden oder mit defekten Elektrogeräten hantieren, damit die Sache »für eine Frau« zu anstrengend oder zu gefährlich würde. Wie sich von selbst versteht, stünde hier der Aufwand für die Hilfeleistung in keinem Verhältnis zur Erleichterung, die damit erreicht wird. Alles andere wäre jedoch utopisch: Da Frauen niemals das Oberkommando in ihrem Reich abgeben würden, wären sie bei der Hausarbeit automatisch die Vorgesetzten ihrer Männer und müßten deren Arbeit dirigieren. Da sich eine solche Situation nicht mit der männlichen Rolle vereinbaren ließe, würden die meisten Männer dies ablehnen.

Abgesehen davon wären ja an diesem Punkt die Lasten ohnehin schon ziemlich gleichmäßig verteilt. Bei Berufstätigkeit beider Partner übernehmen Männer in der Regel auch heute schon folgende Pflichten:

1. Sie erledigen Besorgungen und chauffieren Frau und/oder Kinder nach Feierabend, am Wochenende und im Urlaub. In Familien mit nur einem Auto – der Mehrheit – fährt der Mann pro Woche durchschnittlich zweihundertfünfzig Kilometer im Dienst der Familie.
2. Wo es einen Garten gibt – bei der Mehrheit der Familien mit Kindern –, erledigt meist der Mann die Gartenarbeit.
3. Die offizielle Familienschreibarbeit – Briefwechsel mit Behörden, Rechnungen, Steuererklärungen – wird in der Regel vom männlichen Partner übernommen.

4. Der Mann wäscht das Familienauto und kümmert sich um den Service, er übernimmt kleinere Reparaturen in Haus und Garten, erledigt Malerarbeiten usw.

Sicher blieben der Frau trotzdem mehr Familienpflichten – im einen Fall handelte es sich um Minuten, im anderen vielleicht sogar um Stunden. Vor allem in ärmeren Familien wären die Männer ihren Frauen gegenüber im Vorteil, denn das Arbeitspensum des Mannes hängt ja in erster Linie davon ab, ob man ein Auto oder einen Garten besitzt, was für die Grundschicht seltener zutrifft als für die Mittelschicht.

Doch wenn man bedenkt, daß durch die hier beschriebene Pflichtenteilung – die das heutige Rollenschema erhalten würde – die Gesetze der Erotik respektiert werden und daß Frauen durch das Wahrnehmen ihres Teils immerhin die Regie über Wohnungseinrichtung, Speisezettel und häusliche Geselligkeit behielten, wäre nach weiblicher Wertskala ein eventueller Nachteil sicher ausgeglichen. Daß manche Leute Geben für seliger denn Nehmen halten, sei in diesem Zusammenhang nur nebenbei erwähnt.

Obwohl man es eigentlich kaum zu hoffen wagt, wäre es sogar möglich, daß sich einige Jahre nach der Reform bei den Frauen so etwas wie ein umgekehrter Ehrenkodex durchsetzt. Da sie dann ihre Privilegien durch Zurschaustellung von Fleiß nicht mehr kaschieren müßten, könnte es nämlich passieren, daß plötzlich diejenige als bessere Hausfrau gälte, die zuerst die Hände in den Schoß legt.

Eine klassenlose Gesellschaft für Kinder

In der vorne erwähnten Aufstellung über Hausfrauenarbeit ist die *Arbeit,* die man mit Kindern hat, inbegriffen, denn während der Zeit, in der sie am meisten Mühe verursachen – im ersten Lebensjahr –, stünde ja jedem ein bezahlter Pfleger zur Verfügung. Die bloße *Beschäftigung* mit Kindern – Spielen, Belehren, Unterhalten, Spazierengehen, Zubettbringen usw. – wurde ausdrücklich nicht berücksichtigt. Ziel der Reform ist es unter anderem, die Einstellung zu Kindern so zu ändern, daß man ihre

Gesellschaft als Ehre und Freude betrachtet. Denn seit es eine brauchbare Geburtenregelung gibt, sind Kinder Menschen, die man aus freien Stücken einlädt, am eigenen Leben teilzunehmen. Wer das Zusammensein mit ihnen als lästige Pflicht bezeichnet, verstößt daher gegen die elementarsten Gesetze der Gastfreundschaft – vor allem, da diese Gäste keine Gelegenheit hatten, die Einladung abzulehnen.

Die Forderung nach Institutionen, die Mütter den Umgang mit ihren Kindern abnehmen, muß diesen Kindern aber nicht nur taktlos, sondern auch unlogisch erscheinen. Denn welchen Sinn sollte es haben, Kinder zu bekommen, die man sowieso nicht sehen will? Wer lädt sich schon Gäste ins Haus, denen er nicht begegnen möchte? Sie können nicht ahnen, daß sie hier nicht als Gäste, sondern als Gegenstände betrachtet werden, als »Privateigentum an Menschenleben«, das man in Zukunft nach Belieben, so oft und solange man will, irgendwo abgibt. Und so müssen Kinder jeden Tag von neuem Zeuge werden, wie Frauen von einer Gesellschaft mit »genügend« Kinderkrippen und Ganztagsschulen schwärmen, in der sie sich dann endlich auch selbst einmal »realisieren« können, und wie man sich immer perfektere Modelle ausdenkt, um sich seiner Kinder, sobald sie geboren sind, möglichst schonend wieder zu entledigen. Wo dieses »Paradies« bereits verwirklicht ist und Kinder ihren Eltern tatsächlich nur noch abends begegnen, wird in der Öffentlichkeit alles diskutiert, nur nicht die Auflösung dieser Anstalten. Je nachdem, ob ihre Väter viel oder wenig verdienen, werden Kinder in die eine oder andere Art von Gefängnis abgeschoben, und je nachdem, ob sie männlich oder weiblich sind, bleiben sie bis an ihr Lebensende unter Verwahrung oder werden später auf freien Fuß gesetzt. Wobei natürlich auch die Bedingungen, unter denen sie in Verwahrung bleiben oder frei herumlaufen, noch davon abhängen, wieviel ihr Vater damals, als sie klein waren, nach Hause brachte. Auch der Beruf, den man ergreift, und der Mann, den man bekommt, wird von der ökonomischen und sozialen Situation des Elternhauses bestimmt. Selbst wenn Söhne oft »mehr« als ihre Väter werden, so werden sie meist doch nur etwas mehr. Und selbst wenn Töchter in der Regel die soziale Leiter hinaufheiraten, so können sie doch nur ausnahmsweise – wenn sie besonders hübsch sind – mehrere Stufen auf einmal nehmen.

Durch die hier vorgeschlagene Reform könnte man mit verhältnismäßig einfachen Maßnahmen – Kürzung der Arbeitszeit und der Schulzeit, Einführung von Gesamtschule, Pfleger- und Kindergehalt – das Leben der Kinder total revolutionieren. Denn man könnte sowohl die Kindergefängnisse abschaffen als auch die sozialen Unterschiede nivellieren. Dort, wo es aus humanen Motiven unbedingt notwendig wäre – im Kindesalter –, hätte man nach der Reform eine klassenlose Gesellschaft, und dort, wo es aus wirtschaftlichen Gründen unumgänglich ist – bei den Erwachsenen –, hätte man eine leistungsfördernde Klassengesellschaft. Dies wäre zwar wiederum nicht die absolute Gerechtigkeit, aber es wäre die beste, die zu haben ist. Denn wenn man auch bei den Erwachsenen die Klassen abschaffte, wären Kinder zwar ebenfalls klassenlos, doch mit dem Unterschied, daß es ihnen statt gleich gut dann gleich schlecht ginge. Ohne Streben nach Gewinn und Sozialprestige bei den Erwachsenen – das dann freilich auf bestimmte Stunden beschränkt bliebe – könnte man Kindern nicht den materiellen Komfort bieten, der ihnen zusteht – die Einladung in unsere Welt wäre eine Einladung in die Wüste. Und das, was sie noch nötiger brauchen als Komfort – die Geborgenheit in einer Familie –, müßte man ihnen ebenfalls versagen. Da ein durch Plan vorgeschriebenes wirtschaftliches Verhalten die Produktivität der Bürger senkt und ein selbstgewähltes sie steigert, wären Eltern in einer sozialen Planwirtschaft – einer klassenlosen Gesellschaft für alle – den ganzen Tag von zu Hause fort, während man in einer sozialen Marktwirtschaft – einer klassenlosen Gesellschaft für Kinder – ihre Abwesenheit auf den halben Tag beschränken könnte. Und ihre Geschwister, mit denen sie im einen Fall aufwachsen könnten, würden ihnen im anderen Fall bestenfalls auf dem Gefängnishof begegnen.

Eine klassenlose Gesellschaft für Kinder würde sich also hauptsächlich auf folgenden Gebieten auszeichnen:

Alle Kinder hätten Eltern

Nach der Reform müßten Kinder nicht mehr ihre Tage in Krippen, Horten und Ganztagsschulen verbringen, denn keines hätte länger als fünf Stunden Unterricht, und auf alle würde zu Hause jemand warten. Die Kinder der Alleinstehenden müßten nicht mehr in Heimen vegetieren, die der Armen müßten sich nicht mehr mit umgehängtem Wohnungsschlüssel auf der Straße herumtreiben, und die der Emanzipierten müßten nicht mehr bis zum Abend in einsamen Bungalows auf die Rückkehr der Erwachsenen warten. Da ausgeruhte Eltern nachweislich seltener Kindsmißhandlungen begehen als erschöpfte, wären die Eltern des Fünf-Stunden-Modells auch mildere Eltern. Doch auch die Allgemeinheit würde profitieren: Wenn man davon ausgeht, daß in westlichen Industrieländern etwa fünfundsiebzig Prozent der Verbrechen von ehemaligen Heim- und Fürsorgezöglingen verübt werden, kann man annehmen, daß nach einer Reform, die jedem Kind ein Zuhause garantiert, auch die Kriminalität zurückgehen würde. Es gäbe also weniger Gefahren und – durch den Abbau von Heim- und Gefängniskapazitäten und durch Einsparungen im Fürsorge- und Justizwesen – auch weniger Kosten.

Alle Kinder hätten materielle Sicherheit

Durch das Kindergehalt wäre dafür gesorgt, daß jedes Kind so viel Nahrung, Kleidung und Wohnraum hat, wie es zum Leben unbedingt braucht. Als schwächstes Glied der Gemeinschaft wäre es somit auch das am besten beschützte: Wirtschaftskrisen würden nicht mehr zuerst die Armen und dann die Reichen treffen, sondern zuerst die Erwachsenen und dann die Kinder. Doch auch innerhalb der Familie würde sich die Position des Kindes stärken: Eine eigene Rente würde es aus dem Status des Almosenempfängers befreien und zum zahlenden Gast seiner Eltern machen. Was es von diesen erhielte, wäre nicht mehr Gnade, sondern Recht. Damit könnte sich anstelle der Schuld- und Abhängigkeitsgefühle, die heute in den meisten Fällen die Beziehung des Kindes zu den Eltern ruinieren, erstmals so etwas wie Sympathie und Zuneigung entwickeln. Denn nur, wenn man dem andern nicht verpflichtet ist – nur wenn man ihn nicht lieben muß –, kann man ihn lieben.

Alle Kinder hätten gleiche Erziehungschancen

Nach der Reform wäre nicht mehr das Gehalt des Vaters ausschlaggebend für den späteren Beruf eines Menschen, sondern seine Neigung, das Leitbild, das er zu Hause erhält, und die Prognosen der Arbeitsmarktforscher. Durch ein integriertes Gesamtschulsystem gäbe es die heute übliche Diskriminierung der ärmeren Schüler nicht mehr: Jeder könnte lernen, soviel er wollte. Auch hiervon würde die Allgemeinheit profitieren: Durch Mobilisierung von Begabungsreserven würde die Qualität der Dienstleistungen steigen, durch Chancengleichheit wäre der soziale Friede besser gesichert als je zuvor, und die Ausbildung der Frauen wäre nicht mehr die gigantische Fehlinvestition, die sie heute ist.

Alle Kinder wären erwünscht

Früher hatten Kinder hauptsächlich die Funktion von Arbeitskräften: In der Agrargesellschaft mußten sie den Erwachsenen von klein an helfen und außerdem deren Altersversorgung übernehmen. Heute haben sie hauptsächlich die Funktion von Geiseln: Der Mann arbeitet für die Frau, doch damit er das tut, braucht sie zunächst ein oder zwei Kinder von ihm. Nach der Reform müßten Kinder weder als Arbeitskräfte noch als Geiseln herhalten, denn es gäbe nichts, wobei sie einem helfen könnten, und niemand, der sich durch sie erpressen lassen müßte. Die Gründe für das Gebären wären damit zwar noch immer egoistisch – man würde sich Kinder als Gesellschafter, Liebessymbole oder Unsterblichkeitsgaranten wünschen –, doch es wäre erstmals ein Egoismus, der den Kindern schmeichelt.

Damit Kinder nicht das Produkt eines Zufalls wären, müßte die klassenlose Gesellschaft für Kinder auch über eine klassenlose Familienplanung verfügen. Das heißt, es müßte kostenlose Sexualberatung, kostenlose Verhütungsmittel und dort, wo es als letzter Ausweg betrachtet wird – und zwar von der Mutter und nicht von der Gesellschaft –, kostenlosen Schwangerschaftsabbruch geben. Wenn Kinder künftig glücklicher sein sollen als heute, muß man vor allem dafür sorgen, daß die Kinder, die mit Sicherheit unglücklich wären, weil sie von ihrer Mutter – aus welchen Gründen auch immer – nicht erwünscht sind, gar nicht erst entstehen. Da keine Frau zum Vergnügen einen Schwangerschaftsabbruch vornehmen läßt, ist es absurd, bei einer Legalisierung dieses Mittels einen Mißbrauch zu fürchten.

Gegner und Befürworter des Schwangerschaftsabbruchs vertreten zwei Moralauffassungen, die auch nach der Reform gleichberechtigt nebeneinander existieren könnten. Die einen können es nicht mit ihrem Gewissen vereinbaren, wenn aus einem Embryo kein Mensch wird, und die anderen können es nicht mit ihrem Gewissen vereinbaren, wenn aus einem Embryo ein unglücklicher Mensch wird. Dem einen geht es also um die Quantität, dem andern um die Qualität des menschlichen Lebens auf unserem Planeten. Die Tatsache, daß Familien, die verlassene Kinder aufnehmen, den Schwangerschaftsabbruch als letzten Ausweg häufiger befürworten als verurteilen – dies hat zum Beispiel die Motivforschung bei Pflegeeltern von Vietnamwaisen ergeben –, scheint diese These zu bestätigen. Der Wunsch, unglückliches Leben zu vermeiden, scheint parallel zu gehen mit dem Wunsch, sich unglücklichen Lebens anzunehmen. Auffallend ist jedoch, daß beinahe alle Befürworter der Todesstrafe auch Gegner des Schwangerschaftsabbruchs sind. Hier handelt es sich also nicht immer um den Schutz des Lebens, sondern um Macht über das Leben anderer – das der Kriminellen, das der werdenden Mütter und Väter. Das heißt, es handelt sich nicht um eine andere Moral, sondern um eine besondere Form von Unmoral.

Es ist jedoch zu vermuten, daß trotz aller dieser Hilfen zur Vermeidung unerwünschter Schwangerschaften nach der Reform die Gebärfreudigkeit steigen würde. Nach dem Pillenknick – dem plötzlichen Abwärtstrend der Geburtenkurve nach Einführung der oralen Ovulationshemmer – würde sich die Kurve nach Einführung des Fünf-Stunden-Modells abermals verändern, doch diesmal in entgegengesetzter Richtung. Denn Kinder würden dann weder über das freiwillig gewünschte Maß hinaus an einen Partner ketten, noch würde man fürchten müssen, daß man sie nicht versorgen kann. Und man hätte Zeit, viel Zeit. Eines der vielen aufregenden Dinge, die man in dieser Zeit unternehmen würde, wäre zweifellos, neues Leben zu erzeugen und zu beobachten, wie es sich entwickelt. In jenen westlichen Industrieländern, in denen man sich wegen des Bevölkerungsrückgangs bereits ernsthaft Sorgen macht, wäre dies vielleicht die einzige Möglichkeit, die Geburtenziffer wieder anwachsen zu lassen. Ganz abgesehen davon, daß dies auch die einzige Art staatlicher Geburtenförderung wäre, die man Kindern gegenüber verantworten kann.

Wie an anderer Stelle gesagt, würde während des vollbezahlten Säuglingspflegejahres sicher meist die Mutter und nicht der Vater bei dem Neugeborenen bleiben. Männer und Frauen würden die Versorgung eines Säuglings nach wie vor als »typisch weibliche« Tätigkeit betrachten und sich deshalb schon aus Gründen der Erotik so entscheiden. Doch auch dies wäre ein privater Vertrag zwischen den Partnern, der niemand etwas anginge. Da die Eltern auf Wunsch ihre Rollen auch tauschen könnten und es außerdem mehrere andere Möglichkeiten gäbe – zum Beispiel alternierende Schichten oder die Anstellung eines Säuglingspflegers –, könnte sich niemand benachteiligt fühlen. Schon gar nicht der, der bei seinem Kind bleiben dürfte.

Nach Vollendung des ersten Lebensjahres käme das Kind dann in den Kindergarten, der fünf Stunden dauern würde plus die Zeit, die der Erwachsene, der es dort hinbringt und wieder abholt, für seinen Arbeitsweg benötigt. Damit es aber bei dieser Umstellung nicht zu einem Trauma kommen könnte, müßte es eine Möglichkeit geben, die Bezugsperson – also meist die Mutter – für einige Tage in das Kindergartenmilieu zu integrieren, indem man ihr dort zwischenzeitlich irgendwelche Aufgaben überträgt. Sobald sich das Kind an die neue Umgebung gewöhnt hätte, könnte man es ohne Schaden für einige Stunden am Tag dort allein lassen – der Kontakt zu Gleichaltrigen wäre dann für seine weitere Entwicklung sogar unbedingt notwendig. Wie sich von selbst versteht, würde diese Maßnahme die Chancengleichheit noch weiter untermauern. Benachteiligungen, die sich aus dem häuslichen Milieu ergeben, könnten durch eine bereits im zweiten Lebensjahr beginnende »Vorschulerziehung« weitgehend ausgeglichen werden. Selbstverständlich wäre der Besuch des Kindergartens trotzdem keine Pflicht. Wer eine andere Lösung vorzöge – Betreuung durch Großeltern, Hauspersonal, Berufstätigkeit in verschiedenen Schichten –, müßte sein Kind erst bei Beginn der Schulzeit Fremden überlassen.

Es blieben also auch auf dem Gebiet der Kindererziehung die geschlechtsspezifischen Rollen gewahrt, ohne daß einem der Geschlechter daraus Nachteile entstünden. Denn sicher würden sich Frauen auch nach der Reform auf eine andere Art als Männer mit ihren Kindern beschäftigen – nämlich auf eine typisch weibliche. Sie würden ihnen häufiger beim Baden, Essen oder Anziehen helfen, während Männer häufiger mit ihnen spielen, ihnen etwas beibringen oder sich sonstwie mit ihnen abgeben würden. Doch auch diese Aufgabenteilung wäre ausschließlich Privatangelegenheit der Eltern. Zeit für ihre Kinder hätten beide Partner.

Und sicher würden auch nach der Reform in vielen Familien die Frauen abends seltener ausgehen als die Männer. Doch auch das wäre nicht unbedingt eine Benachteiligung. Denn daß das Glück, in einer verrauchten Kneipe ein Glas Bier zu trinken, so viel größer ist als das, das man empfindet, wenn man in einem stillen Haus den Schlaf eines kleinen Kindes bewacht, müßte erst noch bewiesen werden.

Scheidung auch für Arme

In Zahlen gesehen ist eine Ehescheidung eine einzigartige Häufung von Glück. Derjenige, der sie will, hat in der Regel eine neue Liebe gefunden (die immerhin so überwältigend ist, daß er seine Familie dafür aufgibt). Derjenige, der sie nicht will, wird in der Regel wenig später – laut Statistik nach zwei bis drei Jahren – eine neue Liebe finden (zu der er dann sagt, daß es ein Glück war, daß er damals verlassen wurde, weil man sich sonst nie getroffen hätte). Und auch die Kinder dieser beiden erwartet – nach Zahlen – eine Bereicherung: Statt zweier Erwachsener, die sich streiten, stehen ihnen nun vier Erwachsene, die sich nicht streiten, zur Verfügung.

Die reizenden kleinen Geschwister lassen in der Regel ebenfalls nicht lange auf sich warten.

Daß zumindest ein Partner die Scheidung meist als Unglück empfindet, hängt nur zum Teil mit dem erlittenen Verlust zusammen. Was einem das Ende einer abgestandenen Liebe schmerzlicher empfinden läßt als das einer stürmischen Liaison – obwohl es doch eigentlich umgekehrt sein müßte –, ist vor allem die Zahl der Zeugen, die hier verwickelt sind. Da Heirat die größte Ehre ist, die man seinem Geliebten erweisen kann, ist Scheidung auch seine größtmögliche Kränkung. Je mehr Menschen man verkündet hat, daß ein ganz bestimmter Mensch einen für interessanter hält als alle – und eine Eheschließung ist noch immer der optimale Weg, um einen solchen Triumph unter die Leute zu bringen –, desto mehr werden auch hinterher erfahren müssen, daß dieser Mensch einen bei näherer Betrachtung ziemlich mittelmäßig fand. Um dieses zweite Werturteil vergessen zu machen, gibt es eigentlich nur eine Möglichkeit, nämlich in zäher Kleinarbeit jeden einzeln davon zu überzeugen, daß in Wirklichkeit der andere – der, der einen verlassen hat – der Mittelmäßige war. Wie sich von selbst versteht, kann dieser umständliche Weg, die eigene »Ehre« wiederherzustellen, den Beginn der statistisch garantierten nächsten Liebe – siebzig Prozent der Frauen und achtzig Prozent der Männer heiraten nach einer Scheidung wieder – nur verzögern. Und auch das Glück des ehemaligen Partners wird danach weniger leuchten. Denn immerhin hat er ja dank seiner neuen Liebe seinen guten Ruf verloren.

Doch obwohl man es damit eigentlich genug sein lassen könnte, schreitet man heutzutage nach dieser Quälerei zur Exekution. Nach dem Kampf um die Ehre folgt der Kampf ums mehr oder weniger komfortable Überleben. Da in den meisten Familien nur einer gearbeitet hat, muß man diesen vor der endgültigen Trennung zu möglichst hohen Abfindungen und Alimentenzahlungen verpflichten. Der wiederum wird sich dagegen nach Leibeskräften wehren: Er muß ja nicht nur diese Familie versorgen, sondern auch die nächste. Was immer den Preis der Freiheit hochtreiben oder senken kann, findet daher in dem nun beginnenden Duell skrupellos Verwendung: Die Liebe der Kinder, die Achtung von Freunden, Bekannten und Kollegen, Kenntnisse über private oder berufliche Verfehlungen, alles wird in die Waagschale geworfen. Jede verletzbare Stelle des andern, die man in den vielen Jahren einer intimen Gemeinschaft entdecken konnte, wird nun vorsätzlich angepeilt, alle Schwächen, die er einem vertrauensvoll preisgab, werden auf ihre Verwertbarkeit hinsichtlich einer Erpressung getestet. Und so entstehen nach und nach jene privaten Höllen, die nicht nur die letzten Monate einer Ehe ruinieren, sondern auch das, was vorher war. Jetzt endlich, glaubt man, zeigt der andere sein wahres Gesicht. Doch es ist ebensowenig das wahre Gesicht wie das, das er vor der Hochzeit zeigte: Es ist lediglich das andere Extrem – das Gesicht, das er zeigt, wenn er emotional nichts mehr zu verlieren und materiell alles zu gewinnen hat. Leider aber wird es gerade dieses Gesicht sein, an das man sich sein Leben lang erinnert und das aus Jahren, die eigentlich glücklich waren, noch nachträglich verlorene Jahre macht. Und es wird auch dieses Gesicht sein, das verhindert, daß man sich später je wieder lieben kann.

Nur eine Gruppe bleibt vor all dem verschont: die Männer mit niedrigem Einkommen. In der Unterschicht können nur Frauen zweimal heiraten: Sie müssen weder für die Männer sorgen, die sie verlassen, noch für die, zu denen sie ziehen. Ein

Mann, dessen Verdienst für zwei Familien nicht ausreicht, kann hingegen nur dann ein neues Leben beginnen, wenn er entweder in den Untergrund geht oder so weit fort, daß ihn keiner findet – das heißt, im Fall einer neuen Leidenschaft muß er auf seine Kinder, seine Eltern, seine Freunde, seinen Beruf und seine Heimat für immer verzichten. Doch auch damit ist es hier nicht getan: Während Männer der Mittel- und Oberschicht von ihren Kindern lediglich getrennt werden (da sie vorher gearbeitet haben, nimmt man ihnen mit der Begründung, daß sie ja arbeiten müssen, bei einer Scheidung auch regelmäßig ihre Kinder), müssen die der Unterschicht auch noch die Courage haben, diese in Heime, Horte oder Krippen zu verbannen. Denn die Fürsorgeunterstützung ist auch in den reicheren Ländern selten hoch genug, daß die Mutter nach einer solchen Trennung nach wie vor zu Hause bleiben könnte. Wie sich von selbst versteht, wird ein armer Mann aus all diesen Gründen meist freiwillig auf jeden neuen Anfang verzichten. Da er so oder so im Unglück leben müßte, bleibt er lieber dort, wo er schon ist.

All das könnte nun durch die Reform anders werden. Nach Einführung des hier vorgeschlagenen Modells könnten sich nicht mehr nur die Reichen, sondern auch die Armen scheiden lassen, und zwar so oft sie wollten. Und auch die Prozedur selbst hätte mit dem heutigen Massaker nur noch entfernte Ähnlichkeit. Denn die Familienstruktur wäre dann absolut variabel: Wie bei einem Baukastensystem könnten sich zwei oder mehr Menschen zusammentun und wieder trennen, ohne daß es dabei mehr als emotionale Komplikationen gäbe. Da in den meisten Ehen beide Erwachsene einen Beruf ausüben würden und auch die Kinder ein selbständiges Einkommen bezögen, müßte man sich im Fall einer Scheidung weder um Unterhaltszahlungen noch um Abfindungen streiten, und auch eine Aufsplitterung der Rentenansprüche wäre überflüssig, denn jeder der beiden Berufstätigen hätte ja automatisch seine eigene Altersversorgung. Wohnungsprobleme könnten nach der Trennung entweder durch Umzug in kleinere Wohnungen oder durch Abvermietung gelöst werden. Im letzten Fall wäre dann auch gleich der Wohnraum für den nächsten Partner reserviert. Eventuell vorhandenes Vermögen müßte lediglich halbiert werden. Bei Wohnungseigentum könnte man einen Kredit aufnehmen und dann den Partner auszahlen und das eigene Defizit auch hier durch Abvermietung ausgleichen.

Doch auch die Kinder müßten nach der Reform keinem vorenthalten werden. Da beide Eltern Zeit für sie hätten, könnten sie sich entscheiden, bei wem sie sich jeweils aufhalten wollten. Die »elterliche Gewalt« müßte nur noch dann auf einen der Partner übertragen werden, wenn das Kind zu klein für eine Entscheidung wäre und die Eltern sich über seinen Hauptwohnsitz nicht außergerichtlich einigen könnten. Allerdings käme es aus diesem Grund dann häufiger zu Auseinandersetzungen als heute. Während sich jetzt nur Männer, die nach ihrer Scheidung nicht arbeiten müssen, um das Sorgerecht für ihre Kinder bewerben können – also vermögende Männer oder solche, die emanzipiert genug sind, sich von ihren Exfrauen »aushalten« zu lassen –, könnte dann praktisch jeder Vater einen solchen Antrag stellen, denn er hätte ja für die Versorgung seiner Kinder gleich günstige Voraussetzungen anzubieten wie die Mutter. Doch auch der Verlierer dieses Kampfes müßte nicht mehr so untröstlich sein wie heute. Während dies jetzt unmöglich ist, bliebe ihm beim Fünf-Stunden-Modell – vorausgesetzt, er lebte am gleichen Ort – genug Zeit, um seine Kinder aus früheren Ehen so häufig zu sehen, wie er es wünschte.

Wahrscheinlich wäre dieser »Verlierer« jedoch auch nach der Reform meist der Mann. Mit der gleichen Selbstverständlichkeit, mit der man erwarten würde, daß die Mutter und nicht der Vater das Kind während seines ersten Lebensjahres betreut, würde man auch der Mutter und nicht dem Vater im Streitfall das Sorgerecht übertragen. Da man sich an irgendeinem Gesichtspunkt orientieren müßte, würde die Rechtsprechung diese »Leistung« vielleicht sogar zur Richtschnur nehmen. Frauen, die sich benachteiligt fühlten, weil es auch nach der Reform zur Rollenerwartung gehörte, daß sie und nicht ihre Männer das Füttern, Baden und Wickeln eines Neugeborenen übernähmen, könnten sich damit trösten, daß ihnen aus genau dem gleichen Grund im Fall einer Scheidung das Kind viel sicherer wäre.

Das alles klingt, als könnte sich unsere heutige Gesellschaft nach der hier vorgeschlagenen Reform in ein Sodom und Gomorrha verwandeln: Jeder wäre frei, seinen Mann oder seine Frau jederzeit zu verlassen und sich mit jedem beliebigen anderen zusammenzutun. Diese Sorge ist jedoch völlig unbegründet: Wenn es wirklich zu einem Anstieg der Scheidungsziffer käme, wäre dieser keinesfalls bedeutend. Denn es gäbe dann in den Ehen wohl mehr Freiheit als heute, aber auch mehr Liebe. All die Frauen, die sich jetzt bei der Partnerwahl vorwiegend nach praktischen Gesichtspunkten entscheiden, würden dann

Männer nehmen, die sie liebten und mit denen sie folglich auch interessantere Ehen führen würden. Doch nicht nur das erotische, auch das intellektuelle Bündnis zwischen Ehepartnern stünde auf einer solideren Basis.

Während sich jetzt Mann und Frau nach einigen Ehejahren oft durch einen Abgrund voneinander getrennt fühlen (sie durfte alles vergessen, er mußte immer mehr dazulernen), würden sie dann in ihrer intellektuellen Entwicklung miteinander Schritt halten, denn dank des beruflichen Wettbewerbs könnte sich keiner von beiden den Luxus der Dummheit leisten. Damit genösse die Familie, deren Interessen man heute durch komplizierte Gesetze gewährleisten muß, den umfassendsten und zuverlässigsten Schutz, den man sich denken kann. Die Liebe und das Verständnis, das die Erwachsenen füreinander empfänden, wären der beste Garant für das Wohlergehen der Kinder. Und auch die Tatsache, daß Väter zu ihren Kindern einen viel innigeren Kontakt hätten, würde die Stabilität der Gemeinschaft festigen. Ein Kind, das man täglich um sich hat, kann man noch schwerer verletzen als eines, das man nur als Wochenendbesucher kennenlernt.

Falls aber eine Trennung der Ehe trotz allem unausweichlich würde, wären die Kinder gerade dadurch, daß diese möglich ist, am besten abgesichert. Ein ruhiges Leben mit Vater oder Mutter wäre für sie auf jeden Fall weniger schlimm als der ewige Streit zwischen zwei Menschen, die sich gegen ihren Willen aneinandergekettet fühlen. Denn Ehen sind ja nicht schon deshalb ein Erfolg, weil die Kontrahenten am Ende das gleiche Grab belegen. Manche Ehe läßt sich gerade dadurch »retten«, daß man sie rechtzeitig abbricht.

Dank der Reform – dank der Erleichterung der Ehescheidung – könnte man also die Institution Ehe in ihrer heutigen Form beibehalten. Dies käme allen zustatten: denen, die verheiratet sind, denen, die sowieso heiraten würden, denen, die heute aus Angst vor den Folgen nicht zu heiraten wagen, und denen, die nicht heiraten können, weil ihr Partner bereits mit einem anderen verheiratet ist.

Damit wäre auch das Problem der Junggesellen – die ja als einzige durch die Reform wirklich finanziell geschädigt wären – auf elegante Weise gelöst: Es gäbe weniger. Da auch Homosexuelle nach Möglichkeit in Zweiergemeinschaften leben würden – die sich dann wie alle anderen Ehen materiell ergänzen könnten –, blieben eigentlich nur noch Leute allein, die keinen

Partner finden, und solche, die absolut keinen wollen. Sie hätten zwar viel weniger Geld als heute, aber dafür auch viel mehr Zeit. Wer dennoch Wert auf ein hohes Einkommen legte, könnte einen der zahlreichen selbständigen Berufe ergreifen, in denen man sich bis zur Erschöpfung verausgaben kann.

Man muß nicht mehr jung sein, man wird nicht mehr alt

Abgesehen von allen anderen Nachteilen beschert uns die jetzige Sozialstruktur auch noch den, daß sie uns alt macht, bevor wir es wirklich sind. Denn wo Frauen hauptsächlich wegen ihres Aussehens und Männer hauptsächlich wegen ihrer Leistung geliebt werden, fühlen erstere sich alt, wenn ihre Haut erschlafft, und letztere, wenn ihre Arbeitskraft nachläßt. So kommt es, daß die inoffizielle Altersgrenze für Frauen heute etwa bei dreißig und für Männer bei fünfzig Jahren liegt. Da die Reform hier ganz neue Maßstäbe setzen würde, ließe sich so auch dieses Phänomen beseitigen.

Für *Frauen* würde sich die heutige Altersgrenze um etwa vierzig Jahre verschieben: Statt mit dreißig, wäre man nach der Reform erst mit sechzig oder siebzig Jahren alt, oder vielleicht sogar noch später. Dies geschähe aufgrund folgender Kettenreaktion:

1. Veränderung des weiblichen Verhaltens

Sobald die Frau den Mann als Vater nicht mehr bräuchte, würde sie ihm auch nicht mehr das Kind vorspielen: Wenn Frauen sich selbst versorgten, würden sie sich Männern gegenüber nicht mehr schutzbedürftiger geben, als sie sind. Wer schutzbedürftig wirken will, muß vor allem jung und unerfahren wirken: Er braucht eine zarte, glatte Haut und eine große Fähigkeit zum Staunen, er muß die Zahl seiner Liebhaber in Grenzen halten und von einem bestimmten Alter an sein Geburtsdatum unterschlagen. Da die Frauen auf die Vorteile dieser Rolle nicht mehr angewiesen wären, würden sie nach der Reform den »Babylook« an den Nagel hängen und sich jeweils so erwachsen geben, wie sie sind.

2. Veränderung des weiblichen Leitbildes

Als Folge dieses neuen Verhaltens würde sich auch das weibliche Leitbild ändern. Die ewig junge Frau ist heute in der Werbung nur deshalb dominierend, weil sie den Idealtyp des weiblichen Großkonsumenten verkörpert. Die jugendliche Naive kann wie keine andere den Beschützerinstinkt eines Mannes mobilisieren und mit der geringsten Anstrengung – durch Heirat – die steilste gesellschaftliche Karriere machen. Nach einer Reform, die einerseits Frauen zur eigenen Karriere animiert und andererseits durch Beschneidung der Einkommen dem männlichen Beschützer engere Grenzen setzt, würde sich dieses Ideal von Grund auf wandeln. Das neue Vorbild wäre die erwachsene, selbständige Frau, die statt an den Vaterinstinkt an den Sexualtrieb des Mannes appelliert. Damit würden Frauen nicht nur dem Mann, sondern auch sich selbst einen Gefallen tun. Während ein jugendliches Aussehen von einem bestimmten Alter an absolut unerreichbar ist, läge dieses neue Ideal wenigstens einigermaßen innerhalb ihrer biologischen Möglichkeiten – die Diskrepanz zwischen der Frau, die man sein sollte, und der, die man ist, wäre nicht mehr so groß wie heute. Das Gefühl, alt zu sein, das jetzt schon aufkommt, wenn man einen Mann nicht mehr zu seinem Vater machen kann, könnte sich dann erst einstellen, wenn man ihn nicht mehr in sein Bett bekommt. Und das wäre meist erst Jahrzehnte später.

3. Veränderung des weiblichen Geschmacks

Hinzu käme, daß Frauen, wenn sie statt Väter Liebhaber wollten, in der Regel nicht dem älteren, sondern dem gleichaltrigen Partner den Vorzug gäben. Auch dies würde dazu beitragen, ihr vorzeitiges »Altern« zu beenden. Heute wissen zwar alle Frauen, weshalb ein Mann nicht schön und auch nicht jung sein muß, aber bei den Männern wissen es nur die mit den kleinen Gehältern. Die besser verdienenden sind davon überzeugt, daß sie dank ihrer größeren »Dynamik« – der gleichen, die sie mehr verdienen läßt – eben auch sexuell länger attraktiv bleiben als ihre Konkurrenten. Wenn weder Männer noch Frauen in der Regel bedeutend jüngere Partner nähmen, würde es auch nicht mehr so aussehen, als sei eine Frau über Dreißig sexuell weniger begehrenswert als ein gleichaltriger Mann.

Diesem neuen Verhalten würde noch entgegenkommen, daß es dem Mann dann auch weniger schwerfallen würde, sich zugunsten einer Frau seines eigenen Alters zu entscheiden. Solange er nur die Wahl zwischen einer geistlosen Zwanzigjährigen und einer geistlosen Vierzigjährigen hat, nimmt er natürlich die jüngere, weil deren Äußeres in höherem Maß sein ästhetisches Empfinden befriedigt. Nach der Reform würde jedoch das Alter für eine Frau nicht mehr nur Verlust, sondern auch Gewinn bedeuten. Da sie sich den Luxus der Dummheit nicht mehr leisten könnte, würde sie im Lauf der Jahre nicht nur älter, sondern auch interessanter werden.

Das alles heißt nun nicht, daß Frauen nach der Reform vor dem Altern keine Angst mehr haben müßten. Auch wenn sie statt an Schutz dann mehr an Sex dächten, wären ihnen doch auch in dieser Rolle Grenzen gesetzt. Nur wenigen Menschen gelingt es, über das siebzigste Lebensjahr hinaus eine erotische Ausstrahlung zu bewahren. Doch sie müßten ihr Alter, da es später käme, dann weniger fürchten als heute, und sie müßten es auf jeden Fall weniger fürchten als die Männer.

Denn für diese bringen die Jahre ja ein echtes biologisches Handikap: Meist fallen ihnen die Haare aus, und auch die Potenz läßt von einem bestimmten Zeitpunkt an zu wünschen übrig. Von beiden Plagen bleiben Frauen verschont. Sie müssen weder ab Dreißig um ihre Frisuren bangen, noch müssen sie fürchten, daß ihnen ab Sechzig ihre Vagina versagt. Die Falten, die sie haben werden, bleiben auch ihren Partnern nicht erspart. Daß heute ältere Frauen meist weniger schön sind als ihre Begleiter, liegt weniger an der Beschaffenheit ihrer Haut, als an der Art, wie sie diese zu verbergen suchen. Wie alles, was in der Natur vorkommt, kann der Alterungsprozeß eines Menschen von sich aus niemals häßlich sein. Erst wenn Jugend simuliert, ein straffer Busen vorgetäuscht, Haaren eine Farbe gegeben wird, die sie normalerweise nur mit Zwanzig haben, und Falten mit Make-up verkleistert werden, wirkt ein Mensch auf unangenehme Weise alt, weil er dann auf seine Umgebung widernatürlich wirkt.

Für Männer würde sich die heutige Altersgrenze durch die Reform weniger stark verschieben als für Frauen, doch etwa zwanzig Jahre kämen auch für sie dabei heraus. Statt mit fünfzig, wäre ein Mann dann erst mit siebzig Jahren alt, und häufig erst noch später. Die Gründe wären folgende:

1. Kürzere Arbeitszeit

Das Tagespensum eines Arbeitnehmers ist heute so kalkuliert, daß seine Arbeitskraft optimal verwertet werden kann. Er lebt, um zu arbeiten, denn die Ruhepausen sind gerade so lange, daß sie zur Regeneration ausreichen. Da man sich bei dieser Kalkulation am idealen Arbeitnehmer orientiert, das heißt, am jüngeren Mann, der sich auf dem Gipfel seiner Leistungsfähigkeit befindet, liegt es auf der Hand, daß ein älterer Arbeitnehmer diesen Rhythmus nicht beibehalten kann, ohne dafür mit dem Verschleiß seiner Gesundheit oder gar frühem Tod zu bezahlen. Bei einer Herabsetzung der Arbeitszeit auf fünf Stunden könnte jedoch auch ein Mann über Fünfzig seinen Arbeitgeber noch zufriedenstellen. Neben der körperlichen Belastung wäre ja auch die seelische geringer: Die Gefahr einer Entlassung oder Degradierung, die heute wie ein Damoklesschwert über ihm schwebt, wäre durch die Reform weitgehend aus der Welt geschafft, denn er wäre bei weniger Arbeitsstunden genauso leistungsfähig wie seine jüngeren Kollegen. Käme es dennoch zur Entlassung, wäre die Katastrophe weniger groß. Er wäre ja nicht der einzige, der für Einkommen und Sozialprestige seiner Familie verantwortlich ist. Seine Frau würde im allgemeinen nicht mehr ihn zur Karriere antreiben, sondern, falls überhaupt, sich selbst.

2. Höhere Lebenserwartung

Erheblich kürzere Arbeitszeiten würden die Lebenserwartung der Männer innerhalb weniger Jahrzehnte der der Frauen angleichen: Sie könnten dann in westlichen Industrieländern genau wie Frauen damit rechnen, durchschnittlich fünfundsiebzig Jahre alt zu werden, und würden sich entsprechend später »am Ende ihrer Tage« fühlen. Neueste Statistiken zeigen, daß sich die Lebenserwartung der Männer trotz des medizinischen Fortschritts verringert. Der immer größere Berufsstreß führt zu einer Zunahme der Kreislauferkrankungen, die an erster Stelle der Todesursachen stehen. Nach der Reform würde sich die

Lebenserwartung für beide Geschlechter in dem Maß erhöhen, wie man die medizinische Versorgung verbessert.

3. Größeres Selbstbewußtsein

Nach der Reform könnte man sich zwar wie bisher von einer bestimmten Altersgrenze an pensionieren lassen – und diese wäre im Unterschied zu heute für beide Geschlechter gleich –, doch wenn man wollte, könnte man auch bis an sein Lebensende im Beruf bleiben. Es ist absurd, daß man heute statt einer Verkürzung der Arbeitszeit überall die Herabsetzung des Rentenalters diskutiert und daß man Männern in einem Alter, in dem sie alle Freuden des Lebens genießen könnten – zum Beispiel Sex, Sport, Trinkgelage und üppige Mahlzeiten oder die Gesellschaft ihrer Kinder –, daß man ihnen da ihre ganze Freiheit nimmt und sie in einem Alter, in dem sie nicht mehr viel versäumen – für Sex ist es beinahe zu spät, für Sport sind sie wegen ihres früheren Lebensstils zu wenig durchtrainiert, kulinarische Ausschweifungen werden meist vom Arzt verboten, und ihre Kinder haben das Haus längst verlassen –, daß man sie da zur Freiheit geradezu verurteilt. Denn Männer und Frauen über Sechzig sind zwar meist zu alt, um den ganzen Tag zu arbeiten, doch eine geregelte Beschäftigung und die Aufrechterhaltung alter Gewohnheiten wäre für viele gerade dann eine psychische Notwendigkeit. Gerade ab Sechzig, wenn man vieles nicht mehr machen kann, braucht man den Beweis, daß man wenigstens noch für einiges zu gebrauchen ist.

Frauen haben es auch hier leichter als Männer. Sie behalten durch ihre Funktionen im Haushalt auch im Alter ihren gewohnten »Arbeitsplatz« und werden nicht selten auch bei ihren Enkelkindern wieder gebraucht. Das heutige Sozialproblem der alten Leute – das in erster Linie ein Problem der alten Männer ist – entsteht aus dem Teufelskreis der Vierzig- beziehungsweise Fünfzig-Stunden-Woche. Diese Arbeitszeiten sind zu lang, als daß man neben seinem Beruf noch Interessen entfalten und menschliche Kontakte knüpfen könnte, die einem später über den »Pensionierungsschock« hinweghelfen. Wenn man endlich Zeit für sich hat, fällt man meist in eine absolute Leere, denn es ist nichts da, wofür man diese Zeit gebrauchen könnte, und niemand, der darauf wartet, sie mit einem zu verbringen. Nach der Reform hätten Menschen einerseits Gelegenheit, während ihrer aktiven Jahre außerberufliche Interessen und Kontakte zu pflegen, und andererseits wären sie auch nach Sechzig noch in der Lage, normal ihrer Arbeit nachzugehen. Sie könnten sich also aussuchen, welche Art Leben sie im Alter führen möchten, sowohl die eine als auch die andere wäre nicht völlig trostlos.

Natürlich heißt das nicht, daß man es sich leisten könnte, die Berufswelt zu einem Reservat für Senilität zu machen. Die wirtschaftliche Wettbewerbsfähigkeit, von der ja das Glück aller abhängt, hätte vor dem Glück des einzelnen auf jeden Fall Vorrang. Auch ein älterer Mensch, der seiner Aufgabe nicht mehr gewachsen wäre, müßte seinen Arbeitsplatz räumen. Er könnte sich dann, genau wie ein jüngerer Kollege, auf einen günstigeren Posten versetzen lassen, oder – dies wäre sein Privileg – sich ins Privatleben zurückziehen.

4. Mehr Würde

Es hat seinen guten Grund, wenn Parteien Kandidaten nominieren, die nah an der Pensionierungsgrenze sind oder diese schon überschritten haben, wenn man Ärzten in diesem Alter die besten Diagnosen zutraut und Juristen die besten Plädoyers. Diese Leute haben zusätzlich zu ihrem Schulwissen im Laufe von Jahrzehnten eine Qualität erworben, die man bei jüngeren Menschen nicht erwarten kann: Erfahrung. Seltsamerweise scheint diese Qualität jedoch nur bei Politikern und Freiberuflern von einiger Bedeutung zu sein, denn wo man diesen ein Maximum an Vertrauen entgegenbringt, spricht man dem einfachen Mann der »Männergesellschaft« das Mißtrauen aus. Dem Mann auf der Straße gibt man zu verstehen, daß er zwar diesem oder jenem greisen Staatsmann getrost sein Schicksal in die erfahrenen Hände legen könne, er selbst sei jedoch bereits zu senil, als daß man sich noch auf ihn verlassen wolle. Sobald er sein sechzigstes oder fünfundsechzigstes Lebensjahr überschritten hat, erklärt man ihn für untauglich und schickt ihn in den Ruhestand. Auch das würde sich ändern. Bei einer Arbeitszeit von fünf Stunden könnte man die physische und psychische Leistungsfähigkeit der meisten älteren Arbeitnehmer auf dem notwendigen Niveau halten und zugleich von ihrer enormen Berufserfahrung profitieren. Dies käme der Wirtschaft nicht nur auf direktem Weg zugute, sondern, durch die damit verbundene Entlastung der Altenfürsorge, auch indirekt. Wenn man älteren Menschen das Gefühl gibt, für andere etwas wert zu sein, bleiben sie länger gesund. Indem man einem erfahrenen Industriearbeiter die gleiche Achtung entgegenbringt wie einem erfahrenen Politiker, Arzt oder Juristen, erhielte das Alter aller Bürger eine neue Würde. Wie in der Zeit vor der Industrialisierung wäre es wieder ein Synonym für Abgeklärtheit und Weisheit und nicht wie heute für Wertlosigkeit, Überflüssigkeit und Abfall.

5. Verzögerte Altersimpotenz

Die sexuelle Potenz eines Mannes wird von seinem Alter, der erotischen Anziehungskraft seiner Partnerin, dem Ausmaß seiner körperlichen und seelischen Belastung, seiner bisherigen Koitusfrequenz und von seinem Selbstbewußtsein bestimmt. Da sich, abgesehen vom Alter, alle diese Faktoren mit der Reform zu seinen Gunsten verändern würden, bliebe er dann auch länger potent und würde sich entsprechend länger jung und begehrenswert fühlen. Er würde nicht nur öfter als heute das wohl moralischste aller menschlichen Vergnügen genießen – beim Sex wird keinem etwas genommen und jedem etwas gegeben –, sondern hätte auch nicht mehr das Gefühl, seine Partnerinnen zu frustrieren und auf deren Diskretion angewiesen zu sein. Da seine Frau dann meist nicht jünger wäre als er, könnte er darauf hoffen, daß der Beginn seiner Altersimpotenz etwa in die Zeit fiele, in der auch bei ihr das sexuelle Verlangen allmählich schwächer wird.

Im einzelnen würden die erwähnten Faktoren die Sexualpotenz des Mannes auf folgende Weise steigern:

a) Da seine Partnerin mehr als bisher an seiner Libido interessiert wäre, würde sie sich auch mehr als bisher darum bemühen, für ihn anziehend zu bleiben.
b) Da er weniger arbeiten müßte, wäre er auch weniger erschöpft und könnte sich ausgiebiger sexuellen Aktivitäten hingeben.
c) Da er besser im Training wäre, blieben seine Sexualdrüsen länger leistungsfähig. Für einen Mann über Fünfzig sind viel Sex und viel Arbeit nicht zu vereinbaren. Da er die Arbeit nicht reduzieren kann, reduziert er den Sex. Diese jahrzehn-

telange Unteraktivität läßt sich später, wenn er endlich Zeit hat, schwer kompensieren.

d) Da die männliche Sexualpotenz wie keine andere Körperfunktion vom Zustand der Psyche abhängt, blieben Männer nach der Reform auch aus psychischen Gründen länger potent. Heute wird das altersbedingte Versagen eines Mannes durch die äußeren Umstände endgültiger gemacht, als es ist, denn dessen erste Anzeichen fallen meist in die Jahre, in denen er sich auch in seinem Beruf am Ende fühlt. Da nach der Reform ältere Männer beruflich länger aktiv bleiben könnten und ganz allgemein mehr Ansehen genössen, hätten sie auch mehr Selbstbewußtsein.

Eine sozialere Marktwirtschaft

Parlamentarische Demokratien sind Mehrheitsdiktaturen, denn hier entscheidet die Mehrheit der Bürger in freier Wahl über das Schicksal aller. Parlamentarische Demokratien sind daher immer zugleich feministisch und links. Da die Mehrheit der Wähler weiblich ist und den unteren Schichten angehört, könnte man hier nichts tun, was den Interessen der Frauen oder des weniger wohlhabenden Teils der Bevölkerung zuwiderläuft. In den hochentwickelten westlichen Industrieländern sind bis zu fünfundfünfzig Prozent der Wähler weiblich und dreiundachtzig bis siebenundachtzig Prozent gehören der Grundschicht und der unteren Mittelschicht an (dem Milieu der Arbeiter, Bauern, kleinen Beamten und kleinen Angestellten).

Weil das so ist – weil demokratische Regierungen feministisch und links sein müssen –, erkennt man echte Demokratien am besten daran, daß es Regierung und Opposition äußerst schwerfällt, sich im Wahlkampf durch unterschiedliche Programme voneinander abzusetzen. Denn was der Wähler sich wünscht, kann heute durch demoskopische Umfragen genauestens ermittelt werden, und keine Partei, die an die Regierung will, könnte es sich leisten, ihm etwas anderes zu versprechen.

Zu einem Regierungswechsel kommt es daher in westlichen Industriestaaten nur unter folgenden Voraussetzungen:

a) Wenn die Bedürfnisse der weiblichen Mehrheit oder der unteren Bevölkerungsschichten nicht im Rahmen des Möglichen befriedigt werden (etwa weil die gewählten Politiker sich als korrupt oder unfähig erweisen).
b) Wenn die Befriedigung dieser Bedürfnisse unerwartete negative Konsequenzen hat (etwa weil man Unternehmern so viel von ihrem Profit nimmt, daß sie die Lust zu neuen Unternehmungen verlieren – in diesem Fall wählt die ärmere Mehrheit das nächste Mal konservativ und verteidigt ihre Interessen, indem sie die reiche Minderheit unterstützt).
c) Wenn es einer Partei gelingt, bei der Mehrheit neue Bedürfnisse zu wecken, und wenn sie sich mit diesem Programm so rechtzeitig und entschieden profiliert, daß der Wähler sie am Wahltag noch damit identifiziert.

Wie sich von selbst versteht, kann uns hier nur die letzte Möglichkeit interessieren, denn sie allein läßt sich gezielt einsetzen. Die gerechtere Verteilung der Ware *Zeit,* die hier vorgeschlagen wurde, wäre ein leicht zu erweckendes neues Bedürfnis, für das man nach einer entsprechenden Kampagne ohne weiteres eine breite Wählermehrheit gewinnen dürfte. Denn es gibt in westlichen Industrieländern Leute (Frauen), die zuviel Zeit haben – man nennt die individuelle Auswirkung dieses Phänomens *Langeweile* und die soziale Auswirkung *Frauenemanzipation* –, und andere (Männer), die überhaupt keine haben. Was läge näher, als denen, die sich langweilen, etwas von ihrer Zeit zu nehmen und sie den anderen zu geben?

Da eine solche Reform mit keinerlei Ideologie verbunden wäre, da sie die Frauen von ihrer Langeweile befreien würde, ohne sie übermäßig zu strapazieren, und da sie mehr soziale Gerechtigkeit brächte, ohne die Wirtschaft zu gefährden, käme sie für jede der gängigen westlichen Parteien als Programm in Frage: für Konservative, Christen, Liberale, Nationalisten, Republikaner, Demokraten, Sozialisten, Arbeiter- und Bauern-Parteien, die westeuropäische Variante der Kommunisten, usw. Denn das Privateigentum an Gütern und Produktionsmitteln ist in den westlichen Industrieländern, die ja auf sozialem Gebiet führend sind, inzwischen wahrscheinlich so weit verteilt, wie man es sich im Interesse der Allgemeinheit leisten kann: Mehr Gerechtigkeit, so hat sich herausgestellt, bremst die unternehmerische Initiative und schadet durch den zwangsläufigen Verlust an Arbeitsplätzen zuallererst denen, für die man sie verlangt. Wenn man aber den Spieß umdreht, den Armen die Unternehmen in die Hand gibt und – damit keine neuen Reichen heranwachsen können – den Profit gleichmäßig verteilt, wird die individuelle Leistung so sinken, daß man statt verschieden viel lediglich gleich wenig hat. Man könnte dann zwar seine überaus legitimen Rachegefühle befriedigen, ist aber insgesamt ärmer und muß länger arbeiten als zuvor.

Es kann deshalb bei der Verteilung von Geld in stark sozialisierten westlichen Ländern in Zukunft nur kleine und langsame Fortschritte geben. Anders sieht es bei der Verteilung von Zeit aus. Durch eine solche Maßnahme könnte die soziale Marktwirtschaft dieser Länder mit einem Schlag erheblich sozialer werden. Denn wie wir in den vorherigen Kapiteln gesehen haben, würde dies eine gesellschaftliche Revolution in die Wege leiten, nach der es – ohne daß ein Tropfen Blut vergossen würde – für alle weitaus mehr Gerechtigkeit gäbe als heute.

Denn obwohl kaum davon gesprochen wird, ist Zeit für das soziale Glück ebenso wichtig wie Geld. Wie bereits an anderer Stelle gesagt, hängt das Wohlbefinden eines Menschen davon ab, ob und wie gut er seinen Selbsterhaltungstrieb, seinen Sexualtrieb und seinen Brutpflegetrieb befriedigen kann – das betrifft Nahrung, Behausung, Gesundheit, Partnerschaft und Familie. Mit Geld kann man das zwar fast alles kaufen, doch ohne Zeit hat es fast keinen Wert. Mit Geld bekommt man gutes Essen und schöne Wohnungen, doch ohne Zeit kann man beides nicht genießen. Mit Geld bleibt man länger gesund (Reiche leben länger als Arme), doch wenn man außerdem noch Zeit hat, bleibt man es noch länger (reiche Frauen leben länger als reiche Männer). Mit Geld findet man leichter einen Partner, und mit Geld kann man sich auch viele Kinder leisten, doch deren Gesellschaft kann man erst dann genießen, wenn man auch noch Zeit für sie hat.

Daß dennoch alle Parteien bisher so fasziniert auf die Verteilung der materiellen Güter starrten und die der ideellen – die gerechtere Verteilung der Freizeit – darüber vergaßen, hat ein paar sehr konkrete Gründe:

Überbevölkerung: Nur in fruchtbaren und wenig bewohnten Gebieten kann man sich mit der Ware Zeit am Leben erhalten. Man kann sich selbst ein Haus bauen und sich von Jagd und Ackerbau ernähren. In dicht besiedelten Gebieten braucht man zum Überleben in erster Linie Geld und erst in zweiter Linie Zeit.

Tarnung: Die Kapitalmonopolisten sind leicht zu erkennen: Es sind die Männer mit den dicken Brieftaschen, den großen Häusern, den schnellen Autos und den schönen Frauen. Die Zeitmonopolisten waren bisher als die Dienerinnen derer getarnt, deren Zeit sie stahlen, und deshalb kam auch niemand auf die Idee, Forderungen an sie zu stellen.

Macht: Die Kapitalmonopolisten verteidigen ihr Monopol mit Gewalt und sind daher durch Drohung und Gegengewalt zu besiegen. Die Zeitmonopolisten verteidigen es mit Macht. Wer seinen Partner durch psychische Methoden beherrscht, bleibt immer Sieger, denn man kann ihm nur dann etwas nehmen, wenn er es selbst hergeben will. Wer von den Frauen Zeit wollte, mußte also warten, bis diese sich genügend langweilten.

Dieses Stadium ist jetzt erreicht. Und damit stände in fortschrittlichen Mehrheitsdiktaturen – in den hochindustrialisierten Ländern des Westens – einer gerechteren Freizeitverteilung nichts mehr im Wege. Sobald die Reform beschlossen wäre, könnte sie mit einem Fünfjahresplan in die Praxis umgesetzt werden. Nach einer solchen Vorbereitungszeit wäre es möglich, die heutigen Hausfrauen reibungslos in den Wirtschaftsprozeß einzugliedern und die tägliche Arbeitszeit von acht auf fünf Stunden zu kürzen.

Die notwendigen Maßnahmen würden sich dabei hauptsächlich auf folgende Punkte konzentrieren:

1. Man müßte feststellen, wie viele Frauen nach der Reform als Arbeitskräfte zur Verfügung stünden, was diese Frauen arbeiten könnten und was sie arbeiten wollten – das heißt, man müßte den Ausbildungsstand und die Berufswünsche der heutigen Hausfrauen statistisch erfassen.
2. Man müßte feststellen, wie viele Arbeitsplätze nach der Reform frei wären und um welche Berufe es sich dabei handelte. Dies läßt sich bereits jetzt grob abschätzen: Man bräuchte in allen Branchen mindestens ein Viertel mehr Arbeitskräfte. Im Einzelhandel bräuchte man doppelt soviel Verkaufspersonal, auf Hochschulen und an Universitäten – falls diese in Doppelschichten funktionieren sollten – müßte man die Zahl der Lehrer ebenfalls verdoppeln, außerdem müßte man mehr Kindergartenpersonal ausbilden und entsprechend viele Schulklubpädagogen zur Verfügung stellen.

3. Man müßte die Berufskenntnisse und die Berufswünsche der Hausfrauen mit Art und Zahl der zur Verfügung stehenden Arbeitsplätze abstimmen und sie durch entsprechenden Unterricht auf den Berufseintritt vorbereiten.

Das wäre zwar für einen Staat eine gigantische Aufgabe, doch bei entsprechender Organisation ließe sie sich bewältigen. Denn ein Teil der Frauen hätte ja bereits eine abgeschlossene Berufsausbildung, ein weiterer würde sich für ungelernte Berufe entscheiden, und bei den übrigen würde sich das Interesse auf die bereits beschriebenen »Frauenbranchen« konzentrieren (die Lücken in den »Männerbranchen« würden in der Regel von Leuten, die den Beruf wechseln, und männlichem Nachwuchs aufgefüllt werden, der sich dann von vornherein für geschlechtstypische Berufe entscheiden würde).

Zur Ausbildung dieser dritten Gruppe könnte man sich weitgehend des Mediums Fernsehen bedienen – eine Schule, die für alle Hausfrauen bequem zu erreichen ist und deren Besuch auch während dieser Übergangsphase die Wahrung ihrer Familienpflichten gestatten würde. Die für die diversen Bürotätigkeiten notwendigen Grundkenntnisse etwa ließen sich ohne weiteres durch den Bildschirm lehren, und bei den übrigen Frauenberufen wäre es ein hoher Prozentsatz. Denn abgesehen von den Übungen am Objekt könnte man ja am Fernsehschirm den Unterricht vollkommen nachvollziehen. Die pädagogische Qualität wäre sogar meist besser und das Anschauungsmaterial so vielfältig, wie man es sich nur wünschen kann. Selbstverständlich müßte das Engagement der Schülerinnen laufend durch Zwischenprüfungen kontrolliert werden. Wem all das utopisch zu sein scheint, sei daran erinnert, daß es beispielsweise der kubanischen Regierung gelungen ist, trotz schlechtester materieller Voraussetzungen das Analphabetentum im Land innerhalb von fünf Jahren von achtzig auf zehn Prozent zu reduzieren. Weshalb also sollten moderne Industriestaaten nicht in der Lage sein, ein System zu entwickeln, mit dem sich Hausfrauen billig und zweckmäßig auf bestimmte häufig vorkommende Berufe vorbereiten und in das Wirtschaftsleben reintegrieren ließen?

Natürlich müßte man sich überlegen, bis zu welcher Altersgrenze die Ausbildung der Frauen noch rentabel wäre. Wer zum Zeitpunkt des Reformbeschlusses das fünfundfünfzigste Lebensjahr bereits überschritten hätte, wäre bei Inkrafttreten der Reform schon über Sechzig und auf Wunsch ohnehin zum Empfang einer Rente berechtigt. Hausfrauen könnten selbstverständlich frei entscheiden, ob sie nach der Reform lieber arbeiten oder vom dann erheblich reduzierten Einkommen ihres Partners leben wollten.

Obwohl in den weniger industrialisierten und weniger lang demokratisierten Ländern des westlichen Lagers häufig optimale Voraussetzungen für eine gerechtere Freizeitverteilung gegeben wären, müßte man gerade hier mit der Reform noch etwas länger warten. In Italien, Spanien, Portugal und vielen südamerikanischen Ländern gibt es – wahrscheinlich bedingt durch die klimatischen Verhältnisse, die Mittagspausen erforderlich machen – bereits jetzt in großem Maßstab die Möglichkeit der verkürzten Arbeitszeit. Viele Familienväter haben zwei oder drei Arbeitsplätze, die sie im Laufe des Tages hintereinander aufsuchen und an denen sie jeweils vier, fünf oder sechs Stunden beschäftigt sind. Man könnte hier also theoretisch ab sofort und vorläufig ohne staatliche Reglementierung die Pflichten so verteilen, daß der eine Partner den ersten und der andere den zweiten Job übernimmt. Doch in all diesen Ländern würde dies im Augenblick noch daran scheitern, daß die Frauen sich nicht genügend langweilen. Sie haben durchschnittlich mehr Kinder – wenngleich diese häufiger als anderswo den ganzen Tag in der Schule sind –, ihre Haushalte sind weniger automatisiert, und außerdem sind durch das engere Zusammenleben die sozialen Kontakte noch dermaßen intakt, daß eine Hausfrau sich schwer isoliert fühlen kann.

Die Männer wiederum sind hier durch die Zusammenarbeit von Kirche und Werbefernsehen so hervorragend darauf abgerichtet, in ihren Frauen Märtyrer zu sehen – aufopfernde Dienerinnen, leidende Gebärerinnen, nimmermüde Mütter, ausgebeutete Sexobjekte –, daß sie von selbst niemals auf die Idee kämen, ihren Ehefrauen ihren zweiten oder wenigstens ihren dritten Arbeitsplatz zur Verfügung zu stellen.

Die Zustände in diesen Ländern sind auch der beste Beweis dafür, daß die hier vorgeschlagene Reform nur dann ihren Zweck erfüllen kann, wenn man zugleich das Überstundenverbot einführt. Ein Teil der Frauen würde sonst nach der Arbeitszeitverkürzung sofort ein neues Männlichkeitsideal kreieren und, wie etwa in Spanien oder Lateinamerika, jeweils den Mann am meisten als *Macho* feiern, der die meisten Posten und Pöstchen hat. Wie in jenen Ländern könnte man dann davon ausgehen, daß der Mann mit der attraktivsten Ehefrau und der aufregendsten Mätresse jeweils auch der ist, der wegen seines chronischen Zeit- und Kräftemangels für Sex am wenigsten übrig hat.

Für einen weiblichen Feminismus

Der männliche Feminismus ist frauenfeindlich

Die Theorie von der Unterdrückung der Frau wurde, wie bereits an anderer Stelle beschrieben, von Männern aufgestellt – von Männern wie Marx, Engels, Bebel und Freud –, und sie wird auch heute noch hauptsächlich von Männern in die Diskussion gebracht. Man findet kaum einen Intellektuellen, der nicht davon überzeugt wäre, daß die armen Frauen in einer von seinem Geschlecht beherrschten Gesellschaft leben. Diese Theorie wird jedoch nicht von der weiblichen Wirklichkeit abgeleitet, sondern von dem, was die, die solche Männer zur Arbeit abrichten, über diese Wirklichkeit erzählen. Die freiwillige Selbsterniedrigung der Frau ist, wie gesagt, ein wichtiges Element der Dressur des Mannes, denn nur für jemand, der sich schwach und unterlegen gibt, wird er gern und viel arbeiten. Auch die großen Frauenrechtler waren dieser Gehirnwäsche ausgeliefert: Sie wurden von frühester Kindheit an von ihren bourgeoisen Müttern manipuliert und blieben bis zum Lebensende Objekte weiblicher Ausbeutung. Ihre bourgeoisen Ehefrauen ließen, wann immer das möglich war, sogar ihr bißchen Hausarbeit noch von Personal erledigen.

So kommt es, daß die Gedankengänge dieser Koryphäen – vor allem, wenn man sie auf die heutige Frau westlicher Industrieländer anwendet – sich ausnehmen wie ein Kursus in alogischem Denken. Die langlebigere, entweder gar nicht oder nur zeitweise erwerbstätige und insgesamt trotzdem vermögendere Mehrheit wird einem als Opfer der kurzlebigeren, immer erwerbstätigen und insgesamt trotzdem ärmeren Minderheit präsentiert. Es gibt jedoch wenig Frauen, die über diese Auslegung laut lachen. Die meisten lächeln aus naheliegenden Gründen still in sich hinein.

Es gibt aber auch Frauen, die von dieser männlichen Logik dermaßen beeindruckt sind, daß sie sich ihr nicht nur unterwerfen, sondern sie auch noch respektvoll bestätigen. Diesen Frauen – Frauen wie Beauvoir, Friedan, Millett, Firestone, Greer – haben die anderen viel zu danken. Nicht nur, weil sie mit soviel

Fleiß ihre Position gefestigt haben und weil sie ihre Monopole mit soviel Engagement verteidigen, sondern auch, weil sie sie ganz allgemein als denkende Wesen salonfähig gemacht haben. Denn wie ein afrikanischer Stammeshäuptling auf Staatsbesuch im zivilisierten Westen am meisten durch gekonnte Imitation seiner Gastgeber imponiert – etwa durch makellose Tischsitten und einen Zitatenschatz hier anerkannter Dichtkunst –, mußten auch intellektuelle Frauen, bevor sie in der Welt der Geisteswissenschaften Erfolg haben konnten, zunächst einmal beweisen, daß sie *genauso* denken können wie intellektuelle Männer. Erst im Schutz dieser Pionierarbeit konnten dann andere Frauen den nächsten Schritt wagen und zeigen, daß Frauen auch *anders* denken können. Sie konnten die Männer sowohl über die Fehler in ihrer Gesellschaftstheorie als auch über die Ursachen dieser Fehler aufklären.

Denn ihre Wiederholung durch weibliche Intellektuelle machte die These von der weiblichen Unterdrückung ja nicht plausibler. Man kann als Frau über die männliche Vorherrschaft lange oder kurze, temperamentvolle oder langweilige Bücher schreiben – und all das ist hinreichend geschehen –, doch logische Bücher kann man darüber nicht schreiben. Es sei denn, man gäbe den Wörtern einen neuen Sinn: Wenn Ausbeutung bedeutet, daß das ausgebeutete Geschlecht länger lebt, seltener arbeitet und trotzdem reicher ist als das ausbeutende, dann allerdings muß man zugeben, daß Frauen von Männern schamlos ausgebeutet werden. Wenn Privilegiertsein bedeutet, daß man beim Verteilen von Nachteilen bevorzugt wird – daß man im Krieg an die Front darf, daß man gefährlichere, schmutzigere und anstrengendere Arbeiten ausführen darf, und dies auch noch viele Jahre länger –, dann allerdings sind Männer maßlos privilegiert.

Diese Umdeutung der Begriffe ist jedoch unterblieben, und deshalb muß man, dem herkömmlichen Sprachgebrauch folgend, die Frauenbefreiung heute als gescheitert betrachten. Befreien kann man nur jemand, der unterdrückt wird. Fühlt sich keiner als Opfer, gibt es auch keine Möglichkeit, einen Aufstand anzuzetteln. Alles, was die Lage der Frau in den letzten fünfzig Jahren positiv verändert hat und was Frauenrechtlerinnen so gern auf ihr eigenes Konto buchen, wäre sowieso gekommen: Die sexuelle »Befreiung« der Frau ist die Folge sensationeller Entdeckungen auf dem Gebiet der Schwangerschaftsverhütung und der Bekämpfung der Geschlechtskrankheiten (also eine von Männern gemachte Revolution). Die steigende Tendenz weiblicher Berufstätigkeit ist die Folge der durch Automatisierung der Hausarbeit und durch Geburtenregelung verursachten häuslichen Langeweile (also ebenfalls eine von Männern gemachte Revolution). Die Legalisierung des Schwangerschaftsabbruchs ist die Folge des schwindenden Einflusses der Kirche auf die Gesetzgebung – ein Wandel, der zuvor von den weit häufiger als Männer konservativ wählenden Frauen blokkiert wurde. (Wie jede Statistik zeigt, sind und waren in westlichen Industrieländern immer mehr Männer als Frauen für die Legalisierung des Schwangerschaftsabbruchs. Die Schweiz hatte vor der Einführung des Frauenwahlrechts auf diesem Gebiet sogar die damals fortschrittlichste Gesetzgebung.) Frauenrechtler, die diese Erfolge auf ihre Initiative zurückführen, verhalten sich wie jener kleine Junge, der sich neben dem Bahnhofsvorsteher aufstellt und sich einbildet, er selbst habe mit seinem Gestikulieren den Zug abfahren lassen. Die einzige, bis zu einem gewissen Grad auf weibliche Initiative zurückgehende Veränderung war bisher die Einführung des Frauenwahlrechts. Da hiermit für alle Zeit alles erreicht schien, wurde jeder weitere Schritt überflüssig.

Und weil die Frauen nicht unterdrückt sind, konnte man trotz aller Bemühungen der Frauenrechtler auch nicht die vielgepriesene weibliche Solidarität zum Aufflammen bringen. Was heute unter diesem Stichwort läuft, sind sexistische Kartelle – als feministische Bewegungen getarnte Interessengemeinschaften. Je nach Zielsetzung kann man hier im Augenblick fünf verschiedene Gruppierungen unterscheiden:

a) Organisationen zur Ausschaltung der männlichen Konkurrenz im öffentlichen Leben (protektionistischer Feminismus).
b) Organisationen zur Bekämpfung der Langeweile (unterhaltender Feminismus).
c) Organisationen zur Ausschaltung der männlichen Konkurrenz auf dem Gebiet der Sexualität (lesbischer Feminismus).
d) Organisationen zur Errichtung totalitärer Systeme (marxistischer Feminismus).
e) Organisationen zur rationelleren Verwertung der männlichen Arbeitskraft (reaktionärer Feminismus).

Alle diese Organisationen sind frauenfreundlich, solange man den Sinn des Feminismus in der Gewinnung und Verteidigung weiblicher Privilegien sieht. Wenn man es jedoch als Ziel einer Frauenbewegung betrachtet, aus Frauen vom ethischen Standpunkt her vollwertige Menschen zu machen – also nicht mehr auf Kosten anderer lebende Erwachsene –, dann sind sie frauenfeindlich. Wie chinesische Mütter vor der Revolution ihre Töchter zu hochbezahlten körperlich Behinderten machten, indem sie ihnen von klein an die Füße einbandagierten, wie westliche Frauen ihre Töchter heute zu hochbezahlten, geistig Behinderten machen, indem sie ihnen von klein an die Ehe »versprechen« (ein Leben, in dem ein anderer für sie denken wird), verhindern Organisationen, die den Mann als Feind der Frau darstellen, daß ihre Mitglieder jemals so sein können, wie sie eigentlich sein möchten: intelligente, unabhängige, von ihren Männern geliebte und begehrte weibliche Erwachsene.

Denn weibliche Emanzipation, die von einer männlichen – einer von weiblicher Profitgier manipulierten und daher falschen – Gesellschaftstheorie ausgeht, kann nur zu falschen Ergebnissen führen. Männliche Feministinnen – Frauen, die ein von Männern gemachtes und daher notwendig unrealistisches Rezept für die Veränderung des weiblichen Status in die Praxis übertragen wollen – müssen unweigerlich scheitern. Auf einem schlecht gemauerten Fundament kann man eben kein bewohnbares Gebäude errichten. Da der von Männern erfundene Feminismus auf der fixen Idee beruht, daß Frauen von Männern unterdrückt werden, macht er aus Frauen, die ihm folgen, entweder Männerhasser oder Zyniker – intelligente, unabhängige, aber ungeliebte Erwachsene oder dumme, abhängige, heißgeliebte Kinder, die den Vaterinstinkt ihrer Partner noch kaltblütiger und noch vorsätzlicher mißbrauchen, als frühere Frauengenerationen es je wagten. Oder aber – und dies ist vielleicht die gefährlichste Variante von allen –, er läßt sich selbst mißbrauchen und bereitet in blindem Eifer den Weg zur Etablierung totalitärer Systeme, in denen dann anstatt des männlichen Partners beide unterdrückt werden und in denen die Kinder endgültig in Anstalten wandern.

Wenn man davon ausgeht, daß Frauen von Männern unterdrückt werden – also der von Männern gemachten Gesellschaftstheorie folgt –, bringt man Frauen um ihre Ehre. Denn der nächste Schritt ist dann, daß man Schutzzonen und Sonderbedingungen für sie verlangt, die verhindern, daß man die Leistung einer Frau jemals als wirklich gleichwertig zu der eines Mannes empfindet. Wenn auch nur einige Frauen unter Umgehung des normalen Wettbewerbs aufsteigen, wenn auch nur manche durch Einschüchterung ihrer männlichen Vorgesetzten Karriere machen, wenn man auch nur ein paar von ihnen aus Mitleid hochkommen läßt, geraten alle Frauen in den Verdacht, ihren beruflichen oder sozialen Aufstieg im Grunde protektionistischen Maßnahmen zu verdanken. Selbst wenn sie soviel leisten wie ihre männlichen Kollegen, wird man sie stets mit Mißtrauen betrachten. Solange man nicht aufhört, für Politikerinnen Proporzämter zu fordern, solange auch nur der Eindruck entstehen kann, daß Frauen unter dem Druck der öffentlichen Meinung in Ministersessel katapultiert werden, wird der Wähler, sei er nun männlich oder weiblich, einem weiblichen Politiker stets weniger zutrauen als einem Mann. Denn er wird nie ganz sicher sein, ob eine Frau wirklich in der Lage ist, ein hohes Amt in Krisenzeiten selbständig und kompetent zu handhaben.

Deshalb sind Forderungen nach Schutzmaßnahmen für Frauen – nach einem »Jahr der Frau«, nach Sonderministerien für weibliche Angelegenheiten, nach paritätischer Ämterverteilung im öffentlichen Leben, nach Quotierung der Parteiposten – die im Grunde wohl frauenfeindlichste Offensive, die sich die Massenmedien bisher geleistet haben. Politikerinnen und Journalistinnen, die sich, sei es nun aus Gedankenlosigkeit oder aus beruflichem Opportunismus, zu solchen Kampagnen hergeben, erweisen der weiblichen Sache den denkbar schlechtesten Dienst. Sie bringen Frauen für lange Zeit um die Chance, von der breiten Öffentlichkeit für voll genommen zu werden. Die Früchte dieser konzertierten Aktionen lassen ja niemals lange auf sich warten. Wenn es vor dem jüngsten Totalausverkauf weiblicher Ehre noch möglich war, als Frau eine von allen Seiten respektierte Berufskarriere zu machen, wenn vordem die Leistung einer berufstätigen Frau immer der eines Mannes ebenbürtig war – wenn man sogar zu der Annahme neigte, sie habe es schwerer und müsse daher in vergleichbaren Positionen mehr können als ein Mann –, gerät heute jeder weibliche Gewerkschaftler, jedes weibliche Aufsichtsratsmitglied, jeder weibliche Bankpräsident, jeder weibliche Universitätsprofessor, jeder weibliche Chefarzt, jeder weibliche Richter und erst recht jeder weibliche Politiker in den Verdacht, er habe seine Beförderung ganz oder wenigstens teilweise der Erpressung, dem schlechten Gewissen oder dem Mitgefühl seiner Vorgesetzten und Kollegen zu verdanken. Jeder Zoll weiblichen Prestiges, das auf der einen Seite durch ernsthafte Arbeit gewonnen wird, wird so auf der anderen unverzüglich verspielt, und statt einen Schritt weiterzukommen, geht man gleich zwei zurück.

Selbst wenn also ein Grund für eine Patronage gegeben wäre – selbst wenn Frauen tatsächlich unterdrückt wären und Männer ihnen eigentlich helfen müßten –, dürfte man diese Hilfe im eigenen Interesse auf keinen Fall in Anspruch nehmen. Damit Frauen im öffentlichen Leben respektiert werden, müssen die Bedingungen für ihren Aufstieg so schwierig wie nur möglich sein. Da dies in Wirklichkeit jedoch nicht zutrifft, ist die Forderung nach Schutzzonen für karrieresüchtige Frauen nicht nur imageschädigend, sondern auch allgemeingefährlich und zynisch. Denn es besteht ja tatsächlich die Gefahr, daß durch die immer massivere Einschüchterung der Männer mit der Zeit immer mehr Frauen unter Umgehung des normalen Wettbewerbs an Ämter geraten, für die sie in keiner Weise vorbereitet sind. Abgesehen davon, daß diese unmotivierte Vorzugsbehandlung natürlich auch noch demoralisierend wirkt: Sie bringt Frauen nicht nur um die Achtung der Männer – die für sich selbst eine solche Protektion ja niemals akzeptieren würden –, sondern immer mehr auch um ihre Selbstachtung. Denn Frauen wissen ja, daß sie zum Beispiel in westlichen Industrieländern auf ein Frauenschutzjahr und auf Frauenschutzministerien zumindest so lange kein moralisches Anrecht haben, wie nicht auch die Männer ähnliche Rechte haben. Sie wissen, daß sie eine Quotierung der Parteiposten nicht annehmen können, solange es sich bei weiblichen Parteimitgliedern zumeist um Inaktive handelt – um sogenannte »Karteileichen« –, die durch ihren Beitritt eigentlich nur die politische Aktivität ihrer Ehemänner – und diese lediglich quantitativ – unterstützen wollten. Die Forderungen der Frauenrechtlerinnen bringen daher alle Frauen, die sich ein Minimum an Integrität bewahrt haben, in eine äußerst peinliche Situation.

Denn es ist ja nicht nur so, daß man Wünsche anmeldet. Dank enormer Macht über Massenmedien und Parteipolitik kann man sie, falls man wirklich Wert darauf legt, auch realisieren. Obwohl es absolut unwahrscheinlich schien, daß es in einem Land wie Frankreich jemals so etwas wie ein Sondersekretariat für weibliche Belange geben würde – in einem Land, in dem natürlich nur Männer Militärdienst leisten und in dem diese dazu noch regelmäßig in ferne Kriege geschickt werden, in dem die freiwillige Pensionierungsgrenze für Frauen bei fünfundfünfzig und für Männer bei fünfundsechzig Jahren liegt –, war diese politische Perversion hier zumindest vorübergehend verwirklicht. Man kann der französischen Regierung nicht einmal einen Vorwurf machen: Jede Methode, die Wählerstimmen bringt, wird natürlich auch angewandt. Denn es sind zwar noch nie in der Geschichte so viele Frauen auf einmal so auffällig beleidigt worden, noch nie ist in einem Land das ganze Geschlecht per Dekret zu Imbezillen erklärt worden – zu Erwachsenen, deren geistige Fähigkeiten nicht ausreichen, ihre Rechte in einer parlamentarischen Demokratie ohne Hilfe durchzusetzen –, doch andererseits wurde auch eine Beleidigung noch nie so wenig bemerkt.

Die kollektive Bekämpfung der Langeweile ist keine feministische Bewegung

Wenn man davon ausgeht, daß Frauen von Männern unterdrückt werden – also der von Männern gemachten Gesellschaftstheorie folgt –, bringt man Frauen um ihre Würde. Denn der nächste Schritt ist dann, daß man sie zu Protesthaltungen animiert, mit denen üblicherweise ausgebeutete oder verfolgte Minderheiten auf sich aufmerksam machen und in denen Angehörige einer in jeder Hinsicht privilegierten Mehrheit – die ja gegen nichts protestieren können – unendlich lächerlich wirken. Dank solcher Aktivitäten hat das weibliche Image heute einen Tiefstand erreicht, der früher kaum vorstellbar war. Auch wenn sich immer nur eine verschwindende Minderheit beteiligt, ist die Publizität – die Organisatorinnen sind meist wohletablierte Journalistinnen – enorm, und der Schaden, der den anderen Frauen damit zugefügt wird, auch in Generationen nicht wieder gutzumachen. Selbst wenn man sich heute von den Büstenhalterverbrennungen, Gedenkfackelzügen, Protesthymnen, »wir sind die Neger der Nation«-Parolen schon wieder halbwegs distanziert, werden Aktionen dieser Art, auch wenn man sie jetzt sofort stoppen würde, noch die Bürger des Jahres 2000 erheitern. Auch die »seriöseren« Aktivitäten werden aus der historischen Perspektive zumindest äußerst befremdlich erscheinen.

Denn solange in Industrieländern die Justiz vor allem jedes an Frauen begangene Vergehen unbarmherzig verfolgt (beispielsweise auf Verführung Minderjähriger mehrere Jahre Gefängnis stehen, Vergewaltigung mit zehn Jahren Zuchthaus und in einigen Staaten der USA sogar noch mit dem Tod bestraft wird) und in den Ländern der Dritten Welt Kriegsverbrechen und Folterungen hundertmal häufiger an Männern als an Frauen verübt werden, machen sich Frauen durch Frauentribunale (in denen sie »aus der weiblichen Emotion heraus« und unter Umgehung des langweiligen Jurastudiums über Recht und Unrecht urteilen) lediglich zur Zielscheibe von Witzen. Solange ausgerechnet ihr eigenes (viel häufiger als die Männer konservativ wählendes) Geschlecht verhindert, daß durch eine Ablösung der konservativen Parteien die Antischeidungs- und Antiabtreibungsparagraphen liberalisiert werden, bringen sich Frauen, die mit Transparenten gegen die reaktionären Männergesetze statt gegen die reaktionären Frauengesetze demonstrieren, höchstens in den Ruf politischer Naivität. Solange die männlichen Bankfachleute weibliches Vermögen so umsichtig verwalten, daß beispielsweise in den USA Frauen bereits über sechzig Prozent des Privatvermögens besitzen, ist die Errichtung von Frauenbanken, die endlich die weiblichen Interessen wahren sollen, ein ökonomisches Absurdum. Solange Verlage und Filmproduktionen auf privatwirtschaftlicher Basis funktionieren und folglich Autoren, Regisseure, Stoffe und Schauspieler nicht nach sexistischen Gesichtspunkten, sondern nach ihrem Marktwert auswählen, solange Buch- und Kunsthändler daran interessiert sind, alles zu verkaufen, was nur geht, und weibliche Käufer schon deshalb hofieren, weil sie das meiste Geld und die meiste Zeit zum Einkaufen haben, wirken Frauen mit ihren Bemühungen um Frauenverlage, Frauenfilmfestivals, Frauenbuchhandlungen und Frauenkunstausstellungen bestenfalls trotzig.

Solange ein Teil der Frauenrechtlerinnen um den Zutritt zu Herrenklubs kämpft, während der andere für Männer verbotene Frauenzentren ins Leben ruft, der eine Teil zum Engrosverbrauch männlicher Sexpartner animiert und der andere im Umgang mit Männern Enthaltsamkeit predigt, wirken ihre Bemühungen irgendwie widersprüchlich. Solange Kaffeekränzchen von älteren weiblichen Jahrgängen fleißig besucht werden, bringen sich die jüngeren mit ihren Frauengesprächsrunden und Consciousness Raising Centers – hier wie dort treffen sich regelmäßig ein paar Damen, um sich endlich einmal über das auszusprechen, was Frauen so bewegt – nicht gerade in den Ruf der Originalität. Denn – auch wenn es nun statt Sahnetörtchen Diätkost gibt und die Intimsphäre von Kindern und Ehemännern nicht mehr versehentlich, sondern vorsätzlich verletzt wird, ist dies höchstens nach weiblichen Maßstäben eine Revolte.

Das Ende der Talfahrt ist jedoch noch nicht abzusehen. Wer glaubte, daß die »Protestwelle« in den Feierlichkeiten zum »Jahr der Frau« eigentlich ihren absoluten Höhepunkt erreicht haben müßte, wird sich eines Besseren belehren lassen müssen. Es werden zwar nicht dieselben Gags sein, mit denen die Frauen in Zukunft das andere Geschlecht amüsieren, aber irgend etwas Neues wird ihnen bestimmt wieder einfallen. Dank des ständig wachsenden Wohlstands wird in westlichen Industrieländern das Heer der Frauen, die sich langweilen, immer größer. Der Bedarf an angemessenen Unterhaltungsmöglichkeiten – »agitieren«, »sich manifestieren«, »endlich miteinander kommunizieren« –, der den Frauen das Gefühl gibt, etwas zu machen, ohne etwas zu tun und zu riskieren, ohne wirklich etwas aufs Spiel zu setzen (ihre Ehemänner nehmen sie in ihren Unabhängigkeitsbestrebungen ja niemals beim Wort), wird immer dringender. Denn soweit es sich bei den Protestantinnen nicht um Lesbierinnen, Marxistinnen oder Journalistinnen handelt, die ja alle ein naheliegendes Motiv haben, zeichnen solche Frauen sich stets dadurch aus, daß sie materiell gesichert, überdurchschnittlich gebildet und unterdurchschnittlich beschäftigt sind. Es sind von ihren Vätern oder vom Staat subventionierte Studentinnen, die sich auf diese extravagante Weise über ihre viel zu langen Ferien hinwegtrösten, oder progressive, von ihren Ehemännern gut versorgte Hausfrauen, die hier eine Teilzeitbeschäftigung finden, die nicht in Arbeit ausartet.

Die Aktivitäten dieser Frauen können also logischerweise erst dann zurückgehen, wenn man die Voraussetzungen dafür beseitigt. Wenn man etwa – wie hier vorgeschlagen – den Arbeitsrhythmus der Studentin dem Fünf-Stunden-Rhythmus der Industriearbeiterin angleicht und ihre Ferien, die heute fast ein halbes Jahr dauern, auf ein psychisch verkraftbares Maß herabsetzt (wenn man die Studenten und ihr Proletariat zwangssolidarisiert), und wenn man – wie hier ebenfalls vorgeschlagen – intellektuell ambitionierte Hausfrauen durch eine geregelte, der ihres Mannes ebenbürtige Berufstätigkeit von ihren Minderwertigkeitskomplexen befreit und ihre überschüssige körperliche und geistige Energie in Bahnen lenkt, in denen sie der Allgemeinheit nützen und dem weiblichen Image nicht mehr schaden können.

Lesbianismus ist kein Feminismus

Wenn man davon ausgeht, daß Frauen von Männern unterdrückt werden – also der von Männern gemachten Gesellschaftstheorie folgt –, macht man Frauen zu Spekulationsobjekten sexuell abnorm veranlagter Minderheiten. Denn der nächste Schritt ist dann, daß man ihnen rät, auf jeden intimen Kontakt mit ihren Unterdrückern zu verzichten und die Befriedigung ihrer sexuellen Bedürfnisse lieber beim eigenen Geschlecht zu suchen. Gegen solche Kampagnen wäre nichts einzuwenden – sie wären sogar zu begrüßen –, wenn man dadurch nur solche Frauen zum Lesbianismus bekehren könnte, die tatsächlich lesbisch veranlagt sind und es unter dem Druck der Normen bisher nur nicht wagten, sich zu ihrer Veranlagung zu bekennen. Doch es gibt ja nicht nur eine angeborene homosexuelle Haltung, sondern auch eine erworbene – sie war mit ein Grund, daß man so lange gezögert hat, die Gesetzgebung zu liberalisieren. Die moderne Psychologie geht sogar so weit zu behaupten, daß sich in einem entsprechenden Milieu jeder Mensch zum Homosexuellen entwickeln könne und es deshalb in Internaten prinzipiell Koedukation und in Gefängnissen immer eine Möglichkeit zu heterosexuellen Kontakten geben müsse. Das wird nicht gefordert, weil Sexualität zwischen Mann und Frau »gut« und zwischen Gleichgeschlechtlichen »böse« ist, sondern weil

Homosexuelle – da die Mehrheit, dem biologischen Diktat folgend, immer heterosexuell sein wird – automatisch in eine gesellschaftliche Randposition gedrängt werden. Eine solche Position ist immer mit privatem Unglück verbunden. Die Bemühungen gehen also dahin, den Homosexuellen aus Veranlagung möglichst viel Legalität und Toleranz zu garantieren und gleichzeitig darauf zu achten, daß sie die heterosexuelle Veranlagung anderer, vor allem die der Jugendlichen, nicht unterwandern können.

Trotz dieser Bemühungen findet jedoch im Augenblick – und zwar unter den Augen der gleichen Öffentlichkeit, die um die Reform von Internats- und Gefängnisstatuten kämpft – eine homosexuelle Unterwanderungskampagne statt, die in der Geschichte ihresgleichen sucht. Denn für die Ziele der lesbischen Minderheit ist die Ideologie von der männlichen Vorherrschaft wie maßgeschneidert. Wenn Männer Frauen so schlecht behandeln, sagen die Lesbierinnen, so darf man ihnen nicht auch noch die Freude machen, mit ihnen zu schlafen. Und sie haben damit Erfolg. Unter dem Vorwand, für eine gute Sache zu kämpfen, können sie sich über die feministischen Organisationen Zutritt zu Kreisen verschaffen, die ihnen sonst verschlossen blieben, und sich, ohne den geringsten Verdacht zu erregen, an Frauen heranmachen, die normalerweise ihren ausgefallenen Wünschen absolut unzugänglich wären.

Damit soll nun nicht gesagt sein, alle Frauen, die den von Männern gemachten Feminismus vertreten, seien Lesbierinnen. Es war hier bereits die Rede von den Opportunistinnen und den Gelangweilten und von den vielen Frauen, die feministische Organisationen mit Gewerkschaften und Betriebsräten verwechseln und in aller Unschuld meinen, dies sei der beste Ort, um für absolut legitime und honorige weibliche Ziele wie höhere Gehälter oder besseren Mutterschutz zu kämpfen. Auch soll hier nicht behauptet werden, daß alle Lesbierinnen den männlichen Feminismus für sexuelle Manipulationen mißbrauchen. Es gibt sicher viele, die zu stolz und zu integer sind, um sich auf diese Weise Sexpartner zu verschaffen, und von denen man, da sie über keinerlei publizistische Macht verfügen, niemals etwas hört. Und noch weniger soll behauptet werden, daß alle hier beteiligten Lesbierinnen aus niederen Beweggründen handeln.

Lesbierinnen kommen ja aus einer ganz anderen Erfahrungswelt und haben, da sie den Kontakt mit Männern meist konsequent ablehnen, die aus der sexuellen Konstellation entstehende

Macht der Frau – die Macht des Objekts sexueller Begierden – niemals kennengelernt. Wenn sie davon reden, wie demütigend, deprimierend, unbefriedigend und entwürdigend der Sex mit Männern sei, so ist dies nicht nur Propaganda. Sie müssen aufgrund ihrer Veranlagung diese Art Sex ja tatsächlich unerträglich finden.

Das alles ändert jedoch nichts an der Tatsache, daß Lesbierinnen zwei ausgezeichnete Gründe haben, sich feministischer Organisationen aus wenig ehrenwerten Motiven zu bemächtigen. Zum einen sind sie selbst immer zur Berufstätigkeit verurteilt – häufig müssen sie sogar wie Männer noch ihr eigenes weibliches »Sexobjekt« ernähren. Deshalb sind sie mehr als andere Frauen daran interessiert, durch protektionistische Maßnahmen die männliche Konkurrenz am Arbeitsplatz so niedrig wie möglich zu halten. Und zum andern ist ihre Auswahl an Sexualpartnern extrem gering. Wenn Kinsey Recht hat und tatsächlich nur 0,2 Prozent der weiblichen Bevölkerung lesbische Neigungen verspüren, trifft eine Lesbierin im täglichen Leben fast fünfhundertmal seltener auf potentielle Sexpartner als eine heterosexuell orientierte Frau. Sie ist praktisch darauf angewiesen, den Kreis ihrer Partner durch Unterwanderung der Heterosexuellen und durch antimaskulinistische Propaganda zu vergrößern.

Außerdem muß zumindest den Theoretikerinnen unter den Frauenrechtlerinnen zum Vorwurf gemacht werden, daß sie in der Wahl der Mittel, mit denen sie ihre männlichen Konkurrenten im Kampf um die Gunst der Frauen auszubooten suchen, wenig Skrupel zeigen. Ein großer Teil der feministischen Informationen, die zur Zeit den Markt überschwemmen, erwecken entweder den Eindruck lesbischer Pornographie oder erinnern in ihrer Machart penetrant an die im Dritten Reich erfolgreich angewandte Technik, Ressentiments gegen bestimmte Bevölkerungsgruppen durch eine Manipulation der Gefühlswelt zu erzeugen. Hier besteht vor allem für solche Leute Gefahr, die mit den Diskriminierten niemals näheren Kontakt hatten. Wer keine Juden kannte, mußte durch den Konsum der von Hitlers Propagandaministerium unter die Bevölkerung geschleusten antisemitischen Filme, Romane und »Erlebnisberichte« zum Antisemiten werden. Wer mit Männern keine Erfahrung hat – sehr junge Mädchen also –, wird durch die von Lesbierinnen inspirierten antimaskulinistischen Veröffentlichungen dem Sex mit Männern – falls er überhaupt noch dazu kommt, ihn auszuprobieren – zumindest mit Vorurteilen begegnen. Denn dieser wird hier stets als brutal, entwürdigend und äußerst unbefriedigend beschrieben, der Verkehr mit Frauen hingegen ist zärtlich und respektvoll und – trotz des fehlenden Phallus oder gerade deshalb – das Nonplusultra der Genüsse.

Wenn also vorher behauptet wurde, der sogenannte *Neue Feminismus* sei derselbe wie der alte, muß man dies hier einschränken. Die homosexuelle Propaganda ist tatsächlich ein neues Element – wenn auch das einzige – in der heutigen feministischen Ideologie. Denn von sexueller Verweigerung und Aufrufen zu homosexueller Betätigung war bei den Männern, die diese Ideologie propagierten, nicht die Rede. Das geht ganz allein auf die Frauen zurück. Es war zwangsläufig die Folge systemimmanenter Überlegungen: Mit einem Mann, von dem man ausgebeutet wird, sollte man natürlich nicht auch noch ins Bett gehen. Falls es sich wirklich nicht vermeiden läßt – denn schließlich hat der Mann die Macht –, so sollte man, den Ratschlägen Simone de Beauvoirs folgend, wenigstens keinen Orgasmus haben, damit man durch Entwicklung der eigenen Genußfähigkeit nicht auch noch sexuell von Männern abhängig wird. Diese letzte Konsequenz ist nur dann unlogisch, wenn man sie mit der Wirklichkeit konfrontiert. Wenn man, wie Beauvoir, eine männliche Feministin ist – wenn man sich seine Meinung über die Frauen von Männern machen läßt –, ist sie absolut folgerichtig. Und wenn man, wie viele Feministinnen, darauf angewiesen ist, seine Ideen bei Männern zu suchen und seinen Sex bei Frauen, ist sie auch noch nützlich.

Diese Nützlichkeit erklärt auch, weshalb so viele der führenden Frauenrechtlerinnen heute so offenherzig mit ihrer Intimsphäre hausieren gehen. Wenn ihr Ziel, wie sie sagen, tatsächlich eine internationale Bewegung zur Befreiung der Frau wäre, so dürften sie doch auf keinen Fall den taktischen Fehler begehen, die vielen heterosexuell engagierten Frauen durch einen so penetrant zur Schau gestellten lesbischen Lebenswandel abzuschrecken. Tatsächlich hat sich jedoch der größere Teil der prominenten Frauenrechtlerinnen zum Lesbianismus bekannt, andere renommieren zumindest mit sporadischen Erfahrungen oder befürworten die sexuelle Enthaltsamkeit als Kampfmittel. Die Sache wird erst dann plausibel, wenn man sie aus der hier aufgezeigten Perspektive sieht und bedenkt, daß Lesbierinnen ja überhaupt nicht daran interessiert sein können, dezidiert heterosexuelle Frauen in ihr Lager zu ziehen. Sie wüßten dann ja wieder nicht, wem sie auf ihren nationalen und internationalen

Frauenkongressen und Frauentribunalen begegnen, bei wem ein Annäherungsversuch peinlich wäre und bei wem sie Erfolg haben könnten. Diese Technik ist vom lesbischen Standpunkt aus völlig legitim und angesichts der verheerenden Lage, in der sich Lesbierinnen mit starkem Sexualtrieb befinden, auch absolut verständlich. Unverständlich ist, daß die anderen Frauen diesen Mechanismus nicht aufdecken und daß sie hier, so ganz gegen ihre Gewohnheit, anderen Leuten auf den Leim gehen.

Im marxistischen System verlieren die Frauen ihre Privilegien, aber die Männer haben nichts davon

Wenn man davon ausgeht, daß Frauen von Männern unterdrückt werden – also der von Männern gemachten Gesellschaftstheorie folgt –, macht man Frauen zum Spielball politischer Radikalität. Denn der nächste Schritt ist dann, daß man ihnen suggeriert, sie seien viel zu schwach, um ihre Situation bewältigen zu können – man müsse erst die Gesellschaft ändern, dann werde sich alles weitere von selbst erledigen. Wegen ihrer enormen Macht über Männer, ihres immensen Einflusses auf Massenmedien und Wahlen ist die politische Unterwanderung der Welt der Frau für Links- und Rechtsextremisten von allergrößter Wichtigkeit. Wegen ihres extremen politischen Desinteresses ist die Frau für solche Leute auch stets eine leichte Beute. Frauen halten sich nicht lange mit Theorien auf – wie jede Statistik zeigt, interessieren sich die meisten nicht einmal in Wahlkampfzeiten für den politischen Teil ihrer Tageszeitung. Die Männer, so sagen sie sich, haben das alles sicher genauestens geprüft – worauf es nun noch ankäme, sei die weibliche Intuition. Und so gerät die Menschheit mit schöner Regelmäßigkeit in die Gewalt von Demagogen, die mit Versprechungen und Komplimenten die politische Machtposition der Frau so geschickt unterminieren, daß sie schließlich völlig legal – auf Wunsch der Mehrheit – an die Regierung kommen. Ihre Versprechungen haben sie jedoch niemals gehalten: Es gibt keine Diktatur – gleichgültig, ob sie die Bevölkerung nun mit Hilfe nationalistisch, christlich, rassistisch oder sozialistisch gefärbter Agitation auf ihre Seite gezogen hat –, die nicht allen, einschließlich der Frauen, jemals etwas anderes als Unglück gebracht hätte.

Die sogenannten Proletariatsdiktaturen sind hier keine Ausnahme. Die in ihnen praktizierten marxistischen Grundsätze sind alles mögliche, aber frauenfreundlich sind sie nicht. Nach Abschaffung der freien Wahlen kann es einer Regierung logischerweise völlig gleichgültig sein, was Frauen von ihr halten. Man bleibt ja nicht durch Beeinflussung der Wählermeinung an der Spitze, sondern durch Einschüchterung und Terror. In solchen Diktaturen haben Frauen dann wohl noch Macht über den Mann an ihrer Seite (allerdings nur die Macht des Sexobjekts, und auch diese nur, solange sie es schaffen, ihren eigenen Sextrieb zu beherrschen), doch ihre Macht über den Mann im allgemeinen – ihre politische Macht – haben sie verloren.

Da im Unterschied zu parlamentarischen Demokratien die Politiker hier nicht mehr ihre »Angestellten« sind, könnten Frauen in diesem Fall auf die Politik ihres Landes nur dann Einfluß nehmen, wenn sie direkt an der Regierung beteiligt wären: Wenn sie entweder den Vorsitzenden ihrer Partei stellten oder in deren Spitzengremien die Mehrheit besäßen. Doch auch dies wäre natürlich noch keine Garantie für eine feministische Politik: Es käme ja ganz auf die persönliche Einstellung der machthabenden Frauen an. Man hinge zwar nicht mehr von männlicher Willkür ab, aber dafür von weiblicher. Bisher gibt es in den als kommunistisch bezeichneten Diktaturen aber noch nicht einmal ein Beispiel für weibliche *Willkür:* Noch nie sind Frauen nach einer Revolution des Proletariats entscheidend an der Regierung beteiligt worden. Auch gibt es keinen einzigen Beweis dafür, daß man Frauen nach einer solchen Revolution bevorzugt behandelt hätte. Im allgemeinen machen marxistisch orientierte Diktaturen genau wie alle anderen sowohl mit männlichen als auch mit weiblichen Erwachsenen, was sie wollen, und mit den Kindern erst recht.

So kommt es, daß in marxistisch regierten Ländern die Frauen – mit Ausnahme der Wehrdienstbefreiung – regelmäßig ihre Privilegien verlieren, ohne daß ihre Männer von dieser Gleichverpflichtung irgendeinen Nutzen hätten. Denn Frauen müssen dann zwar, genau wie anderswo die Männer, von früh bis spät arbeiten, doch Männer müssen es ebenfalls. Frauen können dann zwar nicht mehr die Gesetze zu ihrem eigenen Vorteil formulieren lassen, doch auch die Masse der Männer hat auf die Gesetzgebung keinen Einfluß. Frauen können dann auch nicht mehr als Haupteinkäufer die Konsumgüterproduktion dirigieren, doch auch die Männer können es nicht. Da es von allem sowieso zu wenig gibt, wird ohnehin alles gekauft. Und da dies so ist und es daher auch kaum Werbung gibt, können die Frauen dann auch nicht mehr die Massenmedien kontrollieren. Weder sie selbst noch die Männer können dort sagen und schreiben lassen, was sie gern hören oder lesen würden. Und es sind auch nicht die Mütter, die die Erziehung der Kinder nach ihrer eigenen Wertskala manipulieren, aber auch die Väter haben keine Chance dazu. Was künftige Generationen denken sollen, wird ihnen in Krippen, Horten und Ganztagsschulen von Fremden beigebracht – selbstverständlich mit der Auflage, jeden Andersdenkenden ohne Ansehen des Verwandtschaftsgrades zu decouvrieren. Und es sind auch nicht die Mütter, die entscheiden, wieviel Zeit ihre Kinder in diesen Staatsgefängnissen verbringen sollen, doch die Väter entscheiden es ebensowenig. Da beide Eltern so lange wie möglich arbeiten sollen, müssen ihre Kinder eben auch so lange wie möglich in solchen Gefängnisssen verweilen.

Und während im Westen Männer, die von ihren Frauen zu kurz gehalten werden, Sex wenigstens kaufen können, bekommen sie ihn im Osten in solchem Falle überhaupt nicht mehr. Die freiberufliche Prostitution hat man den Frauen durch Deportation und Umerziehung ausgetrieben, die eheliche ist wegen des geringen männlichen Einkommens nur noch bei angesehenen Wissenschaftlern und hohen Parteifunktionären lohnend, und die sexuelle Freizügigkeit ist schon aus praktischen Gründen begrenzt.

Denn erstens sind die Frauen nach getaner Arbeit ziemlich müde – sie sind zwar auch dort nicht »doppelt belastet«, doch infolge mangelnder Automatisierung der Hausarbeit und zeitraubender Lebensmittelbeschaffung erheblich mehr als im Westen. Zweitens sind die beengten Wohnverhältnisse sexueller Intimität wenig förderlich. Drittens sind die Möglichkeiten der Geburtenregelung alles andere als ideal: Die Chinesin verläßt sich auf sexuelle Enthaltsamkeit. Im europäischen Ostblock hat der einzige im Handel befindliche orale Ovulationshemmer – eine Pille ungarischer Herkunft – dermaßen starke Nebenwirkungen, daß die meisten Frauen noch lieber von Zeit zu Zeit das Trauma einer Abtreibung über sich ergehen lassen. Doch auch wenn diese Art der Geburtenregelung großzügig gehandhabt wird – nicht aus humanitären Gründen, sondern weil man die

Frauen als Arbeitskräfte braucht –, ist sie nicht zuverlässig. Wenn es nämlich den männlichen Diktatoren einfällt, können sie, wie dies in Rumänien geschah, den Schwangerschaftsabbruch über Nacht verbieten und alle gerade schwangeren Frauen zwingen, ihre Kinder auszutragen. Und anders als im Westen, wo eine solche Massenvergewaltigung durch Schreibtischtäter automatisch den Rücktritt der Regierung zur Folge gehabt hätte, konnte sie dort nicht einmal diskutiert werden.

Der Marxismus ist also in seiner jetzigen Form für Bürger westlicher Industrieländer kaum verführerisch. Er löst weder die Probleme der Frauen, noch verbessert er die Situation der Männer, denn er ist sowohl weniger frauenfreundlich als auch weniger human als das, was sie jetzt schon haben. Und auch für die Länder der Dritten Welt ist er in seiner heutigen Form als revolutionäres Mittel nur begrenzt geeignet. Damit man ihn zur Humanisierung der dortigen Lebensbedingungen anwenden könnte, müßte er zunächst von einer wirtschaftlichen Utopie in eine realisierbare Wirtschaftstheorie umgeschrieben werden. Nicht das unerreichbare Ziel einer klassenlosen Gesellschaft dürfte am Ende stehen, sondern das erreichbare einer *sozialen Klassengesellschaft.* Die heutigen Ost-West-Konflikte fordern ja nicht nur deshalb so viele Menschenleben, weil die Reichen an ihrem Besitz kleben – das tun sie natürlich auch, doch wären sie allein zu schwach, um so lange durchzuhalten –, sondern weil der Teil des Proletariats, der bereits über das Existenzminimum verfügt, das, was nach der marxistischen Revolution käme, noch mehr fürchtet als das, was ist. Die marxistische Ideologie könnte also für die Unterprivilegierten erst dann wirklich eine Hilfe werden, wenn man sie endlich mit einem Happy-End versähe: wenn man nach der revolutionären Umwandlung der Besitzverhältnisse nicht mehr zur totalen Planwirtschaft, sondern zur »gemischten Ökonomie« überginge – einer freien Wirtschaft für Konsumgüterproduktion, Einzelhandel und Dienstleistungen und einer Staatswirtschaft für Hauptinvestitionsgüter und Rohstoffgewinnung –, und wenn man politischen Pluralismus, freie Wahlen, Presse- und Meinungsfreiheit, freie Wahl des Wohnsitzes und eine begrenzte Möglichkeit der Eigentumsbildung einprogrammierte.

Erst dann könnte im Ostblock auch die hier vorgeschlagene Reform eingeführt werden. Da hier alle verfügbaren Arbeitskräfte bereits in den Produktionsprozeß eingespannt sind, ließe sich eine Kürzung der Arbeitszeit nicht wie im Westen durch eine Erhöhung der Zahl der Arbeitskräfte erreichen, sondern durch eine Vergrößerung des individuellen Leistungsangebots – das heißt, wenn in weniger Zeit gleich viel gearbeitet würde. Dies wiederum wäre nur dann möglich, wenn die in der Planwirtschaft begründeten Pannen durch eine weitgehende Privatisierung in Zukunft auf ein Minimum beschränkt würden und man für den Arbeitnehmer Anreize schüfe, durch die Eigeninitiative wieder lohnend würde. Erst wenn man in marxistisch regierten Ländern Wirtschaft und Handel bis zu einem gewissen Grad privatisierte, den Konsum ankurbelte, statt ihn zu verteufeln, beim Erwachsenen die Klassenbildung förderte, statt sie zu unterbinden – erst wenn man auf einen Teil des marxistischen Ideenguts verzichtete –, könnten auch dort Männer, Frauen und Kinder aus ihren Tagesgefängnissen entlassen werden. Ihr Leben könnte dann endlich so erfreulich werden, wie Marx es immer wünschte.

Es soll nun hier nicht behauptet werden, die marxistisch engagierten Frauenrechtlerinnen – diejenigen, die ihren Geschlechtsgenossinnen suggerieren wollen, es läge im weiblichen Interesse, zunächst einmal die Gesellschaft radikal zu verändern – seien zu wenig intelligent, um dieser Argumentation zu folgen. Vermutlich ist es gerade ihre überdurchschnittliche Intelligenz, die sie zu Opfern des orthodoxen Marxismus werden läßt. Je intelligenter jemand ist, desto mehr mögliche Standpunkte gibt es für ihn und desto größer wird seine Angst vor falschen Entscheidungen und seine Sehnsucht nach festen, unverrückbaren Wertmaßstäben. Früher ist dieses Bedürfnis nach festen Verhaltensmaßregeln in unseren Breitengraden durch die christliche Religion befriedigt worden, heute erfüllt diese Funktion bei nicht wenigen Leuten der Marxismus. Denn eine Religion ohne Gott ist für den aufgeklärten Menschen des Atomzeitalters leichter zu akzeptieren als eine, die den Glauben an ein unsichtbares Wesen voraussetzt.

Diese Religiosität erklärt auch, weshalb sich unter den westlichen Terroristen verhältnismäßig viele Frauen befinden. Frauen riskieren wenig, solange sie bei Vernunft sind, und lassen, solange sie bei Vernunft sind, auch lieber die Männer für sich agieren. Erst ein bestimmtes Maß an Systemgläubigkeit hebt diese Kontrollmechanismen auf. Wirklich religiöse Menschen, seien sie männlich oder weiblich, fürchten weder das Sterben noch das Töten. Die Erfüllung ihrer Gebote, seien sie christlich, marxistisch oder sonstwie geartet, rechtfertigt für sie jedes Opfer, selbst wenn es sich um ihr eigenes Leben handelt. Ein Zeuge des Jehova verweigert selbstverständlich aus Idealismus eine lebensrettende Bluttransfusion, ein Jünger des Karl Marx sprengt sich selbstverständlich mit seinen Geiseln in die Luft. Diese Handlungsweise ist nicht mutig, sondern systemimmanent. Mutig können prinzipiell nur Ungläubige sein.

Der gesellschaftliche Fortschritt, sagte seinerzeit Karl Marx, lasse sich an der gesellschaftlichen Stellung des schönen Geschlechts exakt messen. Nun, falls er mit dem schönen Geschlecht die Frauen meinte, so könnte er feststellen, daß diese heute länger leben, seltener bei der Arbeit und häufiger beim Geldausgeben anzutreffen sind, und daß sie in dieser Gesellschaft insgesamt höflicher behandelt werden als Angehörige des von ihm als weniger schön bezeichneten Geschlechts. Wer also behauptet, daß Marx heute die Frauen westlicher Industrieländer als Opfer einer Männergesellschaft ansehen würde, bezichtigt sein Idol des Schwachsinns. Doch da er aus einer Wahnidee heraus formuliert, ist er dafür im eigentlichen Sinn nicht verantwortlich. Religion, so meinte auch Marx, habe die Wirkung einer bewußtseinsverändernden Droge.

Das Problem ist, daß diese religiöse Haltung der orthodoxen Marxistinnen die Lage der Frauen im Westen und im Osten verschlechtert. In den westlichen Industrieländern besteht zwar kaum Gefahr, daß Frauen scharenweise zum Marxismus überlaufen könnten, doch durch den zunehmenden Terrorismus, der immer schärfere staatliche Kontrollen notwendig macht, werden ja nicht nur Männer, sondern auch Frauen immer mehr in ihrer persönlichen Freiheit eingeschränkt. Für die Frauen im Osten jedoch haben die Lobeshymnen der progressiven Westlerinnen katastrophale Folgen. Da sie durch ihren aus der Ferne gespendeten Beifall für die dortigen Verhältnisse die männlichen Diktatoren in ihrer chauvinistischen Politik unterstützen, werden die Chancen einer von innen kommenden, gewaltlosen Reform erheblich eingeschränkt.

Wenn man davon ausgeht, daß Frauen von Männern unterdrückt werden – also der von Männern gemachten Gesellschaftstheorie folgt –, verschafft man Frauen ein Alibi für eine noch konsequentere Ausbeutung der männlichen Arbeitskraft. Denn der nächste Schritt ist dann, daß sie sich gegenseitig ermuntern, diese Übermacht mit »weiblichen Waffen« zu bekämpfen. Wenn die Männer in ihnen sowieso nichts anderes als Putzfrauen, Köchinnen, Krankenschwestern, Lustobjekte, Gebärmaschinen und Kindermädchen sehen, dann ist es nicht mehr als recht und billig, sich für diesen Service bezahlen zu lassen. Und da Männer am bereitwilligsten und am besten zahlen, wenn man sie ganz groß und sich selbst ganz klein macht, ist diese Form des von der männlichen Ideologie inspirierten Feminismus nicht nur die unverdächtigste, sondern auch die zynischste und lukrativste. Denn während die anderen Frauen vielleicht noch aus Gedankenlosigkeit, Prestigesucht, Langeweile, sexueller Not oder politischem Fanatismus handeln, werden hier kaltblütig Einkünfte berechnet und Gewinne maximiert. Mit dem »Ich-bin-ja-nur-eine-schwache-Frau-und-du-ein-starker-Mann«-Feminismus bekommt man all das, was die anderen fordern, doch man bekommt es schneller, unauffälliger, sicherer und vor allem ohne jede Anstrengung.

Bei der Anwendung dieses Verfahrens hat die Masse der Frauen der sogenannten Frauenbewegung so viel zu verdanken, daß ein Außenstehender auf die Idee kommen könnte, sie hätten sie eigens zu diesem Zweck erfunden. Denn die kleine, lautstarke Gruppe der Progressiven hat der schweigenden Mehrheit der Konservativen nichts als Vorteile gebracht. Wer heute einem Mann erklärt, daß er diese ganze Emanzipation für reinen Blödsinn halte, daß Männer Männer bleiben müßten und Frauen Frauen, hat ihn schon fast auf seiner Seite. Denn eines haben die Frauenrechtlerinnen mit Sicherheit erreicht: Sie haben die Masse der Männer zutiefst erschreckt. Wenn Männer früher nicht wußten, wie eine richtige Frau zu sein hat, heute wissen sie es genau: Eine richtige Frau ist so, wie eine Frauenrechtlerin nicht ist. Frauen, die ihren Familien Knall auf Fall davonlaufen, um sich zu »verwirklichen«, die ihre Kinder mal in Wohngemeinschaften, mal in Horte stecken, die ihren Söhnen Puppen und ihren Töchtern Spielzeugautos schenken, die mal mit Männern, mal mit Frauen koitieren, die mal agitieren und dann wieder resignieren, sich mal solidarisieren und dann wieder diffamieren, die sich beim Studium der Planwirtschaft von den Schallplatten der US-Marktwirtschaft animieren lassen, die ihre Gedanken bei Mao und Marcuse kaufen und ihre Kleider bei Levi's und Laurent, die unterm Jahr von Leningrad und Moskau schwärmen und in den Ferien nach Paris und London trampen, die mal Kinderläden gründen und dann wieder Boutiquen eröffnen, sich mal ganz den Unterprivilegierten widmen und dann wieder ganz sich selbst – solche Frauen machen den Männern Angst. Und während die Männer vor diesen davonlaufen, rennen sie dann schnurstracks in die Arme jener, vor denen sie sich eigentlich am meisten fürchten müßten.

Denn dank der »Frauenbefreiung« feiert die weibliche Reaktion heute überall Triumphe. Je mehr Forderungen diese so »unweiblich« erscheinenden Frauen stellen, desto weiblicher erscheinen den Männern jene, die – außer Geld – von ihnen überhaupt nichts wollen. Je engagierter diese Frauen Promiskuität oder Lesbianismus propagieren, desto attraktiver werden für sie jene, die ihnen Sex zu Höchstpreisen verkaufen wollen. Je häufiger diese Frauen ihr Recht auf die Männerjobs proklamieren, desto sympathischer werden den Männern die Frauen, die überhaupt nicht arbeiten.

Während man früher noch halbwegs zu verheimlichen suchte, was man mit Männern anstellt, gilt es heute beinahe schon als Tugend, einen Mann bis an die Grenzen seiner Leistungsfähigkeit für sich einzuspannen. Während man früher die Dressur eines Mannes bei Müttern und Freundinnen erlernte, wird sie einem heute bereits in Schnellkursen beigebracht. Weibliche Anti-Emanzipations-Bewegungen sind heute in den konservativeren US-Staaten bereits einflußreicher als Women's Lib, ihre Bibel, Helen Andelins ›Fascinating Womenhood‹ hat die Auflagen von Kate Milletts ›Sexus und Herrschaft‹ längst überflügelt. Frauendemonstrationen für eine Wiedereinführung des Abtreibungsverbots sind an der Tagesordnung, Frauenkampagnen gegen das »Equal Rights Amendment« haben Kampagnen für Gleichberechtigung längst auf den zweiten Platz verdrängt.

Und dank der Theorie von der weiblichen Unterdrückung kann niemand diesen Frauen nachsagen, daß sie den Männern schaden wollten. Sie wollen ja nur wieder Frauen sein, nichts als Frauen, die zu ihren Männern aufsehen und deren Überlegenheit neidlos anerkennen. Wenn die Männer sowieso die Macht haben, tut man dann etwas Schlimmes, wenn man sie ihnen auch weiterhin beläßt? Wenn der Mann so gern über die Frau herrschen möchte, ist man dann böse, wenn man sich ihm freiwillig unterordnet? Rückkehr zur Natur, heißt die Parole – der Mann hinaus ins feindliche Leben, die Frau an den Elektroherd. Langeweile? Da könne man nur lachen.

Eine richtige Frau findet in ihrem Heim immer eine Beschäftigung. Sie kocht – wie früher ihre Großmutter – wieder ihre eigene Marmelade ein, bäckt ihr eigenes Brot, näht auf der Nähmaschine ihre eigenen Kleider, strickt im Winter für Mann und Kinder warme Socken, beschenkt Freunde und Verwandte mit selbstbestickten Sofakissen und selbstgehäkelten Tischdecken. Alles soll wieder so werden, wie es früher einmal war, sagt sie. Denn früher, vor der »Emanzipation«, war alles richtig.

Doch es wird nicht so wie früher. Da das, was diese »faszinierenden« Frauen zu Hause anstellen, anders als bei ihren Großmüttern ohne wirkliche Notwendigkeit geschieht, wirken ihre Aktivitäten nicht weiblich, sondern theatralisch. Wenn es die Produkte, die sie umständlich herstellen, in jedem Laden zu kaufen gibt, und zwar meist in besserer Qualität und billiger als ihre Eigenfabrikate, wenn der Bäcker an der Ecke besseres Brot bäckt, der Supermarkt zwanzig Marmeladesorten führt, Konfektionskleidung preiswerter und meist auch schöner ist, gekaufte Socken länger halten und handbestickte Sofakissen nirgends richtig hinpassen, dann ist diese Rückkehr zur Natur zutiefst widernatürlich. Wenn Frauen die gleiche Berufsausbildung genießen, wenn sie in der Regel nur noch zweimal im Leben schwanger werden und ihre Kinder in der Regel mit der Flasche ernähren, wäre es ebenso natürlich, wenn statt ihrer die Männer zu Hause blieben.

Und auch dem Mann, der sich zu dieser Frau, die nichts als seine Frau sein wollte, zunächst beglückwünscht hatte, wird all das schließlich unheimlich. Ihre Aktivitäten sind so unwirklich, ihre Probleme so lächerlich, ihre Konversation so weltfremd, daß sie ihn abwechselnd rührt, langweilt und ängstigt. Es ist wahr, daß sie ihn mit ihren Kerzenlicht-Dinners von seinen beruflichen Schwierigkeiten ablenkt, aber wäre es nicht besser, wenn er mit ihr darüber reden könnte? Es stimmt, daß sie ihn stets nach seiner Meinung fragt, doch ist das nicht irgendwie auch so, als sei er mit einem Kind verheiratet? Und es ist nicht zu leugnen, daß sie immer guter Laune ist und ihn niemals kritisiert, aber wirkt das nicht, als sei er gar nicht vorhanden?

Er weiß, daß er etwas versäumt – aber was? Er ist sicher, daß man ihn hintergeht – aber wie? Schließlich hat er eine richtige Frau, eine von den wenigen, die noch treu, häuslich, nachgiebig und zufrieden sind. Warum also ist er trotzdem nicht glücklich? Weshalb wirkt sein Familienleben so gespenstisch?

Noch einmal, mit Gefühl

Der von männlichen Intellektuellen formulierte und von weiblichen Intellektuellen plagiierte Feminismus geht von falschen Voraussetzungen aus und führt in eine Sackgasse. Wer die Schuld beim Mann sucht, wird für die Frau kaum etwas erreichen: Da Männer über keinerlei Macht verfügen, können sie Frauen auch nicht helfen. Wer statt des Mannes die Gesellschaft anklagt, hat ebensowenig Aussicht auf Erfolg. Die Gesellschaft besteht aus Männern und Frauen, und die Männer, soviel haben wir gesehen, sind an der jetzigen Situation absolut unschuldig.

Umkehren kann man aber auch nicht mehr. Damit das alte Familienmodell wieder stimmte, müßten die Aufgaben innerhalb und außerhalb des Hauses – so wie früher – einigermaßen gerecht verteilt sein. Doch für den Partner, der zu Hause bleibt, gibt es heute fast nichts zu tun, und für den draußen wird der Kampf ums Überleben immer härter. Für den, der zu Hause bleibt, gibt es heute fast nichts zu denken, und für den draußen immer mehr. Die viele Freizeit, über die die Frau verfügt, und die wenige, die für den Mann übrigbleibt, stimmt sie gegeneinander immer aggressiver. Die intellektuelle Kluft, die sich zwischen Mann und Frau aufgetan hat und die von Tag zu Tag noch größer wird, macht die gegenseitige Verständigung immer schwieriger.

Wer die Situation der Frau verändern wollte, müßte also alles noch einmal überdenken. Er dürfte die Frau nicht mehr an ihren Worten messen, sondern an ihren Taten. Er dürfte sie nicht mehr nach ihrem Image beurteilen, sondern nach ihrem Verhalten. Wer das Opfer anklagt, wird die Zuhälterei kaum aus der Welt schaffen. Wer den Sklaven verfolgt, verliert den Sklaventreiber mit Sicherheit aus den Augen. Erst wenn man die Schuld dort sucht, wo sie auch zu finden ist – bei der Frau selbst –, kann man die Lage ändern. Erst wenn man Frauen genau wie Männer öffentlich kritisieren darf, können sie ihre Haltung korrigieren. Ein Freund ist jemand, der einem die Wahrheit sagt, denn nur wenn man seine Fehler kennt, kann man sie auch beheben. Wer die Frauen schont, erweist ihnen keinen Gefallen. Schonung ist gut für Fälle, in denen nichts zu ändern ist – bei den Frauen aber ist alles zu ändern. Voraussetzung wäre lediglich, daß sie sich ändern wollten.

Es geht also darum, sich nicht länger von Männern sagen zu lassen, was man von Frauen zu halten hat. Männer wiederholen nur, was ihnen ihre Mütter, Bräute, Ehefrauen und Töchter über sich erzählt haben, und das hat, wie man weiß, mit der Wirklichkeit wenig zu tun. Es geht darum, sich nicht länger von politischen Extremistinnen diktieren zu lassen, wie man diese Gesellschaft zu ändern hat. Diese Frauen wollen die weibliche Macht zur Errichtung totalitärer Systeme mißbrauchen und sind daher kaum vertrauenswürdig. Es geht darum, sich nicht länger von Lesbierinnen vorschreiben zu lassen, was man beim Sex empfinden sollte. Lesbierinnen kommen aus einer anderen Erfahrungswelt und können daher über die Sexualität zwischen Mann und Frau keine allgemeingültigen Aussagen machen. Die weibliche Wirklichkeit könnte nur von denen exakt beschrieben werden, die sie genau kennen. Die weibliche Macht könnte nur von denen entlarvt werden, die sie täglich auskosten, die weibliche Einstellung zur Sexualität könnte nur von denen formuliert werden, die darin Erfahrung haben: von Frauen – und zwar von ganz normalen, durchschnittlichen Frauen. Und nur diese, die die Masse der Wähler stellen, könnten an all dem auch etwas ändern.

Wer etwas für die Frauen tun wollte, müßte also zunächst einmal etwas gegen sie unternehmen. Wer dem weiblichen Geschlecht seine Ehre zurückgeben wollte, müßte es zunächst einmal vollkommen bloßstellen. Auch Marx und Engels haben sich nicht mit der Bourgeoisie verbündet. Obwohl sie ihr selbst angehörten und sie aus dieser Konstellation nichts als Vorteile zu erwarten hatten, haben sie die Machenschaften ihrer Clique ans Proletariat verraten. Frauen können sich aus dem gleichen Grund keinesfalls mit Frauen verbünden. Weibliche Solidarität wäre eine zutiefst reaktionäre Haltung. Wenn sich in einem Land die Mächtigen zusammentun, bezeichnet man das im allgemeinen Sprachgebrauch nicht als Solidarität, sondern als Kartellwesen.

Wenn man davon ausgeht, daß Frauen von Männern unterdrückt werden – also der von Männern gemachten Gesellschaftstheorie folgt –, nimmt man Frauen jede Möglichkeit zum Handeln. Nur wenn sie endlich selbst über sich nachdenken, nur wenn sie ihre Position endlich ohne männliche Hilfe untersuchen, nur wenn sie endlich Farbe bekennen und für ihr Verhalten die Verantwortung übernehmen, können sie einen Ausweg finden. Mit anderen Worten: Nur wenn die Frauen den alten, männlichen Feminismus zu den Akten legen und einen neuen, weiblichen Feminismus formulieren, können sie, falls sie es überhaupt wünschen, ihre Situation verändern.

Wer die Frauen in einer ehrenvolleren Rolle sehen möchte, müßte also mit der Emanzipation noch einmal ganz von vorne anfangen. Aber diesmal ohne das übliche Gezeter und mit etwas mehr Zivilcourage und etwas mehr Gefühl.

Ein weiblicher Feminismus wäre ein neuer Sozialismus

Wenn die Frauen wollten, könnten sie die ganze Welt verändern. Wenn sie ihr Verhalten nur etwas korrigierten, hätte dies für alle anderen Mitglieder der Gesellschaft Folgen, die ans Wunderbare grenzten.

Ein weiblicher Feminismus – eine von der Wirklichkeit ausgehende Gesellschaftstheorie über die Situation der Frau – brächte, falls er entsprechend propagiert würde, automatisch ein neues weibliches Verhalten. Und dieses wiederum brächte automatisch eine soziale Revolution, nach der es ohne Gewaltanwendung allen bedeutend besser ginge. Den Männern wäre etwas gegeben, ohne daß den Frauen etwas genommen wäre. Den Kindern wäre etwas gegeben, ohne daß ihre Eltern sich opfern müßten. Den Alten wäre etwas gegeben, ohne daß man die Jungen dafür büßen ließe. Den Armen wäre etwas gegeben, ohne daß man die Reichen bestrafte. Ein weiblicher Feminismus brächte eine neue Gesellschaft – eine Gesellschaft, in der die Vorzüge des Kapitalismus und des Kommunismus, des Individualismus und des Kollektivismus, des Egoismus und des Altruismus zum Vorteil der Allgemeinheit und zum Wohl jedes einzelnen auf optimale Weise miteinander verbunden wären. Er wäre Grundstein für eine Welt, in der alle Menschen so gleich wie nur möglich wären und dennoch so verschieden wie nie zuvor.

Denn natürlich wäre man durch den Gewinn an Freizeit nicht nur als Mann und Frau voneinander verschiedener – männlicher und weiblicher – als heute, man wäre es auch als Individuum. Natürlich wäre durch eine Berufstätigkeit der Frau nicht nur die berühmte weibliche Logik (die Umschreibung eines Gentleman für die Dummheit einer Lady) aus der Welt geschafft, man könnte auch erstmals seine Intelligenz und sein Wissen dazu benutzen, etwas zu denken, was nicht mit Broterwerb zusammenhängt. Bisher hatten Leute mit viel Ausbildung meist keine Zeit, und die mit viel Zeit meist keine Ausbildung. Erstere waren bis zur Erschöpfung verausgabte Männer, letztere Frauen, die alles vergessen durften, oder arbeitsloses Proletariat. Nach der hier vorgeschlagenen Reform gäbe es erstmals eine größere Anzahl Menschen, die ihre Erziehung zu mehr als zum Geldverdienen verwenden dürften. Es gäbe erstmals eine hochausgebildete, geistig aktive Mehrheit, die neben ihrem Beruf noch etwas anderes unternehmen könnte.

Es ist ja gleichgültig, ob man einen Beruf einen halben oder einen ganzen Tag lang ausübt: Man muß dafür gleich viel wissen. Und dieses Wissen könnte in der vielen freien Zeit, die man dann hätte, zum ersten Mal dazu benutzt werden, etwas absolut Nutzloses zu tun. Die menschliche Fähigkeit zur Abstraktion, die man sich aneignen muß, um in einer immer komplizierteren Umwelt zu überleben, würde dann auch dazu gebraucht, um über etwas nachzudenken, was nicht unmittelbar einen Zweck erfüllt. Man würde damit etwas Abenteuerliches tun, etwas Schöpferisches, etwas Neues. Und da es gerade das ist – die Kreativität –, was Mensch und Tier voneinander unterscheidet, käme es als Folge der Reform auch zu einer regelrechten *künstlichen Mutation.* Man würde nicht mehr nur so tun, als sei man ein Mensch, sondern sich auch so verhalten. Man würde sich seine Menschlichkeit nicht nur gegenseitig vorspielen, sondern man würde auch wirklich menschlich werden.

Eine der vielen Folgen der Reform wäre also eine Explosion an Kreativität, eine bisher unbekannte Vielfalt an neuen Gedanken und exzentrischen Verhaltensweisen. Es gibt wohl niemand, der von Natur aus phantasielos wäre – es gibt nur Leute, die sich Zeit nehmen, um etwas Neues zu machen, und solche, die es nicht tun. Durch die hier vorgeschlagene Veränderung wären Kunst und Kultur erstmals wirklich sozialisiert: Alle, die wollten, könnten sie produzieren, und alle, die wollten, könnten sie auch konsumieren. Man müßte die Eintrittspreise zu kulturellen Veranstaltungen nicht abschaffen, um Kunst unters Volk zu bringen: Das Volk selbst würde diese Kunst herstellen, und sein Angebot wäre so enorm, daß die Preise ohnehin sinken würden. Man müßte die Künstler nicht subventionieren: Jeder wäre als Künstler zu betrachten, und jeder könnte sich mit ein paar Stunden Erwerbstätigkeit ohne staatliche Almosen am Leben erhalten. Diese neuen Verhältnisse müßten jedoch die heutigen Kunstproduzenten nicht in Panik versetzen. Es gäbe zwar mehr Konkurrenz für sie, aber auch weniger materielle Zwänge. Es gäbe zwar mehr Originalität, aber auch mehr Publikum, das diese zu schätzen wüßte. Denn es gäbe dann nicht nur interessantere Schriftsteller und Dichter, sondern auch mehr Leser, nicht nur einfallsreichere Maler und Bildhauer, sondern auch mehr Betrachter, nicht nur schönere Musik und bessere Interpreten, sondern auch mehr Hörer, nicht nur sensiblere Schauspieler und Regisseure, sondern auch mehr Zuschauer. Und es gäbe außerdem ganz neue Disziplinen des Geisteslebens, nach denen man bisher aus Zeitmangel noch nicht einmal suchen konnte.

In einer Welt, in der jeder genug Zeit hätte, sein Wissen, seine Phantasie, seine geistige und körperliche Energie voll auszuspielen, wäre prinzipiell alles möglich. Es käme dort zu einer solchen Vielfalt von Gedanken, Handlungsweisen, Ideologien, Erfindungen, Ritualen, Absurditäten, Verrücktheiten, daß man sich niemals langweilen könnte. Nicht nur man selbst wäre amüsanter, auch die anderen wären es. Die tägliche Umgebung wäre so abenteuerlich, wie man sie sich nur wünschen könnte, denn fast jeder, den man träfe, wäre ein Happening.

Es ist natürlich, wie bereits gesagt, auch möglich, daß es für eine solche Welt schon zu spät ist und daß die recht behalten, die heute behaupten, der Mann wünsche sich im Grunde gar kein anderes Leben als das, das er führt. Es ist nicht ganz auszuschließen, daß zwar die Frauen einer solchen Reform gewogen wären, diese aber letztlich am fehlenden Einsatz der Männer scheitern würde. Denn es wäre ja möglich, daß der heutige Mann so sehr an sein Gefängnis gewöhnt ist, daß er draußen gar nichts anzufangen wüßte, daß er so lange für andere gelebt hat, daß er für sich selbst gar nicht leben könnte, und daß er sich die Liebe seiner Frau inzwischen wirklich lieber kauft, als daß er sie sich schenken ließe. Es wäre möglich, daß der Mann, der diese Reform ja in allen Einzelheiten planen und auch ausführen müßte, aus lauter Angst vor seiner Freiheit hier erstmals seine Dienste verweigerte.

Man sollte es dennoch versuchen. Man sollte die Frauen dazu überreden, den Männern ihre Unabhängigkeit wenigstens anzubieten. In ihrem eigenen Interesse. Wir finanzieren heute Tierreservate, damit die wilden Tiere so bleiben können, wie sie sind, während direkt vor unseren Augen die Männer, von der Natur ebenfalls für ein Leben voller Abenteuer programmiert, immer zahmer, domestizierter und serviler werden. Wir kämpfen dafür, daß sich Reiche und Mehrheiten wenigstens halbwegs anständig benehmen, während mitten unter uns die Handlungen der Frauen immer skrupelloser und dubioser werden. Solange die Frau dem Mann einen Lastenausgleich nicht wenigstens vorschlägt, gibt es für sie in westlichen Industrieländern keine Möglichkeit, sich »anständig« zu verhalten. Was immer sie tut, sie ist dem Mann gegenüber im Vorteil, weil es für sie in jeder Situation mindestens zwei Wege gibt und für den Mann bestenfalls einen. Solange die Geburt eines Kindes bedeutet, daß man auch dessen Mutter zu versorgen hat, gerät jede Frau, die schwanger wird, in den Verdacht, ein hinterlistiges Attentat zu planen. Solange die Männer nicht einigermaßen unabhängig sind, werden Frauen niemals Partner finden, die ihnen wirklich gefallen.

Es ist also an der Zeit, dem Mann eine Chance zu geben. Erst wenn er sie zurückweist, könnte man behaupten, daß er sich in seiner jetzigen Situation offenbar wohl fühlt: daß er sich gern einsperren läßt, daß er sich auch freiwillig verkaufen würde, daß ihm seine Kastration willkommen ist, daß ihm seine politische und wirtschaftliche Entmündigung Freude macht und daß er gegen die Diffamierung seiner Person sowieso nichts einzuwenden hätte. Man dürfte dann sagen, daß man den Männern einen Gefallen tut, wenn man sie zur Arbeit abrichtet, weil sie für alles andere sowieso nicht zu gebrauchen sind. Und man dürfte auch sagen, daß die heutige Art Männlichkeit genau dem männlichen Niveau entspricht und daß die Männer im großen und ganzen das Leben führen, das sie sich wünschen.

Es handelt sich also darum, die Männer auf die Probe zu stellen. Es handelt sich darum, ihnen endlich ihre Freiheit anzubieten. Denn erst, wenn sie sie abgelehnt haben, wüßte man mit letzter Sicherheit, daß die Frauen auf ihrer bisher einzigen Erfindung, ihrem bisher einzigen Patent und ihrem bisher einzigen Produkt für immer sitzenbleiben werden. Man könnte dann sagen, daß sie den *dressierten Mann* vor lauter Begeisterung über seine vielseitige Verwendbarkeit in zu großer Serie fabriziert haben.

Das Buch

Auch provokante Bücher können zu Klassikern werden: Mitten in die Aufbruchsstimmung der Frauenbewegung Anfang der siebziger Jahre platzte Esther Vilar mit ihrer Streitschrift ›Der dressierte Mann‹ und wurde zur Bestsellerautorin. Sie drehte den Emanzipationsspieß um und entlarvte ihre Geschlechtsgenossinnen als hartgesottene Ausbeuterinnen des Mannes. Dem ›Dressierten Mann‹ folgten die Bücher ›Das polygame Geschlecht‹ und ›Das Ende der Dressur‹, in denen sie ihre Gedanken und Beobachtungen weiterentwickelte. Nur auf den ersten Blick scheint Esther Vilar einseitig Partei für den Mann zu ergreifen. Wogegen sie kämpfte und kämpft, sind Rollen und Klischees, sind die ach so bequemen Arrangements zum Vorteil des weiblichen Geschlechts, sind Manipulation und Domination, Unfreiheit und Versklavung im Umgang der Geschlechter miteinander. ›Das Ende der Dressur‹ bietet eine hochaktuelle Perspektive: die grundlegende Reform unserer Arbeitswelt durch Einführung des Fünf-Stunden-Arbeitstags – wodurch nicht zuletzt der Mann aus seiner selbstverschuldeten Unmündigkeit befreit werden könnte.
Die Diskussion um Mann und Frau ist heute noch längst nicht beendet; die Frauenbewegung hat zwar Terrain gewonnen, aber noch längst nicht den »neuen Mann« oder die »neue Frau« hervorgebracht. Eine schwungvoll bissige, polemische Wortmeldung wie die von Esther Vilar vermag auch heute noch Wind in vielleicht wieder neu bornierte Köpfe zu bringen.

Die Autorin

Esther Vilar wurde 1935 als Kind deutscher Emigranten in Buenos Aires geboren. Sie studierte Medizin und in Deutschland Soziologie und arbeitete u. a. als Ärztin. Mit jedem ihrer Bücher und Theaterstücke hat sie Aufsehen erregt, zuletzt mit dem Theaterstück ›Die Antrittsrede der amerikanischen Päpstin‹. 1987 erschien ihr neuestes Buch: ›Der betörende Glanz der Dummheit‹. Esther Vilar lebt in England.